처음 읽는
수학의 세계사

인류와 함께 한 수학의 역사

처음 읽는 수학의 세계사

우에가키 와타루 지음 · 오정화 옮김

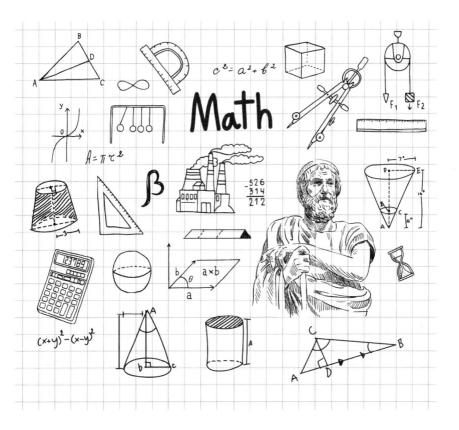

탐나는책

일러두기

인명, 지명, 저서명은 한글 맞춤법 외래어 표기법에 따라 표기했으며, 국립국어원 편찬 〈표준국어대사전〉을 우선적으로 참조하였습니다. 그 외는 관행을 따랐습니다.

프롤로그

수학은 천문학과 함께 가장 오랜 역사를 지닌 학문이다. 고대 이집트나 메소포타미아 등 큰 강 유역에서는, 국가가 형성되고 관개 농업 생활을 하게 되면서 수학이나 천문학과 관련된 다양한 활동들이 행해졌다. 초기의 수학은 농업 생활을 영위하기 위해 빼놓을 수 없는 실용상의 문제와 국가를 유지하기 위한 여러 행정상의 문제를 해결하기 위해 형성되었다. 그리고 문자나 숫자에 의해 그것을 기록하는 행위도 이루어지게 되었다.

고대 이집트나 메소포타미아 지역에서 발달한 수학은, 탈레스나 피타고라스 등에 의해 소아시아(아나톨리아)의 이오니아 지방과 이탈리아 남부 지역으로 전해지면서 실용적인 문제의 해결을 넘어, 인간의 정신적 행위로의 질적인 전환을 이루었다. 그 단적인 예가 바로 '증명'이라는 개념의 성립이다.

지중해 세계에서 수학적 활동은 그리스 본토로 이행하고, 나아가 기원전 300년경부터 시작하는 헬레니즘 시대에 이르러 알렉산드리아에 전해지게 되었다. 그 시대는 과학사상 가장 많은 활동이 풍성하게 전개된 시기 중 하나로, '제1차 과학 혁명의 시대'라고 평가되고 있다.

4세기가 되면서 고대 그리스의 독창적인 수학 연구가 쇠퇴하는데, 주요한 연구 성과는 그리스 문명권에서 비잔틴 문명권, 그리고 시리아 문명권으로 계승되었다. 게다가 시리아적 헬레니즘의 여러 과학은 아라비아어로 번역되어 아라비아 문명권에 이입되면서, 아라비아 학술 문화가 발흥하는 시대가 열리게 되었다.

아라비아 학술 문화는 11세기에 황금기를 맞이하는데, 이번에는 그 학술 문화를 서구 세계가 받아들이게 되었다. 그렇게 12세기에 서구 세계에 엄청난 번역의 시대가 도래하게 되는데, 이를 흔히 '12세기 르네상스'라고 부른다.

무함마드(Muhammad)로 시작하는 이슬람 제국은 아라비아반도부터 지중해 연안의 아프리카 북부 지역, 그리고 이베리아반도까지 이르렀는데, 12세기 르네상스의 중심이 되었던 곳은 카탈루냐를 포함한 스페인 북동 지역과 톨레도를 중심으로 하는 스페인 중앙부 지역, 팔레르모를 중심으로 하는 시칠리아섬, 그리고 이탈리아 북부 등의 지역이었다. 이 지역에서 아라비아어 문헌이나 그리스어 문헌의 라틴어 번역이 활발하게 이루어졌다.

이러한 라틴어 번역을 통해 서구 세계는 학술 문화의 꽃을 피우게 되었다. 이탈리아, 프랑스, 독일, 그리고 영국 등의 지역에서 3차, 4차 방정식의 해법과 기호 대수학의 발명, 해석 기하학의 탄생, 확률론의 발생 등이 전개되고 뉴턴과 라이프니츠에 의한 미적분법의 발견으로도 이어졌다. 오늘날에는 이 시대를 '제2차 과학 혁명의 시대'라고 부른다.

한편 동양으로 시선을 옮기면, 인더스강이나 황하강 유역에서는 일찍이 문명이 탄생하고 여러 수학적 과학이 발달했다. 인도에서는 '0'의 발견과 함께 오늘날 아라비아 숫자의 원형이 발명되었으며, 중국에서는 방정식 해법이나 급수 등 많은 분야에서 서구 세계와 견줄 만한 연구 성과를 이루었다.

이런 중국의 수학은 무로마치 시대 말기의 일본으로 유입되는데, 에도 시대에 이르러 그 수학을 바탕으로 하는 일본의 독자적인 수학이 형성되었다. 막부 말기와 메이지 시대에 서양으로부터 유입된 수학을 '요산(洋算)'이라고 하였으며, 일본의 독자적인 수학을 '와산(和算)'이라고 불렀다.

이 책은 총 세 개의 파트로 구성되었다. '고대 수학'을 다루는 제1부는 이집트, 메소포타미아 지역에서 축적된 오리엔트의 수학부터 해설하기 시작하여, 고대 그리스 수학을 중심으로 정리한다. 제2부는 '중세 수학'으로, 인도나 아라비아, 중국, 일본, 중세 유럽의 수학을 다루고 있다. 명확하게 중세 시대의 수학이라고 말할 수 없는 내용도 있지만 중세 시대를 기준으로 한 편의적인 구성이라고 이해하면 좋을 듯하다. 제3부는 '근대 수학'에 대해 이야기하는데, 기호 대수학의 성립부터 미적분법의 발견까지 해설한다. 이 파트에서는 제목 그대로 근대의 수학을 다루고 있다.

《처음 읽는 수학의 세계사》라는 책의 제목에서 볼 수 있듯, 이 책은 수학 역사의 시작을 평이하게 해설하고 있다. 이 책을 통해 독자 여러분이 수학의 역사와 친해지고, 동시에 수학의 역사에 더 넓고 깊은 흥미와 관심을 가질 수 있다면 매우 기쁠 것이다.

- 우에가키 와타루

차례

제1장

고대 수학

1. 고대 오리엔트 수학

인류는 기원전 6000년경, 수렵 채집 생활에서 정착 농업 생활로 이행했다고 한다. 특히 큰 강 유역에서 정착하여 생활하는 지역 사회가 형성되면서 촌락에서 마을로, 마을에서 도시로 점점 발전하고, 수많은 인간의 공동생활을 조직적이고 기능적으로 유지하기 위한 행정 조직도 발달하게 되었다.

그렇게 기원전 3500년경, 티그리스·유프라테스강 유역(메소포타미아1))에 수메르인에 의한 최초의 도시 문명이 탄생했다. 수메르인 이후 메소포타미아를 지배한 바빌론 왕조 시대에 문명은 한층 더 번영하게 되는데, 바로 이 지역의 문명을 '바빌로니아 문명'이라고 칭한다.

한편 기원전 2800년경, 이집트의 나일강 유역에도 통일 왕조가

---

1) 메소포타미아(Mesopotamia)는 '~의 사이'를 의미하는 그리스어 '메소스'와 '큰 강'을 의미하는 그리스어 '포타모스'가 합성되며 만들어진 용어다.

성립하면서 신의 대리인인 왕(파라오)을 우두머리로 하는 전제 군주 국가가 형성되었다. 메소포타미아와 이집트에서는 문자와 숫자가 발명되었으며 고도의 수학적 지식도 축적되었다. 또한 계절의 변화에 대한 이해는 농업 생활에서 빼놓을 수 없는 것이었기에, 천체 관측도 오래전부터 꾸준히 실시되었다.

바빌로니아인은 1년을 360일로 정하고 다시 30일씩 12개월로 나누었는데², 1일을 12개의 2시간으로 나누고, 1시간을 60분, 1분을 60초로 나눈 것도 그들이었다. 또한 이집트에서는 1년이 365일이라

---

2) 바빌로니아인들은 실제 계절과 맞추기 위해 때때로 여분의 달을 덧붙이기도 했다.

는 사실을 알고 있었다.

이처럼 인류 역사에서 여러 수학적 과학이 처음 등장한 곳은 메소포타미아와 이집트 지역이었는데, 오늘날에는 이 지역을 '오리엔트 지방'이라고 부른다.

'오리엔트(orient)'라는 표현은 라틴어로 '해가 뜨는 곳'을 의미하는 단어인 '오리엔스(oriens)'에서 유래했다. 이는 라틴어를 공용어로 사용했던 고대 로마인들이, 자국인 이탈리아를 중심으로 동방 지역을 '오리엔스', 서방 지역을 '옥시던스(occidens)'라고 부른 것이 기원이다. 이러한 점에서 오늘날 '오리엔트 지방'은 대체로 이집트나 메소포타미아 지역을 가리키는 용어로 사용되고 있다.

수와 사칙 계산

이집트나 바빌로니아에서는 덧셈과 뺄셈은 간단하게 계산했지만, 곱셈과 나눗셈은 여러 가지 다양하게 궁리하며 계산했다. 고대 이집트의 곱셈은 '2배법'이라고도 부를 수 있는데, 예를 들어 13×14는 [계산 1]과 같다.

[계산 1]

	1	13
	\ 2	26
	\ 4	52
	\ 8	104
합계	14	182

이는 $13 \times 14 = 13(2 + 2^2 + 2^3) = 26 + 52 + 104 = 182$와 같은 계산에 상응하고 있는데, 오늘날의 관점에서 보면 2진법을 이용한 계산이라고도 말할 수 있다. 그리고 나눗셈은 완전히 곱셈의 반대였다.

이집트의 수 체계는 10배마다 새로운 숫자를 만드는 10진법이었는데, '0' 기호가 없었기 때문에 자리를 표기하는 방식의 원리를 갖고 있지 않았다. 그에 비해 바빌로니아의 수 체계는 10진법을 보조적으로 사용하면서도, 기본적으로 60진법을 따랐다. 바빌로니아인의 60진법은 도량형 제도에 유래한다고 여겨지는데,[3] 60은 2, 3, 4, 5, 6, 10, 12, 15, 20, 30이라는 10개의 수로 나눌 수 있으므로 매우 편리한 수다. 그러나 곱셈이나 나눗셈을 계산하기에는 어려움이 있었다.

오늘날 우리는 10진법을 사용하기 때문에, 구구단이라는 곱셈표를 암기하여 곱셈을 계산한다. 그 말은, 60진법에서는 1×1부터 59×59까지의 곱셈표가 필요하다는 것인데, 이를 완벽하게 암기하는 것은 그리 간단하지 않다. 그래서 그들은 다양한 곱셈표를 작성하고 그를 활용해 곱셈을 계산했다. $a \div b$라는 나눗셈은 b의 역수를 만들어, 그것을 a에 곱하는 방식으로 계산했다. 그들은 나눗셈을 하기 위해 다시 역수의 표를 만든 것이다.

게다가 60진법의 수 체계를 가진 바빌로니아는 자릿수 방식의 원

---

3) 길이의 기본 단위는 큐빗(cubit)으로, 1미리아=60스터디, 1스터디=360큐빗, 1큐빗=30디지트였다. 또 무게의 기본 단위는 미나로, 1달란트=60미나, 1미나=60세켈이었다.

리도 있었기 때문에 1보다 작은 수는 60진법 소수에 따라 표현했다. 예를 들어 '15:21, 30, 45'는 15가 정수 자리, 21이 소수 첫째 자리, 30이 소수 둘째 자리, 45가 소수 셋째 자리인 것이다.

그에 비해 이집트에서는 1보다 작은 수를 분모가 자연수인 단위분수(분자가 1인 분수)로 표현했는데, 다만 $\frac{2}{3}$만은 예외적으로 사용되어 독자적인 기호에 해당했다[4].

이집트에서는 곱셈이 2배법이었기 때문에 분모가 짝수일 때는 간단히 계산할 수 있었다. 예를 들어 $\frac{1}{6} \times 2$의 결과는 $\frac{1}{3}$이라는 단위분수로 나타낸 것이다. 그러나 분모가 홀수인 경우에는 이렇게 계산할 수 없었다. 예를 들어 $\frac{1}{5} \times 2$를 계산하는 경우, 이집트인은 단위분수만 사용했기 때문에 계산 결과를 $\frac{2}{5}$라고 표현할 수 없었다. 그래서 그들은 $\frac{2}{5}$를 $\frac{1}{3} + \frac{1}{15}$와 같은 단위분수의 합으로 나타냈다. 분모가 홀수인 단위분수를 2배 하는 계산의 경우, 바로 단위분수의 합으로 바꿀 수 있도록 그들은 새롭게 분수표 **[표 1]**을 작성한 것이다[5].

---

4) $\frac{2}{3}$를 나타내는 기호는 '☝'였으며, $\frac{1}{2}$은 '⌑'라는 기호가 사용되었다.

5) $\frac{2}{5}$를 단위분수의 합으로 나타내는 것을, 2개의 물건을 5명이 나누는 경우로 생각한다. 2개를 각각 삼등분한다면 한 사람에게 돌아가는 양은 $\frac{1}{3}$이 되며, $\frac{1}{3}$개가 남는다. 남은 것을 다시 5등분하면 한 사람에게 돌아가는 양은 $\frac{1}{15}$이 되며, 이를 더하면 한 사람의 분량은 $\frac{1}{3} + \frac{1}{15}$이 된다. 따라서 분수표에서 '3'은 $\frac{2}{3}$가 된다.

[표 1]

분모	단위분수의 분모			분모	단위분수의 분모			
3	$\bar{\bar{3}}$			53	30	318	795	
5	3	15		55	30	330		
7	4	28		57	38	114		
9	6	18		59	36	236	531	
11	6	66		61	40	244	488	610
13	8	52	104	63	42	126		
15	10	30		65	39	195		
17	12	51	68	67	40	335	536	
19	12	76	114	69	46	138		
21	14	42		71	40	568	710	
23	12	276		73	60	219	292	365
25	15	75		75	50	150		
27	18	54		77	44	308		
29	24	58	174	232	79	60	237	316	790
31	20	124	155	81	54	162		
33	22	66		83	60	332	415	498
35	30	42		85	51	255		
37	24	111	296	87	58	174		
39	26	78		89	60	356	534	890
41	24	246	328	91	70	130		
43	42	86	129	301	93	62	186		
45	30	90		95	60	380	570	
47	30	141	470	97	56	679	776	
49	28	196		99	66	198		
51	34	102		101	101	202	303	606

산술 문제

고대 이집트의 수학에 관한 문서는 몇 가지가 존재하는데, 특히 대영박물관에서 소장 중인 《린드 파피루스(Rhind Papyrus)》라는 수학 문서가 유명하다. 기원전 1650년경 만들어졌다고 추정되는 《린드 파피루스》는 테베의 라메세움 가까이에 있는 폐허에서 발견되었는데, 그를 영국인 헨리 린드[6]가 사들이면서 그와 같은 이름이 붙여졌다. 다만 이 수학 문서는 고대 이집트의 서기, 아메스(Aahmess)가 썼다고 알려져 있어, 《아메스 파피루스(Aahmes Papyrus)》라고도 불린다.

《린드 파피루스》에는 산술이나 기하학 등에 관한 87가지 문제(단, 마지막 세 문제는 단편)가 담겨 있는데, 지금부터 그중 몇 가지 문제를 살펴보려고 한다.

《린드 파피루스》에는 '100개의 빵을 10명의 사람에게 나눌 수 있는데, 만약 빵 50개를 6명에게, 나머지 50개를 4명에게 나누어준다면 한 사람에게 할당되는 양의 차이는 얼마인가?'라는 문제 39의 '빵의 분배 문제', '4명의 수장이 각각 12명, 8명, 6명, 4명의 사람을 거느리고 곡물 100헤카트[7]를 운반한다고 하자. 이때 각 부대는 곡물을 몇 헤카트씩 소유하는가?'라는 문제 68의 '비례 배분의 문제'

---

6) 알렉산더 헨리 린드(Alexander Henry Rhind, 1833~1963)는 스코틀랜드 북동부 지역의 케이스네스주에서 태어났으며, 에든버러 대학에서 공부했다. 자연사, 고대사, 고고학 등에 큰 관심을 가졌으며, 이집트 등 여러 나라를 여행했다.
7) 헤카트(hekat)는 부피 또는 용량을 나타내는 단위로, 1헤카트는 약 4.8리터다.

등 실용적인 문제를 많이 다루고 있다.

또 바빌로니아에서도 유산 상속 문제, 이자 계산 문제, 임금에 관한 문제 등 일상에서 일어날 수 있는 문제를 다수 취급했다. 바빌로니아에서는 수의 표가 많이 만들어졌는데, 그 표들은 일상의 경제생활에 필요한 도량형의 표와 깊은 관련이 있다.

아하의 문제

이집트에는 '아하의 문제[8]'라고 불리는 문제들이 있다. 예를 들어 '어떤 양에 $\frac{1}{7}$을 더하면 19가 된다. 이때 어떤 양은 얼마인가?'라는 문제 24는 일차 방정식 문제라고도 볼 수 있다. 물론 이집트인들은 미지수를 활용하여 이 문제를 해결하지 않고, 가정법[9]이라고 할 수 있는 방법으로 문제를 풀었다.

가정법이란, 먼저 답의 수치를 가정하고, 그 가정한 수치를 사용해 문제가 가리키는 대로 계산하여 하나의 값을 도출한다. 그리고 그렇게 얻은 수치와 처음에 주어진 수치를 비교하는 것이다. 다시 말해 '진짜 값'과 '가정한 값'의 관계는, '주어진 수'와 '가정한 값을

---

8) 아하(aha)는 원래 '양(量)'이나 '퇴적'을 의미하는데, 이러한 문제의 대부분이 '아하'라는 단어로 시작한다는 점에서 후에 '아하의 문제'라고 부르게 되었다고 한다.

9) 가정법은 이집트뿐만 아니라 그리스, 인도, 아라비아 등에서도 널리 이용되었다. 아라비아인은 가정법을 'hisab-al-khataayn(Reckoning by two errors)'이라고 불렀으며, 중세 유럽에 전해진 이후로는 'elchataym'이라고 했다.

바탕으로 얻은 수'의 관계와 같다고 생각할 수 있으며, 이는 곧 비례 관계를 배경으로 하고 있다고 할 수 있다.

반면 바빌로니아의 수학에서는 오늘날의 이차 방정식 해법에 상 응하는 내용을 다루고 있다. 예를 들어 '길이와 너비를 곱해 면적을 구했다. 그리고 길이가 너비보다 초과한 부분을 면적에 더해 3, 3을 얻었다. 길이와 너비의 합이 27이라고 할 때, 길이, 너비, 면적은 과 연 얼마인가?'라는 길이와 너비에 관한 문제가 있다.

여기에서 '3, 3'은 60진법에 의한 표기이므로, 이를 10진법으로 고치면 $3 \times 60 + 3 = 183$이 된다. 따라서 길이와 너비를 각각 x, y로 하 여 오늘날의 기법으로 나타내면 $\begin{cases} xy + x - y = 183 \\ x + y = 27 \end{cases}$ 와 같이 되므로,

연립 이차 방정식 문제로 볼 수 있다. 해법은 글로 표현되어 있으며, 내용 측면에서는 오늘날 답의 공식에 상응하고 있다[10]. 이와 같은 문제는 실용적인 계량 계산을 위한 연습 문제로 다루었던 것은 아닌 지 생각할 수 있다.

세케드의 문제

세케드[11]의 문제란 피라미드와 관련된 문제로, 예를 들어 문제 56

---

10) 연립 방정식 '$x + y = a, xy = b$'의 답은

$$x = \frac{a \pm \sqrt{a^2 - 4b}}{2}, y = \frac{a \mp \sqrt{a^2 - 4b}}{2}$$ 가 된다.

11) 세케드(seked)는 원래 '구축하다'라는 의미의 '케드'라는 동사에, 사역 접두 사 '세'가 붙어 만들어진 단어로, 피라미드를 쌓아 올리는 것을 의미한다.

12) 큐빗은 고대 이집트, 바빌로니아에서 사용하는 길이의 단위로, 팔꿈치에 서 가운뎃손가락 끝까지의 길이를 나타낸다. 1큐빗은 약 52cm다.

은 '밑면의 한 변의 길이가 360큐빗[12], 높이가 250큐빗인 피라미드를 계산하는 문제. 그대는 나에게 그 세케드를 알려달라'라는 내용이다. 이 문제의 해법을 보면 180을 250으로 나누어 세케드를 구하고 있으므로, [그림 1]처럼 피라미드의 밑면과 옆면이 이루는 각을 θ(세타)라고 할 때, 세케드는 $\cot\theta$(코탄젠트 세타, $\frac{1}{\tan\theta}$)가 된다. 다시 말해 세케드란 밑면으로부터 1큐빗만큼 쌓아올릴 때, 옆면이 얼마나 안쪽으로 기울어져 있는가를 나타내는 값을 말한다. 피라미드를 건설하기 위해서는 피라미드의 기울기와 관련된 값을 계산할 필요가 있었던 것이다.

[그림 1]

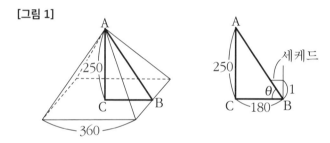

정사각형의 대각선 길이

이집트에서는 문자를 기록하기 위해 나일강 부근에 자생하는 파피루스 풀로 만들어진 일종의 종이를 사용했는데, 바빌로니아에서는 점토판을 사용했다.

[그림 2]는 그 점토판 중 하나로, 정사각형의 대각선 길이가 기록되어 있다. [그림 3]의 왼쪽 위의 기호는 정사각형의 한 변의 길이가 30이라는 것을 나타내고 있다. 그리고 중앙의 아랫줄에는, 한 변이

[그림 2]   [그림 3]

30인 정사각형의 대각선 길이가 '42 : 25, 35'라고 표기하고 있다. 중앙의 윗줄에는 '1 : 24, 51, 10'이라고 적혀 있는데, 이는 정사각형 한 변의 길이를 1이라고 했을 때의 대각선 길이를 의미한다. 다시 말해 이 값은 바빌로니아인에 의한 $\sqrt{2}$ 의 계산값인 것이다. '1 : 24, 51, 10' 을 10진법으로 바꾸면, $1 + \dfrac{24}{60} + \dfrac{51}{60^2} + \dfrac{10}{60^3} = 1.414212896\cdots\cdots$ 이 되므로, 바빌로니아인은 소수점 다섯 번째 자리까지 정확하게 구했다는 사실을 알 수 있다.

바빌로니아인은 어떻게 이와 같은 $\sqrt{2}$ 의 정밀한 값을 구할 수 있었을까? 이에 대해서는 다음과 같이 추측할 수 있다.

오늘날에는 $\sqrt{a}$ 의 값을 구하려고 할 때, 그의 제1근사치를 a_1 이라고 하면 $\dfrac{a}{a_1}$ 도 $\sqrt{a}$ 의 근사치가 된다. 이를 b_1 이라고 하며, $b_1 = \dfrac{a}{a_1}$ 라고 한다. 만약 a_1 이 진짜 값보다 작(크)다면 b_1 은 진짜 값보다 큰 (작은) 값이 된다. 따라서 $a_2 = \dfrac{1}{2}(a_1 + b_1)$ 로 구할 수 있는 값 a_2 는 a_1 보다 정밀도가 높은 제2근사치가 된다. 나아가 $\dfrac{a}{a_2}$ 를 구하여 그 값을 b_2 라고 한다면, 같은 이유로 $a_3 = \dfrac{1}{2}(a_2 + b_2)$ 가 더 정밀도가 높은 근사치가 된다. 그리고 이를 계속 반복하면 $\sqrt{a}$ 의 진짜 값에 점점 가까워질 수 있는 것이다[13].

$\sqrt{2}$의 제1근사치를 1.5로 하는 것은 자연스러운 일이므로 여기에서 출발하여 차례대로 계산하면 **[계산 2]**와 같다.

[계산 2]

제1근사치 1.5를 60진법으로 바꾸면 1:30이 되므로 $a_1 = 1:30$이라고 하면, $b_1 = \dfrac{2}{1:30} = 1:20$이 되며, $a_2 = \dfrac{1}{2}(1:30 + 1:20) = 1:25$가 된다.

다음으로 제2근사치를 $a_2 = 1:25$라고 하고, b_2를 구하면

$b_2 = \dfrac{2}{1:25} = 1:24, 42$가 되며,

$a_3 = \dfrac{1}{2}(1:25 + 1:24, 42) = 1:24, 51$이 된다.

나아가 제3근사치를 $a_3 = 1:24, 51$이라고 하고 위와 같은 순서로 제4근사치를 구하면 $1:24, 51, 10$을 얻을 수 있다.

원의 면적

고대 오리엔트에서는 토지의 계량이나 곡물 창고 등과 관련하여

---

13) 바빌로니아인의 방법을 일반화하여 생각하면, $\sqrt{A}$의 근사치를 a라고 할 때, 보다 정밀한 다음 근사치를 $\dfrac{1}{2}\left(a + \dfrac{A}{a}\right)$에 의해 구하려고 하는 것이므로, $\sqrt{A} \fallingdotseq \dfrac{1}{2}\left(a + \dfrac{A}{a}\right)$라고 할 수 있다. 여기에 $A = a^2 \pm b$라고 하면, $\sqrt{A} \fallingdotseq \dfrac{1}{2}\left(a + \dfrac{a^2 \pm b}{a}\right) = a \pm \dfrac{b}{2a}$가 되어 $\sqrt{a^2 \pm b} \fallingdotseq a \pm \dfrac{b}{2a}$를 얻을 수 있다. 또 이를 더욱 자세하게 계산하면 일반적으로 $a \pm \dfrac{b}{2a} > \sqrt{a^2 \pm b} > a \pm \dfrac{b}{2a \pm 1}$가 된다.

[그림 4]   [그림 5]

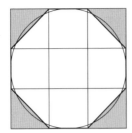

직사각형과 사다리꼴, 원 등의 면적이나 사각기둥, 원기둥 등의 부피를 구하는 계산도 행해졌다. 여기에서는 원의 면적을 구하는 방법에 대해 살펴보자.

이집트에서는 '지름이 9케트[14]인 둥근 토지의 면적은 얼마인가?'(문제 50)라는 문제를 다루면서, 그 답을 지름에서 $\frac{1}{9}$, 약 1을 뺀 값인 8을 8배한 64로 구하고 있다[15].

이 해법은 '원의 면적과 그 원에 외접하는 정사각형의 면적을 비교하라'라는 문제 48에 첨부된 **[그림 4]**와, 그를 현대적으로 해석한 **[그림 5]**에서 명확하게 볼 수 있듯, 외접한 정사각형의 네 모퉁이를 잘라 만들 수 있는 팔각형에 의해 원에 가까워진다는 사실을 알 수 있다. 이 팔각형의 면적은 $9^2 - 4 \cdot \frac{1}{2} \cdot 3 \cdot 3 = 81 - 18 = 63$이지만, 이집트인은 이를 64, 즉 8^2이라고 했다. 다시 말해 지름이 9인 원의 면

---

14) 케트(khet)는 길이의 단위로, 1케트는 약 52m다. 즉 1케트=100큐빗이라고 할 수 있다.

15) 일반적으로 원의 지름을 d라고 하면, 원의 면적은 $\left(d - \frac{1}{9}d\right)^2$로 나타낼 수 있다.

적은 한 변이 8인 정사각형의 면 [그림 6]
적과 거의 같다고 생각한 것이다.

이 결과로부터, 이집트에서 시행했던 원주율의 값을 계산할 수 있다. 지름이 9인 원의 면적은 $\pi\left(\dfrac{9}{2}\right)^2$며, 이 값이 8^2과 거의 같다고 할 수 있으므로 $\pi\left(\dfrac{9}{2}\right)^2 \fallingdotseq 8^2$

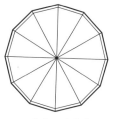

바빌로니아의
정십이각형 닮은꼴

에 의해 $\pi \fallingdotseq 3.16$이라고 구할 수 있다. 오차가 약 0.02 정도로, 굉장히 좋은 근사치라는 것을 알 수 있다.

반면 바빌로니아에서는 원에 내접 및 외접하는 정십이각형의 면적을 구하여, (내접하는 정십이각형의 면적)〈(원의 면적)〈(외접하는 정십이각형의 면적) 이라는 관계에 의해 원의 면적을 근사적으로 구했다[그림 6]. 반지름이 2인 원에 내접하는 정십이각형의 면적은 12이며, 외접하는 정십이각형의 면적은 13보다 작다는 점으로부터 '12〈(원의 면적)〈13'이 되므로 바빌로니아인은 (원의 면적)$= \dfrac{1}{2}(12+13)= \dfrac{25}{2}$라고 한 것이다.

이 결과로부터, 바빌로니아에서 시행했던 원주율의 값을 계산할 수 있다. 다시 말해 반지름이 2인 원의 면적은 4π 이므로, $4\pi \fallingdotseq \dfrac{25}{2}$ 가 되며 이에 따라 $\pi \fallingdotseq 3.125$라고 할 수 있는 것이다.

고대 오리엔트 수학의 특징

고대 오리엔트에서는 일상생활에서 볼 수 있는 산술 문제의 해법이외에도 도형의 면적이나 입체의 부피를 구하는 방법, 피타고라스의 정리 등 많은 수학적 지식과 기법이 알려져 있었는데, 이들 대부분은 관개 농업에 기초를 둔 전제적인 사회에서 국가의 유지와 사람들의 생활 향상을 위해 자연에 대처하면서 축적된 것이었다.

매년 정기적으로 반복되는 나일강 범람에 대처하기 위해 이집트인들은 토목 공사를 실시하여 관개망을 정비하였으며, 나일강 범람 후에는 징세를 위해 토지의 구획 측량도 시행하였다. 예를 들어 '역사의 아버지'라고 불리는 헤로도토스[16]는 그의 저서 《역사》[17]에서 다음과 같이 말했다.

'(이집트의) 제사장의 말에 따르면 왕(세소스트리스)은 이집트인 한 사람 한 사람에게 동일한 면적의 사각형 토지를 수여하고, 모든 이집트인에게 국토를 분배하여 그에 따라 매년 소작료를 납부할 의무를 부과함으로써 국가의 재원을 확보했다고 한다. 강물의 양이 증가함에 따라 소유지의 일부를 잃는 자가 있다면, 본인이 직접 왕이 있는 곳을 찾아가 피해 상황을 보고했다. 그러면 왕은 검증을 위해 사람을 파견하여 줄어든 토지를 측량한 뒤, 조정된 납세율에 따라(남은 토지에 대해) 소작료를 납부하게 했다. 나는 기하학이 이와 같은 동기

---

16) 헤로도토스(Herodotus, 기원전 484~기원전 425년)는 고대 그리스의 도시 할리카르나소스를 지배하는 명문 높은 가문의 출신으로, 사모스와 아테나이에 거주하였으며 이집트, 흑해, 바빌로니아 등을 여행했다고 알려져 있다.
17) 헤로도토스의 저서 《역사》는 그리스인의 전쟁에 관한 내용이지만, 각 지역의 다채로운 일화와 민족지적인 자료가 풍부하게 담겨 있어 널리 읽히고 있다.

로 발명되어, 이후에 그리스로 넘어간 것이라고 생각한다.'

이러한 헤로도토스의 증언처럼 기하학은 이집트로부터 발상했다고 여겨지고 있다.

기하학을 의미하는 'geometry'라는 영어단어 자체는 토지를 의미하는 'geo-'와 측량을 의미하는 '-metry'의 합성어다[18]. 이처럼 기하학이라는 학문은 애초에 '토지를 계량하다'라는 실용적인 필요에서 출발하였으며, 그로부터 얻은 다양한 경험적 지식과 기술 가운데 모두에게 공통으로 인정받은 도형의 성질이나 여러 법칙이 추출되어, 사고의 형식으로서 축적되면서 성립했다고 말할 수 있다.

그렇다면 고대 오리엔트 사람들은 인간을 둘러싼 자연과 세계의 형성에 대해 어떻게 생각하고 있었을까?

고대 오리엔트 사회에서는 인간과 연속되어 있으면서도, 인간에게는 없는 주술력을 가진 여러 신에 의해 세계가 성립되었다고 생각했다. 바빌로니아의 창세기라고 전해지는 천지창조 신화《에누마 엘리시(Enuma Elish)》가 그 하나의 증거이며, 이집트에서는 헬리오폴리스 신화가 전해지고 있다. 다시 말해 고대 오리엔트 사회는 주술적, 신화적인 자연관과 세계관을 토대로 한 사회였는데, 그러한 사회에서는 신의 말씀을 민중에게 전하는 신관의 영향력이 점차 강해지기 마련이다. 그 결과 신왕을 중심으로 한 신관 계급의 지배에 따

---

18) 'Geometry(기하학)'는 그리스어로 '토지'를 의미하는 '게-(γεω-)'와 '측량하다'를 의미하는 '메트리아(μετρία)'의 합성어다.

[그림 7]

이집트의 서기상

라 국가가 구축되었다.

이러한 국가는 규모가 점점 커지면서 행정의 주요한 지위를 왕족과 귀족이 차지하는 관료 국가로 확립되어 갔다. 그리고 관료 국가를 유지하기 위해서는 방대한 행정 사무를 적확하게 처리해야 할 필요가 있었기 때문에 '서기'라는 직업이 탄생하게 되었다.

서기는 문자를 읽고 쓸 수 있으며 징세, 측량 등을 위한 수학적 지식이나 기법을 익혀야만 했기에, 서기를 양성하는 학교도 설립되었다. **[그림 7]**은 서기 도구를 들고 책상다리로 앉아, 무릎 위에 파피루스를 펼친 이집트의 서기상이며, 《린드 파피루스》를 집필한 아메스 또한 이러한 서기 중 한 사람이었다.

고대 오리엔트의 수학은, 앞에서 서술한 것처럼 전제적인 관료 국가를 유지하기 위해 발달했다고 할 수 있는데, 그 첫 번째 특징으로 실용적이었다는 점을 지적할 수 있다. 예를 들어 빵의 분배 문제나 토지의 면적, 곡물 창고의 부피 등을 구하는 문제를 다루고 있다는 것이 바로 그 증거라고 할 수 있다.

두 번째 특징은 이론적이지 않고 방법적이라는 점이다. 《린드 파피루스》도, 바빌로니아의 점토판도 문제가 먼저 나오고 그다음에 계산 과정을 서술한 후, 해답을 기술하는 형태로 이루어져 있는데, '왜' 그와 같은 계산이 옳은지, '왜' 그 정리를 사용해도 괜찮은지에 대한 이유는 일절 서술하지 않는다.

고대 오리엔트에는 피타고라스의 정리에 상응하는 내용이 알려져 있어 그것을 이용해 문제도 풀었지만, 그 정리가 옳다는 근거에 대한 기록은 남아 있지 않다. 이것이 바로 '이론적이지 않고 방법적이다'라는 의미다. 이와 같은 특징은 고대 오리엔트뿐만이 아니라, 전제적이며 관료적인 국가 체제였던 고대 중국도 마찬가지였으므로 고대 수학의 전반적인 특징이라고도 말할 수 있다.

그러나 곰곰이 생각해 보면, 적어도 처음 문제를 푼 사람은 그 해법의 정당성을 이해했을 것이다. 피타고라스의 정리 또한, 오늘날과 같은 증명은 없다고 하더라도 정리의 타당성을 어떠한 형태로 나타낼 수 있었을 것이라고 추측된다. 그렇지 않으면 문제를 풀거나, 정리를 이용할 수 없기 때문이다.

무엇보다 그 이해가 어느 정도였는지 명확하지 않지만, '왜'라는 이유를 전혀 설명할 수 없었던 것은 아니다. 단지 그들은 그러한 이유를 논리적인 형태로 정리하고 기술하지 않았을 뿐이다. 그리고 '왜 그렇게 하지 않았는가?'라는 질문에, 그들은 그것을 비장의 기술이라 여겨 공표하고 싶지 않았던가, 아니면 그러한 정리나 기술에 대한 가치를 인정하지 않기 때문은 아닐지 추측하는 수밖에 없다. 다시 말해 '고대'란 그런 시대였던 것이다.

게다가 전제적 관료 국가라는 사회 체제도 '왜'라는 질문에 대한 이유의 설명을 중요하게 생각하지 않았던 요인 중의 하나라고 할 수 있다. 전제적 국가는 이른바 상의하달(上意下達)의 세계이며 왕의 명령은 절대적이었기 때문에, 왕이 '왜' 그런 명령을 하였는가에 대해 의문을 품지 않았을 것이며, 어떠한 일을 행함에 있어 논리적으로 이유를 설명하는 것보다 '어떻게 실행하였는가?'라는 문제의 방향을 더 중요하게 여겼을 것이다. 따라서 주어진 문제에 대해 그 해법의 과정과 결과를 제시할 수 있으면, 그 해법을 굳이 이론적으로 파고들 생각은 하지 않았던 것이다.

결국 고대 오리엔트의 수학은 구체적이고 개별적이며, 실용적인 여러 문제에 대한 풀이집이라는 점이 특징이다.

[그림 2] 《수학의 여명》, 반 데어 배르덴(Van der Waerden) 지음, 미스즈쇼보 출판 (한국 미출간)

2. 탈레스와 피타고라스학파

신화에서 이성으로

일반적으로 '에게 문명'이라고 부르는 그리스 초기의 문명은, 시기적으로 기원전 2000년경부터 기원전 1200년경까지 번영했다. 에게 문명은 전기의 크레타 문명과 후기의 미케네 문명의 두 기간으로 나눌 수 있다. 미케네 문명은 기원전 1400년경부터 시작하지만, 기원전 1200년경 발칸 반도에서 남하한 도리아인에 의해 파괴되면서 그리스 땅은 일시적으로 '암흑기'를 맞이하게 된다.

도리아인의 남하로 그리스 본토에서 쫓겨난 사람들은 에게해의 여러 섬과 바다 건너 소아시아 연안으로 이주했는데, 미케네 문명의 전통을 계승한 그들은 고대 오리엔트에서 볼 수 있는 신관 계급을 갖추지 않았으며, 종교적 통제로부터도 자유로웠다. 그 결과 소아시아 연안 지역에는 평등한 개인을 구성원으로 하는 폴리스(도시 국가)가 형성되었는데, 이 지역의 북부는 아이올리스 지방, 남부는 이오

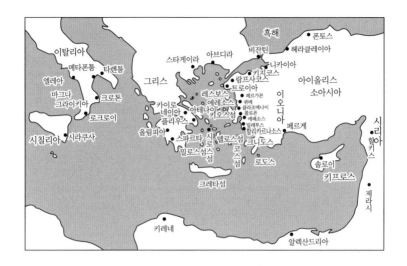

니아 지방이라고 부른다.

그리스에서 가장 오래된, 즉 세계 최고(最古)의 서사시인 호메로스[1]와 헤시오도스[2]는 아이올리스 지방과 깊은 관련이 있다. 다시 말해 호메로스의 대표작 《일리아스(Ilias)》는 아이올리스 북부 지역인 트로이아를 무대로 한 전쟁을 생동감 있게 그려낸 서사시[3]이며, 헤시오도스가 그의 저서 《노동과 나날(Ergakai Hemerai)》에서 '어느 날 아버지는 아이올리스의 퀴메 항을 뒤로 하고, 검은 배를 타고 대해

---

1) 호메로스(Homeros, 기원전 700경)는 그리스 최고(最古)이자 최대의 시인이라고 불리는 인물이다. 그의 작품으로 《일리아드》, 《오디세이》 등이 유명하다.
2) 헤시오도스(Hesiodos, 기원전 700경)는 고대 그리스 초기의 서사시인으로, 그의 유명한 작품으로는 《노동과 나날》, 《신통기》 등이 있다.
3) 서사시란 민족 등 사회 집단의 역사적 사건이나 영웅의 일화 등을 이야기하는 시를 의미한다.

를 건너 이 땅에 닿았다'라고 서술하는 것처럼, 헤시오도스의 아버지는 아이올리스 지역의 사람이었다.

또 호메로스의 출생지로 유력하다고 여겨지는 후보지도 아이올리스 지방의 키오스 혹은 퀴메다. 호메로스와 헤시오도스는 기원전 7000년경, 소아시아 아이올리스의 남부 지역에서 미케네 문명의 전통을 계승한 서사시를 창작한 것이다.

고대 그리스 신화는 이 두 명의 작품을 바탕으로 구성되었는데, 특히 헤시오도스의 저서 《신통기(Theogony)》는 고대 오리엔트의 신화적 세계관의 영향을 받은 듯 천지창조 줄거리를 다루고 있다. 그러나 《신통기》는 헤시오도스 개인의 자유로운 표현에 의한 서사시로 기술되고 있으며, 고대 오리엔트 세계에서 볼 수 있는, 전제적 국가로 이어지는 신화적 세계관과는 다른 성격을 지니고 있다고 여겨진다. 이러한 헤시오도스의 '자유성'은 소아시아 지방의 사회적 환경 속에서 잘 다듬어졌다고 할 수 있다. 그런 의미에서 고대 초기 그리스 지역에서는 고대 오리엔트적 사고의 틀에서 벗어나려는 이탈이 진행되었다고 간주할 수 있다.

앞에서 서술한 것처럼 고대 그리스 초기, '소아시아'라고 불리는 에게해의 동쪽 연안 지역에서는 일찍이 상공업이 발달하고, 고대 오리엔트와는 전혀 다른 자유롭고 평등한 세계관과 자연관이 형성되었으며, 주술적이고 신화적인 세계관과 자연관으로부터 이탈하려는 경향이 진전되었다고 생각할 수 있다. 특히 남부의 이오니아 지방에서 이러한 경향이 강하게 나타났으며, 자유로운 분위기로 가득했다.

아리스토텔레스 　　　　　 탈레스

　이와 같은 자유로운 분위기 속에서 세계와 자연을 합리적이고 이성적으로 설명하려는 기풍이 만들어지면서 '자연을 탐구하는 사람', 즉 '자연학자'[4]를 배출하게 되었다. 그리고 최초의 저명한 자연학자가 바로 탈레스[5]였다.

　아리스토텔레스[6]는 저서 《형이상학》[7]에서 자연학자들의 계보를

---

4) 자연은 그리스어로 '피지스(physis)'라고 하는데, 이는 물리학(physics)의 어원이 되고 있다. 또한 자연학자는 '피시올로고이(physiologoi)'라고 한다.

5) 탈레스(Thales, 기원전 625경~기원전 547경)는 이오니아 지방의 밀레투스에서 태어났다. 고대 그리스 학문의 시조라고도 말하며, 7명의 그리스 성인 가운데 필두로 있다. 기원전 585년에 일어난 일식을 예언하거나, 기후를 예측하여 사전에 저렴하게 사들인 올리브유 압착기를 비싸게 판매하여 엄청난 부를 축적하는 등의 일화로도 유명하다.

6) 아리스토텔레스(Aristoteles, 기원전 384~기원전 322)는 플라톤의 제자로, 고대 그리스의 최대의 철학자이며, 그리스 철학을 집대성한 인물이라고 전해진다. 플라톤이 세상을 떠난 후, 잠시 동안 마케도니아왕 필리포스 2세의 아들 알렉산드로스의 가정교사를 하다가, 이후 아테나이에 돌아가 학원 리케이온을 세웠다.

기술하면서 탈레스를 '지혜를 갈망한(철학) 최초의 사람'이라고 표현했다. 그 이후로 고대 그리스에 발단이 되는 자연철학을 역사적으로 기술할 때, 혹은 서양 철학사 서적을 쓸 때는 언제나 탈레스로 시작한다는 전통이 이어졌다.

탈레스는 자연 탐구의 결과로 '만물의 근원은 물'이라는 명제를 내세웠는데, 사실 물을 만물의 근원이라고 간주한 사고방식은 고대 오리엔트에서 유래했다. 고대 이집트에서는 만물의 창조신인 아툼을 '원초의 물'인 '눈'의 자식8이라고 생각하였으며, 바빌로니아에서는 만물이 물의 여신 티아마트로부터 탄생했다고 여겼다9. 따라서 탈레스는 만물의 근원을 물에서 찾으려고 했다는 점에서 고대 오리엔트의 연장선에 있다고도 볼 수 있다.

그러나 탈레스가 자연의 성립을 설명하며 언급한 '물'은, 고대 오리엔트처럼 의인적 신들이 깃든 '물'이 아닌 자연 그 자체에서 발견할 수 있는 것으로, 다르게 표현하면 탈레스는 '물질로서의 물'을 만물이 탄생하는 근원이라고 생각했던 것이다.

---

7) 《형이상학》은 아리스토텔레스의 주요 저서 중 하나로, 원제 '메타피직스(Metaphysics)'는 '자연학 이후의'라는 의미다. 자연적이고 감각적인 것을 뛰어넘는 학문이라는 중세 스콜라 철학 이후의 의미에 따라 '형이상학'이라는 제목으로 불리게 되었다.
8) 이집트에 전해지는 세계와 신의 창조에 관한 신화 중 하나인 헬리오폴리스 신화를 바탕으로 한다.
9) 메소포타미아 창세기로서 전해 내려오는 천지창조 이야기 《에누마 엘리시》에 따른다.

피타고라스

　그런 의미에서 탈레스는 고대 오리엔트와 다르다고 할 수 있는데, 그는 의인적인 신들의 행위가 아닌 자연적이고 경험적으로 이해할 수 있는 사실과 단어를 통해 자연을 말하기 시작했다. 즉 탈레스는 '초자연적인 존재(신)'를 배제하고 '자연적인 존재(물질로서의 물)'를 통해 세계를 설명하려고 한 것이다.

　그러므로 고대 오리엔트에서 탈레스로의 이행은, 의인적 신들에 근거하여 세계와 자연을 설명했던 것에서 원리를 통해 자연 자체의 내재적 움직임을 설명하는 것으로의 이행이라고도 말할 수 있다. 여러 학자들은 이러한 움직임을 '신화에서 이성으로'라는 간결한 문장으로 표현했다. 탈레스의 경우, '물'의 비신화화가 자연의 신화적 해석에서 이성적 해석으로 전환하는 계기가 된 것이다.

　이렇게 고대 초기의 그리스 세계에서 신화와 이성이 혼란스럽게 뒤섞인 시대, 즉 신화적 단계에서 이성적 단계로 가는 과도기라고 평가되는 호메로스와 헤시오도스의 시대를 지나, '신화(mythos)에서 이성(logos)으로'라는 자연관 전환의 실마리가 열렸다고 할 수 있다. 그리고 고대 그리스에서는 그에 대한 연장선으로 자연 철학의 전통이 형성되었던 것이다.

자연 철학의 두 전통

디오게네스 라에르티오스[10]의 《그리스 철학자 열전》[11]은 2세기가 끝날 무렵부터 3세기에 걸쳐 집필된 전기(傳記) 도서다. 이 책의 서장에서는 다음과 같이 서술하고 있다.

'철학(지혜의 사랑)에는 두 가지 기원이 있다. 하나는 아낙시만드로스[12]로부터 시작하며, 또 다른 하나는 피타고라스[13]에서 시작한다. 아낙시만드로스는 탈레스에게 가르침을 받았으며, 피타고라스는 페레키데스[14]가 지도했다. 전자는 이오니아학파라고 불렀는데, 그 이유는 탈레스가 밀레투스 출신으로 이오니아인이었고, 또 그가 아낙

---

10) 디오게네스 라에르티오스(Diogenes Laertius, 200년경)는 고대 그리스의 학설지가이자 전기 작가다.
11) 《그리스 철학자 열전》은 탈레스부터 에피쿠로스까지 총 82명의 철학자에 대해 다루는 디오게네스 라에르티오스의 대표 저서다.
12) 아낙시만드로스(Anaximandros, 기원전 6세기 중반)는 탈레스의 제자로, 우주의 기원부터 기상학, 지리학까지 다루는 자연학에 관한 책을 썼다고 전해진다.
13) 피타고라스(Pythagoras, 기원전 560경~기원전 480경)는 이오니아 지방의 밀레투스 앞바다에 위치한 사모스섬에서 태어났다. 18세 즈음에 탈레스의 가르침을 받은 이후, 이집트로 여행을 떠나 천문학과 기하학을 깊이 탐구하였다. 그는 신들의 비밀스런 종교의식을 전수받고, 바빌로니아에서 마기들과 우호적으로 교류하였으며, 후에 이탈리아 남부의 클로톤에서 반종교적, 반정치적 결사를 창설했다. 피타고라스는 영혼은 불멸하며 여러 가지 동물의 신체를 차례차례 돌아다닌다는 영혼 윤회설을 가지고 있었다고도 전해진다.
14) 페레키데스(Pherecydes, 기원전 550경)는 에게해의 시로스라는 작은 섬에서 태어났다. 그는 신들과 자연의 생성에 관한 최초의 도서를 집필하고, 신비적 우주론을 전개했다고 한다.

시만드로스를 가르쳤기 때문이다. 반면 피타고라스로부터 시작하는 후자는 이탈리아학파라고 불렸는데, 이는 피타고라스가 주로 이탈리아 지역에서 철학을 연구했기 때문이다.'

다시 말해 고대 그리스에서의 자연 철학의 전통은 크게 탈레스를 시조로 하는 이오니아학파(밀레투스학파)와 피타고라스를 시조로 하는 이탈리아학파(피타고라스학파), 두 가지 흐름으로 분류되었다.

밀레투스학파에는 탈레스, 아낙시만드로스, 아낙시메네스[15] 등이 속해 있는데, 이들은 모두 이오니아 지방의 도시인 밀레투스에서 태어났으며, 순서대로 사제 관계에 있다고 전해진다.

만물의 근원이 '물'이라는 탈레스의 주장에 비해, 아낙시만드로스는 '무한정의 존재'를, 아낙시메네스는 '공기'를 만물의 근원이라고 생각했다. 이는 모두 '세상은 무엇으로 이루어져 있는가?'라는 질문에 대한 대답으로, 아리스토텔레스는 이들에 대해 '최초로 철학한 사람들의 대부분은, 질료[16]의 의미에서의 그것만을 모든 사물의 근원이라고 생각했다'라고 평가했다.

여기에서 말하는 '질료'란, 소재, 재료 등을 의미하며, 질료에 무언가의 과정이 더해지면서 어떠한 형태를 갖춘 것이 만들어진다는 것인데, 철을 질료로 하여 도끼를, 목재를 가공하여 의자를 만드는 등

---

15) 아낙시메네스(Anaximenes, 기원전 6세기 중반)는 아낙시만드로스의 제자로, 우주의 시작 등에 대해 아낙시만드로스보다 더 세밀하게 설명하고 있다.
16) 그리스어로 'hyle'이라고 하는 질료는 '재료'를 의미하며, 특정한 모양이나 성질을 갖기 전의 상태를 말한다.

의 예시를 들 수 있다. 그리고 어떠한 형태를 갖춘 것에는 '형상[17]'이라는 개념이 대응된다. 아리스토텔레스의 철학에서는 질료와 형상을 대개념(對槪念)으로 사용하고 있다.

반면 피타고라스학파의 시조로 여겨지는 피타고라스는, 이오니아 지방의 사모스섬에서 보석 가공사 므네사르코스의 아들로 태어났다. 그리고 18세 즈음에 탈레스의 가르침을 받았는데, 피타고라스는 이미 나이가 많았던 스승 탈레스의 추천으로 이집트, 바빌로니아 등을 여행하고 경험한 뒤 사모스섬으로 돌아왔다. 하지만 피타고라스는, 당시 폴리크라테스에 의한 참주 정치가 행해지던 사모스섬이 철학하기에 적합하지 않은 환경이라고 생각하여 이탈리아 남부로 향했다. 크로톤에 정착한 피타고라스는 반종교적, 반정치적 단체를 창설하고, 그곳에서 여러 학문의 연구에 몰두했다.

피타고라스학파의 교의는 '만물의 근원은 수(數)'[18]인데, 이는 밀레투스학파의 테제(These)와는 다른 성격을 지닌다. 오로지 '세계는 무엇으로 이루어져 있는가?'만을 문제로 삼은 밀레투스학파에 비해, 피타고라스학파는 '세계는 어떻게 존재하는가?'라는 존재 의식, 그 구

---

17) 그리스어로 '에이도스(eidos)'라고 하는 형상은 '모양'을 뜻하는데, 이는 반드시 눈으로 볼 수 있는 '모양'만을 의미하는 것이 아니라 사회적인 형식 등 추상적인 '모양'도 해당한다. '에이도스'는 라틴어로 'forma'라고 하며, 이는 영어 'form'의 어원이 된다.
18) 여기에서 말하는 '수'는 자연수를 의미한다. 고대 그리스 수학에는 오늘날의 소수나 분수 등은 없었으며 자연수의 비율로만 표현했다. 물론 그 시대에 무리수 등은 알려지지 않았다.

조를 문제로 삼았으며, '만물의 근원은 수'는 그에 대한 해답이었다.

앞에서 서술한 아리스토텔레스 철학의 대개념인 '질료와 형상'을 활용해 표현하면, 밀레투스학파는 '질료의 철학'을, 피타고라스학파는 '형상의 학파'를 추구한다고 말해도 좋을 것이다. 피타고라스학파에서의 '형상'은 '모양(형태)'과 거의 유사한 의미를 지니고 있으며, 자연적 사물뿐만 아니라 정의나 성(性) 등 추상적 개념까지도 기하학적 도형과의 비교를 통해 논하고 있다[19]. 다시 말해 피타고라스학파의 교의가 시사하는 것처럼, 그들이 문제로 삼은 '형상'은 특히 수학적이고 기하학적이며, 세계는 수학적 질서를 내재하고 있다는 수학적 자연관이 그리스 세계에 처음 등장했다고 말할 수 있다.

플라톤[20]은 그의 저서 《국가》[21]에서 철학자를 '언제나 영원불변하는 본연의 자세를 유지하는 것에 이를 수 있는 사람'이라고 규정하고 있는데, 그런 의미에서 피타고라스가 최초의 철학자라고 할 수 있다. 그리스어로 철학을 '필로소피아(philosophia)'라고 하

---

19) 예를 들어 정의에는 '4', 남자에게는 '3', 여자에게는 '2', 결혼에는 '5' 또는 '6'이라는 숫자를 배당했다.

20) 플라톤(Platon, 기원전 426~기원전 347)은 고대 그리스를 대표하는 철학자다. 이데아론을 제창하고, 수학적 여러 학과를 중요하게 생각했다. 기원전 386년경, 고대 그리스의 학문 연구를 상징한다고 할 수 있는 학원 아카데메이아를 창설하였는데, 529년에 동로마 황제 유스티니아누스가 해산을 명하여 폐쇄했다. 이를 '고대'의 끝이라고 시대를 구분하는 사람도 있다.

21) 《국가》는 플라톤의 주요 저서 중 하나로, 이데아론에 관해 이야기하고 있다. 플라톤은 이 책에서 철학자가 국가를 통치해야 한다고 말하며, 다양한 국가의 제도에 대해 논하고 있다.

는데, 이 단어가 '~를 사랑하다(philo)'와 '지혜(sophia)'의 합성어라는 것은 너무나 유명하다. 따라서 철학자를 뜻하는 '필로소포스(philoshohos)'는 '지혜를 사랑하는 사람'[22]이라는 의미가 된다.

신피타고라스학파의 이암블리코스[23]는 그의 저서 《피타고라스 일대기(The Life of Pythagoras)》에서 피타고라스를 '스스로 철학자라고 칭한 최초의 인물'이라고 표현하고 있다. 그리고 고대 로마의 철학자 키케로[24]도 그의 저서 《투스쿨룸 대화》에서 다음과 같이 서술하고 있다.

'플라톤의 제자인 폰토스의 헤라클레이데스에 의하면, 피타고라스는 플레이우스를 방문하여 플레이우스의 참주인 레온과 함께 학문에 대해 논의했다고 한다. 피타고라스의 박식함과 달변에 크게 감탄한 레온은 피타고라스에게 어떤 학문에 가장 조예가 깊은지 물었다. 그러자 피타고라스는 자신은 어느 학문도 알지 못하며, 다만 자신은 그저 지혜를 사랑하는 사람이라고 대답했다.'

따라서 '자연 철학자'라고 부를 수 있는 최초의 인물은 피타고라

---

22) 피타고라스는 당시 사용되었던 '소포스(sophos, 지혜로운 사람)'라고 불리는 것을 싫어하여 '필로소포스(philosophos)'라는 단어를 만들었다고 전해진다.

23) 이암블리코스(Iamblichus, 250경~325경)는 시리아의 할키스 출생으로, 포르피리오스의 가르침을 받고 프로티노스의 철학을 계승한 신플라톤주의 철학자다. 저서로 《피타고라스 일대기》가 있다.

24) 키케로(Marucus Tullius Cicero, 기원전 106~기원전 43)는 고대 로마의 정치가로, 위대한 연설가이자 웅변가다. 그리스 철학의 사상을 라틴어로 이해할 수 있기를 바라며 번역 등에 힘을 쏟았다.

스이며, 피타고라스 이전의 탈레스 등은 '자연학자'라고 칭하는 것이 더 적절하다고 할 수 있다.

원리로부터의 도출

탈레스가 이집트의 땅으로 건너가, 이집트의 신관들에게 당시의 앞선 학문을 배워 그리스로 가지고 돌아갔다는 사실은 많은 증언을 통해 밝혀졌다.

예를 들어 프로클로스[25]는 그의 저서 《주석이 달린 기하학 원론》[26]에서 '탈레스는 이집트로 건너가 그 학문(기하학)을 그리스에 최초로 가지고 왔는데, 그는 직접 다양한 사항을 발견하기도 했다. 그리고 그는 어떤 경우에는 더 일반적인 방법으로, 또 어떤 경우에는 더 감각적인 방법으로 자신의 제자들에게 수많은 원리를 알려주었다'라고 증언하고 있다.

고대 오리엔트의 수학적 지식과 기법을 배운 탈레스는, 단순한 문제 해결 방법에 만족하지 못하고 해법에 대한 근원적 질문을 던졌다고 할 수 있다. 자유롭고 평등한 구성원에 의해 폴리스(도시 국가)

---

25) 프로클로스(Proclus, 412~485)는 비잔틴에서 태어나, 학원 아카데메이아에서 플루타르코스와 시리아누스의 가르침을 받았다. 시리아누스가 죽은 이후, 아카데메이아의 학장이 된 신플라톤주의 철학가다.

26) 프로클로스의 저서 《주석이 달린 기하학 원론》은 고대 그리스의 기하학의 생성과 발전에 관한 역사적 기술이 담겨 있는 동시에, 《기하학 원론》제1권의 정의, 공준, 공리, 각 명제에 주석이 달려 있어 더없이 귀중한 제1차 사료라고 할 수 있다.

가 형성된 고대 초기의 이오니아 지방에는 이런 사회적 배경이 존재했던 것이다. 고대 오리엔트에서는 결코 볼 수 없었던 수학적 사고 양식이 탈레스에 의해 사료로 남겨져 전승되고 있는데, 이것을 '원리로부터의 도출'이라고도 부를 수 있다.

탈레스는 '원은 지름으로 이등분된다', '맞꼭지각의 크기는 같다', '이등변 삼각형의 두 밑각은 같다'[27] 등을 '증명'했다. 고대 오리엔트에서는 '원은 지름으로 이등분된다' 등의 명제는 너무나도 자명하였기에 오히려 증명에 대한 필요성을 의식하지 않았다. 하지만 탈레스는 그 명제를 증명한 것이다. 과연 그는 어떻게 이를 증명했을까?

탈레스는 [그림 1]과 같이 원을 지름을 따라 접었을 때, 딱 맞게 포개진다는 관찰을 통해 명제를 증명했다. 다시 말해 그는 '딱 맞게 포개지는 것은 서로 같다[28]'라는 지극히 소박한 사실을 하나의 '원리'로 삼고, 그 원리에 의거하여 명제를 증명한 것이다. 그의 태도에는

[그림 1]

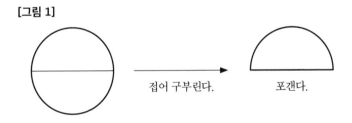

접어 구부린다.　　　포갠다.

---

27) 이는 유클리드 《기하학 원론》 가운데 제1권 명제 5에서 다루고 있는데, 이는 많은 학습자가 지금까지 실패하여 '당나귀의 다리(pons asinorum)'라는 별명으로 불린다.

28) 이 내용은 이후 유클리드 《기하학 원론》에서 하나의 공리로 취급하게 되었다.

아무리 자명하다고 여겨지는 내용이라고 하더라도, 그 타당성을 보다 원리적인 사항으로부터 연역적으로 도출하려는 자세가 여실히 드러나 있다. 이는 '포갬의 원리'라고도 할 수 있으며, '원리로부터의 도출'이라는 사고 양식이 탈레스에 의해 확립되었다고 할 수 있다. 명제를 보다 원리적인 사항으로 설명하려는 태도는, 오늘날의 수학이 지닌 성격과 일맥상통하는 측면이 있다.

오늘날의 수학은 몇 가지의 공리로부터 연역적이고 논리적으로 이론을 전개하여 하나의 체계를 구축한다는 측면이 있는데, 이와 같은 방식은 기원전 300년경, 유클리드[29]가 편찬한 《기하학 원론》[30]에서 시작되었다고 여겨진다. 고대 그리스 세계에서 《기하학 원론》과 같은 기념비적인 작품이 탄생하게 된 배경에는, 이처럼 탈레스에 의한 '원리로부터의 도출'이라는 지식에 관한 전통이 있었다고 말할 수 있다. (47쪽, 끝까지)

---

29) 유클리드(Euclid, 기원전 300경)는 그리스어로 'Eucledeis'이며, 총 13권으로 이루어진 《기하학 원론》을 집필했다. '《기하학 원론》을 배우는 것보다 더 빠르게 기하학을 배우는 방법은 없는가?'라는 당시 왕인 프톨레마이오스 1세의 질문에, '기하학에 왕도는 없다'라고 대답한 이야기가 유명하다.

30) 《기하학 원론》은 유클리드의 저서로, 총 13권으로 이루어져 있으며 그리스어 제목은 'Stoicheia'이다. 유클리드 이전의 약 300년 동안의 그리스 수학을 집대성한 책으로 여겨지며, 그 후 오랜 시간에 걸쳐 연역적 학문의 본보기로 여겨졌다. 각 나라의 언어로 번역되어 성서 다음으로 많이 읽힌다.

귀류법의 발명

만약 어떤 사람이 '지름을 따라 원을 접었을 때, 정확하게 포개지지 않는다면 어떻게 될까?'라는 의문을 던졌다고 가정하자. 이때 접힌 쪽은 반대쪽과 같지 않다는 말이 되므로, 원은 지름에 의해 이등분되지 않는다. 프로클로스는, 이 질문에 대한 탈레스의 대답에 관해 이렇게 말하고 있다.

'만약 (한쪽이 다른 한쪽과) 같지 않다면, (한쪽은 다른 한쪽의) 안 혹은 바깥에 올 것이다. 그러면 모든 경우에서 짧은 선이 긴 선과 같다는 말이 될 것이다. 왜냐하면 중심에서 원둘레까지의 길이는 모두 같기 때문이다. 그렇다면 바깥까지 길어진 (긴) 선은 안쪽의 (짧은) 선과 같아지게 될까? 그것은 불가능하다. 따라서 (한쪽 부분이 나머지 부분에) 정확하게 포개지므로, 그들은 똑같다고 할 수 있다. 즉, 지름은 원을 이등분한다.'

이 증언은 다음과 같이 해석할 수 있다.

원이 지름 AB로 접히는 경우, 만약 한쪽이 다른 한쪽에 포개지지 않는다면 [그림 2]와 같이 나타낼 수 있는데, 증언에서는 한쪽이 다른 한쪽과 같지 않다면 한쪽은 다른 쪽의 안 혹은 바깥에 오는데, 이 모든 경우에 대해서도 이후의 증명은 동일한 방식으로 생각할 수 있으므로 한쪽이 다른 쪽의 안쪽에 오는 경우를 생각해 보자.

[그림 2]

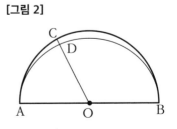

[**그림 2**]에서는 ADB가 ACB의 내부에 위치하는 경우를 그리고 있다. 여기에서 AB의 중점을 O라고 하면, 점 O는 원의 중심이 된다. 그리고 중심에서 원둘레까지는 모두 길이가 같으므로,

(1) OD와 OC의 길이는 같다.

라고 말할 수 있다. 그런데 ADB는 ACB의 내부에 있으므로,

(2) OD는 OC보다 작다.

가 된다. 따라서 (1)과 (2)에 의해 OD는, OC와 같으면서 동시에 OC보다 작은데, 이는 불합리한 결론이라고 말할 수밖에 없다. 이러한 불합리한 결론은 한쪽에 다른 한쪽이 포개지지 않는다는 가정으로부터 탄생하였기 때문에, 이 가정은 옳지 않으며, 지름을 따라 원을 접었을 때 한쪽은 다른 쪽에 정확하게 포개진다고 말할 수 있다. 그러므로 원은 지름에 의해 이등분되는 것이다.

이와 같은 증명은 간접 증명 중 하나인 '귀류법[31]'이라는 증명법의 형식을 잘 보여주고 있다. 귀류법이란 다음과 같이 증명하는 방식이다. 지금 'A다'에 대한 직접 증명을 할 수 없을 때, 'A가 아니다'를 가정하고, 그 가정으로부터의 합리적 추론에 따라 불합리함(모순)이 발생하는 것을 이끌어낸다. 그리고 모순이 발생했다는 사실은 'A가 아니다'라는 최초의 가정이 잘못되었기 때문이라고 간주하고, 그에 따라 'A다'가 옳다고 결론을 내리는 것이다.

탈레스는 '맞꼭지각은 같다' 및 '이등변 삼각형의 두 밑각은 같다'

---

31) 귀류법(reductio ad absufdum)은 배리법이라고도 불린다.

와 같은 명제도, '원은 지름에 의해 이등분된다'라는 명제의 증명과 마찬가지로 '포갬의 원리'를 바탕으로 모순을 이끌어내는 논법, 즉 귀류법을 통해 증명했다고 할 수 있다.

피타고라스학파의 콰드리비움

영어로 'mathematics'라고 하는 '수학'이라는 단어는 그리스어 '마테마타(mathemata)'를 어원으로 한다. 마테마타는 '배우다'를 의미하는 동사 '만타노'에서 파생한 '마테마'의 복수형으로, '배워야 할 것들'을 의미한다.

프로클로스는 '마테마'에 관해 그의 저서 《주석이 달린 기하학 원론》에서 다음과 같이 서술하고 있다.

'피타고라스학파의 사람들은 모든 수학적 학문을 네 가지로 나누었다. 그중 하나를 수(數)로, 또 다른 하나를 양(量)으로 구분하였으며, 각각을 다시 두 갈래로 나눈다. 왜냐하면 수는 그 자체로서 존재하는지, 아니면 다른 수와의 관계로 생각할 수 있는지 둘 중 하나이고, 양 또한 정지한 상태인지, 아니면 운동하는 상태인지 둘 중 하나이기 때문이다. 수론은 수 자체를, 음악은 다른 수와의 관계를, 기하학은 정지 상태의 양을, 천문학은 운동 상태의 양을 생각하는 것이다.'

다시 말해 마테마타는 크게 〈수'에 관한 연구〉와 〈'양'에 관한 연구〉로 나눌 수 있고, 나아가 〈'정지' 상태에서의 연구〉와 〈'운동' 상태에서의 연구〉와 같이 두 가지로 구분할 수 있는 것이다.

[그림 3]

	정지	운동
수	수론	음계론
양	기하학	천문학

정지 상태에서 수를 연구하는 학문이 수론, 움직이는 상태에서 수를 연구하는 학문이 음악(엄밀히 말하자면 음계론), 그리고 정지 상태에서 양을 연구하는 학문이 기하학, 움직이는 상태에서 양을 연구하는 학문이 천문학이며, 이는 **[그림 3]**과 같은 도식으로 나타낼 수 있다.

이러한 네 가지 학문은 단순히 보는 것만으로는 결코 익힐 수 없고, 일정한 교육에 따른 '학습'이라는 과정을 거치지 않으면 얻을 수 없는 내용을 의미하며, 후세 사람들은 이를 피타고라스학파의 '쾌드리비움(4과)'[32]이라고 부르고 있다. 쾌드리비움은 '학문'이며 '기술'이 아니다.

고대 그리스에는, 수론과는 다른 '계산술'이라고 불리는 영역이 있었다. 수론은 아리스매틱(arithmetic), 계산술은 로지스틱(logistic)이라고 하며, 계산술은 수론보다 한 단계 낮은 수준으로 평가되었다. 이와 같은 사정은 수론 이외의 학과에서도 마찬가지인데, 음계론은 대중음악, 기하학은 측량술, 천문학은 항해술로 각각 대응

---

32) 쾌드리비움(Quadrivium)은 4과목 학과를 의미하며, 라틴어로 '4'는 'quattuor'이다.

할 수 있다.

피타고라스학파의 전통은 중세 시대에 '수사학', '문법', '논리학'의 '트리비움(세 가지 배움)[33]'이 추가되어, 중세 시대의 대학에서 필수 과목으로 여겼던 '자유 7 학과(liberal arts)'로 발전하게 되었다.

협화 음정 비율의 발견

음악이 사람의 영혼을 뒤흔들 수 있다는 것은 꽤 오래전부터 인정받아 왔다. 그리고 피타고라스는 음악이 가진 이런 일종의 마술과 같은 성질을 누구보다 잘 알고 있었던 것 같다.

음악 이론의 역사에서 고대와 중세를 연결하는 다리와 같은 존재인 보이티우스[34]는, 그의 유명한 저서 《음악의 원리》에서 피타고라스와 음악에 관한 수많은 구전을 다루고 있는데, 그중에는 다음과 같은 이야기가 있다. 다름 아닌 피타고라스가 프리기아 조[35] 음악을 듣고 흥분하고 격양된 청년에게 스폰다익 조[36]의 노래를 부르게 하여 고요하고 차분한 감정을 되찾게 했다는 것이다. 다시 말해 피타

---

33) 트리비움(Trivium)은 3과목 학문을 의미하며, 라틴어로 '3'은 'tria'이다.
34) 보이티우스(Boethius, 480~524)는 그리스어를 풀이하는 마지막 로마인이라고 불리며, 과학사가 사톤에 의하면 그는 '로마의 마지막 철학자이자 저작가이며, 최초의 스콜라 철학자'라고 한다. 그는 기하학, 산술, 천문학, 음악에 관한 몇 가지 기초적인 서적을 썼는데, 그 책들은 불완전하며 애매한 부분도 많다고 전해진다.
35) 프리기아 조(Phrygian 調)는 전의를 높이는 선법을 말한다.
36) 스폰다익 조(spondaic 調)는 강세가 강강(强强)인 침정 작용을 지녔다고 여겨지는 선법을 말한다.

고라스는, 음악으로 영혼의 조화를 회복시킬 수 있다고 생각했던 것이다.

피타고라스는 육체를 깨끗하지 않은 것, 영혼을 가두는 감옥이라고 간주했는데, 이 갇혀 있는 영혼을 해방하고 본래의 모습으로 되돌리는 것이 무엇보다 중요하다고 생각했다. 그는 영혼의 본래 모습이란 '조화'이며, 영혼은 조화의 세계에서 비로소 행복을 얻을 수 있다고 보았다. 그렇다면 어떻게 영혼을 조화의 세계로 유도할 수 있을까? 이는 조화를 본성으로 하는 것과 관계함으로써 가능하다고 생각했는데, 그것이 바로 음악이었던 것이다.

현대를 살아가는 우리는 차분하고 조용한 공간에서 아름답고 맑은 음악을 들었을 때 마음에 안정감을 느끼기도 하고, 또 장엄한 분위기 속에서의 청아한 음악은 사람들의 마음을 다잡게 한다. 고대의 종교적 단체인 피타고라스 교단에 음악이 빠지지 않았던 이유는, 오늘날의 종교 단체를 떠올리면 쉽게 이해할 수 있을 것이다.

또 이암블리코스가 《피타고라스 일대기》에서 서술한 것처럼, 피타고라스학파에서는 음악이 영혼을 맑게 해 줄 뿐만 아니라, 신체 치료에도 효과적이라고 생각했다. 다시 말해 음악이 일종의 의술 역할도 담당했던 것이다. 오늘날에도 '음악 치료'가 있어서, 위장이 아프면 베토벤의 〈피아노 소나타 7번〉이 좋고, 정신적 스트레스에는 헨델의 관현악 모음곡인 〈수상 음악〉이 효과적이라는 설도 있다. 이와 같은 의미에서 피타고라스는 음악 치료의 원조라고 말할 수 있을 것이다.

영혼이 조화를 회복하게 만들려면 아름답고 고운 음악이 필요한데, 그를 위해서는 협화음(혹은 화음)을 빼놓을 수 없다. 그래서 피타고라스는 모노코드(일현금)[37]라는 악기를 발명하고, 음의 높이와 현의 길이의 관계를 조사하여 협화음을 발견했다고 전해진다.

모노코드란, 카논(canone)이라는 정해진 규칙에 따라 한 줄의 현을 당기고, 자유롭게 움직이면서 현의 길이를 조절할 수 있도록 기러기발을 갖춘 현악기를 말한다[그림 4]. 모노코드를 이용한 실험에서는, 당겨진 현 전체가 만드는 소리를 먼저 듣고, 그 음에 대한 협화음(5도, 4도, 8도)을 찾았다고 한다.

[그림 4]

모노코드

이 시대에는 현을 단축해야만 한다는 것을 이미 알고 있었는데, 그보다 문제는 현을 얼마나 줄여야 하는지에 대한 것이었다. 그들은 수많은 시행을 거듭한 후에야 해답을 얻을 수 있었는데, 그 순서는 다음과 같다[그림 5].

(1) 모든 현(A)에 대해, 원하는 협화음을 낼 수 있는 더 짧게 자른 현(B)을 발견했을 때, 눈앞에는 길이가 다른 두 개의 거리가 있었다.

---

37) '모노코드(monochord)'라는 말은 '오직 하나의'를 의미하는 그리스어 '모노스'와 '줄'을 의미하는 그리스어 '코르데'의 합성어다.

[그림 5]

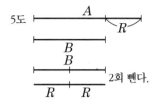

5도

A

R

B

B

2회 뺀다.

R *R*

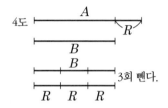

4도

A

R

B

B

3회 뺀다.

R *R* *R*

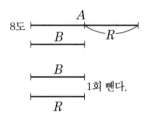

8도

A

B

R

B

1회 뺀다.

R

(2) 이때 짧은 현(B)을 단위로 하여, 긴 줄(A)에서 단위 B를 뺀다. 그러면 이제 그 차이(R), 즉 단축한 부분만 남게 된다.

(3) 그 차이의 크기를 알기 위해 이번에는 차이 R을 단위로 하여, R을 작은 쪽(B)에서 몇 회나 뺄 수 있는지 시험했다.

그 결과, 5도인 경우에는 2회, 4도인 경우에는 3회, 8도인 경우에는 1회를 뺄 수 있었다. 이런 식으로 하면, 세 개의 협화 음정의 비율을

〈5도 … 3:2〉 〈4도 … 4:3〉

〈8도 … 2:1〉

로 확정할 수 있다.

여기에서는 두 개의 자른 현의 길이에 대해 서로 더하고 빼는 과정을 시행함으로써 협화 음정의 비율을 발견하였기 때문에 이 방법을 '서로 뺄셈법'[38]이라고 부른다. 이 방법은 나중에 수론 분야에서 응용되어, 두 수의 최대공약수를 구하는 방법으로 활용된다.

예를 들어 8과 12의 최대공약수가 '4'라는 사실은 바로 알 수 있지만, 299와 391의 최대공약수는 그렇게 간단하게 구할 수 없다. 이때 서로 뺄셈법을 응용하는 것인데, 그 방법은 다음과 같다[**그림 6**].

⑴ 우선 앞에 서로 다른 두 수, 299와 391이 있다.

⑵ 이때 작은 수(299)를 단위로 하고, 큰 수(391)에서 단위를 뺀다. 그러면 차이 92가 남는다.

⑶ 이번에는 그 차이 92를 단위로 하고, 작은 수(299)에서 몇 번 뺄 수 있는지 조사한다. 작은 수(299)에서 차이(92)는 세 번 뺄 수 있으며, 최종적으로 23이 남는다.

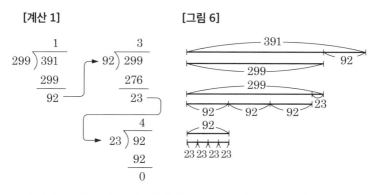

[**계산 1**]   [**그림 6**]

이렇게 구한 차이 23은 나머지를 만들지 않고 92를 나눌 수 있으므로, 299와 391을 모두 나눌 수 있는 가장 큰 약수, 즉 최대공약수는 23이 된다. 이 방법은 뺄셈 대신 나눗셈을 이용하여 [**계산 1**]과 같

---

38) 서로 뺄셈법은 '너무 오래된 방법일 수 있으나, 두 개 사이의 거리의 비율을 정하기 위해서는 필연적으로 이 방법을 취하게 된다'라는 지적도 있다.

이 전개할 수 있다.

　이 과정에서는 두 수에 대해 '서로' '소거'를 시행한다는 것을 알 수 있다. 따라서 오늘날에는 이 방법을 '호제법'이라고도 하는데, 유클리드의《기하학 원론》제7권 명제 2[39]에서 이 방법을 사용하기 때문에 '유클리드의 방식'이라고도 부른다.

　이처럼 음계론 안에서 사용된 방법이 수학이라는 다른 분야에서 활용되었다는 것은, 음악과 수학의 긴밀한 관계를 시사하고 있다고 할 수 있다.

피타고라스 음계

　협화 음정의 비율을 발견한 피타고라스는, 그 수치를 활용하여 인류 역사상 최초로 음계를 완성했다. 8도음의 비율은 2:1이므로, 기본음이 되는 도(C)는 음의 높이를 1이라고 한다면, 한 옥타브 높은 도(8도음)의 높이는 2가 된다. 또 4도음의 비율은 4:3, 5도음의 비율은 3:2이므로 파(4도음)의 높이는 $\frac{4}{3}$, 솔(5도음)의 높이는 $\frac{3}{2}$이 된다. 그리고 파의 높이의 $\frac{9}{8}$배가 솔의 높이가 되고 있으므로, 기본음과 4도음, 5도음과 8도음 사이에 각각 기본음과 5도음을 기준으로 하여, $\frac{9}{8}$배가 되는 음을 2개씩 만들면 [그림 7]과 같은 음계가 구성된다.

　이와 같이 구성된 음계를 '피타고라스 음계'라고 부르는데, 이는

---

39) 명제 2는 '서로 소수가 아닌 두 수가 주어졌을 때, 그들의 최대공약수를 찾아내는 것'에 대한 내용이다.

[그림 7]

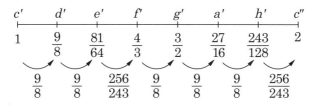

고대와 르네상스 시기의 사람들에게는 '피타고라스의 8현금'으로 알려져 있었다[40].

피타고라스의 정리

수학에는 수학자의 이름이 붙은 많은 정리가 있는데, 그 가운데 '피타고라스의 정리'는 오늘날에도 매우 중요한 정리 중 하나로 꼽힌다. 일본에서 피타고라스의 정리는 1942년경부터 '삼평방의 정리'라는 명칭으로 사용되었다[41].

이 정리에 관한 내용은 이미 고대 오리엔트쯤부터 알려져 있었으므로, 피타고라스는 그 내용을 일반화한 것이라고 볼 수 있다. 그리고 무엇보다 고대 오리엔트 사람들이 이 정리를 개별적으로 취급한 데 비해, 피타고라스는 이를 일반적이고 보편적으로 파악하여 그 증

---

40) 16세기 중반에는 피타고라스 음계보다 간단한 비율을 이용한 '순정 음계'가 만들어졌으며, 이후 18세기에 이르러 오늘날의 '12평균율 음계'가 만들어졌다.

41) 피타고라스의 정리는 중국에서 '구고현(勾股弦)의 정리'라고 불렸으며, 일본에서도 그 명칭을 사용하다가, 1941~1942년경 스에쓰나 조이치(末綱恕一) 박사의 발안으로 '피타고라스의 정리'라는 명칭으로 바뀌게 되었다.

명을 부여했다고 생각할 수 있으며, 그러한 이유로 이 정리를 '피타고라스의 정리'라고 부르게 된 것이다.

이 정리를 증명하는 방법은 굉장히 많은데, 그중에서도 피타고라스가 직접 시행했다고 전해지는 아래와 같은 방법이 가장 간단하고 깔끔한 듯하다. **[그림 8]**과 같이 크기가 같은 두 개의 정사각형이 있으며, 각각 그림과 같이 잘려 있다고 가정하자. 두 정사각형에서, 세 변이 각각 a, b, c인 직각 삼각형 4개를 잘라내는 것이다.

처음의 두 정사각형은 크기가 동일하므로, 직각 삼각형 4개를 잘라낸 나머지도 크기가 같을 것이다. 그 나머지는, **[그림 8(가)]**에서는 $a^2 + b^2$, **[그림 8(나)]**에서는 c^2가 된다. 따라서 $a^2 + b^2 = c^2$가 성립한다는 것을 알 수 있다.

[그림 8]

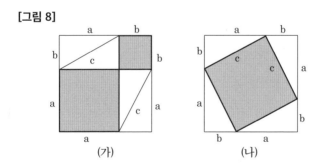

(가)　　　　　　　(나)

이 증명 방법은 그림에 의해 명제의 타당성을 밝히는 것으로, 그림을 이용한 증명의 전형적인 사례라고 할 수 있다.

이 정리를 증명하고 감격한 피타고라스가 신에게 감사했다는 이야기가 많이 전해지고 있는데, 그중에서도 디오게네스 라에르티오스는 '수론가인 아폴로도로스에 의하면 그(피타고라스)는 직각 삼각형의 빗변 위에 세운 정사각형의 면적이, 직각을 끼고 있는 다른 두 변의 위에 세운 정사각형의 면적의 합과 같다는 사실을 발견하고 황소 100마리를 제물로 바쳤다'라고 증언하고 있다.

피타고라스학파의 상징

오늘날 많은 단체가 각각 심벌마크를 갖는 것처럼, 피타고라스학파의 상징은 [그림 9]와 같은 '펜타그램(오각별)'[42]이었다. 펜타그램을 그리기 위해서는 정오각형을 그려야만 했는데, 그렇다면 과연 그들은 어떻게 이를 그렸던 것일까? 정오각형의 한 변과 대각선을 조사해 보면, 한 변을 1이라고 했을 때 대각선은 $\frac{1+\sqrt{5}}{2}$가 된다는 사실을 알 수 있다. 이 값은 '황금비'[43]라고 불리는 유명한 비율로, 어떤 선분 AB를 AB:AC=AC=CB가 되도록 점 C에서 나누는 것을 '황금 분할'이라고 한다[그림 10].

그러므로 이와 같은 황금 분할점을 그릴 수 있다면 정오각형도 제작할 수 있었던 것이다. 피타고라스학파의 연구 성과를 정리했다

---

42) 펜타그램(pentagram)의 'penta'는 5를 '의미'하며, 그리스어 '펜테'에서 유래한다. 또 '-gram'은 '그림'을 의미한다.

43) '황금비(golden ratio)'라는 용어는 19세기 이후에 사용되기 시작했다고 한다. 고대 그리스에서는 '외중비(the extreme and mean ratio)'라고 불렸는데, 이는 $a:b = b:c$에서 a와 c를 '외항', b를 '중항'이라고 칭하는 것에서 유래한다.

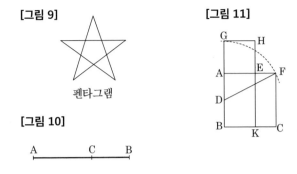

[그림 9]

펜타그램

[그림 10]

[그림 11]

고 할 수 있는 《기하학 원론》 제2권 명제 11에서는, 이 방법에 대해 '주어진 선분을 이등분하고, 전체 길이와 한 부분으로 둘러싸인 직사각형을 나머지 부분으로 만드는 정사각형과 같게 하는 것'이라고 밝히고 있다.

[그림 11]에서 보는 것처럼 주어진 선분을 AF라고 할 때, AF를 한 변으로 하는 정사각형 ABCF가 있다고 가정하자. AB를 점 D로 이등분하고, BA의 연장선에 DF와 똑같은 DG를 만든 후, 다시 AG를 한 변으로 하는 정사각형 AGHE를 만든다. 그다음, HE를 연장하고 BC의 교차점을 K라고 한다. 그러면 직사각형 EFCK와 정사각형 AGHE의 면적은 같아진다[44].

---

44) $AF = FC = x$라고 하면 $AD = \frac{1}{2}x$, $DF = DG = \frac{\sqrt{5}}{2}x$이므로

$AG = \frac{\sqrt{5}-1}{2}x$가 되어 정사각형 AGHE의 면적은

$\left(\frac{\sqrt{5}-1}{2}x\right)^2 = \frac{3-\sqrt{5}}{2}x^2$가 된다. 또한 $EF = x - \frac{\sqrt{5}-1}{2}x = \frac{3-\sqrt{5}}{2}x$

이므로 직사각형 EFCK의 면적은 $\frac{3-\sqrt{5}}{2}x \cdot x = \frac{3-\sqrt{5}}{2}x^2$이 된다. 그

러므로 정사각형 AGHE의 면적과 직사각형 EFCK의 면적은 같다.

여기에서 AF = x, AE = 1이라고 하면 EF = $x-1$인데, 직사각형 EFCK와 정사각형 AGHE의 면적이 같아짐에 따라 $x(x-1)=1$이 성립하고, x는 1보다 크기 때문에 이 식을 풀면 $x = \dfrac{1+\sqrt{5}}{2}$를 구할 수 있다. 따라서 선분 AF는 점 E에 의해 황금 분할된다는 것을 알 수 있다.

이렇게 선분을 황금 분할하는 점을 구하는 방법을 알고 있었던 피타고라스학파의 사람들은 다음과 같은 순서로 정오각형을 그렸다고 추측할 수 있다[45].

(1) 선분 BE를 정오각형의 대각선이라고 하고, BE 위에 황금 분할하는 점 F와 G를 찍는다[**그림 12**].

(2) BG와 FE가 정오각형의 한 변이므로 B와 E를 중심으로 반지름이 BG와 EF인 원을 그리면, 그 교점 A가 정오각형의 하나의 점이 된다[**그림 13**].

(3) 그다음 A와 F, A와 G를 연결하고 그 연장선과 원의 교점을

[그림 12]

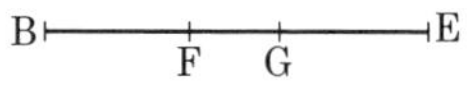

[그림 13]

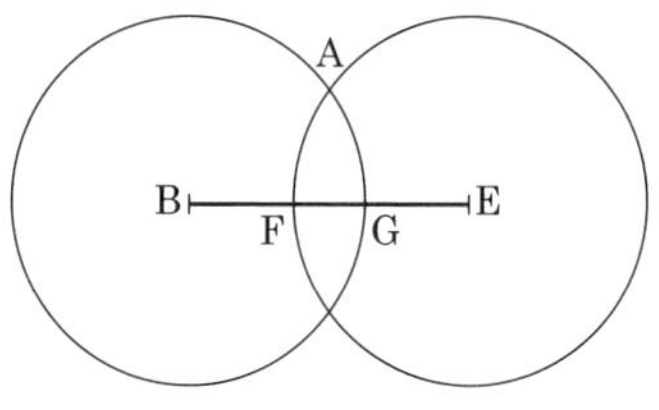

---

45) 이는 대각선이 주어진 경우지만, 이외에도 정오각형의 한 변의 길이가 주어지는 경우, 원이 주어지고 내접하는 정오각형을 그리는 경우도 있다.

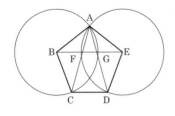

[그림 14]

각각 C, D라고 하면 오각형 ABCDE는 정오각형이 된다 **[그림 14]**.

피타고라스학파가 펜타그램을 심벌마크로 선택한 이유는 정확하게 알려져 있지 않지만, 피타고라스학파의 근거지였던 이탈리아 남부에서 결정의 모양이 정십이면체(12개의 정오각형으로 이루어진 정다면체46)인 황철광이 생산되면서, 그들이 그 모양을 접할 기회가 많았기 때문이라는 설도 있다.

이런 황금비에는 $\sqrt{5}$라는 무리수도 포함되어 있다. 무리수로 표현되는 양(量)을 '무리량(無理量)'이라고 부르는데, 무리량의 발견은 고대 그리스 수학에서 엄청난 사건이기도 했다. 지금부터 무리량에 대해 이야기해 보자. (63쪽, 4번째 줄까지)

무리량의 발견

피타고라스학파에서는 '만물의 근원은 수'라고 생각했다. 그들이 말하는 '수'가 원자론47적 사상의 영향을 받았다는 것은 아리스토텔

---

46) 정다면체란 모든 면이 한 가지 모양으로 동일한 정다각형을 의미하며, 모든 꼭짓점에 같은 수의 변이 모이는 입체 도형을 말한다. 정사면체, 정육면체, 정팔면체, 정십이면체, 정이십면체의 다섯 종류가 있다.

47) 고대 그리스의 원자론은 기원전 5세기, 레우키포스(Leucippus)와 데모크리토스(Democritus)를 시작으로, 에피쿠로스(Epicrus, 기원전 4세기)의 철학(원자론적 유물론)으로 계승된다.

레스의 증언에서 미루어 짐작할 수 있다.

다시 말해 아리스토텔레스는 피타고라스학파의 설명 방법에 관해 다음과 같이 논하고 있다.

'그들(피타고라스학파의 사람들)은 물체가 수로 구성되었다고 생각하고, 그 수를 수학적인 수로 여기고 있지만, 그것은 불가능하다. 왜냐하면 불가분한 크기라는 것은 진실이 아니기 때문이며, 또 만약 그와 같은 크기가 있다고 하더라도 단위(수의 1을 의미[48])는 모두 크기를 갖지 않기 때문이다. 그렇다면 크기가 나눌 수 없는 것으로 구성될 수 있는 이유는 무엇일까? 그럼에도 불구하고 수는, 수론적인 수인 이상 단위적이기 때문이다. 하지만 그들은 수를 존재 사물이라고 말하고 있다. 적어도 그들은, 마치 물체가 그렇게 존재하는 수이기 때문에 성립한다는 듯 다양한 물체에 그들의 여러 정리를 적용하고 있다.'

피타고라스학파의 사람들은 '수론에서 〈크기를 갖지 않는 수〉에 의해 〈크기를 가진 물체〉가 구성된다'라고 생각하지만, 아리스토텔레스는 이것이 불가능하다고 비판하고 있는 것이다. 아리스토텔레스의 시대에는 수론적인 수가 '크기를 갖지 않는 수'라는 것이 상식화되었지만, 초기 피타고라스학파의 시대에서도 그렇다고는 단언할 수 없다.

---

48) 유클리드 《기하학 원론》 제7권의 정의 1, 2에서, '1은 단위이며, 수는 단위로 이루어진 것'이라고 규정하고 있기 때문에 고대 그리스에서는 1을 수로 취급하지 않았다.

앞에 나온 아리스토텔레스의 말의 마지막 부분처럼 피타고라스 학파의 사람들은 물체가 존재하는 수로 이루어졌다고 전제하고, '다양한 물체에 그들의 여러 정리를 적용'한 것이다. 여기에서 말하는 '다양한 물체'에 선분이 포함되어 있다는 것은 간단하게 추론할 수 있다.

다시 말해 피타고라스학파의 사람들은 선분이 '존재하는 수들'로 구성되었다고 여긴 것이다. 그리고 이러한 '존재하는 수'야말로 '원자로서의 수49'라고 해석할 수 있다. 이 '원자로서의 수'는, 더 작은 부분으로의 무한 분할을 거부하는 것이며, '이미 식별할 수 있는 부분은 갖지 않지만, 크기는 갖는' 특성을 지닌 것으로서 구성되었다고는 생각할 수 없을까?

만약 그렇다고 한다면, 피타고라스학파의 사람들은 이처럼 '원자로서의 수(이하 원자수라고 한다)'에 의해 선분이 구성된다고 간주했다는 것을 추측할 수 있다. 그리고 선분이 아무리 큰 원자수로 이루어졌다고 하더라도, 그것은 결코 무한개가 아닌, 유한개의 원자수로 구성되었다고 생각한 것이다[그림 15]. 이와 같이 '유한개의 원자수로 이루어진 선분'이라는 사고방식은 무리량을 발견하는 계기가 되었다.

[그림 15]의 정사각형 ABCD에서 선분 AB와 대각선 AC가 각각

---

49) 원자는 '아톰(atom)'이라고 하는데, 이는 분할을 의미하는 그리스어인 '톰'에 부정 접두어인 '아'가 붙어 만들어진 단어로, 말 그대로 '더 이상 쪼개지지 않는 것'을 의미한다.

원자수로 이루어져 있고, 이를 m, n이라고 나타내기로 한다. 그리고 '만물의 근원은 수'라는 피타고라스학파의 교의에 의해 m, n은 자연수다. 따라서 만약 공약수가 있다면 그 수로 나눠서 공약수를 갖지 않게 할 수 있으므

[그림 15]

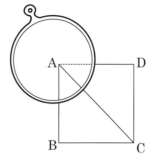

점이 모여 선분이 된다고 생각했다.

로, m, n은 공약수(정확히는 1 이외의 공약수)를 갖지 않는 자연수라고 한다. 다시 말해,

〈공약수를 갖지 않는 자연수 m, n이 존재한다〉

를 가정하는 것이다.

그렇게 되면 [증명 1]에 의해 m은 홀수이면서 동시에 짝수라는 불합리한 결론(모순)을 얻게 된다.[50] 이 모순은 '공약수를 갖지 않는 자연수 m, n이 존재한다'라는 가정에서 귀결되었으므로, 이 가정에는 오류가 있다. 다시 말해 가정과 같은 자연수는 존재하지 않는다는 말이 되는 것이다. 이는 '만물의 근원은 수'라는 피타고라스학파의 교의에 어긋나는 것이므로 피타고라스학파에서는 이 사실을 문외불

---

50) 아리스토텔레스는 《분석론 전서》(제1권 제23장)에서 '정사각형의 대각선은 하나의 변과 통약할 수 없다는 것을, 만약 통약할 수 있다고 가정한다면, 홀수가 짝수와 같은 결과가 성립함으로써 증명되는 경우를 말한다'라고 서술하고 있다.

출로 여겼다고 한다.

앞에서 서술한 결과는 정사각형의 한 변과 대각선의 길이를 m : n 이라는 자연수의 비율로 표현할 수 없다는 것을 의미하고 있다.

$$m:n = 1:\frac{n}{m}$$

[증명 1]

정사각형의 한 변과 대각선의 길이가 각각 m, n 이므로, 피타고라스 정리에 의해 $n^2 = m^2 + m^2$ 이 되어

$$n^2 = 2m^2 \cdots\cdots ①$$

이 된다. 이 식의 우변이 짝수이므로 좌변인 n^2 도 짝수다. 따라서 n 도 짝수다. 그러나 m, n 은 공약수를 갖지 않으므로, 두 수가 모두 짝수일 수 없다. 따라서

m 은 홀수 $\cdots\cdots ②$

가 된다. 반면 n 은 짝수이므로, 자연수 k 에 대해

$$n = 2k$$

라고 표현할 수 있다. 이를 위의 ①에 대입하면

$(2k)^2 = 2m^2$, $m^2 = 2k^2$ 가 되는데,

여기에서 우변은 짝수이므로 좌변의 m^2 도 짝수다. 따라서

m 은 짝수 $\cdots\cdots ③$

가 된다. 결국 ②와 ③에 의해 m 은 홀수인 동시에 짝수가 된다.

그러므로 정사각형의 한 변의 길이를 1이라고 하면 대각선은 $\frac{n}{m}$ 이 된다. 하지만 한 변이 1인 정사각형의 대각선은 $\sqrt{2}$ 이므로,

$\sqrt{2} = \dfrac{n}{m}$가 되는 자연수 m, n은 존재하지 않는다는 말이 된다. 따라서 $\sqrt{2}$는 무리수라고 할 수 있다[51].

고대 그리스에는 '무리수'라는 개념이 없었는데, 현대적으로 말하면 한 변이 1인 정사각형의 대각선은 무리수로만 표현할 수 있는 양(길이)이며, 그와 같은 양이 존재한다는 사실을 깨닫게 되었다는 의미에서, 앞에서 서술한 내용을 '무리량의 발견'이라고 말할 수 있는 것이다.

---

51) 무리수는 영어로 'irrational number'라고 한다. 이는 부정을 의미하는 'ir-'와 비율을 의미하는 'ratio'의 합성어인 'irratio-'로 만들어졌으며, 'ratio'의 어원은 '비율'을 의미하는 그리스어 '로고스(logos)'다. 따라서 무리수는 '비율을 갖지 않는 수'를 의미한다고 할 수 있다. 그런 의미에서 '무리수'라는 용어는 적절하지 않으며, 오히려 '무비수(無比數)'라고 하는 것이 좋을지도 모른다. 하지만 로고스라는 용어의 가장 중요한 의미는 사실 '단어'이다. 따라서 무리수라는 용어는 본래의 의미에서 생각하면 '단어를 갖지 않는 수'라고 해석할 수 있으며, 다르게 표현하면 '언외 할 수 없는 수' 혹은 '따로 새어 나오면 안 되는 수'라고도 말할 수 있다.

3. 플라톤의 수학론

이데아론의 탄생 - 《파이돈》

플라톤1은 철학을 체계화하는 데 있어서 밀레투스학파의 전통과 피타고라스학파의 전통을 모두 총괄함으로써 이를 이루려고 했는데, 그렇게 보는 두 가지 단서가 있다. 하나는 소크라테스2가 품고 있던 '정의'에 대한 관심이며, 또 다른 하나는 피타고라스학파의 영혼 불멸설 또는 영혼 윤회설3이다.

---

1) 플라톤(Platon, 기원전 427~기원전 347)은 고대 그리스를 대표하는 철학자다. 소크라테스의 제자이며, 아리스토텔레스의 스승인 플라톤은 아테나이에 학원 아카데메이아를 설립하였으며 국가에 도움이 되는 청년을 교육하는 데 힘썼다. 그리스의 수학자인 아르키타스를 통해 피타고라스학파의 사상을 계승하고, 이데아론을 제창하였으며 여러 수학적 과학을 중요시했다.
2) 소크라테스(Socrates, 기원전 470경~기원전 399)는 고대 그리스의 철학자로, 플라톤의 스승이다. 윤리 문제에 관심을 가졌으며, 그에 관한 여러 정의를 시도했다. 기원전 399년, '국가가 인정하는 신들을 인정하지 않고, 청년들을 타락시켰다'라며 유죄를 선고받았으며, 그의 아내는 악처로 유명하다.

플라톤   소크라테스

　플라톤의 이데아론이 처음 구체적인 형태로 서술된 것은 대화편
인《파이돈》4이지만, 이 책의 부제인 〈영혼에 대하여〉가 나타내는 것
처럼《파이돈》의 주제는 영혼 불멸설이라고 할 수 있다. 영혼을 둘러
싼 대화 속에 이데아론이 기본적인 사상으로 제기되고 있는 것이다.

　고대 그리스에서는 우리 생명체의 안에 스스로를 움직이게 만드
는 프시케(영혼)라는 것이 있다고 생각했다.

　프시케는 인간이 살아있는 동안, 육체 안에 깃들어 육체에 생명
과 활력을 불어넣어 주는 것을 말하는데, 그렇다면 육체가 사라진
후, 프시케가 과연 어떻게 될 것인지에 대해서는 다양한 의견이 존

---

3) 영혼불멸설 혹은 영혼 윤회설은, 인간의 영혼은 불멸하며, 육체가 쇠락해
　도 영혼은 죽지 않고 차례차례 여러 동물의 몸에 들어가 순회한다는 사고
　방식을 의미한다.
4)《파이돈》은 플라톤이 처음 시칠리아섬을 방문(기원전 388경)하고 귀국한 직
　후, 다시 말해 플라톤의 마음속에 아직 피타고라스학파의 기억이 선명하게
　남아있던 즈음에 써 내려간 작품으로, 플라톤 중기 대화편의 시작이다.

재한다. 그 가운데 플라톤은, 육체가 사멸한 이후에도 프시케는 죽지 않고 불멸한다는 것을 《파이돈》에서 논증하려고 했다. 예를 들어 플라톤은 《파이돈》의 〈마지막 증명으로의 준비〉에서 다음과 같이 말하고 있다.

'내가 내세운 전제는, 어떠한 아름다움이 그 자체로 존재하고, 이는 좋은 것, 큰 것, 그 외의 모든 것들도 마찬가지라는 것이다. 만약 그대가 이들의 존재를 인정하고 동의해 준다면, 나는 그것을 토대로 그 원인을 제시하고, 영혼이 죽지 않는다는 것을 그대에게 보여줄 수 있을 것이다.'

다시 말해 플라톤은 아름다움의 이데아, 정의의 이데아 등 이데아의 존재를 가정한 다음, 영혼의 불사에 대한 증명으로 나아가고 있다고 할 수 있다. 첫 번째 증명은 피타고라스학파의 영혼 불멸설과 이데아의 상기설5의 결합에 의한 것이며, 두 번째 증명은 영혼과 이데아의 친근성에 의한 것이다.

두 번째 증명에서는, 한 편에 신적이고 불사하며 단일하고 불변하는 것(이데아)이 존재하고, 다른 한 편에 인간적이고 죽을 수 있으며 다양하고 가변적인 것(감각 물체)이 존재한다는 것을 논증한 후, 영혼은 전자, 육체는 후자에 속한다고 이야기한다. 이렇게 영혼과 이데아의 친근성에 의해 영혼의 불사를 증명한 것이다. 《파이돈》에

---

5) 이데아 상기설은, 이미 생전(아프리오리)에 이데아를 획득했기 때문에 이데아를 떠올릴 수 있다고 주장하는 사상이다.

서는 영혼의 불사를 증명한 후, 더 나아가 영혼의 불멸에 관한 논증에 의해 증명이 완결되는데, 이러한 부분의 증명은 충분하지 않은 듯하다.

예를 들어 '짝수'의 이데아는 '홀수'의 이데아를 배제하고, '차가움'의 이데아는 '뜨거움'의 이데아를 배제하기 때문에, '짝수'나 '차가움'이 '홀수'나 '뜨거움'에 가까워지면 '홀수'나 '뜨거움'은 사라져 버린다고 하면서, 영혼에 대해서는 죽음이 다가와도 사라지지 않는다고 논하고 있는 것이다. 이러한 논증 과정이 충분하다고는 말할 수 없지만, 어찌 되었든 플라톤에게 이데아의 세계는 영혼의 고향이자, 영혼이 돌아오는 영원불멸의 공간이기도 했다. 그런 의미에서 영혼 불멸설과 이데아론은 플라톤 철학의 두 기둥으로서, 상호 의존적인 관계에 있다고 할 수 있다.

플라톤이 이데아의 개념을 획득할 즈음에는 또 하나의 단서, 바로 소크라테스가 품고 있던 '정의'에 대해 관심이 있었다. 이 문제에 대해 아리스토텔레스는 《형이상학》 제1권 제6장에서 다음과 같이 서술하고 있다.

'소크라테스는 자연적 세계 전체를 고려하지 않고, 오로지 윤리적인 문제만 본격적으로 고찰하였다. 그는 윤리적인 영역에서 보편적인 문제를 탐구하고 정의하는 것에 집중한 최초의 인물이었지만, 그를 계승한 플라톤은, 정의에 대한 문제는 감각적 사물에 관한 것이 아닌 다른 종류의 존재에 관한 것이라고 생각했다. 왜냐하면 감각적 사물은, 언제나 변화하는 이상, 그에 대한 일반적 정의는 불가능하다고 생각했기 때문이다. 플라톤은 이러한 다른 종류의 존재를 이데아라고 불렀다.'

소크라테스는, 예를 들어 '정의'에 대해 말하는 사람이라도 '정의 그 자체'를 알고 말하는 것이 아니라는 점을 분명하게 밝힌 것이다. 이 '정의 그 자체'는 후에 플라톤에 의해 '정의의 이데아'라고 규정된다.

이데아론의 완성 - 《국가》

완성된 이데아론의 모습은, 플라톤의 작품 중 하나인 《국가》[6]에서 파악할 수 있다. 대화편 《국가》의 부제인 〈정의에 관하여〉에서도 볼 수 있듯 이 책의 주요 테마는 국가론을 통해 '정의란 무엇인가'를 명확하게 하려는 것이지만, 이데아론과의 관계에서 말하자면 제6권부터 제7권에 걸쳐 등장하는 세 가지 비유, '태양의 비유', '선분의 비유', '동굴의 비유'가 중요하다. 특히 '선분의 비유'는 이데아론의 구조를 가장 잘 설명하고 있다.

이미 플라톤은 《파이돈》의 〈마지막 증명으로의 준비〉에서, '만약 아름다움 이외에 다른 어떤 것이 아름답다고 한다면, 아름다움 그 자체를 공유하기 때문에 아름다운 것이지 그 외의 다른 원인에 의해서가 아니다'라고 서술하며, 이데아론상에서 기본적으로 구분하고

---

6) 《국가》는 플라톤의 주요 저서로, 플라톤 중기의 대표작이다. '정의란 무엇인가'라는 질문에서 시작하여 국가에 대한 정의를 고찰하고 있다.

있다. 다시 말해 한쪽에 단일하고 영원불멸한 '아름다움의 이데아'가 있고, 다른 한쪽에는 다수이고, 변화하기 쉬운 감각적 사물인 '아름다운 것'이 있다고 구별하는 것이다.

　플라톤은 하나의 선분을 상정한 다음, 앞에 서술한 이데아론의 기본적 구분에 따라 두 부분으로 나누고, 윗부분을 사유에 의해 알려진 '가지계(可知界)', 아랫부분을 보이는 것인 '가시계(可視界)'로 나누었다. 그리고 그 구분에 따라 다시 두 개의 부분으로 나누었는데, 그는 저서《국가》제6권(20)에서 다음과 같이 서술하고 있다[그림 1].

[그림 1]

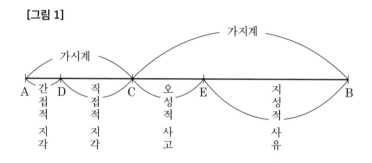

'하나의 선분(AB)이 동일하지 않은 부분(AC, CB)으로 이등분된 모습을 떠올린 후, 나아가 각각 나뉜 부분(다시 말해 볼 수 있는 종족을 나타내는 부분(AC)과 사유에 의해 알 수 있는 종족을 나타내는 부분(CB))을 한 번 더 똑같은 비율로 잘라주게. 그러면 우선 볼 수 있는 영역(AC)에서는, 서로 비교한 경우의 각각의 확실성과 불확실성의 정도에 따라 나뉜 한 부분(AD)이 사상(似像)을 나타내는 것으로서 당신에게 주어질 걸세.

(중략)

그리고 또 다른 한 부분(DC)을, 지금의 사상과 유사한 것을 나타내고 있다고 상정해 주게나.'

이렇게 가시계는 아랫부분의 '사상'과 윗부분의 '사물'로 이등분된다. 그렇다면 가지계(CB)는 어떻게 나누어질까?

아랫부분(CE)에 관해서는 '……한 부분(CE)은, 영혼(정신)이 그를 탐구함에 있어, 앞에서는 실물이었던 것을 이번에는 사상으로써 이용하면서, 가설(전제)에서 출발하여 처음으로 거슬러 올라가지 않고, 어쩔 수 없이 결말로 나아가게 된다'라고 설명하고 있으며, 윗부분(EB)에 관해서는 '이와 관련하여 또 한 부분(EB)을 탐구함에 있어, 영혼(정신)은 가설에서 출발하여, 어느새 가설이 아닌 처음으로 향하고, 또 전자(CE)에서 사용된 사상을 이용하지 않고, 직접 〈실상〉 자체를 이용하여 〈실상〉 자체를 통해 탐구과정을 밟아나가는 것이다'라고 설명하고 있다.

조금 더 이해하기 쉽게 설명하자면, 전자는 수학자의 진행 방식으로 홀수나 짝수, 도형, 세 종류의 각7 등을 '이미 알고 있는 사항이라고 가정하고, 그것들은 모든 사람에게 명백한 것'으로 취급하여 처음으로 향하는 것이 아닌, 결말을 향해 고찰한다는 의미다.

그에 비해 후자는 철학자의 진행 방식으로, 여러 가설을 절대

---

7) '세 종류의 각'은 예각, 직각, 둔각을 의미한다.

적인 시초로 여기지 않고, 문자 그대로 '아래(hypo)에 놓인 것 (thesis)[8]'으로 취급하여 그로부터 만유의 처음으로 향하고, 그 처음을 파악한 후에는, 이번과 반대로 처음과 연결되어 있는 것을 차례차례 접하면서 결말에 이르기까지 하강한다는 것이다. 그리고 이때 감각되는 것은 절대 보조로 이용하지 않고, 이데아 자체를 이용하여 이데아를 통해 이데아로 들어가며, 이데아로 끝난다는 것이다.

마지막으로 플라톤은 선분 AB의 네 부분에 영혼의 네 가지 상태를 대입했다. 다시 말해 EB는 '지성적 사상(직접지)', CE는 '오성적 사고(간접지)', DC는 '확신(직접적 지각)', AD는 '영상 지각(간접적 지각)'을 대응한 것이다.

이것이 플라톤이 제창한 이데아론의 기본적 구상인데, 그 배경에는 비례론이 놓여있다는 것을 알 수 있다. 플라톤은 비례 사상[9]을 굉장히 중요하게 여겼으며, 비례에 의해 질서가 성립한다고 생각했다. 플라톤은 《국가》에서 여러 국가 체제와 그에 대응하는 인간의 형태를 논하고 있는데, 여기에도 그 바탕에는 비례 사상이 존재하고 있다.

---

8) 휘포테시스(hypothesis)는 《기하학 원론》에서 '정의'라는 의미로 사용되고 있다.
9) 비례 사상이란 단순한 평등을 악평등이라며 비판하고, '모든 사물은 각 사람의 가치에 의해 분배되어야 하는 것'이라는 분배 정의론의 지주가 되며, 계급 사회를 용인하는 사상으로서 역할을 했다.

플라톤주의적 수학관

플라톤의 사상은 피타고라스학파의 형상적 자연관의 연장선에 있다. 예를 들어 플라톤이 《국가》 제7권(12)에서 '사람의 눈이 천문학과 밀접한 관계에서 형성되는 것과 마찬가지로, 음계의 조화를 이루는 운동과의 밀접한 관계를 바탕으로 귀가 형성되며, 이들과 관련된 지식은 서로 자매 관계에 있는 것이라고 피타고라스학파의 사람들은 주장하는데……'라고 서술하는 것처럼, 그는 피타고라스학파의 네 과목(수론, 음계론, 기하학, 천문학)을 중시하여 학원 아카데메이아10의 필수 과목으로 삼았다. 그리고 플라톤의 '신은 언제나 기하학적으로 사고한다'라는 표현이나, 아카데메이아 입구의 높은 곳에 쓰여 있던 '기하학을 모르는 자는 이 문을 지나지 마시오'라는 문장이 말하는 것처럼 기하학을 특히 중요하게 생각했다.

고대 그리스 전기의 수학은 피타고라스와 플라톤을 거쳐, 기원전 3000년경 성립했다는 유클리드의 《기하학 원론》에 의해 집대성되었는데, 고대 그리스 수학에 현저하게 볼 수 있는 사상은 이런 '피타고라스 → 플라톤 → 유클리드'라는 계보에 의해 형성되었다고 할 수 있다. 이러한 사상은 오늘날 '플라톤주의(Platonism)'라고 부른다.

아리스토텔레스는 그의 저서 《형이상학》 제1권 제6장에서 플라

---

10) 아카데메이아는 기원전 386년경 플라톤에 의해 설립되었다. 국가를 짊어질 능력 있는 청년의 육성이 목표였는데, 529년 동로마 제국의 황제였던 유스티니아누스가 해산을 명하여 폐쇄되었다. 아카데메이아는 영단어 'academy(아카데미)'의 어원이다.

톤 철학에 관해 다음과 같이 논평하고 있다.

'젊은 시절부터 플라톤은, 가장 먼저 크라테로스와 만났기 때문에 그의 헤라클레이토스적인 의견에 친숙했다. 그리고 그는 (이 의견에서는, 모든 감각적 사물은 끊임없이 유전(流轉)하고 있으므로 이러한 사물에 대한 참다운 인식은 존재할 수 없다고 하지만) 이 의견을 그 다음해에도 변함없이 신뢰하고 있었다…….'

이러한 서술에서도 알 수 있듯 감각적 사항은 '가상의 세계'에 속하는 이동하기 쉬운 것이며, 플라톤은 그러한 것에 진정한 인식은 있을 수 없다고 생각했다. 이러한 가상의 세계에 대비되는 것이 바로 '이데아의 세계'다.

그리고 플라톤은 '가상의 세계'와 '이데아의 세계'를 매개하는 역할을 수학이 담당한다고 생각했다. 이에 대해서도 아리스토텔레스는 다음과 같이 증언하고 있다.

'그렇지만 플라톤은, 심지어 감각적 사물과 에이도스 이외에, 그들의 사이에 수학의 대상인 사물이 존재한다고 주장하고, 수학적 대상이 영원하며 불변하고 부동하다는 점에서 감각적 사물과는 다르며, 또 에이도스와 수학적 대상의 차이는, 수학적 여러 대상에는 같은 종류의 요소가 많지만, 에이도스는 모든 것이 각각 스스로 유일 단독이라는 점에서 다르다고 했다.'

이처럼 진정한 존재자인 이데아를 다루는 철학(형이상학)은 플라톤의 학문에서 가장 높은 곳에 위치하며, 감각을 통해 얻을 수 있고, 언제나 변화하고 멈추지 않는 가상의 세계에 관한 학문인 자연학은 아래쪽에 있으며, 수학은 그 중간에 위치하는 것이었다.

플라톤의 수학론에서 수학자가 사고하는 사각형이나 대각선은 그들의 형상이 아닌, 그를 사상으로 하는 실물(이데아)에 대한 것으로, 그에 대한 논증은 사각형 자체, 대각선 자체를 위해 이루어지며, 도형에 그려지는 대각선이 아닌 것이다. 다시 말해 사각형의 이데아, 대각선의 이데아가 사유의 대상이 된다는 것을 알 수 있다. 그리고 플라톤은《국가》제6권(20)에서 수학자의 연구 방법에 대해 다음과 같이 서술하고 있다.

'홀수와 짝수, 다양한 도형, 세 종류의 각, 그밖에 이와 같은 종류의 사항을 각각의 연구에 대응해 전제하고, 이것들은 이미 알고 있는 것으로 간주하며 그러한 사상을 가설로 내세운 다음, 이에 관해서는 자신에 대해서도, 다른 사람에 대해서도 이미 무엇 하나 그 근거를 설명할 필요는 없다고 생각하여, 마치 모든 사람에게 분명한 것처럼 취급한다. 그리고 그들로부터 출발하여 즉각 그 후의 사항을 논술하면서, 마지막에 자신들이 착수한 고찰의 목표까지 정합적인 방법으로 도달하는 것이다.'

이와 같은 수학 사상은 유클리드의《기하학 원론》에서 훌륭하게 구현되고 있다.

플라톤의 이데아론은 피타고라스적인 형상적 자연관의 연장이며, 아리스토텔레스의 '형상(에이도스)'의 개념으로 발전한다. 다시 말해 플라톤의 '이데아' 개념이 '형상' 개념의 선구를 이루고 있으며, 플라톤주의적 수학관은 이데아와 형상의 개념을 그 바탕에 두고 있다고 말할 수 있는 것이다. 그렇게 생각하면 이데아와 형상의 플라톤주의적 수학관은 '형태가 있는 것', 다시 말해 '유한'을 존중한다고 할 수 있으며, 무한은 유한보다 하위 개념으로 간주되었다.

제논

고대 그리스에서는 한정을 수용하지 않는 '질료'가 '형상'에 의해 한정되었을 때, 질서 있는 존재(우시아)가 성립한다고 여기고, 그에 의해 비로소 진정으로 가치 있는 것이 탄생한다고 간주했다.

플라톤과 아리스토텔레스에 의하면 선(善)이란 항상 '질서(코스모스)11'를 가지고 한계가 있는 '유한한 것'으로 여겨짐과 동시에, 무한은 반대로 한계가 없는 것으로서 악으로 여겼던 것이다. 고대 그리스 수학의 이러한 무한에 관한 사고는 하나의 큰 특징이라고 할 수 있다.

게다가 무한을 기피하는 그리스의 수학관은, 예를 들어 '아킬레스12는 거북이를 따라잡을 수 없다'나 '날아가는 화살은 날아가지 않는다' 등으로 유명한 '제논의 역설13'도 고려했을 것이라고 짐작한다.

---

11) 코스모스는 우주 또는 세계를 의미하는데, 원래 사물을 '정리하다' 혹은 '질서를 지키다'라는 의미의 그리스어 '코스메오(κοσμέω)'에서 유래했다.

12) 아킬레스는 그리스 신화의 영웅으로, 호메로스의 작품 《일리아스》의 주요 인물인데, 달리기가 매우 빠른 인물로 묘사되고 있다.

13) 제논(Zenon of Elea, 기원전 490경~기원전 425경)은 고대 그리스의 철학자다. 무한과 운동, 연속과 관련된 소박한 생각에 모순되는 역설(paradox)을 전개했다.

다시 말해 '무한'이라는 개념은 지극히 난해한 문제를 포함하고 있으며, 논리성을 엄격하게 추구한 고대 그리스인은 '무한'의 개념이 모순을 포함한다는 것을 감득하고, 그를 주의 깊게 피했던 것이다.

원래 '무한'이라는 개념에는 최소 두 가지 의미가 있다. 하나는 얼마든지 계속 조작하여도 끝나지 않는다는 의미이며, 또 다른 하나는 유한한 것과는 멀리 떨어진 크기를 가진 것으로서의 '무한'이다. 전자는 '조작적 무한'이나 '가능적 무한', 후자는 '존재적 무한'이나 '실무한'이라고 부른다. 아리스토텔레스는 그의 저서 《자연학》 제3권 제7장에서 '무한은 현실태에서는 존재하지 않고, 오직 가능태에서만 존재할 뿐이다'라는 취지를 밝히고 있다.

'무한'은 그리스어로 '아페이론'이라고 하는데, 이 단어는 부정 접두사인 '아'와 '한계, 한정'을 의미하는 '페라스'의 합성어다. 그렇기 때문에 '아페이론'은 '한계가 없다' 혹은 '한정되지 않다'라는 의미에서 '무한'이라고 번역한다. 아페이론은 아낙시만드로스가 만물의 시초라고 여겼던 것으로도 알려져 있다. 다시 말해 그는 아직 한정되지 않은 원초적인 무언가로부터 만물이 탄생한다고 생각했는데, 이를 근대 이후의 '무한'이라고 해석해서는 안 된다.

근대 이후의 수학은 무한과 극한을 대담하고 적극적으로 받아들이면서 미적분학이라는 새로운 수학을 창조하였는데, 미적분학에서는 무한을 긍정적 개념으로 받아들였다고 할 수 있다. 그러나 고대 그리스에서 무한은 분명하지 않은 무한정이며, 일정하지 않은 원초적 상태라는 부정적인 개념이었던 것이다.

플라톤의 입체

자연학과 관련된 플라톤의 저서 중에는 〈자연에 대하여〉라는 부제의《티마이오스》[14]가 있는데, 피타고라스학파의 교의를 계승한 플라톤은《티마이오스》에서 다섯 종류의 정다면체를 종합적으로 논하고 있기 때문에 정다면체를 '플라톤의 입체'라고도 부른다.

정다면체란 한 종류의 정다각형으로 만들어지고, 각 꼭짓점 주변이 모두 같은 상태가 되는 볼록다면체를 말하는데, 정사면체, 정육면체, 정팔면체, 정십이면체, 정이십면체라는 다섯 종류밖에 없다는 것이 유클리드《기하학 원론》의 마지막인 제13권, 마지막 명제 18에서 증명하고 있다[그림 2].

[그림 2] 정다면체

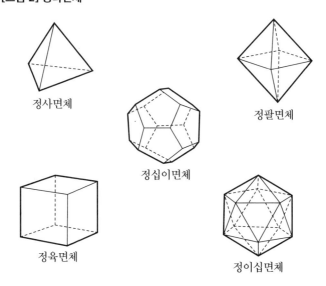

정사면체

정팔면체

정십이면체

정육면체

정이십면체

14) 플라톤의 후기 작품인《티마이오스》에서는 우주론을 다루고 있다.

고대 오리엔트에서는 이미 정사면체, 정육면체, 정팔면체, 정다면체가 알려져 있었는데, 여기에 피타고라스가 정십이면체와 정이십면체를 추가했다는 설도 있다. 그러나 이와는 다르게 피타고라스학파의 사람들은 이미 정사면체, 정육면체, 정십이면체를 알고 있었고, 테아이테토스[15]가 나머지 두 종류를 처음 발견했다는 이야기도 있어, 어떤 설이 정확한지는 알 수 없다.

《티마이오스》 제20장에서는 불, 공기, 물, 흙이라는 네 가지를 우주의 구성 원소로 제시하며, 신은 이러한 4대 원소의 시원으로서 두 종류의 삼각형을 하사했다고 여기고 있다. 하나는 정삼각형의 6분의 1(또는 2분의 1)인 직각 부등변삼각형, 또 하나는 정사각형의 8분의 1(또는 2분의 1)인 직각이등변 삼각형인데, 이 두 삼각형을 '스토이케이아(Stoikheia)' [그림 3]라고 부른다. 오늘날 문구점에서 파는 삼각자 세트를 떠올리면 쉽게 이해할 수 있을 것이다.

[그림 3]

두 종류의 스토이케이아

---

15) 테아이테토스(Theaeteus, 기원전 417경~기원전 369경)는 고대 그리스의 철학자이자 수학자로, 플라톤의 가르침을 받았다. 유클리드 《기하학 원론》의 제10권(무리수), 제13권(정다면체)이 그의 업적으로 여겨지고 있다.

스토이케이아란 '근본' 혹은 '근본적 구성 요소'라는 의미로, 무언가의 기본이 되는 것을 가리킨다. 예를 들어 하나의 단어 체계의 기본은 자음과 모음으로, 영어의 경우에는 알파벳 a, b, c, …… 등이 있는데, 이러한 자음과 모음이 스토이케이아가 되면서 하나의 언어 체계가 만들어지는 것이다. 수학도 이와 마찬가지인데, 지금부터 유클리드 《기하학 원론》의 그리스어 제목이 '스토이케이아(Στοιχεῖα)'가 된 이유에 대해 살펴보자.

이렇게 스토이케이아로부터 정삼각형과 정사각형이 탄생하고, 그 정삼각형과 정사각형으로 만들어진 가장 아름다운 입체가, 신이 만든 4대 원소인 불, 공기, 물, 흙의 모양과 닮았다고 생각했다. 가장 아름다운 입체란 정삼각형으로만 이루어진 정다면체, 즉 정사면체, 정팔면체, 정이십면체와 정사각형으로만 이루어진 정육면체까지 총 네 개가 있다. 이 가운데 정사면체는 네 개의 정다면체 가운데 가장 작고 예리하며, 심지어 가벼워서 어디로든 움직일 수 있을 것 같아 불의 원소와 닮았다고 여겨졌다.

네 종류의 정다면체 가운데 가장 구에 가까운 것은 정이십면체로, 데굴데굴 굴러갈 것 같아 물의 원소와 비슷하다고 생각하였으며, 나아가 정팔면체는 정사면체와 정이십면체처럼 정삼각형으로 이루어져 있으므로, 불과 물의 중간 모양을 하고 있다고 생각하여 공기의 원소라고 했다. 반면 정육면체는 정사각형으로만 이루어져 있어 차분하고 안정적이므로 흙의 원소와 닮았다고 생각했다.

이처럼 네 개의 정다면체 가운데 다섯 번째인 정십이면체는 두 종류의 스토이케이아로 만들 수는 없지만, 피타고라스학파의 심벌마크와 깊은 관련이 있는 정오각형으로 만들어진 신묘한 것이었다. 플라톤은 '이것이야말로 우주 그 자체'라고 생각했는지, 정십이면체를 4대 원소로 구성된 만물을 감싸는 우주의 그릇(용기)이라고 여겼다.16 때때로 정다면체를 '우주의 입체'라고 부르는 것은 바로 이와 같은 이유 때문이다.

피타고라스에서 플라톤으로 이어진 정다면체에 대한 관심은 그 이후로도 계속되었는데, 정다면체는 근대 초기의 위대한 천문학자인 케플러17에 의해 다시 다루어지게 되었다. 그는《우주의 신비》(1596),《신천문학》(1609),《세계의 조화》(1619)라는 3부작을 저술하였는데, 그 제목에서 피타고라스학파의 사상을 느낄 수 있다.

케플러의 저서《세계의 조화》에서는 **[그림 4]**와 같은 삽화를 볼 수 있는데, 이 그림 하나만 봐도 케플러가 플라톤주의자이며, 나아가 피타고라스주의자였다는 것을 알 수 있다. 또한 케플러는《우주의 신비》제1권 제12장에서 '기하학에는 두 가지 보물이 있다. 하나는

---

16) 정십이면체는 황도12궁과 관련지을 수 있다. 황도12궁이란 황도대를 12등분하고, 각 구역에 배치된 궁을 말하며, 12궁으로 백양궁, 금우궁, 쌍아궁, 거해궁, 사자궁, 처녀궁, 천칭궁, 천갈궁, 인마궁, 마갈궁, 보병궁, 쌍어궁이 있다.

17) 요하네스 케플러(Johannes Kepler, 1571~1630)는 독일의 천문학자로, 튀코 브라헤의 화성에 관한 방대한 관측 기록을 바탕으로 행성의 운동을 연구하여 그에 관한 세 가지 법칙을 발견한 인물이다.

[그림 4] 케플러의 삽화

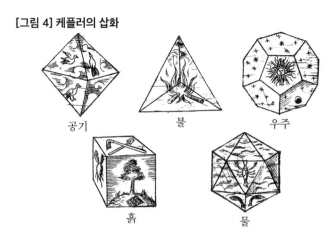

공기   불   우주

흙   물

케플러 《세계의 조화》 제2권 문제 25에서

직각 삼각형의 빗변과 직각을 끼고 있는 두 변의 관계[18]이며, 또 다른 하나는 선분의 외중비에 의한 분할[19]이다. 그중에 전자로는 정육면체, 정사면체, 정팔면체가 만들어지고, 후자로는 정십이면체와 정이십면체가 만들어진다'라고 서술하고 있는데, 다시 말해 피타고라스의 정리와 황금 분할을 기하학의 보물이라고 생각했던 것이다. 이런 점에서 볼 때, 케플러가 피타고라스와 플라톤의 직계 후계자라고 생각하지 않을 수 없는 것이다.

그리스의 3대 난제

기원전 5세기의 그리스에서는, 오늘날 '그리스의 3대 난제'라고

---

18) 이는 피타고라스의 정리를 말한다.
19) 이는 황금 분할을 말한다.

불리는 작도 문제가 연구되었다. 첫 번째는 주어진 임의의 원과 넓이가 같은 정사각형을 그리는 문제, 두 번째는 주어진 임의의 각을 삼등분하는 직선을 그리는 문제, 그리고 세 번째는 주어진 임의의 정육면체의 2배 부피가 되는 정육면체의 한 변을 그리는 문제로, 이는 각각 '원의 사각화 문제(원적 문제)', '각의 삼등분 문제', '정육면체 배적 문제'라고 불린다. 여기에서 '작도'란 '직선을 그리기 위한 자'와 '원을 그리기 위한 컴퍼스'만을 사용하여 요구되는 도형을 그리는 것을 의미한다.

세 번째의 정육면체 배적 문제에 대해서는 다음과 같은 전설이 전해지고 있다. 그리스의 델로스섬에 악성 전염병이 유행하자 두려움에 떨던 사람들이 델로스섬의 수호신인 아폴론의 신전을 찾아갔는데, '신전의 정면에 있는 정육면체 제단의 부피를 2배로 만들어라. 그러면 악성 전염병이 사라질 것이다'라는 신탁이 내려졌다는 것이다.

그 신탁을 들은 사람들이 정육면체의 한 변이 2배인 정육면체를 제작하였지만, 전염병은 줄어들 기미가 보이지 않았으며, 정육면체를 나란히 두어도 효과가 없었다. 사람들의 고민을 들은 플라톤은, '신께서는 2배의 제단을 원하는 것이 아니라 그리스 사람들이 기하학을 소홀히 하지 않도록 그 과업을 준 것'이라고 말했다. 이러한 이유에서 세 번째 문제를 '델로스의 문제'라고 부르기도 한다.

기하학의 작도 문제는 세 문제 모두 근대에 들어 불가능하다는 사실이 증명되었는데, 그리스의 기하학자들은 이러한 작도 문제를 연구하는 과정에서 여러 가지 새로운 발견을 할 수 있었던 것이다[20].

사실 작도 문제는 대수 방정식 문제로 바꿀 수 있다. 일반적으로 길이가 a, b인 두 선분과 단위 선분이 주어졌을 때, 그 두 선분의 덧셈, 뺄셈, 곱셈, 나눗셈은 작도할 수 있으며, 나아가 길이 a의 선분에 대해 $\sqrt{a}$도 나타낼 수 있다[21]. 따라서 사칙연산 및 제곱근풀이를 유한 회 포함한 식에 대해서는 자와 컴퍼스로 그릴 수 있다는 말이 된다.

게다가 일반적으로 대수식은, 식이 가능한 한 사칙연산과 제곱근풀이를 포함할 때, 그때에 한해 작도가 가능하다고 알려져 있는데, 이는 해석 기하학적으로 생각하면 좋다. 다시 말해 자와 컴퍼스로 그릴 수 있는 도형은 직선과 원이지만, 이들은 각각 x, y의 일차 방정식이나 이차 방정식으로 표현할 수 있으므로, 이를 연립하여 풀이하면 기껏해야 사칙연산이나 제곱근풀이밖에 나올 수 없다는 것으로 이해해야 한다.

각의 삼등분 문제나 정육면체 배적 문제에는 삼차 방정식이 등장하고, 원의 사각화 문제에는 초월수[22]인 원주율 π가 등장한다. 그러므로 이들 문제는 작도가 불가능하다.

---

20) 이 과정에서 그리스의 기하학자들은 원적 곡선이나 나사선(패각선의 곡선) 등을 발견했다.

21) 이러한 작도에 대해서는 이 책의 제3부 제4장의 <해석 기하학의 탄생>을 참고하면 좋다.

22) 정수 계수인 대수 방정식의 해가 되는 실수를 '대수적 실수'라고 부르며, 대수적 실수가 아닌 실수를 '초월수'라고 한다. π(파이)가 초월수라는 사실은 1882년, 린덴만(Lindemann, 1852~1939)에 의해 밝혀졌다.

4. 논증 수학의 성립

그리스 초기의 증명 개념

'증명'이라는 개념은 고대 그리스 세계의 산물이며, 이는 '원리로 부터의 도출'이라는 탈레스의 지적 태도로부터 필연적으로 탄생했다고도 할 수 있는데, 고대 그리스 초기의 증명에 관한 개념은 오늘날의 개념과 반드시 동일한 것은 아니다.

'증명하다'라는 동사는 그리스어로 '데이크뉘오(δεικνύω)'인데, 여기에는 '그림이나 도표로 나타내다'라는 의미가 포함되어 있으며, 이전에는 '구체적으로 눈에 보이게 하는 것'이라는 의미였다고 한다. 다시 말해 그리스 초기에는, 그림을 나타냄으로써 명제의 옳고 그름을 증명하는 지극히 간단한 방법이 사용되었다고 생각할 수 있으며, 이는 '도해적 증명'이라고도 한다.

그 대표적인 사례가, 피타고라스가 직접 했다고 전해지는 피타고라스 정리에 관한 증명이다. 다르게 표현하면 고대 그리스 초기의 증명이란, 작도 등에 의한 '현실적 구상화(그림 등의 구체적인 대상으로 나타내는 것)'라고 할 수 있다. 그리고 이와 같은 현실적 구상화는 기하학 분야뿐만 아니라, 그리스 초기의 수론 분야에도 동일했다.

수학사가 오스카 베커[1]는, 초기 그리스 수론에서의 홀수와 짝수에 관한 여러 정리가 작은 돌을 나열하는 방법, 즉 '작은 돌 나열 계산[2]'에 의해 도출된다는 것을 문헌학적 방법으로 입증한 인물로, '작은 돌 나열 계산'이 바로 현실적 구상화 그 자체라고도 말할 수 있다. 예를 들어 '짝수의 합은 언제나 짝수[3]'라는 명제는 [그림 1]과 같이 도해적으로 증명할 수 있다.

[그림 1]의 ①에는 네 개의 짝수가 나열되어 있는데, 여기에서 그 개수는 임의로 정해진 것이다. 또한 그리스인에게 짝수는, 유클리드의 《기하학 원론》 제7권 정의 6에 명기되어있는 것처럼 이등분할 수 있는 수였다[4].

이러한 짝수의 합은 [그림 1]의 ②처럼 나타낼 수 있으며, 이는 ①

[그림 1]

---

1) 오스카 베커(Oskar Becker, 1889~1964)는 독일 라이프치히 출생의 철학자다. 프라이부르크 대학에서 후설의 문하생으로 공부하였으며, 이후 본 대학에서 교수 등을 역임하였다. 전공은 수리 철학과 수학사.
2) '작은 돌 나열 계산'은 '페포폴리아'라고도 하는데, 이는 '작은 돌'을 의미하는 그리스어 '페포이'에서 유래한다.
3) 유클리드의 《기하학 원론》 제9권 명제 21에서는 '짝수 개의 합은 짝수다'를 증명하고 있다.

유클리드

의 돌을 움직여 만든 것이다. 그리고 마지막으로 돌의 위치를 이동시켜 ③과 같은 그림을 얻을 수 있는데, 이것이 이등분되는 수라는 것은 애초에 만드는 방법부터 명확하다. 따라서 이는 짝수이며, 따라서 명제는 증명되었다고 할 수 있다.

이처럼 고대 그리스 초기의 증명은, 눈으로 살필 수 있는 현실적 구상화라는 단계에 있었다고 말할 수 있다. 그리스어 '데이크뉘오'는 이후에도 계속 사용되었는데, 유클리드의 《기하학 원론》에서는 증명을 마무리 지을 때, '이것이 증명하려는 내용이었다'라는 의미의 '호펠 에데 딕세(hóper édei deïxai)'라는 상투어로 끝을 맺고 있다. 그리고 이후에 이 단어가 'quod erat demonstrandum(증명의 끝)'이라는 라틴어로 번역되면서, 증명이 끝난 공식 뒤에 'Q.E.D'을 붙이게 되었다[5].

앞에서 서술한 그리스어 '데이크뉘메'의 전통을 계승하는 영어는 'demonstration[6]'이지만, 오늘날에는 '증명'을 의미하는 단어로 'proof'를 사용한다. 'proof'의 어원은 라틴어 'probus'이며, 그

---

4) 유클리드의 《기하학 원론》 제7권 정의 7에서 홀수는 '이등분되지 않는 수, 또는 짝수와 단위(1)만큼 다른 수'라고 정의하고 있다.

5) 작도에 관한 명제를 증명한 후, '이것이 작도하려는 것이었다'라는 의미의 상투어 '호펠 에데 딕세(ὅπερ ἔδειδεῖζαι)'로 끝나고 있다. 라틴어로는 'quod erat faciendum'으로, 간략하게 'Q.E.F'라고 쓴다. 라틴어로 'facio'는 영어의 'make'를 의미한다.

동사형인 'probe'는 '탐침으로 찾다'라는 의미이고, 이와 비슷한 단어로 'investigate'가 있다.

이 단어는 '밖을 향해 드러내다(데이크뉘메)'라기 보다 '안쪽을 탐색하다'라는 의미가 농후하다. 따라서 증명이라는 개념은, 밖으로 나타내는 도해적 표상의 단계에서 점차 증명 내부로 파고들어 그 내적 연관까지도 탐구하는 단계로 발전하였다고 추측할 수 있다.

유클리드의 《기하학 원론》

프로클로스의 증언에 의하면 《기하학 원론》이라는 책을 처음 편찬한 사람은 키오스섬 출신의 히포크라테스[7]이며, 이후 레온[8]이나 테우디우스[9]에 의해서도 《기하학 원론》이 집필되었지만, 유클리드의 《기하학 원론》이 편찬되면서 이전 작품들은 모두 사라져 현재는 남아 있지 않다고 한다. 따라서 오늘날 《기하학 원론》이라고 하면 유클리드의 작품을 가리킨다.

---

6) 'demonstration'은 '밖을 향해 드러내다'라는 의미가 있으며, 플래카드 등을 들고 주장하는 '데모 행진'은 이 단어에서 유래했다.
7) 히포크라테스(Hippocrates of Chios, 기원전 5세기 후반)는 고대 그리스의 철학자이자 천문학자다. 원래는 상인이었지만, 기원전 5세기 중반 즈음 아테나이에서 기하학에 이바지하며 유명해졌다고 알려져 있다. 히포크라테스는 원의 사각화 문제, 정육면체의 배적 문제에도 착수했다.
8) 레온(Leon, 기원전 4세기 전반)은 고대 그리스의 수학자다. 문제 해결을 준비하기 위해 가능 조건을 찾아야 할 필요성을 처음 제기했다.
9) 테우디우스(Theudius of Magnesi, 기원전 4세기 활약)는 고대 그리스의 수학자다. 아리스토텔레스의 작품에 인용되고 있는 초등 기하학에 대한 명제는, 테우디우스가 편찬한 《기하학 원론》에서 찾았을 것이라고 추측된다.

유클리드의《기하학 원론》은 정의, 공준, 공리를 비롯하여 다양한 정리를 연역적으로 도출하는 방식을 취하고 있어, 이는 오늘날 수학의 원형을 이루고 있다고도 말할 수 있다. 그렇기 때문에 성경의 뒤를 이어 세계 각국의 언어로 번역되어 2000년 이상 '수학의 성전'이라는 지위를 차지하고 있는 것이다. 근대 자연과학의 금자탑이라고 일컫는 뉴턴의《자연 철학의 수학적 원리(프린키피아)》(1687)[10] 등도 유클리드의《기하학 원론》을 본보기로 하여 집필되었다.

총 13권에 달하는《기하학 원론》의 내용은 평면기하, 기하학적 대수, 비례론과 그 응용, 수론, 무리수, 입체기하, 구적법, 정다면체 이론 등 다방면에 걸쳐 있다. 그러나 이러한 내용은 유클리드 한 명이 완성한 것이 아니라, 대부분의 내용이 유클리드 이전에 이룬 수학적 탐구의 결과라고 할 수 있다. 다시 말해《기하학 원론》은 기원전 600년경부터의 약 300년에 걸친 수학적 축적을 정리하여 하나로 엮은 책이라고 생각할 수 있다. 그래서 유클리드는 독창적인 수학자라기보다 유능한 편집자로 평가할 수 있는데, 이러한《기하학 원론》의 내용을 하나의 표로 정리하면 **[표 1]**과 같다.

정의, 공준, 공리

《기하학 원론》은 서두의 '정의'로 시작하여 '공준'과 '공리'를 제시

---

10)《자연 철학의 수학적 원리(프린키피아)》에는 서두에 8개의 정의와 3개의 법칙(공리)을 이야기하고 있다.

[표 1]

	정의	공준	공리	명제	주요 내용
제1권	23개	5개	5개	48개	평면도형
제2권	2	0	0	14	평면도형(기하학적 대수)
제3권	11	0	0	37	평면도형(원)
제4권	7	0	0	16	평면도형(내접 및 외접다각형)
제5권	18	0	0	25	일반 비례론
제6권	4	0	0	33	일반 비례론의 도형에의 응용
제7권	23	0	0	39	수론
제8권	0	0	0	27	수론 무기호정수론
제9권	0	0	0	36	수론
제10권	제1군 4 제2군 6 제3군 6	0	0	115	무리수
제11권	28	0	0	39	입체도형
제12권	0	0	0	18	구적론(실진법)
제13권	0	0	0	18	정다면체론

하고, 그 후 명제와 증명이 이어지는 구성을 띠고 있다. 따라서 유클리드가 이 책을 집필한 목적이나 취지 등은 전혀 다루고 있지 않다.

먼저 증명 없이 서술되고 있는 정의, 공준, 공리를 살펴보자. 프로클로스는《주석이 달린 기하학 원론》에서 '유클리드는 공통 원리(코이나이 아르카이)[11] 자체를 휘포테시스, 아이테마, 악시오마로 나누고 있다'라던지 '기하학의 제1원리는 휘포테시스, 아이테마, 악시오마, 세 가지로 나눌 수 있다' 등을 말하고 있다. 이에 따라 정의, 공준, 공

---

11) 코이나이는 '공통의'를 의미하며, 아르카이는 그리스어로 '아르케', 즉 탈레스가 '만물의 근원은 물'에서 말한 '시작'을 의미한다.

리가 각각 휘포테시스, 아이테마, 악시오마라고 불렸는데, 그리스 수학이 형성되는 초기에는 이 세 용어가 명확하게 구분되지 않았으며, 이론적 고찰의 심화와 동시에 구별되었다고 생각할 수 있다.

휘포테시스(정의)라는 용어는 '아래(휘포)'라는 부사와 '놓아두다(디테미)'라는 동사의 합성어로, '아래에 놓아두는 것', 다시 말해 의론을 행하기 위해 '기초로 두는 전제'라는 의미로 해석할 수 있다. 《기하학 원론》의 서두에서 하는 말은 반드시 오늘날의 정의와 같다고 할 수 없는 것도 있지만, 어쨌든

1. '점'은 쪼갤 수 없는 것이다.

2. '선'은 폭이 없이 길이만 있는 것이다.

부터 시작하여

23. 평행선이란 동일한 평면에 있는 직선으로, 양쪽으로 아무리 길게 늘여도 양쪽 어디에서도 만나지 않는 직선이다.

까지 모두 23개의 '정의'를 서술하고 있다.《기하학 원론》에서는 정의 다음으로 '공준'이라 불리는 다음과 같은 5개의 문장이 등장한다.

1. 임의의 점에서 또 다른 임의의 점으로 직선을 그을 수 있다.

2. 유한한 직선은 얼마든지 일직선으로 늘릴 수 있다.

3. 임의의 점에서 모든 거리를 반지름으로 하여 원을 그릴 수 있다[12].

---

12) 공준 1, 공준 3은 각각 기하학적 작도에서 자와 컴퍼스를 사용한 근거라고 여겨진다.

4. 모든 직각은 서로 같다.

5. 한 직선이 두 개의 직선과 교차할 때, 어느 한쪽의 두 내각의 합이 두 개의 직각보다 작다고 하면, 두 직선을 끝없이 연장했을 때, 두 직선은 내각의 합이 두 개의 직각보다 작은 쪽에서 교차한다[13].

'공준'을 의미하는 그리스어 '아이테마(αἴτημα)'는 '요청하다'라는 의미의 동사 '아이테오(αἰτέω)'에서 유래하고 있다. 즉 의론을 행함에 있어 한쪽이 다른 쪽에게 미리 승인을 얻기 위해 요청해야 하는 사항이 '공준'인 것이다.

프로클로스가 저서《주석이 달린 기하학 원론》에서 '명제도 아직 모르고, 또 그에 대한 탐구자의 승인도 없는 채로 어떤 전제가 취해졌을 때, 우리는 그것을 아이테마라고 부른다. 대표적인 예로 모든 직각은 서로 같다는 것을 들 수 있다'라고 서술하는 것처럼, 아이테마를 휘포테시스와 구별하여 정립하고 있다. 다시 말해 증명되어야 할 명제에 내포된 개념과는 상대적으로 독립적인 것이지만, 의론의 '전제'라고도 말해야 하는 내용을 '공준'으로 제시하고 있는 것이다. 하지만《기하학 원론》에서는 공준과 성격이 유사하다고 할 수 있는 9개의 '공리'가 공준이 나온 바로 다음에 제시되고 있는데, 그 내용은 아래와 같다[14].

1. 어떤 것 둘이 어떤 것과 서로 같다면, 그 둘도 서로 같다.

---

13) 공준 5는 '평행선 공준'이라고 불리는 유명한 내용이다.

2. 서로 같은 것에 같은 것을 더하면, 그 결과도 서로 같다.

3. 서로 같은 것에서 같은 것을 빼면, 그 결과도 서로 같다.

4. 서로 같지 않은 것에서 같은 것을 더하면, 전체는 같지 않다.

5. 서로 같은 것의 2배는 서로 같다.

6. 서로 같은 것의 절반은 서로 같다.

7. 서로 겹쳐지는 것은 서로 같다[15].

8. 전체는 부분보다 크다.

9. 두 직선은 어떤 넓이를 둘러싸지 않는다.

한편 '공리'를 의미하는 그리스어 '악시오마(ἀξίωμα)'는 '시인하다'라는 의미의 동사 '아키시오'에서 유래하고 있으므로 의론에 앞선 전제로서 용인되어야 한다는 의미라고도 생각할 수 있다. 따라서 공준과 공리는 의미가 매우 비슷하다.

그렇다면 이러한 공리와 앞에서 말한 공준은 어떤 차이가 있을까? 이에 대한 다양한 해석이 존재하지만, 프로클로스는 다음과 같이 증언했다.

'그러나 문제가 정리와 구별되는 것처럼 공준은 공리와 구별된다. 이 둘은 모두 증명할 수는 없지만, 다르게 표현하면 공준은 쉽게 구성할 수 있다고 가정되며, 공리는 쉽게 인식할 수 있다고 받아들일

---

14) 9개의 공리 가운데 공리 4, 공리 5, 공리 6, 공리 9가 포함되지 않은 사본이 있다는 점에서, 앞의 4개의 공리는 후세에 추가되었다는 의견도 있다. 만약 그렇다면 이 경우에 공리는 5개라고 할 수 있다.
15) 이는 탈레스의 '포갬의 원리'를 서술한 것이다.

수 있다. 게미누스[16]는 이러한 이유에서 공준과 공리를 구별했다. 그러나 다른 사람들은, 공준은 기하학에만 특유한 것이며, 공리는 양과 크기에 관한 모든 학문에서 공통적이라고 말한다.'

이에 따라 통속적으로 공준과 공리는 다음과 같이 해석한다.

〈공준〉 기하학적 대상에 관한 전제

〈공리〉 양 등 일반적 대상에 관한 전제

물론 이러한 해석에 이견이 없는 것은 아니지만, 《기하학 원론》이라는 책을 대국적으로 보면 증명이 필요하지 않은 한 묶음의 기초적 원리인 공준과 공리(이를 통틀어 오늘날 용어인 '공리'라고 부르도록 한다)를 바탕으로 하여, 그로부터 여러 정리를 연역적으로 도출하는 방식을 처음 체현한 작품이라는 것은 의심할 수 없는 사실이다. 이러한 이유에서 유클리드의 《기하학 원론》은 오늘날 공리적이고 연역적인 체계로서의 수학의 원조라고 여겨진다.

평면 기하학

유클리드의 《기하학 원론》 제1권은 정의, 공준, 공리에 이어 48개의 명제를 다루고 있는데, 이는 모두 평면도형에 관한 내용이다. 48개의 명제는 〈제1군: 명제 1~26〉, 〈제2군: 명제 27~32〉, 〈제3군: 명제 33~48〉의 세 종류로 분류할 수 있다. 제1군은 삼각형과 선분, 각

---

16) 게미누스(Geminus, 기원전 1세기 전반)는 고대 그리스의 수학자다. 유클리드 《기하학 원론》의 정의, 공준, 공리 등에 대해 고찰하였으며 선이나 면을 분류했다.

의 작도, 선분과 각을 이등분하는 작도, 수직선의 작도 등 일련의 작도 문제 외에도 삼각형의 변과 각에 관한 내용이나 그 상호 관계, 삼각형의 세 가지 합동 정리 등을 다루고 있다. 예를 들어 이등변 삼각형의 밑각 정리는 명제 5에서, 맞꼭지각에 관한 정리는 명제 15에서 이야기한다. 또 SAS 합동 정리는 명제 4, SSS 합동 정리는 명제 8, ASA 합동 정리는 명제 26에서 각각 다루고 있다.

제2군은 명제 27의 '예각이 같다면 두 직선은 평행한다'라는 내용에서 알 수 있듯 평행선에 관한 내용을 다루고 있다. 그리고 평행선을 이용하여 '삼각형의 내각의 합은 두 직각이다'라는 것이 명제 32에서 증명되고 있다.

제3군은 처음 평행사변형을 소개하는 명제 33, 34부터 시작하여 평행사변형, 삼각형, 정사각형, 각각의 면적에 관해 다루고 있다. 예

[그림 2]

를 들어 명제 43은 '평행사변형에서 대각선에 맞닿아 있는 두 평행사변형의 면적은 서로 같다'라는 내용으로, [그림 2]에서 평행사변형 EBGK와 HKFD는 면적이 같다는 것을 증명하고 있다.

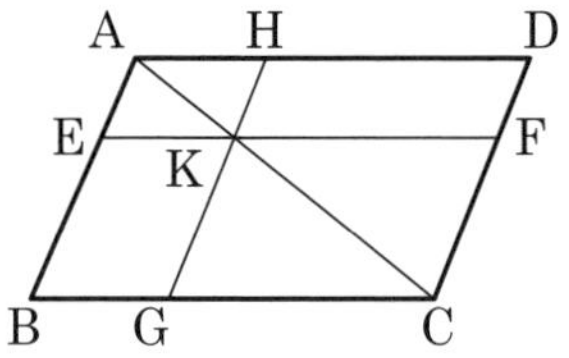

이처럼 면적의 변형에 관한 내용은 피타고라스학파의 '면적의 일치'라고 불리고 있다. 제3군에서는, 명제 47에서 유명한 피타고라스의 정리를 증명하고, 마지막 명제 48에서 그 역을 증명하고 있다.

원에 관한 내용은《기하학 원론》제3권에서 다루고 있으며, 37개의 명제로 구성되어 있다. 여기에서는 원의 중심과 현의 관계, 중심각과 호의 관계, 원의 접선의 여러 성질, 활꼴에 관한 내용을 다루고 있다. 원주각 정리는 명제 20(원의 중심에서 만든 중심각과 원의 둘레에서 만든 원주각의 호가 같다면, 중심각은 원주각 크기의 두 배가 된다), 명제 21(원에서 같은 활꼴의 내부 원주각들은 크기가 같다)로 증명되고 있으며, 내대각 정리[17]는 명제 22에서, 접현 정리[18]는 명제 32에서, 방멱 정리[19]는 명제 35에서 각각 증명되고 있다.

《기하학 원론》제4권은 원을 다루는 제3권의 속편이라고도 말할 수 있는데, 삼각형에 원을 내접·외접시키거나, 원에 정사각형이나 정오각형을 내접·외접시키고, 정오각형에 원을 내접·외접시키는 등에 관한 총 16개의 명제를 다룬다.

기하학적 대수

《기하학 원론》제2권은, 제1권에서 다룬 제3군 명제의 연장선이라고 말할 수 있는 14개의 명제로 구성되어 있다.

예를 들어 '선분을 임의로 이등분했을 때, 전체 선분으로 만든 정

---

17) 내대각의 정리는 원에 내접하는 사각형과 마주하는 각의 합은 두 직각이라는 내용이다.
18) 접현 정리는, 원의 현과 접선이 이루는 각은 그 현의 위에 그려진 원주각과 같다는 내용이다.
19) 방멱 정리는, 원 안의 두 현이 교차하는 경우, 한쪽 현의 두 부분의 곱은 다른 현의 두 부분의 곱과 같다는 내용이다.

사각형은, 두 개의 작은 정사각형과 두 부분으로 둘러싸인 직사각형의 2배와 합이 같다'라는 명제4는 [그림 3]에서 정사각형 ABED의 면적이 정사각형 HGFD의 면적과 정사각형 CBKG의 면적, 직사각형 ACGH의 면적의 두 배를 모두 더한 값과 같다는 것을 증명하고 있다. 이는 명백히 $(a+b)^2 = a^2 + b^2 + 2ab$라는 대수 형식을 기하학적으로 표현한 것이며, 제2권의 명제 10까지는 이와 같은 대수 형식에 관한 내용을 이야기한다.

[그림 4]는 '만약 선분(AB)을 똑같이 혹은 같지 않도록(점 C와 점 D로) 나눈다면, 같지 않은 선분으로 둘러싸인 직사각형(AD×DB)과 두 개를 구분하는 점 사이에 있는 선분으로 만든 정사각형(CD2)의 합은, 원래의 선분을 절반으로 하여 만든 정사각형(CB2)과 같다'라는 명제 5를 보여주고 있는데, 이를 오늘날의 방식으로 표현하면 $ab + \left(\dfrac{a+b}{2} - b\right)^2 = \left(\dfrac{a+b}{2}\right)^2$이 된다.

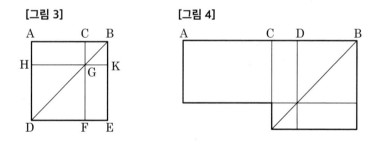

[그림 3]   [그림 4]

또한 명제 11, 명제 14는 각각 $x^2 + ax = a^2$, $x^2 = ab$라는 이차 방정식 해법에 상응하는 내용을 기하학적으로 다루고 있다. 그리고 명제 12, 명제 13은 여현 정리[20]에 상응하는 내용으로, 각각 둔각 삼각형, 예각 삼각형의 경우를 다루고 있다. 이와 같은 의미에서 제2권의 내용을 '기하학적 대수'라고 부른다.

비례론과 그 응용

고대 그리스에서 비례론은 시대적으로 다른 두 시기에 출현하고 있는데, 초기에는 '수에 관한 비례론'이, 그 후에는 '양에 관한 비례론'이 형성되었다. '수의 비례론'은 《기하학 원론》 제7권에서, '양의 비례론'은 제5권에서 다루고 있다.

제7권은 피타고라스학파에 귀결되고 있는데, 이는 기원전 5세기 전반에 성립되었다고 여겨진다. 그에 비해 제5권은 에우독소스[21]로 귀결되어, 기원전 4세기 전반에 성립했다고 추측된다. 그리고 이 두 가지 비례론 사이에 '무리량의 발견'이 위치하는 것이다.

'수의 비례론'은 '만물의 근원은 수'라고 생각한 피타고라스학파의 소산이라고 여겨지며, 여기에서의 '수'는 자연수를 의미한다. 그런데 자연수로 표현할 수 없는 양(量)의 존재가 밝혀지면서(무리량의 발견), 자연수에만 적용할 수 있는 '수의 비례론'으로는 일반적인 양

---

20) 여현 정리는, 각 A의 대변을 a, 다른 두 변을 b, c라고 할 때
   $a^2 = b^2 + c^2 - 2bc \cos A$가 성립한다는 내용이다.

21) 에우독소스(Eudoxus of Cnidus, 기원전 400경~기원전 347경)는 고대 그리스의 수학자이자 천문학자다. 무리량을 포함한 일반적인 양에 적용 가능한 비례론을 구축하고 실진법을 발명한 인물이다.

에 관한 비례를 다룰 수 없었다. 그래서 무리량을 포함한 모든 양에 적용할 수 있는 새로운 비례론을 내세울 필요성이 대두되었는데, 이러한 업적을 이룬 인물이 바로 에우독소스였다.

동일한 비율을 가진 두 양은 비례한다고 말할 수 있으므로, '동일한 비율을 가진다'를 어떻게 정의할 것인지가 문제가 된다. 또한 어떠한 상황에서 '비율'이 존재하는지도 고민해야만 한다.

《기하학 원론》 제5권 정의 4에서는 '몇 배를 하여 서로 다른 것보다 커지게 할 수 있는 두 양은, 서로 어떤 비율을 갖는다고 말할 수 있다'라고 서술하고 있는데, 이는 두 양 a, b가 '비율 $a : b$'를 갖는 것은, 적당한 양의 정수 m, n에 대해 '$ma > b$, $nb > a$'라고 말할 수 있다는 것이다. 만약 어떤 양의 정수 m, n에 대해서도 $ma > b$또는 $nb > a$라고 할 수 없으면, b 또는 a는 이른바 '무한대'의 양이라는 말이 되므로, 이와 같은 경우에는 비율을 생각할 수 없게 된다[22].

한편 '같은 비율을 갖는다'라는 말은, 정의 5의 '첫 번째 양과 세 번째 양에 어떤 수를 곱하고 두 번째 양과 네 번째 양에 어떤 수를 곱하여 같은 순서로 나열할 때, 몇 배를 하든 각각 모두 크거나, 같거나, 혹은 모두 작다면 첫 번째 양은 두 번째 양에, 세 번째 양은 네 번째 양에 대해 같은 비율을 갖는다고 할 수 있다'라고 서술하고 있다. 이것을 오늘날의 표기법으로 해설하면 다음과 같다. 제1~4의 양을

---

22) 임의의 양수 a, b에 대해 $na > b$가 되는 자연수 n이 존재한다는 내용을 '아르키메데스의 공리'라고 한다.

각각 *a, b, c, d*라고 하고, 임의의 양의 정
수를 *m, n*이라고 할 때,

데데킨트

첫 번째 양(*a*)과 세 번째 양(*c*)에 어떤
수를 곱할 때, 즉 *ma, mc*와

두 번째 양(*b*)과 제4의 양(*d*)에 다른
어떤 수를 곱할 때, 즉 *nb, nd*

를 생각한다.

그리고 *ma, mc*가 *nb, nd*에 대해 '같은
순서로' 나열할 때,

다시 말해 '*ma*와 *nb*' 및 '*mc*와 *nd*'에 대해

ma > *nb*라면 *mc* > *nd*

ma = *nb*라면 *mc* = *nd*

ma < *nb*라면 *mc* < *nb*

가 성립할 때, '*a* : *b* = *c* : *d*'라고 정의한다. 굉장히 빙 둘러 설명
하는 방법이지만, 《기하학 원론》에서는 이 정의를 토대로 많은 중요
한 명제의 타당성이 보증되고 있다. 또 이 정의 방식은 19세기 후반,
리하르트 데데킨트[23]에 의해 확립된 무리수론의 사고방식과 기본적
으로 같다고 할 수 있다.

---

23) 리하르트 데데킨트(Julius Wilhelm Richard Dedekind, 1831~1916)는 독일
   의 수학자로, '데데킨트 절단'이라는 아이디어를 이용해 이론적으로 실수
   론의 기초를 다졌다. 이 아이디어는 에우독소스에 의한 정의의 방법과 기
   본적으로 같다.

5. 수론과 그 발전

피타고라스학파의 수론

아리스토텔레스는 《형이상학》 제1권 제5장에서 피타고라스학파 사람들에 대한 다양한 이야기를 하고 있는데, 그중에 '수의 이러이러한 속성은 정의이고, 이러이러한 속성은 영혼이고 이성이며, 나아가 다른 이러이러한 것은 좋은 기회고, 그 외에도 모든 것이 하나하나 이와 같이 수의 어떤 속성이라고 해석했는데……'라는 구절이 있다. 이는 피타고라스학파의 사람들이 여러 가지 이유를 붙여, 이성을 1, 정의를 4[1], 좋은 기회를 7 등으로 간주했다는 것을 의미한다. 이처럼 피타고라스학파는 모든 것이 수로 연결된다고 생각했다.

---

1) 1을 ○로 나타낸다고 가정하면, 4는 ⊞처럼 정사각형을 만들 수 있다. '네모로 반듯'한 정사각형은 구부러진 곳도 없고, 고르고 올곧다는 점에서 정의(正義)를 상징한다고 생각했다.

피타고라스는 수를 먼저 홀수와 짝수로 분류했다. 그리고 홀수는 두 개로 나누려고 해도 나누어지지 않았기 때문에, 분리되지 않는 것을 완전하다고 생각하여 홀수를 '완전' 혹은 '신성'한 것과 연결 지었다. 그에 비해 짝수는 2로 나누어지기 때문에 홀수와는 정반대의 성격을 부여했다. 이와 같이 피타고라스학파에서 홀수는 완전과 신성이 연상되었기 때문에 첫 번째 홀수인 '3'은 남성을 나타냈으며, 짝수는 불완전과 인간성으로 이어지므로 첫 번째 짝수인 '2'는 여성을 의미하게 되었다[2]. 남성은 완전하고, 여성은 불완전하다는 남성 우월 사상은 고대 그리스 시절부터 존재했다는 것을 알 수 있다.

피타고라스학파의 사람들은, 수를 다양한 종류의 기하학적 도형과 연결시켜 연구했다. 예를 들어 **[그림 1]**과 같이 정삼각형으로 배치되는 수인 '1, 3, 6, 10, ……' 등은 '삼각수'라고 하였으며, 정사각형을 이루는 수인 '1, 4, 9, 16, ……' 등은 '사각수' 혹은 '정사각수'라고 이름을 붙였다. 그렇게 생각하면 오각수, 육각수, …… 그리고 직사

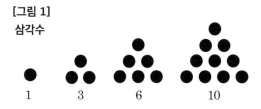

[그림 1]
삼각수

1   3   6   10

---

2) 2가 여성, 3이 남성을 의미하므로 2+3 또는 2×3으로 구할 수 있는 5 또는 6은 '결혼'과 연관이 있다.

각수 등도 만들 수 있는데, 이를 총칭하여 '다각수' 혹은 '도형수'라고 부른다.

사각수는 다음과 같은 방법으로 차례차례 만들 수 있다. 예를 들어 16 다음의 사각수를 만들기 위해서는 **[그림 2]**와 같이 16을 만들고 있는 정사각형의 두 변의 옆에 한 줄의 점을 추가한다. 추가하는 점의 개수는 2×4+1=9로 구할 수 있다.

[그림 2]

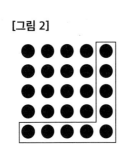

따라서 가장 작은 사각수인 1부터 생각하면, 추가하는 점의 수가 3, 5, 7, ……로 연속하는 홀수가 된다는 것을 알 수 있는데, 피타고라스는 이 사실을 알고 있었던 것 같다.

이렇게 연속해서 덧붙이는 수를 '그노몬(gnomon) 수'라고 부른다. '그노몬'은 원래 늘여진 그림자 길이를 통해 시간을 알기 위한 해시계를 말하는데, 디오게네스 라에르티오스는 '그(아낙시만드로스)는 그노몬을 최초로 발명한 사람으로, 태양의 그림자를 측정하기 위해 이를 스파르타에 설치한 인물인데……'[3]라고 서술하고 있다. 그러나 한편으로 헤로도토스가 '그리스인은 해시계(폴로스), 해시계의 바늘(그노몬), 또 하루의 12분법을 바빌로니아인에게 배우고 있는 것이다'라고 보고하고 있듯이[4], 그노

---

3) 라에르티오스 《그리스 철학자 열전》(2008, 동서문화사) 제2권 제1장 〈아낙시만드로스〉 참고.
4) 헤로도토스 《역사》(2016, 동서문화사) 참고

몬도 역시 고대 오리엔트로부터 전해진 것이라고 생각할 수 있다.

헤로도토스가 서술하고 있는 '폴로스'란 반구 모양의 가장자리에 대바늘을 세운 것으로, 사람들은 바늘의 그림자를 통해 시간을 알 수 있었다. 그리고 그노몬은 폴로스를 더 간단하게 만든 것으로, 처음에는 단순히 평면에 바늘만 세운 모양이었으나, 점차 개량하여 나중에는 알파벳 'L'이 '⌐'처럼 뒤집힌 모양이 되었다.

여기까지 들으면 3, 5, 7, 9, ……등 연속되는 홀수가 왜 그노몬 수라고 불렸는지, 그 이유가 궁금할 것이다. 그 이유는 이렇게 추가된 수가 도형적으로 '⌐'의 형태를 띠고 있었기 때문이다. 그노몬은 원래 직각 모양이었는데, 피타고라스학파의 수론에 이용된 이후 일반화되어 직각 모양이 아닌 그노몬 수도 생각할 수 있게 된 것이다.

한편 '피타고라스 수'라고 불리는 수가 있다. 세 변의 길이를 자연수 a, b, c로 나타낼 수 있는 직각 삼각형은 '피타고라스의 삼각형'이라고 부르며, 이때 자연수의 조합 (a, b, c)를 '피타고라스 수'라고 부른다.

세 변의 길이가 3, 4, 5 또는 5, 12, 13인 삼각형은 직각 삼각형이 되므로 (3, 4, 5)나 (5, 12, 13)은 피타고라스 수의 예가 된다[5]. (3, 4, 5)가 피타고라스 수이므로 각 수를 2배, 3배, ……한 수의 조합인

---

5) 이러한 피타고라스 수는 이집트와 바빌로니아에서 알려져 있었던 듯하다.

(6, 8, 10), (9, 12, 15), ……등도 피타고라스 수라는 사실을 알 수 있다. 따라서 피타고라스 수는 무수하다고 할 수 있는데, 이들은 도형적으로 서로 유사한 직각 삼각형을 그리고 있으므로 모두 '모양이 같다'라고 할 수 있다. 그래서 그 후로는 공약수를 갖지 않는 피타고라스 수만 생각하기로 하였으며, 이를 '원시 피타고라스 수'라고 부른다.

프로클로스는 《주석이 달린 기하학 원론》에서 이런 원시 피타고라스 수를 구하는 방법에 대해 다음과 같이 소개하고 있다.

'그런 삼각형(피타고라스 삼각형을 의미)을 찾기 위한 방법이 전해지고 있다. 하나는 플라톤의 방법, 다른 하나는 피타고라스의 방법으로 귀결된다. 피타고라스의 방법은 홀수로 시작한다. 직각을 만드는 두 변 가운데 짧은 변을 어떤 하나의 홀수라고 생각한 다음, 그 수의 제곱을 구하고, 거기에서 1을 뺀 후, 그 절반을 직각을 만드는 두 변 가운데 긴 변이라고 한다. 그리고 그 수에 1을 더한 것을 나머지 변, 다시 말해 직각과 마주 보는 변의 길이라고 하는 것이다. (중략)

플라톤의 방법은 짝수에서 시작한다. 직각을 만드는 두 변 가운데 하나를 짝수라고 가정한다. 그다음 그 절반을 제곱하여 1을 더하면, 이것이 직각을 바라보는 변이다. 또한 제곱한 수에서 1을 빼면 직각을 만드는 또 하나의 변을 얻을 수 있다.'

이러한 프로클로스의 서술에 따라 피타고라스의 방법을 공식으로 만들어 보자. 우선 직각을 만드는 두 변 가운데 짧은 변을 a(홀수)

라고 하면, $\dfrac{a^2-1}{2}$이 긴 변, $\dfrac{a^2+1}{2}$이 빗변이 된다6.

실제로 이렇게 얻은 세 변에 대해 $a^2 + \left(\dfrac{a^2-1}{2}\right)^2 = \left(\dfrac{a^2+1}{2}\right)^2$이 성립하기 때문에 이 세 변을 나타내는 수는 피타고라스 수가 된다는 것을 알 수 있다. 이러한 방법으로 구할 수 있는 공식의 a에, 처음 네 개의 홀수인 3, 5, 7, 9를 대입하면 (3, 4, 5), (5, 12, 13), (7, 24, 25), (9, 40, 41)이라는 피타고라스 수를 얻을 수 있는데, 이 수의 조합은 직각을 만드는 두 변 중 긴 변과 빗변의 차가 1인 경우로 한정되어 있다.

일반적으로는 모든 원시 피타고라스 수를 구하는 공식은 다음과 같다고 알려져 있다.

'원시 피타고라스 수 (a, b, c)는, k, l가 서로소인 홀수라고 할 때, $a = kl, b = \dfrac{k^2 - l^2}{2}, c = \dfrac{k^2 + l^2}{2}$이라고 나타낼 수 있다.
단, $k > l$이다.'

유클리드 《기하학 원론》 제7~9권

유클리드 《기하학 원론》에서는 수론에 관한 정의를 제7권 서두에 정리하여 기술하고 있다. 구체적으로,

1. '단위'란 이것을 가지고 다른 것들을 만드는 것이며, 1(일)이라

---

6) 여기에서는 $a > 1$이 되어야만 하며, 플라톤의 방법으로는 다음과 같다.
'짧은 변을 $2a$(짝수)라고 한다면 긴 변은 $a^2 - 1$, 빗변은 $a^2 + 1$이 된다.'

고 부른다.

2. '수'란 단위로 이루어지는 것을 의미한다7.

부터 시작하여

23. '완전수'란 그 수의 자신을 제외한 약수의 합이 자기 자신이 되는 수를 말한다.

등과 같이 총 23가지를 정의하고 있다.

《기하학 원론》 제7권은 최대공약수와 호제법에 관한 명제 1~3을 고찰한 후, 수의 비율에 관한 여러 성질을 증명하고 있다8. 또 명제 20~32에서는 소수 및 서로소에 관한 내용, 명제 33 이후는 최소공배수에 관한 내용을 다루고 있다.

《기하학 원론》 제8권에서는 차례대로 비례하는 수에 관한 명제 1~10을 고찰한 후, 명제 17까지 제곱수와 세제곱수에 관한 내용을 다루고, 명제 18 이후는 서로 닮은 평면수와 입체수, 제곱수, 세제곱수의 관계에 관한 내용을 이야기하고 있다9.

《기하학 원론》 제9권에서는 제8권 마지막에 다룬 제곱수, 세제곱

---

7) 이러한 점에서, 고대 그리스에서 숫자는 2 이상이며, 1은 '수의 원소'로 간주했다는 것을 알 수 있다.

8) 예를 들어 명제 19는 '$a:b = c:d$라면 $ad = bc$가 성립한다'다.

9) 《기하학 원론》 제7권의 정의 22에서는 '서로 닮은 평면수 및 제곱수는 비례하는 변을 가진 수'라고 정의하고 있다. 예를 들어 변의 길이가 2와 3인 직사각형과 4와 6인 직사각형은 서로 닮았으므로 2×3과 4×6, 즉 6과 24는 서로 닮은 제곱수라고 할 수 있다.

수 등에 관한 내용을 이어서 다룬 후, 명제 8~19에서 다시 차례대로 비례하는 수의 사례를 살펴본다.

다음의 명제 20은 '소수의 개수는 어떠한 정해진 소수의 개수보다 많다'처럼 소수는 무한히 존재한다는 것을 증명하는 흥미로운 명제다. 그리고 '짝수에서 홀수를 뺀 값은 홀수다'라는 명제 25에서 볼 수 있는 것처럼 명제 21~34는 짝수와 홀수에 관한 다양한 명제이며, 그들을 살펴본 후 완전수를 구하는 방법을 나타내는 명제 36과 그를 위한 준비인 명제 35를 다루고 있다.

《기하학 원론》 제9권의 마지막에 나오는 명제 36은 '완전수'라는 수의 구성 방법에 관한 내용으로, '만약 단위에서 시작하여 차례대로 1대2의 비율을 이루는 임의의 수가 결정되고, 그들의 총합이 소수가 되도록 하여, 그 전체를 마지막 수에 곱해서 만든 수는 완전수다'라고 서술하고 있다.

완전수란 제7권 정의 23에서 보았듯이 '자기 자신의 약수의 합과 같은 수'이다. 예를 들어 숫자 6의 약수는 1, 2, 3, 6인데, 이 가운데 자기 자신인 6을 제외한 나머지 약수의 합은 6, 즉 자기 자신이 된다. 이와 같은 수를 완전수라고 부른다[10]. 그리고 명제 36은 이와 같은 완전수를 구하는 방법에 대해 알려주고 있는 것이다.

명제 36의 내용을 현대의 표기법으로 나타내면, 차례대로 1대

---

10) 유클리드 《기하학 원론》 이전에는 피타고라스의 '완전한 수'인 10, 아리스토텔레스의 '완전한 수'인 3 등이 있었다.

2의 비율을 가진 수열을 1, 2, 2^2, ……, 2^{n-1}이라고 하면 그 총합은 '$1+2+2^2+$ …… $+2^{n-1}=(2^n-1)$'가 되므로, 이 총합이 소수라면[11] 그 총합과 마지막 항인 2^{n-1}의 곱인 $2^{n-1}(2^n-1)$은 완전수라는 말이 된다. 실제로 n=2, 3, 4일 때, 총합을 구하면 다음과 같다.

n=2인 경우, 2^2-1=3(소수)이므로 완전수 2×3=6을 얻을 수 있다.

n=3인 경우, 2^3-1=7(소수)이므로 완전수 4×7=28을 얻을 수 있다.

n=4인 경우, 2^4-1=15(소수가 아님)이므로 완전수는 얻을 수 없다.

니코마코스의 수론

니코마코스

니코마코스[12]는 요르단강 건너편의 유대인 마을 게라사 출신으로, 기원 1세기 후반에 활약한 신피타고라스학파의 수론학자인데, 그의 주요 저서로는 전 2권으로 이루어진 《산술 입문》이 있다. 이외에도 현존하는 그의 작품으로 《화성학》, 《수의 신학》이 있다. 또 오늘날 존재하지는 않지만 《기하학 입문》이나 《피타고라스 일대기》 등을 편찬했다고 알려져 있다.

《산술 입문》은 전 2권으로 이루어져 있는데, 그 대부분은 유클리

---

11) 이러한 모양의 소수를 '메르센 소수'라고 부른다. '메르센'이란 프랑스의 수도사이자 수학자의 이름이다.

12) 니코마코스(Nicomachus of Gerasa, 1세기)는 고대 그리스의 수학자이며, 신피타고라스학파에 속한다.

드《기하학 원론》의 수론과 같은 주제를 다루고 있다. 제1권에서는 피타고라스학파의 쿼드리비움을 언급한 다음, 제7장에서 짝수와 홀수를 정의하고 있다. 또한 제13장에서는 '에라토스테네스의 체'에 대한 설명 이외에도 서로 뺄셈법을 사용하여 '23과 45'는 서로 소수, '21과 49'의 최대공약수가 7이라는 것을 설명하고 있다. 나아가 제14~16장에서는 완전수 이외에도 과잉수, 부족수를 해설하고 있으며, 그 후 여러 종류의 비율을 다루며 제2권으로 나아가고 있다.

제2권 제6~7장에서는 다각형수를 위한 준비를 하고, 제8장에서 삼각 함수, 제9장에서 제곱수, 제10장에서 오각수, 제11장에서 육각수와 칠각수, 제12장에서는 몇몇 다각수의 사이의 관계를 다루고 있다. 또 제13장에서는 최초의 제곱수인 각뿔수[13], 제14장에서 깎은 각뿔수[14], 제15~20장에서 그 밖의 제곱수나 세제곱수를 이야기한다.

마지막인 제21~29장에서는 등차수열과 등비수열, 산술평균, 기하평균, 조화평균, 그 외의 다양한 평균을 다루고 있다. 그런데 니코마코스의 수론에서 수를 다루는 방식은 유클리드《기하학 원론》의 방식과는 다르다. 유클리드의 수론에서는 수를 선분으로 표시하고 있다. 선분은 임의의 수를 표현할 수 있으므로, 증명을 기술하는 방법은 간단하지 않지만 증명은 비교적 평이하다고 말할 수 있다. 그

---

13) 각뿔수란 점을 다각뿔 형태로 배치했을 때의 점의 개수를 말한다.
14) 깎은 각뿔수란 점을 다각뿔의 평평한 면에 배치했을 때의 점의 개수를 말한다.

러나 니코마코스의 경우, 명제를 어떤 특수한 수로 예시를 드는 것에 불과하다. 예를 들어 앞에서 서술한 서로 뺄셈법 등이 그렇다. 따라서 니코마코스의 수론은 기하학의 측면에서 가치가 높지 않다고 말할 수밖에 없다.

앞에서 본 것처럼 완전수란 자기 자신을 제외한 약수의 합이 자기 자신이 되는 수인데, 예를 들어 6이나 28 등이 있다. 니코마코스의《산술 입문》제1권 제16장에서는 6, 28, 496, 8128이라는 4개의 완전수를 제시하고 있으며, 고대에서 알려진 완전수는 이 4개밖에 없었다고 보았다. 나아가 니코마코스는,

첫 번째 완전수   6

두 번째 완전수   28

세 번째 완전수   496

네 번째 완전수   8128

이기 때문에 다섯 번째 완전수는 다섯 자릿수이며, 완전수에서는 일의 자리 수에 6과 8이 번갈아 나타난다고 설명하고 있는데, 이는 물론 옳지 않다.

앞에서 소개한 완전수의 구성 방법 '$2^n - 1$이 소수라면, $2^{n-1}(2^n - 1)$은 완전수다'에서 $n=13$인 경우, 다섯 번째 완전수인 33550336을 얻을 수 있는데, 이는 다섯 자리가 아니다. 또 다섯 번째 완전수의 일의 자리는 6인데, $n=17$일 때 구할 수 있는 여섯 번째 완전수는 8589869056으로, 일의 자리는 8이 아니다[15]. 다만 짝수인 완전수에서는 일의 자리가 6 또는 8이라는 사실이 증명되었다[16].

《산술 입문》제1권 제14장에서는 자기 자신을 제외한 약수의 합이 자기 자신보다 큰 수를 '과잉수'라고 정의하고 있으며, 12, 24를 예로 들었다. 실제 이 수들의 약수의 합은 다음과 같이 자기 자신보다 크다는 것을 알 수 있다.

〈12의 경우〉 1+2+3+4+6=16

〈24의 경우〉 1+2+3+4+6+8+12=36

그리고 다음인 제15장에서는 자기 자신을 제외한 약수의 합이 자기 자신보다 작은 수를 '부족수'라고 정의하고, 8과 14를 예로 들었다. 이 경우에도 약수의 합은 아래의 내용처럼 자기 자신보다 작다는 것을 알 수 있다.

〈8의 경우〉 1+2+4=7

〈14의 경우〉 1+2+7=10

이렇게 니코마코스는 1보다 큰 자연수를 다음과 같은 세 종류로 분류한 것이다.

완전수: 6, 28, 496, 8128, ……

과잉수: 12, 18, 20, 24, ……

부족수: 2, 3, 4, 5, 7, 8, 9, 10, ……

---

15) 다섯 번째 완전수와 여섯 번째 완전수는 무려 15~16세기 이후에 발견되었다.

16) 2022년 8월까지 발견된 완전수는 모두 51개다. 홀수인 완전수가 존재하는지, 아니면 존재하지 않는지에 대해서는 아직 설명되지 않았다.

디오판토스의 《산수론》 - 축약된 대수학

기원 250년경, 알렉산드리아에서 활약했던 디오판토스[17]는 《산수론》을 편찬했다. 《산수론》은 전 13권으로 구성되어 있는데, 그 가운데 여섯 권은 그리스어, 네 권은 아라비아어로 전해지고 있다. 《팔라틴 선집(그리스 시화집)》에서는, '디오판토스는 평생의 $\frac{1}{6}$을 소년으로 보내고, 그 후 평생의 $\frac{1}{12}$은 턱에 수염을 길렀으며, 평생의 $\frac{1}{7}$이 경과한 후 결혼했다. 그리고 결혼하고 5년 후에 아들이 태어났는데, 아들은 아버지 삶의 절반을 살았으며, 아버지는 아들의 4년 후에 죽었다'라고 디오판토스의 일생을 묘사하고 있다[18].

《산수론》 제1권의 문제 27은 '두 수의 합과 곱이 주어졌을 때, 두 수를 구해라'라는 문제다. 이 문제의 해법은 합을 20, 곱을 96으로 둔 후, 구하려는 두 수를 $10+x$, $10-x$라고 하고 $(10+x)(10-x)=96$이라는 식을 세우는 것이다. 미지수 두 개를 사용하여 $x+y=20$, $xy=96$이라는 식을 세우지 않고, 디오판토스는 언제나 하나의 미지수를 사용했다. 그래서 문제를 풀이할 때 엄격한 제약을 받을 수밖에 없는 경우도 발생하지만, 그는 다양한 수단을 활용하여 그 곤란을 극복했다.

또한 앞의 문제와 그 해법을 보면 알 수 있는 것처럼 디오판토스

---

17) 디오판토스(Diophantus, 250년경 활약)는 고대 그리스의 수학자로, 대수를 취급한 흔치 않은 수학자로 알려져 있다. 그의 저서인 《산수론》은 근대의 페르마(1610~166)나 오일러(1707~1783) 등의 정수론 연구의 출발점이 되었다.

18) 디오판토스가 사망한 연령을 x라고 하면,
$\frac{1}{6}x + \frac{1}{12}x + \frac{1}{7}x + 5 + \frac{1}{2}x + 4 = x$라는 방정식이 성립하기 때문에 이를 풀면 $x = 84$라고 구할 수 있다.

는 정수 문제를 다루고 있는데, 이는 방정식을 사용한 대수적인 것이라고 할 수 있다. 게다가 그는 계속 반복적으로 사용되는 개념이나 연산을 단어로 나타내는 대신, 정해진 생략 기호를 사용했다.

예를 들어 미지수 x에는 기호 'ς'를 사용하였는데, 이 기호는 '수'를 의미하는 그리스어 '아리모토스($\dot{\alpha}\rho\iota\theta\mu\acute{o}\varsigma$)'의 어미를 따서 만들어졌다. 또 뺄셈을 나타내는 기호로 '$\wedge$'를 사용하였으며, 등호 기호는 '같다'를 의미하는 그리스어인 '$\iota\sigma o\varsigma$'의 축약형, '$\iota\sigma$.'를 사용했다. 디오판토스의 이와 같은 대수는 네셀만[19]에 의해 '축약된 대수학(syncopated algebra)'이라고 불리게 되었다.

《산수론》제2권에 나오는 대부분의 문제는 이차 방정식과 관련된 것으로, 디오판토스는 적절한 하나의 답을 얻는 것으로 만족했다. 예를 들어 '주어진 제곱수를 두 개의 제곱수로 나눌 것'이라는 문제 8의 해법은 **[계산 1]**과 같다[20].

제2권의 문제 8은, 너무나도 유명한 '페르마의 마지막 정리'에 관한 예상에 대해 1637년경, 페르마가 '주석'을 덧붙인 문제다. 그 주석은 '제곱수를 두 개의 제곱수로 나누는 것, 네제곱수[21]를 두 개의

19) 네셀만(Nesselmann, 1811~1881)은 독일의 수학사가다. 《그리스의 대수학》이라는 작품에서 대수학의 발전에 대해 서술하고, '수사적 대수', '축약된 대수', '기호적 대수'의 순서로 발전한다는 '3단계설'을 제창했다.
20) 제곱수의 형태를 $(6x-4)^2$이라고 하면 $\frac{2304}{1369}$, $\frac{19600}{1369}$라는 답도 얻을 수 있다.

네제곱수로 나누는 것, 나아가 제곱을 초과하는 임의의 거듭제곱수를 그와 동일한 제곱을 가진 두 개의 거듭제곱수로 나눌 수 없다는 것이다. 나는 그 놀랄만한 증명을 발견하였는데, 그를 기록하기 위한 여백이 충분하지 않다'라는 내용이었다.

잘 알려진 것처럼 '페르마의 예상[22]'은 그 후 350년 이상 수학자들의 도전 의식을 불러일으키는 난제였으며, 1995년, 앤드루 와일스[23]에 의해 마침내 긍정적으로 해결되었다.

[계산 1]

주어진 제곱수를 16, 구해야 할 하나의 제곱수를 x^2이라고 하면, 다른 하나의 제곱수는 $16-x^2$가 된다. 이 제곱수의 형태를 $(2x-4)^2$이라고 한다면,

$$4x^2 - 16x + 16 = 16 - x^2$$

$$5x^2 = 16x$$

가 되므로, $x = \dfrac{16}{5}$으로 구할 수 있다.

따라서 구하는 두 제곱수는 $\dfrac{256}{25}$, $\dfrac{144}{25}$이다.

---

21) 네제곱이란 제곱의 제곱을 의미하므로, $(x^2)^2 = x^4$의 형태를 한 수를 네제곱수라고 한다.

22) 페르마의 예상이란 '$x^n + y^n = z^n (n \geq 3)$은 정수해$(x,\ y,\ z)$를 갖지 않는다'라는 것을 말한다.

23) 앤드루 와일스(Andrew John Wiles, 1953~)는 영국 케임브리지에서 태어났으며, 이후 프린스턴 대학의 교수를 지냈다.

6. 헬레니즘[1] 시대의 수학

에우독소스의 실진법

플라톤의 시대에 아카데메이아에서도 공부한 에우독소스는, 무리량을 포함하는 모든 양에 적용 가능한 일반 비례론을 만들어 완성한 인물로도 유명한 인물인데, 그의 또 다른 하나의 수학적 업적은 바로 '실진법'의 발명이다.

실진법이란 무한 조작을 기피하고, 유한 횟수로 조작하여 증명을 완결시키기 위해 발명된 고대 그리스의 수학적 기법인데, 그 구체적인 내용에 대해서는 원의 면적에 관한《기하학 원론》제12권 명제 2의 해설과 함께 소개하려고 한다. 명제 2는 '원은 지름으로 만든 정사각형에 비례한다'라는 내용인데, 이는 원의 면적과 정사각형 면

---

1) '헬레니즘'이란 독일의 역사가 드로이센(1808~1884)이 처음 사용한 용어로, '그리스풍'이라는 의미가 있다.

적의 관계를 서술하고 있는 것으로, 원의 면적을 구하는 방법을 직접 언급하는 것은 아니다.

가장 먼저 명제 2를 증명하기 위해 필요한 두 개의 명제를 살펴보자. 하나는 '원에 내접하는 서로 닮은 다각형의 면적은 지름으로 만든 정사각형의 면적에 비례한다'(《기하학 원론》 제12권 명제 1)라는 내용이며, 또 다른 하나는 '크고 작은 두 개의 양 가운데, 만약 큰 양에서 그 절반보다 큰 양을 빼고, 그 나머지에서 다시 그 절반보다 큰 양을 빼는 과정이 끊임없이 반복된다면, 최초의 작은 양보다도 작은 무언가의 양이 남는다'(《기하학 원론》 제10권 명제 1)[2]라는 내용이다.

명제 2의 내용을 [그림 1]에 따라 오늘날의 표기법으로 나타내면,

[원 A의 면적]:[원 a의 면적]=$BD^2:bd^2$

가 되는데, 만약 명제 2가 옳지 않다고 가정한다면 [원 a의 면적]보다 작은 면적 S에 대해 [원 A의 면적]:$S=BD^2:bd^2$, 아니면 [원 A의 면적]보다 큰 면적 T에 대해 [원 A의 면적]:$T=BD^2:bd^2$, 둘 중 하나는 옳다고 할 수 있다. 그런데 그 어떤 경우에도 모순이 발생한다. 따라서 '명제 2는 옳지 않다'라는 가정이 오류가 되어, 명제 2는 옳은 결론이 되는 것이다. 이른바 귀류법에 의한 증명이다. [원 a의 면적]보다 작은 면적 S의 경우를 [증명 1]에서 볼 수 있다.

---

2) 이 명제에서는 '절반보다 큰 양이 빠진다'라고 되어있는데, 일반적으로 이러한 조건은 없어도 된다.

[그림 1]

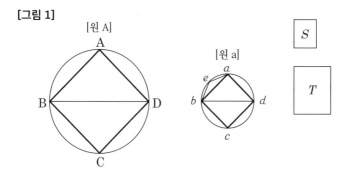

이 증명에서는 원에서 정사각형을 제외하고, 나아가 내접 삼각형을 차례차례(단 유한 횟수) 지워 나가는,《기하학 원론》제10권 명제 1을 적용하고 있다. 여기에서 '실진법'이라는 명칭이 탄생했다[3]. 실진법은 무한을 기피한 고대 그리스에서, 무한하게 조작하지 않고 유한하게 조작하여 증명을 완성하기 위해 에우독소스가 발명한 방법으로, 여기에는《기하학 원론》제10권 명제 1이 중요한 역할을 하고 있다. 그런 의미에서 명제 1의 내용을 '에우독소스의 원리'라고도 부른다.

플라톤의 시대에 발명된 실진법은 고대 그리스 수학의 전통적이고 정통한 방법으로 계승되어, 헬레니즘 시대의 아르키메데스[4]에

---

3) '실진법'이라는 명칭은 구레그와르 드 세인트 빈센트(Gregoire de Saint-Vincent)에 의해 붙여졌다.

4) 아르키메데스(Archimedes, 기원전 287~기원전 212)는 고대 최고의 수학자일 뿐만 아니라, 오늘날에도 세계 3대 수학자 중 한 명이라고 할 수 있는 인물이다. 이탈리아 남부 시칠리아섬의 시러큐스에서 태어난 아르키메데스는, 젊은 시절 알렉산드리아에서 유학하고 고향에 돌아온 이후, 평생을 시러큐스에서 보냈다. 히에론왕의 부탁으로 금으로 만든 왕관의 순도를 감정하다 부력을 발견한 일화는 매우 유명하다. 또한 제2차 포에니 전쟁(기원전 218~기원전 201) 당시, 투석기와 태양광 반사 거울을 제작하여 로마군을 어려움에 빠뜨렸다고 전해지고 있다.

의해 발전적으로 사용되었다.

[증명 1]

면적 S가 [원 a의 면적]보다 작은 경우이므로, 그 차인 '[원 a의 면적]$-S$'가 존재할 것이다.

먼저 [원 a]에 정사각형 abcd를 내접시킨다. 이 내접 정사각형은 원의 절반보다 크다. 이를 원에서 제거하면 활꼴 aeb 등 네 개가 남는다. 활꼴에 내접하는 삼각형 aeb는 활꼴의 절반보다 크다. 이와 같은 내접 삼각형을 네 개의 활꼴에서 지우면, 더 작은 활꼴 여덟 개가 남는다. 이들에 대해서도, 다시 내접 삼각형을 활꼴에서 뺀다. 이 조작을 유한 회 반복한다면, 다수의 활꼴이 남게 된다.

그러면《기하학 원론》제10권 명제 1에 의해 다수의 활꼴의 면적은, 최초의 작은 차인 '[원 a의 면적]$-S$'보다도 작아진다. 따라서 [원 a의 면적]$-S>$[다수의 활꼴]이 되고, [원 a의 면적]$-$[다수의 활꼴]$>S$가 된다.

그런데 [원 a의 면적]$-$[다수의 활꼴]은, 원의 [내접 다각형 a]를 의미하기 때문에

[내접 다각형 a]$>S$ $\cdots$ (*)

가 된다. 다음에 [원 A]에 [내접 다각형 a]와 서로 닮은 [내접 다각형 A]를 내접시키면《기하학 원론》제12권 명제 1에 의해,

[내접 다각형 A]:[내접 다각형 a]$=BD^2:bd^2$

가 된다. 그러므로 가정에 의해

[원 A의 면적]:S=BD^2:bd^2

이므로

[원 A의 면적]:S=[내접 다각형 A]:[내접 다각형 a]

[원 A의 면적]:[내접 다각형 A]=S:[내접 다각형 a]

이 된다. 따라서

[원 A의 면적]>[내접 다각형 A]이므로 S>[내접 다각형 a]가 되지만, 이것은 (*)에 모순이다.

따라서 면적 S가 [원 a의 면적]보다도 작다는 가정은 옳지 않다.

아르키메데스에 의한 원의 구적

유클리드 《기하학 원론》 제12권 명제 2는 '원은 지름으로 만든 정사각형에 비례한다'와 같이 원의 면적과 그 원에 외접하는 정사각형의 면적의 비례 관계를 서술하는 데 그치고 있지만, 아르키메데스는 이보다 한 걸음 더 나아가 원의 면적을 구하는 방법을 직접적으로 언급하고 있다. 바로 《원의 측정에 관하여》에 나오

아르키메데스

는, '모든 원은, 그 반지름이 직각을 끼고 있는 한 변과 같고, 그 둘레는 밑변과 같은 직각 삼각형과 같다'라는 명제 1^{5}이다[그림 2].

[그림 2]

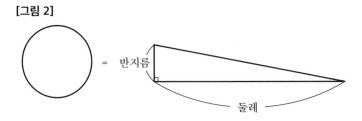

원의 면적이 직각 삼각형의 면적보다 크든 작든, 아르키메데스는 모순이 발생한다는 귀류법을 통해 이 명제를 증명했다. 게다가 그 과정에는 실진법이 활용되고 있다.

하지만 곰곰이 생각해보면 원의 면적이 직각 삼각형의 면적보다 크거나 작다고 가정하고 귀류법으로 증명을 한다는 것은, 원의 면적이 직각 삼각형의 면적과 같다는 것을 이미 알고 있었기 때문에 가능한 것이다. 다시 말해《원의 측정에 관하여》명제 1의 내용은, 그 증명에 의해 발견된 것이 아니라 다른 방법으로 발견된 것이라고 할 수 있다. 이러한 '발견과 증명의 괴리'는 고대 그리스 수학의 특징 중 하나다.

그렇다면 아르키메데스는 어떻게 명제 1을 발견할 수 있었을까? 바로 원의 무한 분할을 통해 발견할 수 있었다고 할 수 있다.

우선 원을 **[그림 3-1]**과 같이 부채꼴로 나누는 것인데, 이렇게 부

---

5)《원의 측정에 관하여》는 간략한 세 개의 명제로 이루어진 짧은 작품으로, 심지어 아르키메데스 작품에서 볼 수 있는 특유의 도리아 방언이 보이지 않는다는 점에서, 아르키메데스의 가장 대작인《원의 둘레에 관하여》의 단편이 이후에 개작된 것이라고 전해진다. 명제 2는 '원의 외접 정사각형과 원의 면적의 비율은 14:11이다'라는 내용이다.

채꼴로 무한히 분할한다고 가정하면, 부채꼴을 이등변 삼각형이라고 간주할 수 있다.

그다음, 원둘레를 하나의 실이라고 생각하고 길게 직선화하면, [그림 3-2]와 같이 그 직선 위에 이등변 삼각형을 나열할 수 있다. 여기에서 이등변 삼각형의 등적 변형을 적용하는 것이다.

다시 말해 [그림 3-2]에서 각 이등변 삼각형의 꼭짓점이 점 A에 오도록 등적 변형을 시행한다. 그러면 [그림 3-3]과 같이 '반지름이 직각을 끼고 있는 한 변과 같고, 원둘레가 밑변과 같은 직각 삼각형'으로 바뀌는 것이다. 이에 따라 원의 면적은 그 직각 삼각형의 면적과 같다고 할 수 있다.

그러나 이처럼 원을 무한히 분할하는 방법은 플라톤주의적인 당시 그리스의 수학 세계에서는 순순히 받아들여지지 않았다. 아무리 분할한다고 하더라도 부채꼴은 결국 부채꼴이며, 이등변 삼각형은 아니기 때문이다.

이등변 삼각형의 밑변에 상응하는 부분 역시 원둘레의 일부분으

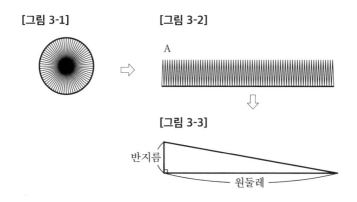

[그림 3-1]   [그림 3-2]

A

[그림 3-3]

반지름
원둘레

로, 결국 곡선이다. 이와 같은 논리적 결함을 갖는 논법으로 도출한 결과는 허용될 수 없었던 것이다. 그래서 아르키메데스는 당시 그리스의 수학에서 정통이라고 인정받은 방법, 즉 귀류법과 실진법을 함께 활용한 증명을 보여준 것이었다.

원주율의 계산

고대 오리엔트에서 원주율의 값은 원의 면적의 근사치를 역산하여 3.16 또는 3.125로 계산되었는데, 아르키메데스는 원주율의 값을 3.14로, 소수점 둘째 자리까지 정확하게 계산했다.

아르키메데스는 원에 내접·외접하는 정육각형에서 시작하여, 정십이각형, 정24각형, 정48각형, 마지막으로 정96각형으로 나아가며 원둘레의 길이를 계산하고,

(내접 정96각형의 둘레) < (원둘레) < (외접 정96각형의 둘레)

라는 관계를 이용해 원주율을 계산했다. 원주율은 원둘레의 길이를 지름으로 나눈 값이므로, 앞의 식에서 각 변을 지름으로 나누면 된다. 이에 따라 $3\frac{10}{71} < \pi < 3\frac{1}{7}$라는 결과가 도출되는데, 이것이 바로 《원의 측정에 관하여》 명제 3의 내용이다. 이 값을 소수로 나타내면 $3.1408\cdots < \pi < 3.1428\cdots$이 되므로 결국 아르키메데스는 원주율의 값을 소수점 둘째 자리까지 정확하게 구했다고 할 수 있다[6].

---

6) 이러한 점에서 '둘레'를 의미하는 그리스어 'περιφέρεια'의 첫 글자인 'π'를 원주율을 나타내는 기호로 사용했다. π를 원주율로 처음 사용한 인물은 영국의 수학자 윌리엄 존스(1675~1749)이다.

아르키메데스의 구적법

《기하학 원론》에서는 제12권 명제 18의 '구는 각 지름의 세제곱의 비율을 가진다'와 같이 구의 부피에 대해 증명하고 있지만, 이는 구의 부피를 구하는 방법에 관한 서술은 아니다. 그에 비해 그리스의 수학자 헤론은 《측량술》의 서문에서 '아르키메데스가 통찰하기 이전에는, 구의 겉넓이가 구의 가장 큰 단면의 4배이며, 구의 부피는 그에 외접하는 원기둥의 $\frac{2}{3}$배라는 것을 알지 못했다'라고 서술하고 있으며, 자연학에 관한 아리스토텔레스의 여러 작품에 주석을 달았던 심플리키오스[7]는 저서 《아리스토텔레스, '천체에 관하여' 주석》에서, '또한 아르키메데스는, 구의 모든 표면이 구의 가장 큰 단면의 4배라는 사실을 증명했다'라고 서술하고 있다.

이러한 증언에서 알 수 있듯, 구의 부피와 겉넓이에 관한 연구는 아르키메데스에 의해 최초로 이루어졌다. 아르키메데스는 '구의 부피는, 구의 가장 큰 단면과 같은 밑면을 가지고, 구의 반지름과 같은 높이를 가진 원뿔의 부피의 4배다'라는 내용을 《구와 원기둥에 대하여》(제1권)[8]의 명제 31에서 증명하고 있다.

---

7) 심플리키오스(Simplicius, 6세기 중반)는 고대 그리스의 철학자이자 주석가로, 아리스토텔레스의 《자연학》과 《천체에 관하여》의 주역서를 썼다.

8) 《구와 원기둥에 대하여》에서는 '구의 부피와 겉넓이는, 모두 그 외접 원기둥의 $\frac{2}{3}$이다'라는 것을 증명하고 있다. 아르키메데스는 이 결과에 매우 만족하였으며, 원기둥에 구가 내접한 도형을 자신의 묘비에 새기길 원했다고 전해진다.

이 증명은 귀류법과 실진법을 함께 이용하고 있다. 그러나 이 증명에 의해 '구의 부피는, 밑면이 구의 가장 큰 단면과 같고, 높이가 구의 반지름과 같은 원뿔의 부피의 4배이다'가 발견된 것은 아니다. 오히려 원뿔의 부피의 4배라는 사실이 어떠한 방법에 의해 발견된 후, 귀류법과 실진법을 이용한 증명이 이루어진 것이다.

그렇다면 아르키메데스는 어떻게 구의 부피가 원뿔의 부피의 4배라는 것을 깨달았던 것일까? 바로 저울의 균형을 이용한 기계학적 방법이었다. 이는 작품《에라토스테네스의 기계학적 정리에 관한 방법》(이하 단순히《방법》이라고 부른다9)의 명제 2에서 볼 수 있다. 지금부터 그 개요를 소개하려고 한다.

아르키메데스는 [그림 4-1]과 같이 원기둥과 그 안의 큰 원뿔 ABC를 상정한다. 그리고 원기둥의 윗면과 아랫면에 접하는 구와 그 안의 작은 원뿔 ADE를 가정한다. 여기에서 BC는 DE의 2배가 된다. [그림 4-2]처럼 임의의 단면 MN을 가정하면, 원기둥, 구, 큰 원뿔 ABC, 총 3개의 단면 원을 만들 수 있다. 이 단면을 [그림 5-1]과 같이 저울에 매달면 균형이 잡히는 것이다. AH를 A의 방향으로 연장하여 만들어진 저울이므로, 이 길이는 구의 지름의 2배가 된다.

---

9)《에라토스테네스의 기계학적 정리에 관한 방법》은 잃어버렸다고 전해졌지만. 1906년 덴마크 출신의 고전학자 하이베르크(1854~1928)가 콘스탄티노플의 수도원에서 발견했다. 이 발견은 20세기 과학사상 가장 획기적인 성과라고 평가받고 있다.

[그림 4-1]   **[그림 4-2]**

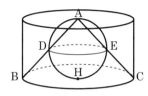   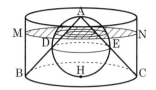

이와 같은 균형은 임의의 단면에서 성립하므로 원기둥이나 구, 원뿔이 각각 무수한 단면 원으로 구성되었다고 생각하면, **[그림 5-2]** 와 같은 균형이 된다. 따라서,

［ˊ(구)+(원뿔 ABC)ˋ:(원기둥)=1:2］

가 되어,

2(구)+2(원뿔 ABC)=(원기둥)

이 된다. 그리고 원기둥은 원뿔 ABC의 3배[10]이므로

[그림 5-1]   **[그림 5-2]**

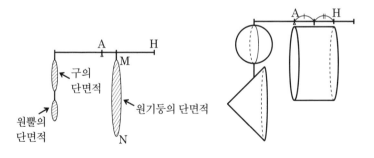

10) 원뿔의 부피가, 높이와 밑면이 같은 원기둥의 부피의 $\frac{1}{3}$ 이라는 것은《기 하학 원론》제12권 명제 10에서 증명하고 있다.

2(구)+2(원뿔 ABC)=3(원뿔 ABC),

2(구)=(원뿔 ABC)

가 된다. 또한 원뿔 ABC와 원뿔 ADE를 비교하면, 원뿔 ADE의 높이나 밑면의 반지름이 각각 원뿔 ABC의 2배가 되므로, 부피는 8배가 된다.

따라서 2(구)=8(원뿔 ADE)가 되어, 결과적으로 구의 부피는 원뿔 ADE의 4배가 된다. 원뿔 ADE는 밑면이 구의 가장 큰 단면과 같고, 높이는 구의 반지름과 같은 원뿔이므로, 구의 부피는 이와 같은 원뿔의 부피의 4배라는 것이 명백해진다.

오늘날에는 구의 반지름을 r이라고 하면, 원뿔 ADE의 부피는 $\frac{1}{3}\pi r^3$이므로 구의 부피 공식을 $\frac{4}{3}\pi r^3$로 구할 수 있다.

앞에서 서술한 구의 부피 공식을 도출하는 방식에서는 구와 원기둥, 원뿔이 무수한 단면 원으로 이루어졌다고 가정했다. 또 아르키메데스는 《방법》의 명제 1에서, '직선과 포물선으로 둘러싸인 임의의 절단면의 면적은, 그 절단면과 같은 밑면과 높이를 가진 삼각형 면적의 $\frac{4}{3}$이다'라는 것 역시 저울의 균형을 통해 도출하고 있다. 그는 여기에서 포물선의 절단면과 삼각형이 무수한 선분으로 구성되었다고 생각했다.

이처럼 아르키메데스의 방법에서는 평면도형이나 입체 도형이 무수한 '선'과 '면'으로 이루어져 있다고 여겨졌다. 그러나 유클리드 《기하학 원론》 제1권의 정의에서 볼 수 있듯, 당시의 그리스 세계에서 '선'은 폭이 0이며, '면'은 두께가 '0'이기 때문에 아무리 선이나 면을 모아도 면적과 부피를 만드는 것은 불가능했다[11]. 따라서 저울의 균형을 이용한 아르키메데스의 도출 방식은 당시 그리스 세계에서 쉽게 받아들일 수 있는 것이 아니었다.

또한 저울의 균형을 이용한다는 것은 기하학적 입체에 무게를 상정하고 있다는 것인데, 이 또한 비그리스적이라고 말할 수밖에 없다.

게다가 저울의 균형은 기하학적 수단을 이용한 것으로, 플라톤주의적 학문 계제에서 기하학은 수학보다 하위에 위치하는 자연학의 한 분야였다. 그래서 상위 학문인 수학에서 옳다고 인정된 사항을 하위인 자연학에 적용하는 것은 인정되었지만, 그 반대는 결코 용인될 수 없었던 것이다[12].

다시 말해 아르키메데스의 저서《방법》은, 이른바 발견의 내막을 보여주고 있지만 당시 그리스 세계에서는 공식적으로 승인될 수 없는 수학적 저서였던 것이다. 따라서 아르키메데스는《구와 원기둥에 대하여》에서 구의 부피를,《포물선의 구적법》[13]이라는 작품에서 포물선의 절편에 관한 '공식적인' 증명을 귀류법을 이용해 제시했다.

구의 부피 공식을 발견적으로 도출한 아르키메데스는, 그 공식을

---

11)《기하학 원론》제1권에는 '선'은 폭이 없이 길이만 있는 것이다'(정의 2), '면은 길이와 폭만 있는 것이다'(정의 5)라고 정의되어 있다.

12) 플라톤은 '이데아의 세계(철학)'를 최상위에, 끊임없이 변화하는 감각적 사물의 세계인 '가상의 세계(자연학)'를 최하위에, 그리고 그 중간에 '수학'을 두었다.

13)《포물선의 구적법》에서는 '직선과 포물선에 둘러싸인 임의의 절편의 면적은, 그 절편과 같은 밑변과 같은 높이를 가진 삼각형의 면적의 $\frac{4}{3}$ 이다' 에 대한 내용을 명제 17과 명제 24, 두 번에 걸쳐 증명하고 있다.

활용해 구의 겉넓이를 구하는 방법도 찾아냈다고 한다. 이는 아르키메데스의《방법》명제 2의 후기에서 볼 수 있는, '임의의 원은 밑변이 원둘레와 같고, 높이가 원의 반지름과 같은 삼각형의 면적과 같다는 점에서 미루어 보아, 마찬가지로 임의의 구는, 밑면이 구의 겉넓이와 같고, 높이가 원의 반지름과 같은 원뿔의 면적과 같다고 예상할 수 있다'라는 증명으로부터 다음과 같이 추측할 수 있다.

아르키메데스는 원의 면적을 구할 때, 원을 무한히 분할하는 방법을 사용했다. 구도 마찬가지로, 구의 중심을 꼭짓점으로 하고, 구의 표면에 밑면을 가진 무수한 뿔에 의해 구가 구성된다고 생각하였다. 이에 따라 구의 부피는, 밑면이 구의 겉넓이와 같고 높이가 원의 반지름과 같은 원뿔의 부피와 같다고 간주한 것이다[그림 6].

[그림 6]

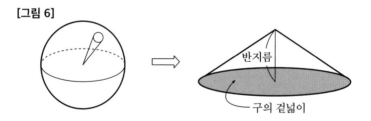

구의 부피를 V, 겉넓이를 S라고 할 때, $V = \dfrac{1}{3}rS$가 되는 것이다. 여기에서 $V = \dfrac{4}{3}\pi r^3$이라는 것은 이미 밝혀진 사실이므로, $\dfrac{1}{3}rS = \dfrac{4}{3}\pi r^3$가 되어 구의 겉넓이는 $S = 4\pi r^2$로 구할 수 있다[14].

---

14) 구의 겉넓이가 $4\pi r^2$라는 '공식적인' 증명은《구와 원기둥에 대하여》제1권의 명제 33에서 다루고 있다.

중심에 관한 연구

아르키메데스는 《평면판의 평형》 제1권에서 평행사변형과 삼각형, 사다리꼴이라는 평면으로 만든 직선 도형의 중심의 위치를 발견했다[15]. 예를 들어 평행사변형의 중심에 관해서는, '임의의 평행사변형의 중심은, 평행사변형 양 대변의 각 중점을 잇는 직선 위에 있다(명제 9)'와 '임의의 평행사변형의 중심은 양 대각선의 교점에 있다(명제 10)'가 증명되고 있으며, 삼각형의 중심에 관해서는 '임의의 삼각형의 중심은 하나의 꼭짓점에서 밑면의 중점에 그어진 직선 위에 있다'라는 명제 13이 증명되어, 그로부터 '임의의 삼각형의 중심은 세 개의 중선의 교점에 있다'라는 명제 14가 도출된다.

그리고 사다리꼴의 중심에 관한 다음과 같은 명제 15가 《평면판의 평형》의 마지막 명제로 등장하고 있다[그림 7].

'임의의 사다리꼴의 중심은 평행인 두 변(짧은 변과 긴 변)의 이등분점을 잇는 직선 위에 있으며, (짧은 변의 중점에서 중심까지의 길이):(긴 변의 중점에서 중심

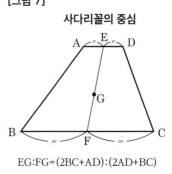

[그림 7]

사다리꼴의 중심

EG:FG=(2BC+AD):(2AD+BC)

---

15) 《평면판의 평형》에서는 중심을 다루고 있지만 중심의 정의에 대해서는 언급하지 않는다. 중심에 대한 정의는, 잃어버린 《기계학》이란 작품에서 다루지 않았을까 추측한다.

까지의 길이)=(긴 변의 길이의 2배와 짧은 변의 길이의 합) : (짧은 변의 길이의 2배와 긴 변의 길이의 합)이 되도록 하는 분점이 있다.'

나아가 아르키메데스는《평면판의 평형》제2권에서 평면 위의 곡선도형인 포물선의 절편의 중심을 다루고 있다.

제2권은 모두 10개의 명제로 이루어져 있는데, 그중 포물선의 절편의 중심에 관한 명제 8은 'ABC를 포물선의 절편, BD를 그 지름(축), 점 G를 중심이라고 한다면, $BG = \frac{3}{2}GD$다'라는 내용이다**[그림 8]**.

[그림 8]

포물선 절편의 중심

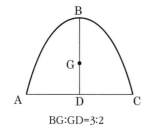

BG:GD=3:2

《평면판의 평형》은 평면도형의 중심을 다룬 작품이며,《방법》은 반구나 원뿔 모양 도형16의 절편, 구 모양 도형17의 절편 등의 입체도형의 중심을 다루고 있다.

그 가운데 반구의 중심에 관해서는, '반구의 중심은 그 축 위에 있으며, 반구의 표면에 가까운 부분이 나머지 부분에 대해 5:3의 비율을 갖도록 그 선분을 분할하는 점에 있다'라는 명제 6이 도출되었으며**[그림 9]**, 원뿔 모양 도형의 절편의 중심에 관해서는,《방법》에서 '원뿔 모양 도형의 절편의 중심은

---

16) 원뿔 모양 도형은, 포물선을 축의 주변으로 회전시켜 만들 수 있는 범종 모양의 입체로, 회전포물선체라고도 부른다.

17) 구 모양 도형은 타원을 축의 주변으로 회전시켜 만들 수 있는 입체로, 회전타원체라고도 부른다.

그 절편의 축 위에 있으며, 그 선분을, 꼭짓점에 가까운 부분이 나머지 부분의 2배가 되도록 분할하는 점에 있다'라는 명제 5가 도출되고 있다[**그림 10**].

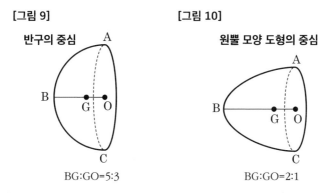

[그림 9]
반구의 중심
BG:GO=5:3

[그림 10]
원뿔 모양 도형의 중심
BG:GO=2:1

게다가 《방법》 명제 10에서는 '구 모양 도형의 절편의 중심은 그축 위에 있으며, 절편의 꼭짓점과 가까운 부분이 나머지 부분에 대해, 절편의 축과 반대편 절편의 축의 4배의 합이, 절편의 축과 반대편 잘린 부분의 축의 2배의 합과 같은 비율을 갖도록 분할하는 점에있다'를 도출하고 있다[**그림 11**].

또한 '모든 원뿔의 중심은 그 축 위에 있고, 그 중심은 축 위에서 꼭짓점과 가까운 부분이 나머지 부분의 3배가 되도록 분할하는 점이다'라고 증명 없이 서술되어 있는데, 이는 잃어버린 저서 《기계학》[18]

---

18) 아르키메데스는 천문학자인 아버지 페이데이아스의 영향으로 어렸을 적부터 기계에 관심이 많았다. 수학 연구에 몰입하는 40세 이전의 아르키메데스는 기계학자로 유명했다. 그는 기계학자로서의 연구 성과를 정리한 《기계학》이라는 대작을 집필했다고 전해지지만, 현존하지는 않는다.

에서 증명되지 않았을까 추측하고 있다**[그림 12]**.

[그림 11]

구 모양 도형의 절편의 중심

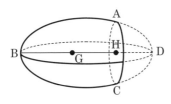

BG:GH=(BH+4HD):(BH+2HD)

[그림 12]

원뿔의 중심

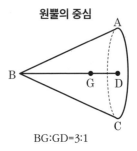

BG:GD=3:1

아폴로니오스의 원뿔곡선론

아폴로니오스

원뿔곡선이란 원뿔의 단면에 나타나는 곡선으로, 자르는 방법은 모선과의 관계에 의해 **[그림 13]**처럼 포물선, 타원, 쌍곡선의 세 가지가 존재한다. 아폴로니오스[19]는 하나의 원뿔에 대한 세 가지 절단 방법에 따라 포물선, 타원, 쌍곡선을 구했는데, 그의 이전에는 이와 같이 다루어지지 않았다. 이는 아르키메데스 시기에도

---

19) 아폴로니오스(Apollonius of Perga, 기원전 3세기 후반~기원전 2세기 전반)는 고대 그리스의 철학자로, 전 8권으로 이루어진 《원뿔곡선론》을 썼다. 《원뿔곡선론》은 처음 네 권은 그리스어, 다음 세 권은 아라비어로 전해지나, 마지막 권은 현존하지 않는다.

마찬가지였다.

아르키메데스가 포물선을 '직각 원뿔의 절단'이라고 부르는 것처럼, 직각 직원뿔의 모선에 수직으로 절단하면 그 단면에 나타나는 곡선으로 포물선을 얻을 수 있다. 또한 타원, 쌍곡선은 각각 예각 직원뿔, 둔각 직원뿔의 모선에 수직인 절단면으로 만들어진 곡선으로서 얻을 수 있다[그림 14].

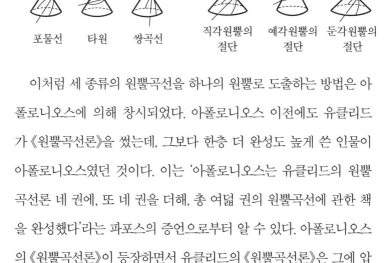

[그림 13]
포물선　타원　쌍곡선

[그림 14]
직각　예각　둔각
직각원뿔의 절단　예각원뿔의 절단　둔각원뿔의 절단

이처럼 세 종류의 원뿔곡선을 하나의 원뿔로 도출하는 방법은 아폴로니오스에 의해 창시되었다. 아폴로니오스 이전에도 유클리드가《원뿔곡선론》을 썼는데, 그보다 한층 더 완성도 높게 쓴 인물이 아폴로니오스였던 것이다. 이는 '아폴로니오스는 유클리드의 원뿔곡선론 네 권에, 또 네 권을 더해, 총 여덟 권의 원뿔곡선에 관한 책을 완성했다'라는 파포스의 증언으로부터 알 수 있다. 아폴로니오스의《원뿔곡선론》이 등장하면서 유클리드의《원뿔곡선론》은 그에 압도되어 잊히게 되었을 것이다. 이는 유클리드의《기하학 원론》이, 그 이전의《기하학 원론》을 압도해버린 상황과 유사하다고 할 수 있다.

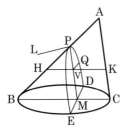

[그림 15]

[그림 15]와 같은 빗원뿔 ABC에서는 PM이 AC에 평행이면 포물선이 나타나고, 평행이 아닌 경우에는 타원이나 쌍곡선을 만든다. 아폴로니오스는 '통경'(오늘날의 수직 지름을 의미한다)이라고 불리는 선 PL을 PM에 수직으로 PL:PA=BC²:BA·AC가 되도록 하고, 그에 따른 QV와 PV의 관계를 조사하여, 다음과 같은 결과를 도출했다.

포물선인 경우 $QV^2 = PL \cdot PV$

타원인 경우 $QV^2 < PL \cdot PV$

쌍곡선인 경우 $QV^2 > PL \cdot PV$

사실 이러한 식들은 포물선, 타원, 쌍곡선이라는 명칭과 깊은 관계가 있다.

[그림 16]과 같이 포물선의 경우에는 QV²이라는 면적이 선분 PL의 위에 PV의 폭으로 '딱 들어맞는' 것과 비교하면, 타원의 경우에는 작은 직사각형만큼 '부족'하고, 쌍곡선의 경우에는 그만큼 '초과'하게 된다. 이와 같은 '면적의 일치'에 관한 사항은 이미 피타고라스학파에 의해 연구되었으며, 유클리드《기하학 원론》제1권과 제2권에서 다루고 있다.

프로클로스는《주석이 달린 기하학 원론》에서, '에우데무스[20]의 사람들은 이러한 것, 즉 면적의 일치(parabole), 그 초과(hyperbole) 및 부족(ellipsis)이 피타고라스파의 무사(mousa)의 오랜 발견이라고 말하고 있다.

이후의 기하학자들은 그 이름을 모든 원뿔곡선에 적용하여, 하나를 포물선, 다른 하나를 쌍곡선, 그리고 마지막을 타원이라고 불렀다'라고 서술했는데, 오늘날 포물선은 파라볼라(parabola), 쌍곡선을 하이버볼라(hyperbola), 타원을 엘립스(ellipse)라고 부르는 것은 이로부터 유래했다.

아폴로니오스는 세 종류의 원뿔곡선을 정식화할 때 면적의 '일치', '초과', '부족'이 관여하고 있다는 점에서, 그들의 명칭을 붙일 때 피타고라스학파의 용어를 차용한 것이다.

[그림 16]

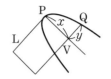

$$QV^2 = PL \cdot PV$$

(PL의 위에 '딱' 들어맞는다.)

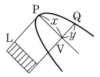

$$QV^2 < PL \cdot PV$$

(사선 부분만큼 '부족'하다.)

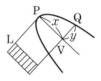

$$QV^2 > PL \cdot PV$$

(사선 부분만큼 '초과'한다.)

---

20) 에우데무스(Eudemus, 기원전 335년경)는 로도스섬에서 태어나, 아리스토텔레스의 문하생이 되어 기하학과 천문학, 신학 등의 역사를 서술했다. 프로클로스《주석이 달린 기하학 원론》제1권의 '기하학의 역사' 부분은 에우데무스의《기하학의 역사》를 바탕으로 쓰였다고 전해진다.

7. 그리스의 삼각법

태양과 달의 크기

아르키메데스의 작품《모래알을 세는 사람》[1]에서는, 아리스타르코스[2]를 '여러 항성과 태양은 움직이지 않는다', '지구는 태양 주위에 하나의 원주를 그리며 회전한다' 등을 주장한 인물로 소개하고 있다. 그런 의미에서 아리스타르코스는 '고대의 코페르니쿠스'[3]라고

---

1) 《모래알을 세는 사람》의 주제는, 우주 전체가 모래알에 묻혀있다고 가정했을 때의 모래알 수를 구하는 것이다. 이와 관련하여 대수의 수사가 도입되었다.

2) 아리스타르코스(Aristarchus of Samos, 기원전 310년경~기원전 230년경)는 고대 그리스의 천문학자다. 그리스인에게는 '수학자 아리스타르코스'라고 알려져 있는데, 그 이유는 그가 저서에서 수학을 천문학에 훌륭하게 응용하고 있기 때문이다.

3) 코페르니쿠스(Nicolaus Copernicus, 1473~1543)는 폴란드의 천문학자로, 《천구의 회전에 관하여》(1543)를 집필했다. 그는 태양 중심의 우주 체계를 발표하고 처음 지동설을 제창한 인물이다.

코페르니쿠스   아리스타르코스

도 불리는데, 그가 그 체계에 대해 서술한 내용은 남아있지 않다. 오늘날 남아 있는 아리스타르코스의 작품은, 18개의 명제로 이루어진 《태양과 달의 크기와 거리에 대하여》[4]가 있다.

그는 이 작품에서, 지구에서 태양 및 달까지의 거리 비율과, 태양과 달 및 지구의 크기 비율을 계산하고 있다. 구체적인 내용은 다음과 같다.

〈명제 7〉 지구에서 태양까지의 거리는, 지구에서 달까지의 거리의 18배보다 크고, 20배보다는 작다.

〈명제 9〉 태양의 지름은, 달의 지름의 18배보다 크고, 20배보다는 작다.

〈명제 15〉 태양의 지름은, 지구의 지름에 비해 19:3보다 크고,

---

4) 《태양과 달의 크기와 거리에 대해서》는 원래 파포스가 편찬한 《소 천문학》이라는 논문집 안에, 유클리드의 《광학》 등 다섯 개의 논문과 함께 수록되어 있었다고 한다.

43:6보다 작은 비율을 이룬다.

아리스타르코스는 이러한 명제를, 6개의 가정으로부터 기하학적 방법을 통해 연역적으로 증명했다. 예를 들어 명제 7은, '달이 반달로 보이는 경우, 달은 태양으로부터 사분원의 30분의 1만큼, 사분원보다도 작은 각을 이루고 떨어져 있다$\left(90° - 90° \times \dfrac{1}{30} = 87°\right)$'**[그림 1]** 와 같은 가정 4로부터 도출되고 있다.

[그림 1]

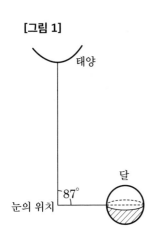

이 가정은 '지구에서 달까지의 거리'의 '지구에서 태양까지의 거리'에 대한 비율이 $\sin 3°$이라는 것을 의미한다. 이때는 아직 삼각비 표가 만들어지지 않았기 때문에, 아리스타르코스는 당시에 알려져 있었던 기하학적 정리를 사용했다.

이 정리는 오늘날의 표현으로 부등식을 이용하면

'$\sin \alpha : \sin \beta < \alpha : \beta < \tan \alpha : \tan \beta (0° < \beta < \alpha < 90°)$'와 같이 나타낼 수 있다. 아리스타르코스는 이를 이용하여 $\dfrac{1}{20} < \sin 3° < \dfrac{1}{18}$이라는 사실을 깨닫고, '지구에서 태양까지의 거리는, 지구에서 달까지의 거리의 18배보다 크고, 20배보다 작다'라는 결론을 얻은 것이다.

아리스타르코스가 얻은 이 값은 오늘날의 값과는 차이가 나지만, 에우독소스가 얻은 약 9배라는 값, 그리고 아르키메데스의 아버지

페이데이아스가 얻은 약 12배라는 값에 비하면 훌륭한 값이라고 할 수 있다[5]. 아리스타르코스가 사용한 기하학적 방법은 흠잡을 데가 없는 방법이지만, 옳은 값이 될 수 없었던 원인은 87도로 관측되어 오차가 발생했기 때문이다. 실제로는 약 89.5도였던 것이다.

지구의 크기

소수를 구하는 방법인 '에라토스테네스의 체[6]'로 유명한 에라토스테네스[7]는 수학자, 천문학자, 지리학자, 역사가, 언어학자, 시인, ……으로 잘 알려져 있으며, 알렉산드리아 도서관[8]의 제3대 도서관장도 역임했다고 알려져 있다. 그의 저서 《지구의 측정에 관하여》는 현재 존재하지는 않지만, 클레오메데스[9]의 《천체의 원운동에 관하여》에 그 개요가 소개되고 있다. 그 책에 의하면 에라토스테네스는

5) 이 증명은 아르키메데스의 《모래알을 세는 사람》에서 볼 수 있다.
6) 일단 1은 소수가 아니므로 제외하고, 다음 2를 남긴 후 2의 배수를 모두 제외한다. 또 3을 남기고 3의 배수를 모두 제거하고, 이를 계속 실시하면 소수를 얻을 수 있다. 이 방법을 '에라토스테네스의 체'라고 부른다.
7) 에라토스테네스(Eratostuenes, 기원전 276년경~기원전 195년경)는 키레네 출신으로, 지리학, 천문학, 역사, 수학 등 많은 분야에서 매우 뛰어났다. 기원전 250년경, 세계 지도를 작성했다고 전해진다.
8) 알렉산드리아 도서관은 프톨레마이오스 왕조의 수도인 알렉산드리아에 세워진 고대 세계 최대의 도서관으로, 장서 수가 약 50만 권이라고 전해진다. 연구소 무세이온의 부속 도서관이기도 했다.
9) 클레오메데스(Cleomedes, 기원전 1세기 후반)는 고대 그리스의 천문학자로, 그의 저서 《천체의 운동에 관하여》는 포시도니오스(Posidonius, 기원전 1세기 전반, 수학자, 천문학자)의 저서에도 정리되어 있다. 포시도니오스는 에라토스테네스보다 지구의 둘레를 정확하게 계산한 인물로 알려져 있다.

에라토스테네스

지구의 둘레 길이와 반지름을 구했으며, 그 방법은 다음과 같다.

에라토스테네스는 도서관장을 했기 때문에 달력에 관한 다양한 중요한 기록을 접할 경험이 많았다. 많은 기록들을 보던 그는, 오늘날의 이집트, 아스완 댐의 근처에 있는 시에네라는 마을의 깊은 우물의 물에, 1년 중 어떤 특정한 날 정오에 태양이 비추고, 빛난다는 것을 깨달았다. 우물에 태양이 비춘다는 말은 태양이 우물 바로 위에 온다, 즉 수평선에 수직이라는 의미를 담고 있다. 그리고 같은 날 정오에 시에네에서 북쪽으로 5000스타디온 떨어진 알렉산드리아에서는, 막대가 짧은 그림자를 만들었는데, 에라토스테네스는 수직으로 서 있는 막대와 그림자의 관계에서 막대와 태양광선이 만드는 각이 7.2도라는 사실을 깨달았던 것이다. 다시 말해 **[그림 2]**와 같다.

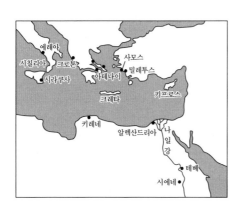

따라서 지구를 구라고 생각하고 그 반지름을 R이라고 하면 **[그림 3]**과 같이 되므로, 중심각 7.2도에 상응하는 호의 길이는 5000스타디온이 된다. 그리

고 7.2도는, 1회전 360도의 $\frac{1}{50}$이므로, 전체 원둘레, 즉 지구 둘레의 길이는 5000스타디온의 50배이고, 1스타디온은 약 161m이므로 지구의 둘레는 $250000 \times 161 = 40250000$에 의해 40,250km가 되는 것이다.

나아가 지구의 둘레를 알면, 아르키메데스가 발견한 원주율 π의 근사치인 3.14를 이용하여 지구의 반지름 R을 구할 수 있다. (원둘레의 길이)$=2 \times 3.14 \times R$이므로

$R = 40250 \div 6.28 = 6409.2356$

이 된다. 지구의 실제 반지름의 길이는 약 6,370km이므로, 에라토스테네스의 계산 결과가 지금으로부터 약 2300년 전에 구해졌다는 것을 고려하면, 매우 훌륭한 근사치라고 할 수 있다.

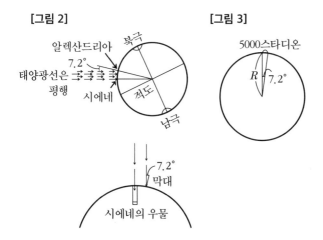

[그림 2]

알렉산드리아 북극
7.2°
태양광선은
평행
시에네 적도
남극

7.2°
막대
시에네의 우물

[그림 3]

5000스타디온
R 7.2°

메넬라오스의 정리

메넬라오스[10]는 기원 100년 전후에 활약한 기하학자이자 천문학

자라고 말할 수 있다. 왜냐하면 프톨레마이오스주11의 저서《알마게스트》12에는 '기하학자 메넬라오스는, 로마의 트라야누스 1년인 메키르(Mechir, 정월 하순부터 2월 상순에 해당하는 이집트인들의 달 이름 – 역주) 15일에서 16일 밤 10시 이후에 별 스피카가 달에 가려졌다고 서술하고 있다(제7권 제3장)'라고 기술되어 있으며, 메키르 15일부터 16일은 기원 98년 1월 11일을 가리킨다고 말해지기 때문이다.

메넬라오스의 주요 저서는 전 6권으로 이루어진《구면론》으로, 현재 아라비아어로 쓰인 제1권~제3권이 전해지고 있다. 제1권의 목적은, 유클리드《기하학 원론》제1권의 평면 삼각형에 관한 여러 명제에 대응하는 형태로 구면삼각형의 여러 명제를 부여하는 것이었다.

이에 따라 메넬라오스는 제1권에서 구면삼각형의 개념과 정의를 제시하고 있다.

파포스에 의하면, 메넬라오스는 구면삼각형을 '삼변형'이라고 부르고, 일반적으로 사용하는 '삼각형'과 구별했다고 전해진다. 아마

---

10) 메넬라오스(Menelaus of Alexandria, 100년경 활약)는《구면론》외에도《원의 현에 대하여》(전 6권)를 집필했다.
11) 프톨레마이오스(Claudius Ptolemaeus, 100년경~170년경)의 영어 이름은 톨레미(Ptolemy)로, 알렉산드리아에서 태어났다. 고대 그리스 최대의 천문학자이며, 고대 천문학을 집대성한《알마게스트》를 집필하고, 천동설을 제창했다.
12)《알마게스트》(전 13권)의 최초의 책 이름은《수학 집성》이었는데, 이후《소천문학》이라는 입문서와 구별하기 위해 '대집성'이라고 부르게 되었다. 그리고 아라비아에 들어오면서 '위대한 책'이라는 의미의《알마게스트》가 되었다.

삼각형이라는 명칭은 오로지 평면 삼각형에만 사용되었기 때문일 것이다. 제2권은 테오도시우스[13]의 《구면론》 제3권의 여러 명제를 일반화하거나 확장한 것이다.

제3권은 삼각법을 다루고 있으며, 여기에서 구면에 관한 메넬라오스의 정리(횡단선 정리)가 등장한다. 현대식으로 바꾸어 표현하면, '구면 위 큰 원의 호 ADB, AEC, BFE, DFC에 대해

$$\frac{\sin CE}{\sin EA} = \frac{\sin CF}{\sin FD} \cdot \frac{\sin DB}{\sin BA}$$

가 성립한다'가 된다[**그림 4**]. 이 정리는 적도와 황도 사이에 끼어 있는 호의 길이를 구한다는 천문학적 필요성에 의해 탄생하였으며, 이 정리를 증명하기 위한 준비(예비 정리)로서 평면 기하학의 메넬라오스의 정리가 위치하는 것이다.

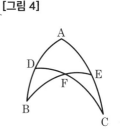

[**그림 4**]

메넬라오스의 《구면론》에서는, 평면기하에서의 메넬라오스의 정리는 이미 알려진 내용으로 취급되었으며, 증명은 드러나지 않았지만 프톨레마이오스의 《알마게스트》에서는 제1권 제13장의 '구면에 관한 증명을 위한 준비'에서 증명하고 있다.

메넬라오스의 정리는 일반적으로 삼각형의 세 변 또는 그들의 연장이, 모든 꼭짓점을 통과하지 않는 직선과 교차할 때 만들 수 있는

---

13) 테오도시우스(Theodosius, 기원전 2세기 후반)는 고대 그리스의 천문학자로, 전 3권으로 이루어진 《구면론》을 집필했다.

세 교점에 관한 정리인데, 크게 아래와 같은 두 가지 경우가 있을 수 있다[그림 5].

(1) 두 교점이 변 위에, 하나의 교점은 연장선에 있는 경우

(2) 세 교점 모두 변의 연장선 위에 있는 경우

이 가운데 메날라오스는 (1)의 경우를 증명했다. 이는 구면에 대한 메넬라오스의 정리의 원래 목적에서 유래하고 있다고 생각할 수 있다.

[그림 5]

(1)
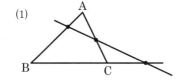

(2)
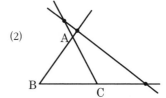

프톨레마이오스의 <현표>

프톨레마이오스

프톨레마이오스는 그리스의 삼각법을 실질적으로 완성한 인물이다. 그는 저서 《알마게스트》를 집필하였으며 고대 천문학(천동설)을 완성하였는데, 여기에 활용한 수학적 수단이 바로 삼각법이었으며, 각도와 현의 길이를 대비시키는 <현표>를 작성했다[표 1].

<현표>에 관해서는, 고대 그리스의

[표 1]

호		현			차의 1/30				호		현			차의 1/30			
0°	30′	0p	31′	25″	0p	1′	2″	50‴	23°	0′	23p	55′	27″	0p	1′	1″	33‴
1	0	1	2	50	0	1	2	50	23	30	24	26	13	0	1	1	30
1	30	1	34	15	0	1	2	50	24	0	24	56	58	0	1	1	26
2	0	2	5	40	0	1	2	50	24	30	25	27	41	0	1	1	22
2	30	2	37	4	0	1	2	48	25	0	25	58	22	0	1	1	19
3	0	3	8	28	0	1	2	48	25	30	26	29	1	0	1	1	15
3	30	3	39	52	0	1	2	48	26	0	26	59	38	0	1	1	11
4	0	4	11	16	0	1	2	47	26	30	27	30	14	0	1	1	8
4	30	4	42	40	0	1	2	47	27	0	28	0	48	0	1	1	4
5	0	5	14	4	0	1	2	46	27	30	28	31	20	0	1	1	0
5	30	5	47	27	0	1	2	45	28	0	29	1	50	0	1	0	56
6	0	6	16	49	0	1	2	44	28	30	29	32	18	0	1	0	52
6	30	6	48	11	0	1	2	43	29	0	30	2	44	0	1	0	48
7	0	7	19	33	0	1	2	42	29	30	30	33	8	0	1	0	44
7	30	7	50	54	0	1	2	41	30	0	31	3	30	0	1	0	40
8	0	8	22	15	0	1	2	40	30	30	31	33	50	0	1	0	35
8	30	8	53	35	0	1	2	39	31	0	32	4	8	0	1	0	31
9	0	9	24	15	0	1	2	38	31	30	32	34	22	0	1	0	27
9	30	9	56	13	0	1	2	37	32	0	33	4	35	0	1	0	22
10	0	10	27	32	0	1	2	35	32	30	33	34	46	0	1	0	17
10	30	10	58	49	0	1	2	33	33	0	34	4	55	0	1	0	12
11	0	11	30	5	0	1	2	32	33	30	34	35	1	0	1	0	8
11	30	12	1	21	0	1	2	30	34	0	35	5	5	0	1	0	3
12	0	12	32	36	0	1	2	28	34	30	35	35	6	0	0	59	57
12	30	13	3	50	0	1	2	27	35	0	36	5	5	0	0	59	52
13	0	13	35	4	0	1	2	25	35	30	36	35	1	0	0	59	48
13	30	14	6	16	0	1	2	23	36	0	37	4	55	0	0	59	43
14	0	14	37	27	0	1	2	21	36	30	37	34	47	0	0	59	38
14	30	15	8	38	0	1	2	19	37	0	38	4	36	0	0	59	32
15	0	15	39	47	0	1	2	17	37	30	38	34	22	0	0	59	27
15	30	16	10	56	0	1	2	15	38	0	39	4	5	0	0	59	22
16	0	16	42	3	0	1	2	13	38	30	39	33	46	0	0	59	16
16	30	17	13	9	0	1	2	10	39	0	40	3	25	0	0	59	11
17	0	17	44	14	0	1	2	7	39	30	40	33	0	0	0	59	5
17	30	18	15	17	0	1	2	5	40	0	41	2	33	0	0	59	0
18	0	18	46	19	0	1	2	2	40	30	41	32	3	0	0	58	54
18	30	19	17	21	0	1	2	0	41	0	42	1	30	0	0	58	48
19	0	19	48	21	0	1	1	57	41	30	42	30	54	0	0	58	42
19	30	20	19	19	0	1	1	54	42	0	43	0	15	0	0	58	36
20	0	20	50	16	0	1	1	51	42	30	43	29	33	0	0	58	31
20	30	21	21	12	0	1	1	48	43	0	43	58	49	0	0	58	25
21	0	21	52	6	0	1	1	45	43	30	44	28	1	0	0	58	18
21	30	22	22	58	0	1	1	42	44	0	44	57	10	0	0	58	12
22	0	22	53	49	0	1	1	39	44	30	45	26	16	0	0	58	6
22	30	23	24	39	0	1	1	36	45	0	45	55	19	0	0	58	0

〈현표〉의 일부 (0° 30′~45°)

저명한 천문학자 히파르코스[14]가《원의 여러 선분에 관한 이론에 대하여》(현존하지 않음)를 저술하고, 원의 중심각(1도 간격)에 대한 현의 길이를 나타내는 〈현표〉를 작성했다고 전해진다.

이에 대해 알렉산드리아의 테온[15]이 집필한《알마게스트 주석》에서는 '원의 현에 관한 연구는 히파르코스의 12권 및 메넬라오스의 6권의 작품에서 이루어진다'라고 서술하고 있으나, 그 상세한 내용은 다루고 있지 않다.

이러한 히파르코스의 연구 성과를 계승한 인물이, 바로 삼각법을 완성한 프톨레마이오스였던 것이다.

〈현표〉는 다음과 같은 내용을 담고 있다. [그림 6]에서 현 AB의 길이를 'crd 36°'라고 쓰기로 한다면, $crd\,36° = 37^p4'55''$라는 말이 된다[16]. 프톨레마이오스는 60진법을 사용했기 때문에, 현 AB의 길이는 $37 + \dfrac{4}{60} + \dfrac{55}{60^2}$가 되는데, 이를 현의 표에서는 '37°4′55‴'라고 표기하는 것이다.

프톨레마이오스의 'crd x'와 오늘날의 sin x의 관계는 다음과 같다. 다시 말해 [그림 7]과 같이 반지름이 1인 원을 생각하면,

---

14) 히파르코스(Hipparchus, 기원전 2세기 중반)는 니카이아 출신의 고대 그리스 천문학의 창시자 중 한 사람이다. 태양과 달의 크기와 거리에 관한 아리스타르코스의 계산을 계량했으며, 삼각법을 사용하여 〈현표〉를 작성했다.

15) 테온(Theon of Aleciandra, 4세기 후반)은 고대 그리스의 수학자이자 천문학자로, 유클리드의《광학》과 프톨레마이오스의《알마게스트》의 주역서를 썼다.

16) 원의 지름을 120으로 계산하고 있다. 오른쪽 위의 작은 'p'는 '부분'을 의미하는 'parts'의 첫 글자다.

[그림 6]   [그림 7]

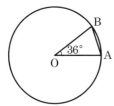

$AB = \mathrm{crd}\, x = 2\sin\dfrac{x}{2}$가 된다. 단 프톨레마이오스는 반지름을 60

이라고 했기 때문에 〈현표〉와의 관계로 말하면,

$\mathrm{crd}\, x = 60 \times 2\sin\dfrac{x}{2}$가 된다.

여기에서 sin18°의 값을 10진법으로 구하면 **[계산 1]**과 같다.

공학용 계산기로 계산한 sin18°의 값 '0.309016994'와 비교해

보면 소수점 둘째 자리까지 옳다는 것을 알 수 있어, 이는 지극히 정

밀도 높은 값이라고 말할 수 있다. 그렇다면 프톨레마이오스는 이와

같은 우수한 〈현표〉를 어떻게 작성할 수 있었을까?

프톨레마이오스는 가장 먼저 crd 36°와 crd 72°의 값을 구했는

데, 그를 위해 '같은 원에 내접하는 정오각형, 정육각형, 정10각형

에 대해, 정오각형의 한 변의 제곱은 정육각형의 한 변의 제곱과 정

10각형의 한 변의 제곱의 합과 같다'(《기하학 원론》 제13권 명제 10)를

이용했다.

[계산 1]

$\mathrm{crd}\, x = 60 \times 2\sin\dfrac{x}{2}$와 $\mathrm{crd}\, 36° = 37^{p}\,4'\,55''$로부터,

$60 \times 2\sin\dfrac{36°}{2} = 37^{p}\,4'\,55''$

이므로

$$\sin 18° = \frac{1}{60} \times 18^P 32' 28'' = \frac{1}{60}\left(18 + \frac{32}{60} + \frac{28}{60^2}\right)$$
$$= \frac{1}{60} \times 18.5411 = 0.3090184$$

왜냐하면 원에 내접하는 정10각형, 정오각형의 한 변에 대응하는 중심각은 각각 36도, 72도이기 때문이다. 이 계산은 **[계산 2]**와 같이 이루어진다.

프톨레마이오스는 36도, 72도에 대한 호의 길이를 구한 뒤, '보각의 규칙'에 따라, 어떤 각도의 보각에 대한 현의 길이를 구하고, '차의 규칙'에 의해 이미 현의 길이를 알고 있는 각도의 차에 상당하는 각도에 대한 현의 길이를 구한다. 나아가 '반각의 규칙'에 따라 이미 현의 길이가 알려진 각도의 절반 각도에 대한 현의 길이를 구하고 있다. 그리고 마지막으로 1도, $\frac{1}{2}$도에 대한 현의 길이를 구한 후, '합의 규칙'을 이용하여 $\frac{1}{2}$도 간격의 〈현표〉를 완성할 수 있었다[17].

〈현표〉를 보면 세 번째 칸에 '차의 $\frac{1}{30}$'이라는 항목이 있는데, 이를 사용하여 1분 간격의 각도에 대한 현의 길이를 구할 수 있게 되었다.

---

17) 단순한 방법으로는 1도에 대한 현의 길이를 구할 수 없으며, 다양한 연구가 필요해진다. 이에 관련한 자세한 내용은 우에가키 와타루의 《그리스 수학의 탐방》(일본평론사, 한국미출간)을 참고하면 좋다.

톨레미의 정리

프톨레마이오스는 다양한 규칙을 이용해 〈현표〉를 완성하였는데, 그중 하나로 '차의 규칙'이 있다. 이 규칙은, 예를 들어 60도와 72도에 대한 현의 길이가 알려진 경우, 그 차이인 12도에 대한 현의 길이를 구할 때 사용하는 규칙이다. 그리고 그는 이 규칙을 위해 '프톨레마이오스의 정리', 즉 '톨레미의 정리'를 만들었다.

톨레미의 정리란, '원에 내접하는 사각형의 대각선 길이의 곱은, 사각형의 마주하는 변의 곱의 합과 같다(AC·BD=AD·BC+AB·DC)'[그림 9]라는 내용이다. 이 정리를 이용하여 crd 12°의 값을 구해 보자.

[계산 2]

[그림 8]의 반원에서 AC를 지름, OA, OB, OC를 반지름으로 하며, D는 OC의 중점이라고 한다. 또 DB=DE가 되도록 점 E를 찍으면, 직각 삼각형 OBE에 대해 다음과 같이 된다.

OB : 원에 내접하는 정육각형의 한 변

OE : 원에 내접하는 정10각형의 한 변

BE : 원에 내접하는 정오각형의 한 변

[그림 8]

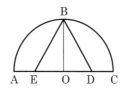

[그림 9]

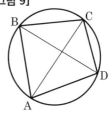

crd 36°=OE, crd 72°=BE이며, 피타고라스의 정리에 의해 $OB^2+OE^2=BE^2$이 성립하므로, OB, OE의 값을 알면 $BE = \sqrt{OB^2 + OE^2}$을 사용하여 crd 72°의 값을 구할 수 있다.

프톨레마이오스는 원의 지름을 120부분(120^p)으로 하고 있으므로 OB=crd 60°=60^{p}는 명백하다. 직각 삼각형의 OB=60^p, OD=30^{p}이므로,

$$DE = DB = \sqrt{OB^2 + OD^2} = \sqrt{3600^p + 900^p}$$
$$= \sqrt{4500^p} \fallingdotseq 67^p 4' 55''$$

가 된다. 따라서

crd 36° = OE = DE − OD ≒ $67^p 4' 55'' - 30^p = 37^p 4' 55''$

와 같이 crd 36°의 값을 구할 수 있다. 또한 crd 72°의 값은 다음과 같이 구할 수 있다.

$$\text{crd } 72° = BE = \sqrt{(60^p)^2 + (37^p 4' 55'')^2}$$
$$\fallingdotseq \sqrt{3600^p + 1375^p 4' 15''} = \sqrt{4975^p 4' 15''} \fallingdotseq 70^p 32' 3''$$

[계산 3]

[그림 10]에 적용된 톨레미의 정리 'AC・BD=AB・CD+AD・BC'는,

crd$(180° - 60°)$・crd 72°

= crd$(180° - 72)$・crd 60° + crd 180°・crd$(72° - 60°)$

라고 나타낼 수 있다. 그리고 일반적으로 각 $2x, 2y$에 대해,

crd$(180° - 2y)$・crd $2x$

= crd$(180° - 2x)$・crd $2y$ + crd 180°・crd$(2x - 2y)$

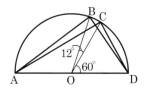

[그림 10]

가 성립하게 된다.

이것을 반지름이 1인 원으로 생각하여 $\text{crd}\, x = 2\sin\dfrac{x}{2}$ 로 바꾸면,

$$\sin(90° - y) \cdot \sin x = \sin(90° - x) \cdot \sin y + \sin 90° \cdot \sin(x - y)$$

가 되어,

$$\sin(x - y) = \sin x \cos y - \cos x \sin y$$

가 되므로, '사인함수의 덧셈 정리'와 같은 값을 갖는다.

60도와 72도에 대한 현의 길이로부터, 그 보각 120도, 108도에 대한 현의 길이도 계산할 수 있으며, 반지름이 60이므로 180도에 대한 현의 길이는 120^p다. 이를 정리하면 **[그림 10]**의 내접사각형 ABCD에 대해

AD $= \text{crd}\, 180° = 120^p$, CD $= \text{crd}\, 60° = 60^p$,

BD $= \text{crd}\, 72° = 70^p 32' 3''$

AB $= \text{crd}\, 108° = 97^p 4' 55''$, AC $= \text{crd}\, 120° = 103^p 55' 23''$

와 같이 된다. 이러한 값과 톨레미의 정리

'AC·BD=AB·CD+AD·BC'에 의해 BC=crd 12°의 값이 구해진다. 다시 말해 톨레미의 정리는 이를 위해 고찰된 것이다.

참고로 톨레미의 정리는 오늘날 '사인함수의 덧셈 정리'에 상응하는 내용이라는 것을 **[계산 3]**을 통해 알 수 있다.

8. 그리스 수학의 종언

헤론의 공식과 헤론 삼각형

헤론[1]의 작품은 크게 기하학적 작품과 기계학적 작품으로 나뉘는데, 기하학적 작품으로는 《기하학》,《입체기하학》,《측량술》,《정의》 등이 있다[2]. 이 중 가장 중요한 작품은 전 3권으로 이루어진 《측량술》로, 제1권은 면적 계산, 제2권은 부피 계산, 제3권은 면적과 부피를 주어진 비율로 분할하는 내용을 다루고 있다.

헤론

---

1) 헤론(Heron of Alexandria, 60년경 활약)은 고대 그리스의 기계학자이자 수학자다. 기원 2세기 이후의 사람이라는 설도 있다.
2) 헤론의 기계학적 작품으로 《기체 장치》,《자동 장치 조작법에 관하여》,《조준의에 대하여》 등이 있다.

세 변의 길이가 주어진 삼각형의 면적을 구하는 '헤론의 공식'은 너무나도 유명하다. 이 공식은 '임의의 삼각형의 세 변이 주어졌을 때, 높이를 구하지 않고 면적을 계산하는 일반적인 방법을 주겠다'라는 문장으로 시작하는 《측량술》 제1권 명제 8에서 다루고 있으며, 그 내용은 다음과 같다.

삼각형의 세 변의 길이 a, b, c가 주어졌다고 가정한다. 이때 $\frac{1}{2}(a+b+c) = s$라고 하면, 면적 S는 $S = \sqrt{s(s-a)(s-b)(s-c)}$에 의해 구해진다는 것이다[그림 1].

헤론은 공식의 기하학적 증명에 들어가기 전, 세 변의 길이가 7, 8, 9라는 구체적인 삼각형의 면적을 구하는 계산을 보여주고 있다. 이 계산은 [계산 1]과 같다.

여기에서 알 수 있듯 세 변의 길이가 7, 8, 9(모두 자연수)인 삼각형의 면적은 자연수가 아니지만, 경우에 따라서는 세 변의 길이와 면적이 모두 자연수가 되는 삼각형이 존재한다. 이와 같은 삼각형을 '헤론의 삼각형'이라고 부른다.

일반적으로 $a^2 + b^2 = c^2$을 만족하는 자연수 a, b, c를 갖도록 하는 직각 삼각형은 '피타고라스 삼각형'이라고 부르는데, 이 삼각형의 면적은 반드시 자연수가 된다. 왜냐하면 일반적으로 피타고라스 삼각형에서는, 직각을 끼고 있는 두 변 중 적어도 한 변은 4의 배수라는 사실이 증명되었기 때문이다. 그래서 피타고라스 삼각형은 모

[그림 1]   [그림 2]

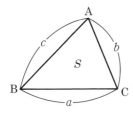

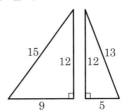

두 헤론의 삼각형이기도 하다.

그런데 피타고라스 삼각형이 아니더라도, 세 변의 길이와 면적이
모두 자연수가 되는 삼각형은 존재한다. 예를 들어 **[그림 2]**와 같이
세 변이 5, 12, 13인 피타고라스 삼각형과 9, 12, 15인 피타고라스
삼각형은, 직각을 끼고 있는 한 변의 길이가 12다.

[계산 1]

$7+8+9=24, \dfrac{24}{2} = 12$

$12-7=5, 12-8=4, 12-9=3$

$12 \times 5 = 60, 60 \times 4 = 240, 240 \times 3 = 720$

다음으로 720의 제곱근을 다음과 같은 제곱근풀이 계산에 의해
구한다.

우선 720의 가장 가까운 제곱근수인 729를 찾아내고, 그 제곱근
이 27이라는 점에서 720을 27로 나누면 $26\dfrac{2}{3}$를 얻을 수 있다.

그리고 $27 + 26\dfrac{2}{3} = 53\dfrac{2}{3}, \dfrac{53\dfrac{2}{3}}{2} = 26\dfrac{1}{2} + \dfrac{1}{3}$

으로 계산하여 $\sqrt{720}$의 근사치를 $26\dfrac{1}{2} + \dfrac{1}{3}$로 구할 수 있다[3].

따라서 **[그림 3]**과 같이 붙이면, 세 변이 13, 14, 15인 삼각형(피타고라스 삼각형은 아니다)이 완성되는데, 이는 분명 헤론의 삼각형이라고 말할 수 있다. 실제로 이 삼각형의 세 변은 모두 자연수이며, 면적을 계산해도 $\frac{1}{2} \times 14 \times 12 = 84$와 같이 자연수로 계산된다.

일반적으로 두 개의 피타고라스 삼각형이 있으면, 두 삼각형의 직각을 끼고 있는 변을 적당히 몇 배 하면 같은 길이의 변을 만들 수 있으므로 삼각형 두 개를 붙여 헤론의 삼각형을 얻을 수 있다. 하지만 두 개의 피타고라스 삼각형으로 만들 수 없는 헤론의 삼각형도 존재한다. 예를 들어 세 변의 길이가 65, 119, 180인 삼각형의 면적은, 헤론의 공식에 의해

$$\frac{1}{2}(65 + 119 + 180) = 182$$

$$\sqrt{182(182 - 65)(182 - 119)(182 - 180)} = \sqrt{2683044} = 1638$$

와 같이 자연수가 되므로 헤론 삼각형이라고 할 수 있다**[그림 4]**.

[그림 3]   **[그림 4]**

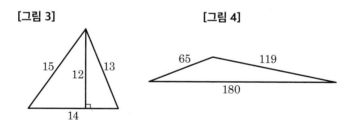

---

3) 이 계산법은, 바빌로니아인이 제곱근의 근사치를 구할 때 사용한 계산법과 같다.

그러나 이 삼각형은 두 개의 피타고라스 삼각형으로 만들어진 삼각형은 아니다.

파포스의 《수학 집성》

고대 그리스 수학의 최후의 광명이라고 불리는 파포스[4]의 저서, 《수학 집성》[5]은 전 8권으로 이루어졌다. 파포스에 대해서는, 기원전 320년 10월 18일, 일식의 관측에 관한 내용을 자신의 저서 《알마게스트 주역》에 기록했다는 점에서 4세기 전반에 활동했다는 것을 알 수 있다.

주요 저서 《수학 집성》은, 첫째, 그리스 수학의 잘 알려지지 않은 측면에 대한 귀중한 역사적 기록을 제공한다는 점, 둘째, 유클리드, 아르키메데스, 아폴로니오스, 프톨레마이오스 등이 발견한 여러 명제의 다른 증명이나 보조 정리가 포함되어 있다는 점, 셋째, 파포스 이전에는 발견되지 않았던 새로운 발견이나 일반화가 이루어지고 있다는 점에서 높은 평가를 받고 있다.

여덟 권의 《수학 집성》 가운데, 제1권과 제2권의 시작 부분은 잃어버려, 현재 존재하지 않는다. 제3권에서는 '작도 문제의 세 분류'[6]

---

4) 파포스(Pappus of Alexandria, 300~350년경 활약)는 고대 그리스 수학에서 최후의 빛을 발한, 세련되고 다재다능한 수학자로, 고전 그리스 기하학을 대표하는 뛰어난 인물이다. 그의 주요 저서로 《수학 집성》 외에도, 《알마게스트》의 주역서, 유클리드 《기하학 원론》 제10권의 주역서도 썼다.

5) 《수학 집성》은 그리스 기하학의 모든 범위를 포괄하는 동시에, 백과사전이라기보다 오히려 입문서, 지침서에 가깝다고 할 수 있다.

및 '평균의 도식화'를 다루고 있으며, 또 제4권에서는 피타고라스의 정리의 확장 및 일반화, 구두장이의 칼(아벨로스)의 문제, 원의 사각화 문제나 각의 삼등분 문제에 사용되는 특수한 곡선(니코메데스[7] 나사선, 아르키메데스의 나선, 디노 스트라투스[8]나 니코메데스의 원적 곡선)을 다루고 있다.

제5권에서는 '등주 문제', 다시 말해 평면의 경우에는, 모양은 다르지만 둘레가 같은 도형의 면적을 비교하는 문제, 입체의 경우에는 같은 겉넓이를 갖는 입체의 부피를 비교하는 문제를 다루고 있다. 또한 아르키메데스의 준정다면체에 관한 소개도 볼 수 있다. 제6권에서는 대부분 천문학에 관해 이야기한다.

제7권은 가장 중요한 내용을 포함하고 있는데, '분석'과 '종합'에 관한 정의부터 시작하고 있어, 특별히 '분석론 보전'이라고 불린다. 여기에서는 '파포스의 정리', '파포스의 중선 정리'를 증명하고 있으며, '파포스-굴딘의 정리'도 언급하고 있다. 제8권은 논리적인 기계학에 관한 역사적 서술로 시작하여, 중심과 다양한 작도 문제를 다루고 있다.

---

6) '작도 문제의 세 분류'란, 평면의 작도 문제, 입체의 작도 문제, 선의 작도 문제를 의미한다.
7) 니코메데스(Nicormedes, 기원전 2세기)는 고대 그리스의 기하학자로, 나사선에 의한 정육면체 배적 문제의 풀이, 원적 곡선에 의한 원의 사각화 문제의 풀이 등을 다루었다.
8) 디노 스트라투스(Dinostratus, 기원전 4세기 중반)는 고대 그리스의 기하학자로, 원적 곡선에 의한 원의 사각화 문제의 풀이를 다루었다.

평균의 도식화

피타고라스학파의 아르키타스[9]는 정육면체의 배적 문제를 풀이한 기하학자이자, 음악 이론가로서 매우 중요한 인물이기도 하다. 그는 '음악에는 세 종류의 평균이 있다. 첫 번째는 산술 평균, 두 번째는 기하 평균, 세 번째는 소반대 평균, 다시 말해 조화 평균이다'라고 서술하고 있으며, 다음과 같이 정의하고 있다.

첫 번째인 산술 평균은 '제1항이 제2항을 초과하고 있는 만큼, 제2항이 제3항을 초과하는 경우'라고 규정하고, 두 번째인 기하 평균은 '제1항의 제2항에 대한 관계(비율)가, 제2항의 제3항에 대한 관계(비율)와 같은 경우'로 규정하고 있다. 즉 세 개의 항을 a, b, c 라고 하면, 산술 평균은 '$a - b = b - c$'를 의미하며, 기하 평균은 '$a:b = b:c$'를 의미한다[10].

아르키메데스 이전에는 '소반대 평균'이라고 불렀지만, 조화적으로 음악적인 톤을 빚어낸다는 이유로 아르키타스와 히파수스[11]

---

9) 아르키타스(Archytas of Tarentum, 기원전 400~기원전 365년경 활약)는 고대 그리스의 철학자이자, 수학자, 정치가다. 플라톤은 첫 번째 시칠리아 여행(기원전 388년경)에서 아르키타스와 만나, 피타고라스학파의 교의를 배웠다고 전해진다.

10) 산술 평균은 상가 평균, 기하 평균은 상승 평균이라고도 하며, 두 개의 양 a, b에 대해 각각 $\dfrac{a+b}{2}$, $\sqrt{ab}$ 라고 표기한다. 이는 $\dfrac{a+b}{2} \geqq \sqrt{ab}$ 의 관계에 있다.

11) 히파수스(Hippasus, 기원전 5세기 전반)는 고대 그리스의 피타고라스 학도 중 한 명으로, 무리량의 발견을 외부에 누설하여 다른 사람들이 바다에 빠뜨려 죽임을 당했다는 설이 있다.

에 의해 '조화 평균(음악 평균)'이라고 개명된 세 번째 평균은 '제1항이 제2항보다 자기 자신의 얼마만큼을 초과하고, 제2항이 제3항보다 제3항의 같은 양만큼 초과하는 경우'라고 규정하고 있다. 이는 오늘날의 표기법으로 나타내면, '$a = b + \dfrac{a}{n}$, $b = c + \dfrac{c}{n}$'에 의해 '$\dfrac{a-b}{b-c} = \dfrac{a}{c}$'가 된다.

피타고라스학파에 알려져 있던 세 가지의 평균에 대해, 파포스는 기하학적 작도를 부여했다. 임의의 같지 않은 두 선분 AB와 BC가 주어졌을 때, 이들을 연결하는 선분 AC를 지름으로 하고, 그 중점 O를 중심으로 하여 반원을 그린다[그림 5].

[그림 5]

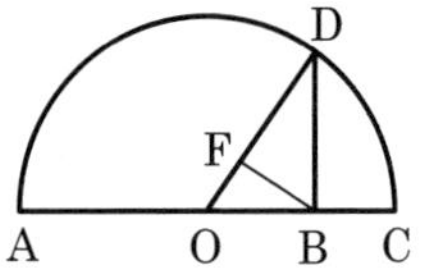

점 B에서 수직선 BD를 긋고, 점 B에서 OD에 수직선 BF를 내린다. 이때 OC는 AB, BC의 산술 평균, BD는 AB, BC의 기하 평균, DF는 AB, BC의 조화 평균이 된다.

아벨로스의 문제

《수학 집성》 제4권에서는 '구두장이의 칼(아벨로스)'이라고 불리는 흥미로운 문제를 다루고 있다.

[그림 6]과 같이 하나의 직선 AB를 같지 않은 두 부분 AC와 CB로 나누는 점 C를 찍고, AB, AC, CB를 지름으로 하는 반원이 AB와 같은 방향으로 그려졌다고 하자. 이때 세 반원으로 둘러싸인 도형(사선 부분)을 '구두장이의 칼12'라고 부른다.

아벨로스에 관한 문제는, 이미 아르키메데스의 이름으로 아라비아에 전해진《보조 정리집》의 'PN이 AB에 수직이며, 두 개의 작은 반원에 접하는 직선일 때, 아벨로스의 면적은 PN을 지름으로 하는 원의 면적과 같다'라는 명제 4에서 찾아볼 수 있다[**그림 7**].

[그림 6]   **[그림 7]**

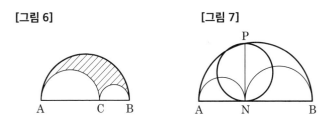

또 명제 5는 [**그림 8**]과 같이 'CD가 AB에 수직이며, 두 개의 작은 반원이 접하는 직선일 때, 아벨로스의 안에, CD의 좌우에 각각 CD와 두 반원이 접하도록 그려진 원은 같다'라는 내용이다.

파포스는 이러한 아르키메데스의 여러 명제에서 더 나아가, 다음과 같은 새로운 명제를 추가했다. [**그림 9**]에서 볼 수 있는 것처럼, 한 계열의 원이 아벨로스의 안에, 반원과 서로 접하게 그려진다고 가정

[그림 8]   **[그림 9]**

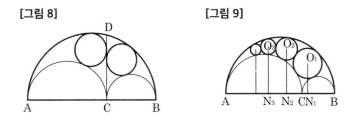

---

12) '구두장이의 칼(아벨로스)'이라고 불리는 이유는 그 모양이 구두장이가 구두를 만들 때 사용하는 칼과 닮았기 때문이다.

한다. 이때, 다음과 같이 성립한다.

'원 O_1, O_2, O_3, ……의 지름을 d_1, d_2, d_3, ……이라고 하고, 중심 O_1, O_2, O_3, ……로부터 내린 직선이 AB와 맞닿은 부분을 N_1, N_2, N_3, ……이라고 할 때, $O_1N_1=d_1$, $O_2N_2=2d_2$, $O_3N_3=3d_3$, …… $O_nN_n = nd_n$이 된다.'

준정다면체

제3장에서는 '플라톤의 입체'라고도 불리는 다섯 종류의 정다면체를 소개하고 있는데, 파포스는 《수학 집성》 제5권에서 이 정다면체를 언급하고, 나아가 다양한 종류의 정다각형으로 둘러싸여 있으며, 꼭짓점 주변도 동일한 상태가 되는 볼록다면체도 다루고 있다. 이는 오늘날 '준정다면체'라고도 불리는 입체를 의미한다.

준정다면체의 정의에 미루어 보면, [그림 10]의 예시에서 볼 수 있듯,

(1) 평행으로 놓인 두 개의 정다각형을 정사각형으로 연결한 입체

(2) 평행으로 놓인 두 개의 정다각형을 정삼각형으로 연결한 입체

도 정다면체가 된다. (1)은 '정각기둥', (2)는 '엇각기둥'이라고 부르며, 이는 무수히 많다는 것을 알 수 있다. 파포스는 아르키메데스가 정각기둥, 엇각기둥을 제외하고, 13종류의 준정다면체를 발견했다고 전하고 있으므로, 이러한 준정다면체는 '아르키메데스의 입체'라고도 부른다.

준정다면체는, 예를 들어 정다면체의 각을 잘라 얻을 수 있다. 정육면체를 예로 들면, 8개의 꼭짓점을 잘라 [그림 11]과 같은 '깎은 정

[그림 10]　　　　　　　　　　　　　[그림 11]

엇오각기둥　　　　　정육각기둥　　　　　　깎은 정육면체

육면체'라고 불리는 준정다면체를 얻을 수 있다. 깎은 정육면체에는, 꼭짓점 주변에 하나의 정삼각형과 두 개의 정팔면체가 모여 있는데, 이를 $(3, 8, 8)$이라고 쓰기로 한다. 그리고 **[그림 12]**는 13종류의 아르키메데스의 입체를 보여주고 있다. 이 가운데 깎은 정이십면체는 축

[그림 12] 아르키메데스의 입체

깎은 정사면체$(3, 6, 6)$

육팔면체$(3, 3, 4, 4)$

깎은 정팔면체$(4, 6, 6)$

깎은 정육면체$(3, 8, 8)$

마름모 육팔면체$(3, 4, 4, 4)$

깎은 육팔면체$(4, 6, 8)$

다듬은 육팔면체$(3, 3, 3, 3, 4)$

십이·이십면체$(3, 3, 5, 5)$

깎은 정십이면체$(3, 10, 10)$

깎은 정이십면체$(5, 6, 6)$

마름모 십이·이십면체$(3, 4, 4, 5)$

깎은 십이·이십면체$(4, 6, 10)$

다듬은 십이·이십면체$(3, 3, 3, 3, 5)$

구공으로 사용되고 있다.

오랜 기간 준정다면체는 13종류로 여겨졌지만, 1930년 밀러에 의해 새로운 준정다면체가 발견되었다. 그를 '밀러의 입체(Miller solid)'라고 부른다.

밀러의 입체는 아르키메데스가 빠뜨린 준정다면체로, 마름모 육팔면체와 유사하다. 마름모 육팔면체의 윗부분은 5개의 정사각형과 4개의 정삼각형으로 이루어져 있는데, 이 부분을 45도 회전시켜 만든 입체가 밀러의 입체다**[그림 13]**. 밀러의 입체도 역시 준정다면체로, 각 꼭짓점의 주변도 마름모 육팔면체와 같은 (3, 4, 4, 4)이다.

[그림 13]

마름모 육팔면체   밀러의 입체

분석과 종합

《수학 집성》 제7권은, '분석론 보전'이라고 불리는 것처럼 '분석'과 '종합'의 정의로 시작하는데, 파포스는 이에 대해 다음과 같이 서술하고 있다.

'분석이란, 찾아내려는 것이 마치 알려져 있다고 생각하고 출발하여, 분석에 의해 차례차례 나오는 결과를 통틀어 종합에 의해 인정받을 수 있는 것으로 나아가는 과정이다. 다시 말해 분석은 마치 그것이 이루어진 것처럼 가정하는 것이다. 그리고 그것이 어디에서 유래하는지 조사하고, 나아가 그에 선행하는 요인을 탐구하는 등 그렇게 되돌아봄에 따라, 마지막에 이미 알고 있던 사항 혹은 첫 번째 원리에 속하는 사항에 도달하는 것이다.

이처럼 해(解)의 앞에 있다는 의미에서, 이 방법을 〈분석〉이라고 부른다. 종합에서는 그 방법이 반대다. 분석으로 마지막에 얻어진 것을 이미 이루어졌다고 생각하고, 먼저 도출한 것을 자연적 순서로 나열하여 서로 연결한 후, 마지막에 구하는 것의 구성에 도달한다. 이것이 바로 우리가 〈종합〉이라고 부르는 것이다.'

이러한 분석 및 종합의 방법이 사용되는 사례 중 하나를 제7권 명제 108에서 볼 수 있다. 여기에서는 **[그림 14]**와 같이 '원과 원 안의 두 점인 D, E가 주어졌을 때, 원둘레 위의 점 A와 D, E를 잇고, 그 연장선과 원의 교점을 B, C라고 할 때, DE와 BC가 평행이 되도록 점 A를 찾아내는 것'을 문제로 제시하고 있다.

이에 대해 파포스는, 일단 문제를 해결했다고 가정하고 분석의 방법을 적용했다[13]. **[그림 15]**와 같이 점 A를 찍고, 그 결과 DE와

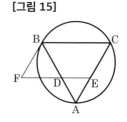

[그림 14]   [그림 15]

BC가 평행이 되었다고 가정하는 것이다.

이때 점 B에 대한 접선과 ED의 연장선의 교점을 F라고 하면, 접현 정리에 의해 ∠FBA=∠BCA가 된다. 또한 DE와 BC는 평행이므로, ∠BCA=∠FEA이다. 따라서 ∠FBA=∠FEA가 되므로 원주각 정리의 역[14]에 의해 네 점 F, B, E, A는 원둘레 위에 있다고 할 수 있다. 따라서 방멱의 정리[15]에 의해 'AD·DB=ED·DF'가 성립한다.

이와 같은 분석 결과로부터, 'AD·DB=ED·DF'가 성립하도록 점 F를 정하고[16], 점 F에서 접선을 그리면 된다는 것을 알 수 있다. 이 접점을 B라고 하고, B, D를 연결하는 것이다. 그러면 그 연장선과 원의 교점이 구하려는 점 A가 된다.

파포스의 여러 정리

파포스는 다양한 정리를 증명하였는데, 그 가운데 유명한 몇 가지 정리를 소개하려고 한다. 첫 번째는《수학 집성》제7권 명제 122에서 다루고 있는 '파포스의 중선 정리'다. 이는 [그림 16]과 같이 '삼각형 ABC에서 BC의 중점을 D라고 하면,

---

13) 이 '분석의 방법'은 오늘날, 해석적 방법이라고 불리는 경우가 많다.
14) 여기에서 원주각의 정리는 '같은 호 위에 위치한 원주각의 크기는 같다'라는 내용이다.
15) 방멱의 정리란, '원 안의 두 개의 현이 교차하면, 한쪽의 두 현의 곱은, 다른 쪽의 두 현의 곱과 같다'라는 내용이다.
16) 원과 점 D는 주어졌기 때문에, 임의의 A, B에 대해 AD·DB의 값은 일정하다.

$AB^2 + AC^2 = 2(AD^2 + BD^2)$가 성립한다'라는 내용이다. 오늘날에는 이 증명이 해석 기하학적으로 설명되는 듯하지만, 파포스의 증명은 당연히 초등 기하학에 의한 것이다.

두 번째는《수학 집성》제7권 명제 138에서 다루고 있는 '파포스의 정리'다. 이는 **[그림 17]**과 같이 '직선 AB와 CD가 평행이며, AB와 CD 위의 임의의 점을 E, F라고 한다. AF와 EC의 교차점을 H, AD와 BC의 교점을 M, ED와 BF의 교점을 K라고 한다면, H, M, K는 같은 직선 위에 있다'라는 내용이다.

이 파포스의 정리는 파스칼에 의해 발전되어, '원뿔곡선에 내접하는 6개의 변과 마주하는 변의 교점은 같은 직선 위에 있다'라는 '파스칼의 정리'의 특별한 경우로 알려져 있다.

나아가 파포스는《수학 집성》제7권에서, 후에 굴딘[17]에 의해 재발견된 '하나의 평면 도형이 그 평면 위에 있고, 그와 만나지 않는

[그림 16]

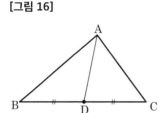

[그림 17]

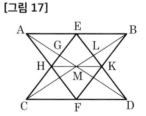

17) 폴 굴딘(Paul Guldin, 1577~1643)은 스위스의 수학자로, 로마의 클라비스(Clavius, 1537~1612)에게 수학을 배웠다. '파포스-굴딘의 정리'는 그의 주요 저서《중심에 관하여》에서 다루고 있다.

직선의 주변으로 1회전하여 만들어진 입체의 부피는, 그 평면도형의 면적과 평면도형의 중심이 그리는 원둘레의 길이의 곱과 같다'라는 정리에 대해서도 언급하고 있다. 이 정리는 오늘날 '파포스-굴딘의 정리'라고 부른다.

또한 앞에서 언급한 내용은 입체의 부피에 관한 내용이지만, 이 정리의 평면 버전으로, '임의의 선분을 평면 위로 이동할 때 만들어지는 평면도형의 면적은, 그 선분의 길이와 선분의 중점이 이동한 거리의 곱과 같다'라는 명제를 만들 수 있다.

제2장

중세 수학

1. 인도의 수학

제단의 수학

인도의 인더스강 유역에는 기원전 3000년부터 기원전 2500년경, 고도의 문명이 존재했다고 알려져 있다. 실제로 모헨조다로와 하라파에는 계획적으로 건설된 도시가 있다고 한다. 그 후 기원전 1300년경, 북쪽에서 내려온 아리아 민족의 침입으로 원주민이 예속되면서 점차 국가가 형성되었던 것이다.

인도는, 적어도 기원전 9세기경까지 아시리아와 바빌로니아와 교류했다고 전해지는데, 기원전 4세기 말경에는 알렉산드로스 대왕의 인도 침입[1]으로 그리스의 영향도 받아들인 것 같다. 또한 1세기경 중국에서 불교가 확산된 것에서도 알 수 있듯, 인도는 중국과도 교

---

1) 알렉산드로스 대왕의 인도 침입(기원전 327~기원전 325)에 의해 서쪽의 그리스, 이집트부터 동쪽의 인더스강 유역에 이르는 대제국이 건설되었다.

류하기 시작했다.

인도 수학에 관한 최초의 문헌 사료는 기원전 6세기경까지 거슬러 올라갈 수 있다. 오늘날 잘 알려진 인도에서 가장 오래된 수학서는 《술바수트라스(Sulvasutras)》[2]인데, 기원전 6세기경부터 성립되었다고 추측할 수 있다는 것 이외에 저자 등은 알려지지 않았다. 이 책에서는 제사를 지내는 장소나 제단 등의 설치에 관한 규정도 서술하고 있는데, 예를 들어 제단을 만들기 위한 수학으로 '정사각형과 직사각형의 작도', '정사각형의 한 변과 대각선의 관계', '넓이가 같은 원과 직사각형' 등 기하학적 내용이 증명 없이 기술되어 있다.

이러한 이유로 이 수학을 '제단의 수학'이라고도 부른다. 앞의 내용에서 추측할 수 있는 것처럼, 이 책에서는 $\sqrt{2}$의 근사치과 원의 면적을 계산하고 있다.

[계산 1]

$\sqrt{2}$보다 큰 제1근사치를 $\dfrac{3}{2}$이라고 한다면, $\sqrt{2}$보다 작은 근사치는 $2 \div \dfrac{3}{2} = \dfrac{4}{3}$이 되므로, 제2근사치는

$$\frac{\dfrac{3}{2} + \dfrac{4}{3}}{2} = \frac{17}{3 \cdot 4} = 1 + \frac{1}{3} + \frac{1}{3 \cdot 4}$$

가 된다[3].

---

2) 《술바수트라스》의 이름이 붙은 주요한 서적으로 《아파스탐바》, 《바우다야나》, 《카티아야나》, 《마나바》의 네 종류가 있다고 전해진다.
3) 이와 같은 제곱근의 근사치를 구하는 방법이 바빌로니아인의 방법과 동일하다는 점에서 매우 흥미롭다.

그리고 $2 \div \dfrac{17}{12} = \dfrac{24}{17}$ 이므로, 제3근사치로

$$\frac{\left(1 + \dfrac{1}{3} + \dfrac{1}{3 \cdot 4}\right) + \dfrac{24}{17}}{2} = \frac{289 + 288}{2 \cdot 3 \cdot 4 \cdot 17}$$

$$= \frac{2 \cdot 289}{2 \cdot 3 \cdot 4 \cdot 17} - \frac{1}{2 \cdot 3 \cdot 4 \cdot 17}$$

$$= \frac{17}{3 \cdot 4} - \frac{1}{2 \cdot 3 \cdot 4 \cdot 17} = 1 + \frac{1}{3} + \frac{1}{3 \cdot 4} - \frac{1}{3 \cdot 4 \cdot 34}$$

를 얻을 수 있다.

[계산 2]

[그림 1]과 같이 지름이 d인 원의 둘레를 12등분하여 8개의 등분점을 지나는 정사각형을 만들고, 그 면적이 원의 면적과 근사적으로 같다고 생각한다. 이때 정사각형의 한 변을 계산하면 $\dfrac{\sqrt{3}}{2}d$가 된다.

여기에서 $\sqrt{3}$의 근사치를 계산한다. $\sqrt{3}$보다 작은 근사치를 $\dfrac{5}{3}$라고 한다면, $\sqrt{3}$보다 큰 근사치는 $3 \div \dfrac{5}{3} = \dfrac{9}{5}$가 된다. 따라서 다음 근사치는 $\dfrac{\dfrac{5}{3} + \dfrac{9}{5}}{2} = \dfrac{26}{15}$이 된다.

따라서 정사각형의 한 변은 $\dfrac{13}{15}d$, 즉 $\left(d - \dfrac{2}{15}d\right)$가 되므로, 구하

[그림 1]

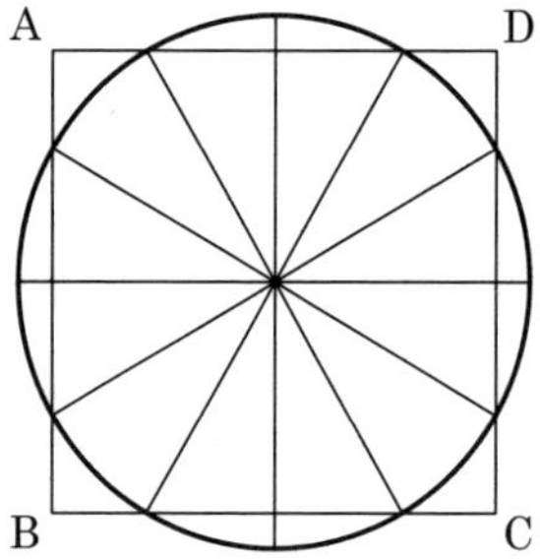

174

려는 원의 면적은 $\left(d - \dfrac{2}{15}d\right)^2$라고 할 수 있다.

$\sqrt{2}$의 근사치는

$$1 + \frac{1}{3} + \frac{1}{3}\cdot\frac{1}{4} - \frac{1}{3}\cdot\frac{1}{4}\cdot\frac{1}{34}$$

와 같이 계산되며, 원의 지름을 d라고 할 때 원의 면적은

$\left(d - \dfrac{2}{15}d\right)^2$로 구할 수 있다[4].

$\sqrt{2}$의 근사치를 구하는 계산식과 원의 면적을 구하는 계산식은 각각 [계산 1]과 [계산 2]처럼 도출된 것은 아닌지 추측되고 있다.

0의 발견

인도 수학이 최초로 사용된 것은 기원전 3세기의 아소카왕[5] 비문 이었다고 전해지는데, 당시에는 아직 자릿수의 원리에 기초하는 기법은 아니었다.

자릿수의 원리에 기초를 둔 표기는 서인도 보라티 마을에서 발견된 동판[그림 2]이 가장 오래되었다고 여겨지며, 이는 다다 3세의 증여에 관한 증서라고 볼 수 있다.

이 동판은 세디력 346년(서기 595년)에 제작되었으며, 동판의 마지막에 쓰인 세 자리, **ꙮꙮꙮ**는 '346'을 의미한다.

또한 빈자리를 나타내는 '0(영)'은 8세기 혹은 9세기의 동판에서 작은 원 형태로 볼 수 있는데, 이것은 '숫자로서의 0'이 아니라, '기

---

4) 《린드 파피루스》에 나온 원의 면적 공식인 $\left(d - \dfrac{1}{9}d\right)^2$와 유사한 꼴이라는 점에서 흥미롭다.

5) 아소카왕의 재위 기간은 기원전 268~기원전 232년경이라고 전해진다.

[그림 2]

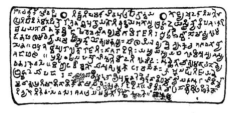

호로서의 0'이라고 봐야 한다. 기호로서의 0은 계산 대상으로 취급하지 않고, 위치 기수법에서 단순히 빈자리를 나타낼 뿐이다. 이런 의미의 0은 바빌로니아 문명이나 마야 문명 등에서도 찾아볼 수 있다[6].

그에 비해 숫자로서의 0은 수학적 연산의 대상으로 여기는 것이기에, 그 사용을 '0의 발견'이라고 해야 할 것이다. 이와 같은 의미에서의 0은 인도인에 의해 발견되었다고 할 수 있다.

빈자리를 나타내는 기호로서의 0은 작은 원 또는 점으로 나타냈는데, 이러한 기호의 사용은 6세기 중반까지 거슬러 올라갈 수 있다. 그에 비해 숫자로서의 0은, 브라마굽타[7]의 《브라마스푸타 싯단타》[8]에 0을 대상으로 하는 연산 규칙이 체계적으로 서술되어 있다는 점에서 6세기 말부터 7세기 초에 걸친 시기에 발견되었다고 할

---

6) 바빌로니아의 기호는 '(𝍨)', 마야의 기호는 '(◉)'이었다.
7) 브라마굽타(Brahmagupta, 598~660)는 인도의 수학자이자 천문학자로, 그가 집필한 천문학서로 《칸다카도야카》가 있다.
8) 《브라마스푸타 싯단타》는 총 25장으로 이루어진 책으로, 그 가운데 제12장, 제18장, 제19장, 제20장, 제21장의 다섯 개 장에서 수학을 다루고 있다.

수 있다.

고대 인도에서는 일찍이 18개의 수의 명칭을 자유롭게 구사하였
는데, 그것은 10을 기초로 한 계통적인 명수법에 따르고 있었다. 예
를 들어 인도인은 '86789325174'이란 숫자를 십진 명수법으로 '8쿠
할바스, 6파드마스, 7비알푸다스, 8코티스, 9프류타스, 3락사스, 2아
유타스, 5사하스라, 1시아타, 7다샨, 4'와 같이 읽는다.

이 방법에서는 항이 하나씩 올라갈 때마다 새로운 수의 명칭이
사용되었다. 십진법에 의해 모든 항은 반드시 규칙적으로 한 자리씩
높아지기 때문에 마지막 위치의 수 명칭까지 결정되면 숫자만 읽어
도 혼란은 발생하지 않는다.

인도에서는, 십진 명수법에 따른 각 수의 명칭이 점차 '자리'의 명
칭으로 여겨졌으므로, 자릿수 원리의 사상은 계통적인 십진 명수법
의 필연적 산물이었다고 할 수 있다. 하지만 아홉 개의 숫자 기호만
으로는 충분하지 않았기 때문에, 빈자리를 표기하기 위해 '수냐'[9]라
는 단어가 의미하는 점 ' • '이나 작은 원 ' ◦ '이 추가되었다. 0이라는
기호는, 이렇게 자릿수 원리의 완결성을 위해 발명되었던 것이다.

그러나 인도에서 0의 발견은, 바빌로니아나 마야에서의 0과는 확
실히 차이 나는 비약적 전진을 보였다. 다시 말해 빈자리 기호로서
의 0이 아닌, '숫자로서의 0'을 사유하는 새로운 단계에 도달한 것이

---

9) 수냐(śūnya)라는 단어는 '비어 있다(空)'를 의미한다.

다. 이 새로운 전환점에 위치하는 것이 바로《계산 기술》이다.

고대 세계에서 숫자 기호가 발명되었을 때도, 그 기호에 따라 계산이 이루어진 것은 아니다. 숫자 기호는 단순히 표시나 기록을 위한 수단으로서 사용된 것에 불과하며, 계산은 작은 돌이나 막대 등의 사용을 비롯해, 그로부터 발달한 주판 등의 계산기에 의해 이루어졌다[10]. 다시 말해 숫자는 원래 '기록 숫자'와 '계산 숫자'라는 두 가지 성격이 있는데, 현대의 우리들의 산용 숫자가 이 두 가지 성격을 모두 아우르는 데 비해, 고대 세계에서는 이 두 가지 성격이 분리되어 있었던 것이다.

인도의 십진 기수법에서 0 기호는, 이른바 '기록 숫자'가 아닌 '계산 숫자'의 성격이 부여되면서 '숫자로서의 0'이 확립되었다고 말할 수 있다. 다시 말해 인도에서 0이 발견된 것은, 빈자리를 표시하는 기호가 있었으며, 십진법 자릿수 표기에 의해 필산이 이루어졌다는 두 가지 요인이 있었다고 할 수 있다.

인도의 '수냐(śūnya)'라는 말이 아라비아에 전해지며 '시프르(sifr)'라고 불렸으며, 나아가 서구 세계에 전해졌다. 예를 들어 피사의 네오나르도(통칭명 피보나치)는 '제피룸(zephirum)'이라는 단어를 사용하였다. 프랑스에서는 '시프레(chiffre)'가 사용되고, 이탈리아에서는 '제로(zero)'가 탄생했는데, 영어의 '제로'는 이탈리아로부터

---

10) 바빌로니아 등에서는 지면에 위치를 나타내는 선을 긋고, 그 위에 작은 돌을 놓아 계산하는 '선 주판'이 사용되었다고 전해진다.

유래되었다고 할 수 있다.

영어의 '사이퍼(cipher)'라는 단어는 0뿐만이 아니라 모든 숫자를 '계산하다'라는 의미인데, 이는 0을 포함한 시스템 전체를 '시프르'라고 부른 아라비아의 전통에서 유래하고 있다.

아리아바타의 수학

아리아바타[11]는 499년, 수학 내용을 포함하는 천문학서를 썼는데, 이 책은 그의 이름에서 따와 《아리아바티야(Āryabhaṭīya)》라고 부른다. 총 4장으로 이루어진 《아리아바티야》 가운데 제2장에서 수학을 다루고 있는데[12], 여기에는 자릿수, 삼각형과 원의 면적, 사면체와 구의 부피, 원주율, 피타고라스의 정리, 여러 가지 수열, 이익 계산, 분수 계산, 일차 방정식, 시간과 거리, 속도의 계산, 부정 방정식 등의 다양한 내용이 포함되어 있다.

아리아바타는 삼각형의 면적 공식인 '밑변×높이÷2'에서 유추하여, 사면체의 부피 공식을 '밑면적×높이÷2'라고 하는 오류를 범하기도 했지만, 원주율의 값은 이전보다 현격히 정밀해졌으며, 등차수

---

11) 아리아바타(Aryabhata, 476~550)는 인도의 천문학자이자 수학자로, 서인도 봄베이(현재의 뭄바이)의 북동부에 위치한 아슈마카 지방에서 태어났다. 그 후 동인도의 겐지스강 하류 지역의 파탈리푸트라 마을에서 저작 활동을 했다.
12) 《아리아바티야》의 제1장에서는 천문학서에서 빠질 수 없는 수의 표, 제3장에서는 천구상의 황도에 따른 다섯 행성의 운동, 제4장에서는 구면 천문학을 논하고 있다.

아리아바타

열, 제곱수와 세제곱수의 합 등을 정확하게 구하고 있다는 점에서 그의 수학적 기술이 정확하다는 것을 알 수 있다. 지금부터 《아리아바티야》에서 원주율, 삼각법, 수열을 어떻게 다루었는지 살펴보도록 하자.

《아리아바티야》 제2장 제10절에서는, 원주율에 대해 '104에 8을 곱한 값과 62000의 합은 지름이 20000인 원의 둘레에 가깝다'라고 서술하고 있으므로, 원주율의 값은 $\frac{62832}{20000}$, 즉 3.1416으로 여겨졌다. 이 값을 3.141592……와 비교하면 굉장히 정밀한 근사치로, 고대 및 중세를 통틀어 인도 수학서에서 볼 수 있는 가장 정밀한 값이라고 할 수 있다.

아리아바타가 어떻게 이 값을 얻었는지는 분명하게 밝히고 있지 않지만, 그가 직접 원에 내접·외접하는 정다각형의 둘레 혹은 면적을 계산하여 산출했다는 설, 프톨레마이오스가 이용한 원주율의 값에서 유래했다는 설, 히파르코스의 삼각법과 함께 인도에 전해졌다는 설 등 다양한 설이 있다.

원의 면적은 '원둘레의 절반과 지름의 절반의 곱'이며, 구의 부피는 '원의 면적과 원의 면적의 제곱근의 곱'이라고 서술하고 있으므로, 원의 면적은 옳고, 구의 부피는 틀렸다고 할 수 있다[13].

---

13) 바스카라는 12세기 인도에서 구의 부피를 올바르게 구한 최초의 인물이다.

고대 그리스의 프톨레마이오스가 삼각법에 관해 〈현표〉를 완성하였는데, 아리아바타는 현 길이의 절반에 착안하여 〈반현표〉를 작성했다. 프톨레마이오스의 $\operatorname{crd} x$와의 관계로 말하자면, **[그림 3]**의 반지름이 1인 원에 대해

$$AC = \frac{1}{2}\operatorname{crd} x = \sin\frac{x}{2}$$

가 되므로 오늘날의 삼각 함수 사인(sine)에 관한 표를 작성했다고 할 수 있다.

또한 그는 기본이 되는 원의 반지름을 3438이라고 했는데, 이 값은 기본 원의 둘레를 21600으로 하고, 그를 2π로 나누어 얻은 근사치이므로, 오늘날의 1라디안[14]

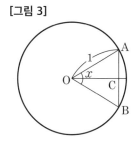

[그림 3]

에 해당한다고 할 수 있다. 아리아바타에 의한 〈반현표〉에 의하면, $\sin 60°$의 값은 0.8662가 되므로 오늘날의 값과 비교하면 소수점 셋째 자리까지 옳다는 것을 알 수 있다.

다음으로 수열에 관해 아리아바타는 등차수열의 항수나 등차수열의 합을 구하는 방법을 알고 있었으며, 거듭제곱이나 세제곱의 합도 구하고 있었다. 거듭제곱의 합에 관하여 그는 '항수와, 항

---

14) 1라디안(radian)은 원둘레 위에 반지름과 같은 길이의 호를 그렸을 때, 그 호에 대한 중심각의 크기를 말한다.

수에 1을 더한 것과, 그에 항수를 또 더한 것을 서로 곱하고, 6분의 1을 하면 그것이 거듭제곱의 합이다'라고 기록하고 있으므로 $\dfrac{n(n+1)(2n+1)}{6}$ 라는 공식을 알고 있었다고 할 수 있다. 또한 세제곱의 합은 '자연수의 합의 제곱'이라고 서술하고 있으므로, $\left\{\dfrac{n(n+1)}{2}\right\}^2$ 라는 것도 알고 있었던 것이다.

브라마굽타의 수학

브라마굽타는 628년에 천문학서 《브라마스푸타 싯단타》를 집필하였으며, 이 책에서 수학을 다루고 있다. 《브라마스푸타 싯단타》는 음수와 양수, 0에 관한 연산을 체계적으로 서술한 책으로 알려져 있으며, 제12권에서는 세 변의 길이로 삼각형의 면적을 구하는 헤론의 공식을 사각형으로 확장한 '브라마굽타의 공식'을 서술하고 있다.

브라마굽타의 공식이란, 원에 내접하는 사각형의 변의 길이를 a, b, c, d라고 할 때, $s = \dfrac{a+b+c+d}{2}$ 라고 한다면, 그 면적 S는 $S = \sqrt{(s-a)(s-b)(s-c)(s-d)}$로 구해진다는 것이다[15]. 브라마굽타의 다른 업적으로는, 피타고라스 수를 만드는 방법을

$$m, \quad \frac{1}{2}\left(\frac{m^2}{n} - n\right), \quad \frac{1}{2}\left(\frac{m^2}{n} + n\right)$$

와 같이 제시하거나, 이차 방정식을 연구하여

---

15) 원에 내접하지 않는 경우의 일반적인 사각형의 면적 S는 다음과 같은 식으로 나타낼 수 있다.
$$S = \sqrt{(s-a)(s-b)(s-c)(s-d) - abcd\cos^2\frac{A+C}{2}}$$

$ax^2 + bx = c\,(a > 0)$라는 형태의 방정식을

$$x = \frac{\sqrt{ac + \left(\frac{b}{2}\right)^2} - \frac{b}{2}}{a}$$ 와 같이 정식화한 것 등이 있다.

바스카라의 수학

중세 인도 수학의 대표적인 수학자, 바스카라[16]는 산술 및 여러 실용 계산을 주로 다룬 《릴라바티(Līlavatī)》와 음수와 양수 등의 대수를 다룬 《비자 가니타(Bijaganita)》를 집필하였는데, 후에 이 두 권은 인도 전역에 보급되었다[17]. 《릴라바티》는 바스카라의 딸의 이름을 따서 제목으로 한 작품으로, 수와 그 계산, 비례, 수열, 평면도형 등을 다루고 있는데, 비교적 간결한 문장으로 쓰였기 때문에 그 후 교과서로 하여 많은 사람에게 친숙해졌다고 한다.

한편 《비자 가니타》는 인도 수학을 집대성한 책으로, 방정식 이론이 매우 훌륭하게 체계화되어 있으며, 일원 및 다원 연립 방정식, 이차 방정식, 두 개 이상의 미지수의 곱을 포함하는 방정식 등을 다루고 있다. 그는 오늘날의 이차 방정식의 해를 구하는 공식을 처음으로 정식화하고, 음수인 해도 인정한 것으로 알려져 있다.

---

16) 바스카라(Bhāskara, 1114~1185)는 인도의 수학자이자 천문학자로, 저서 《싯단타 슈로마니(Siddhānta Śiromaṇi)》에서는 일련의 대수적 문제의 해법, 특히 존 펠(John Pell, 1611~1685)의 방정식 $ax^2 + 1 = y^2$의 정수해를 구하고 있다.

17) 이 두 권의 책 외에도 천문학서 《그라하가니타(Grahaganita)》, 《골라디야야(Golādhyāya)》가 있으며, 합계 4부로 이루어진 책이 《싯단타 슈로마니》다.

원주율의 값은 아리아바타가 $\frac{62832}{20000}$ (3.1416)로 매우 정확하게 구한 데 비해, 브라마굽타는 3을 대략적인 값('조(粗)'라고 한다), $\sqrt{10}$ 을 정밀한 값('밀(密)'이라고 한다)으로 사용하고 있다. 이러한 이유로 아리아바타의 값은 후대에 계승되지 않고 잊힌 듯하다. 하지만 원주율의 값이 바스카라에 의해 재발견된 것처럼, 그는 아리아바타의 값을 16으로 약분한 값인 $\frac{3927}{1250}$ 을 원주율의 값이라고 했다. 이 값 $\frac{3927}{1250}$ 은 바스카라의 '밀'이며, '조'의 값으로는 아르키메데스의 $\frac{22}{7}$ 이 사용되고 있다.

바스카라는 원의 면적을 '원둘레와 지름의 곱의 4분의 1', 구의 면적을 '구의 가장 큰 단면의 면적의 4배', 구의 부피를 '구의 겉넓이와 지름의 곱의 6분의 1'로 계산하고 있다. 이는 모두 옳은 계산이므로, 구의 구적법은 바스카라에 의해 처음으로 정확하게 확립되었다고 할 수 있다.

원의 면적은 [그림 4]와 같이 원을 세분화하여 반원을 서로 위아래로 맞물리게 하는 사고방식에 의해 구한 것은 아닐지 추측하고 있다.

아리아바타는 이미 피타고라스의 정리에 대해 '팔의 제곱과 가장자리의 제곱의 합은, 귀의 제곱'이라고 옳게 서술하고 있다. [그림 5]에서 볼 수 있듯 '팔'은 수평으로 놓인 변이며, '가장자리'는 수직인 변, '귀'는 빗변을 말한다[18].

바스카라는 피타고라스의 정리에 관한 다양한 문제를 풀이하고

---

18) 직각 삼각형은 '고귀 삼각형'이라고 번역되는 경우도 있다.

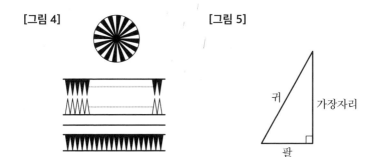

[그림 4]   [그림 5]

귀 가장자리

팔

있다. 예를 들어 '길이가 32하스타(hasta, 길이의 단위 - 역주)인 대나무가 폭풍우를 맞아 한 부분이 부러져 넘어졌는데, 그 나뭇가지가 뿌리로부터 16하스타만큼 떨어진 지점에서 지면에 닿았다고 하면, 대나무는 뿌리로부터 몇 하스타의 지점에서 잘렸을까?'라는 문제에 '12하스타'라는 답을 바르게 구하고 있다. 참고로, 1하스타는 약 48cm다.

또한 바스카라는 이전에는 다루지 않았던 등비수열의 합을 다루고 있다. 예를 들어 '어떤 사람이 동냥하는 승려에게 처음에 2 바라타카를 주고, 매일 2배씩 더 주기로 약속했다. 그는 한 달 동안 몇 니슈카를 주게 될까?'[19]라는 문제가 있다. 이는 초항이 2, 공비가 2, 항수가 30인 등비수열의 합을 구하는 문제와 같은데, 바스카라는 이 문제 또한 올바르게 풀이하고 있다.

다음으로 이차 방정식의 해법을 살펴보자. 이차 방정식은 미지수

---

19) '바라타카'와 '니슈카'는 인도의 화폐 단위로, 이외에도 '카키니', '파나', '도람마' 등이 있다. '1바라타카=20카키니=80파나=1280도람마=20480 니슈카'이다.

를 포함하는 변과, 이미 알고 있는 수로만 이루어진 변으로 정리할 수 있다. 다시 말해 $ax^2 + bx = c$ 라는 꼴로 식을 변형한다는 것이 바스카라의 해법인데, 이는 **[계산 3]** 처럼 계산할 수 있다.

브라마굽타가 이차 방정식의 해를 하나밖에 제시하지 못한 데 비해, 바스카라는 이차 방정식이 두 개의 해를 가졌다는 것을 명확하게 서술하고 있다.

[계산 3]

우선 양 변에 $4a$를 곱하여 $4a^2x^2 + 4abx = 4ac$ 라고 하고, 다음으로 양 변에 b^2을 더해 $4a^2x^2 + 4abx + b^2 = b^2 + 4ac$ 라고 한다. 그러면 $(2ax + b)^2 = b^2 + 4ac$ 가 되므로, 양 변에 제곱근을 취하면 $2ax + b = \pm\sqrt{b^2 + 4ac}$ 가 된다.

따라서 $x = \dfrac{-b \pm \sqrt{b^2 + 4ac}}{2a}$ 를 얻을 수 있다.

삼각법과 관련하여 바스카라는,《릴라바티》에서 원과 내접 다각형의 변의 길이, 호와 현의 관계 등에 대해 설명하고 있는데, 지름으로부터 현을 구하는 것에 대해서는 천문학서《골라디야야》에서 '현의 생성'에 관해 서술한다고 말하고 있으므로, 마지막으로 그 내용을 살펴보자.

바스카라는 '네 개의 기본적인 현'을 정현(sin), 여현(cos), 정시(versin), 여시(coversin)라고 했는데, 이는 **[그림 6]** 에서 각각 AB, OB, BC, DE를 가리킨다. 바스카라는 30도, 45도, 60도의 정현과

여현의 값에 대해 서술한 후, **[그림 6]**

36도의 정현값을 '반지름의

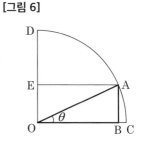

제곱에 5를 곱한 값에서, 반

지름의 제곱의 제곱에 5를 곱

한 값의 제곱근을 빼고, 그를

8로 나누어 다시 제곱근을 취

하면 36도의 정현값이다'라고 설명하고 있다.

　다시 말해 반지름을 r로 두고 식으로 나타내면,

$$r \sin 36° = \sqrt{\frac{5r^2 - \sqrt{5r^4}}{8}} = \sqrt{\frac{5 - \sqrt{5}}{8}}\, r$$ 이 되고, 이는 옳은 값이

라고 할 수 있다(이와 관련하는 내용은 제1부 제7장의 프톨레마이오스의 값

을 참고하면 좋다).

　게다가 바스카라는 오늘날의 삼각 함수의 반각 공식이나 배각 공

식, 여각 공식, 덧셈 정리 등도 옳게 구하고 있어, 이를 이용하여 1도

간격으로 90개의 정현값을 얻을 수 있다고 서술하고 있다.

2. 아라비아의 수학

그리스의 다양한 과학은 가장 먼저 이오니아 지방에서 탄생하여, 본토인 아테나이로 이동하였으며, 알렉산드리아에서 발전했다. 알렉산드리아를 중심으로 발전한 그리스 과학은 '헬레니즘 과학'이라고도 하는데, 헬레니즘 과학은 로마 제국이 동서로 분열한 뒤, 그리스어를 사용하는 동로마 제국, 즉 비잔틴 문명권으로 계승되었다[1].

헬레니즘 과학은 시리아어로 번역되어, 비잔틴 문명권에서 시리아 문명권으로 유입되었다. 이는 5세기에서 7세기에 걸친 시기에 이루어졌는데, 이를 주도한 이들은 비잔틴 제국을 물리친 이단 크리스트교[2]들이었다.

---

1) 로마제국은 395년에 동서로 분열되었다. 서로마 제국은 476년에 멸망하고, 동로마 제국은 비잔티움(콘스탄티노플로 개칭)을 수도로 하여 번영하였는데, 1453년 오스만 제국에 의해 멸망했다.
2) 여기에서는 네스토리우스파를 의미하는데, 이는 비잔틴의 그리스 정교회에서 쫓겨난 크리스트교의 이단을 가리킨다.

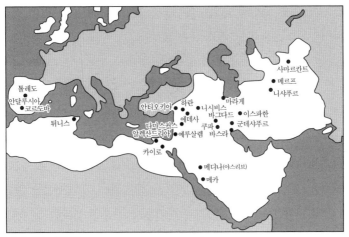

아라비아 과학권

그리고 8세기에서 9세기에 시리아의 헬레니즘 과학이 아라비아어로 번역되면서, 아라비아 문명권으로 유입되었다. 이 시기에는 시리아어로 번역하는 것이 아니라, 그리스어의 여러 문헌이 아라비아어로 직접 번역되는 경우도 있었다.

아라비아 지역에는 원래 과학이나 철학 등의 학문이 존재하지 않았기 때문에, 아라비아권의 학술 문화는 모두 외부로부터 들어왔다고 할 수 있다.

7세기 초의 아라비아에는, 알라신의 계시를 받고 예언자임을 자각한 무함마드가 등장하면서, 아라비아반도가 이슬람 종교 아래 통일되었으며, 나아가 그들이 동쪽으로 중앙아시아, 남쪽으로 아프리카 북부, 서쪽으로 이베리아반도 남부에 미치는 지역을 정복하고, 통일 왕조인 우마이야 왕조가 확립하면서 과학의 싹이 움트고 발전하게 되었다.

우마이야 왕조, 아바스 왕조로 이어지는 이슬람 제국의 성립에 의해 그리스의 다양한 과학, 특히 헬레니즘 과학이 활발하게 수입되면서, 아라비아 학술 문화가 발흥하는 시대에 도래했다.

9세기 초에는 수도 바그다드에 '지혜의 집'이라는 연구소가 설립되었는데, 도서관이나 천문대 등이 부설되면서 많은 학자와 문화인이 이곳에 모이게 되었다. 시리아어나 그리스어의 번역이 대규모로 이루어진 것은, 이 연구소와 깊은 관련이 있다.

아라비아어로 번역된 그리스의 과학 문헌은, 유클리드의 《기하학 원론》, 아르키메데스의 《구와 원기둥에 대하여》, 아폴로니오스의 《원뿔곡선론》, 프톨레마이오스의 《알마게스트》, 디오판토스의 《산수론》, 플라톤의 《티마이오스》, 아리스토텔레스의 《자연학》 등이 있다.

아라비아 수학의 내용은 크게 다섯 부분으로 이루어졌다고 할 수 있다. 그 다섯 부분은, 첫째, 인도에서 기원한 자릿수의 원리를 바탕으로 하는 산술, 둘째, 여러 지역에 기원을 두고 있지만 아라비아인에 의해 체계적으로 창조된 대수학, 셋째, 그리스와 인도에 기원을 둔 삼각법, 넷째, 그리스에서 유래한 기하학, 다섯째, 마찬가지로 그리스에서 유래한 수론이다. 지금부터 이러한 수학을 개관해 보도록 하자.

아라비아의 산술

오늘날 아라비아 수학 혹은 산용 수학이라고 불리는 수학을 사용하는 필산은 인도에서 아라비아로 전해진 것이다. 예를 들어 알 콰리즈미[3]가 저술한 산술서 《인도 수학에 의한 계산법》은 그 기원이 인도였다는 것을 보여주고 있다. 이 책의 '알고리즈미는 말했다'라고 시작하는 부분에서, 인도·아라비아의 기수법이나 산술을 알고리즘(algorithm)이라고 하게 되었으며, 그 후 산술뿐만 아니라 일반적으로 넓은 의미에서 '계산의 순서'를 알고리즘이라고 부르게 되었다고 할 수 있다.

콰리즈미는 0과 자릿수 원리에 근거하는 인도식 계산법을 숙지하고 있던 것으로 보인다. 콰리즈미는, 예를 들어 합이 10이 되면 한 자리를 위로 올리고 일의 자리에 동그라미(0)를 쓰는 이유는, 일의 자리가 비어 있으므로 십의 자리와 일의 자리를 혼동하지 않도록 하기 위해서라고 서술하고 있다.

아라비아의 곱셈법 중 하나로, 인도에서 기원한 격자 곱셈법이 있다. 예를 들어 648×72를 [계산 1]과 같이 전개하여 46656이라는 결과를 얻는 것이다. 격자 곱셈법은 중세 유럽으로 전달되어 '겔로시아 곱셈법4'이라고 불렸으며, 이는 중세 이탈리아의 《트레비소의 산술》

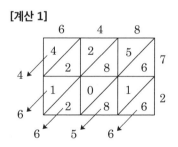

[계산 1]

---

3) 알 콰리즈미(Al-Khwarizmi, 780년경~850년경)는 우즈베키스탄 출신의 대표적인 아라비아의 수학자이자 천문학자다. 그가 남긴 여러 작품 가운데 대수학에 관련된 작품이 가장 중요하며, 그에 의해 비로소 대수학이 독립된 학문으로서 연구될 수 있었다.

4) 겔로시아(gelosia, 격자 곱셈법)의 격자는, 당시 베네치아에서 집 안의 부인들이 거리에서 보이지 않도록 창문에 설치한 것이라고 한다. 겔로시아의 본래 의미는 질투다.

(1478)에서도 찾아볼 수 있다. 또 중국의 《산법통종》(1592)에는 '사산 (寫算)' 또는 '포지금(鋪地錦)'이라는 이름으로 등장하고 있는데, 이것이 일본에 '수판셈(籌算)'이라는 이름으로 전해졌다. 오늘날 보편적으로 사용하는 곱셈은 이와 같은 계산법에서 시작되었다고 할 수 있다.

또한 나눗셈도 인도에서 기원한 [계산 2]와 같은 방법으로 이루어진다. [계산 2]는 3216÷17을 계산한 것으로, 인도에서는 189, 3, 17 이라는 세 숫자를 세로로 썼던 것 같지만, 아라비아에서는 $189\frac{3}{17}$과 같은 대분수 형태로 발명되었다.

[계산 2]

①   ②   ③   1 (몫)

  3216 (나눠지는 수)   3216   3216

    17 (나누는 수)   17   17

④   1   ⑤   1   ⑥   18

  1516   1516   1516

    17   17   17

⑦   18   ⑧   18   ⑨   189

   156   156   156

    17   17   17

⑩   189 (몫)

    3 (나머지)

   17 (나누는 수)

아라비아의 대수학

아라비아 수학이 이룬 가장 저명한 수학적 공헌은 대수학이라고 해도 좋을 것이다.

알 콰리즈미

실제로 '대수학'을 의미하는 단어인 '알제브라(algebra)'는 아라비아어에서 유래했다. 이 단어는 알 콰리즈미의 저서 《복원과 대비의 계산(al-jabr wa al-muqabala)》의 제목에서 볼 수 있는 '알 자브르(al-jabr)'에서 비롯되었다.

위의 알 콰리즈미의 책 제목에 나오는 '자브르'와 '무카바라'는 각각 '복원'과 '축소'를 의미하는데, 자브르는 음수인 항을 방정식의 다른 변으로 이항하여 모든 항을 양수로 만드는 것을, 무카바라는 방정식의 양변에 있는 동류항을 소거하는 것을 의미한다.

알 콰라즈미의 대수학서에서는 근(x), 제곱(x^2), 수(정수)라는 세 가지 수량으로 이루어진 여섯 종류의 방정식을 분류하고 있다. 이를 오늘날의 방식으로 다시 쓰면 다음과 같다[5].

$ax^2 = bx,\ ax^2 = c,\ bx = c,\ ax^2 + bx = c$

$ax^2 + c = bx,\ bx + c = ax^2$

지금부터 네 번째와 다섯 번째 방정식의 해법을 살펴보자.

$ax^2 + bx = c$의 구체적인 사례로 $x^2 + 10x = 39$를 보자. 콰리즈

---

5) 아라비아의 대수학에서는 기호를 사용하지 않고 단어로 기술하고 있다는 점에서, 네셀만이 제기한 3단계설의 '수사적 대수'에 위치한다고 할 수 있다.

미는 이를 풀이하기 위해 두 개의 그림을 사용했는데, 그중 하나가 [그림 1]이다. 이 그림에서 ABCD는 한 변이 x인 정사각형이며, DF=BE=5이다. 따라서 정사각형 AFKE는 $x^2 + 10x + 25$를 나타낸다. 문제의 식은 $x^2 + 10x = 39$이기 때문에, 양변에 25를 더하여 $x^2 + 10x + 25 = 39 + 25$라고 나타내고, 이를 $(x + 5)^2 = 64$로 변형할 수 있다. 따라서 $x + 5 = 8$이 되어, $x = 3$이라는 답을 얻을 수 있다. 단, 이때 음수인 해는 고려하지 않았다.

다음으로 $ax^2 + c = bx$의 구체적인 사례로 $x^2 + 21 = 10x$를 생각해 보자. 콰리즈미는 이를 풀이하기 위해 [그림 2]를 이용했다. [그림 2]에서는 $AB = x$, $BC = 10$인 직사각형 ABCD를 그리고 있는데, 단 여기에서는 $x < \dfrac{b}{2}$인 경우만을 가정하고 있으며, $x > \dfrac{b}{2}$일 때는 다른 그림을 사용한다. 한 변이 x인 정사각형 ABEF를 만들면, 직사

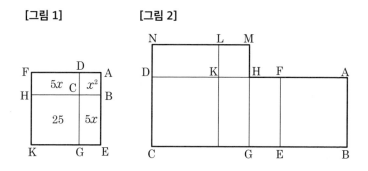

[그림 1]   [그림 2]

각형 ABCD($10x = x^2 + 21$)에서 정사각형 ABEF(x^2)를 뺀 나머지 직사각형 FECD의 면적은 21이 된다.

BC의 중점을 G라고 하고, CD를 연장하여 CN=CG=5가 되도

록 점 N을 찍어 정사각형 GCNM(면적 25)을 만든다. 또한 NM의 위에 점 L을 찍고, 한 변이 $(5-x)$인 정사각형 LMHK를 만들면, (직사각형 NLKD)=(직사각형 FEGH)이므로,

(정사각형 NMGC)=(정사각형 LMHK)+(직사각형 DFEC)

가 된다. 이에 따라 $25 = (5-x)^2 + 21$가 되어, $(5-x)^2 = 4$로부터 $x=3$이라는 답을 얻을 수 있다.

알 콰리즈미가 $ax^2 + c = bx$라는 꼴의 방정식을 풀기 위해 사용한 [그림 2]는, 유클리드《기하학 원론》제2권 명제 5의 '만약 선분을 똑같이 혹은 같지 않도록 나눈다면, 같지 않은 부분으로 둘러싸인 짧은 도형과 두 개를 구분하는 점 사이에 있는 선분으로 만든 정사각형의 합은, 원래의 선분을 절반으로 하여 만든 정사각형과 같다'의 증명에 대한 그림6과 매우 유사한데, 콰리즈미가《기하학 원론》을 참고했는지에 대한 여부는 분명하지 않다.

아라비아의 삼각법

아라비아의 삼각법은《알마게스트》에 나오는 프톨레마이오스의 이론을 기초로, 인도의 〈반현표〉(오늘날의 삼각 함수 사인에 관한 표)를 도입해 발전해 나갔다. 반현은 산스크리트어로 'jyārdha'(jyā는 현, ardha은 절반을 의미)인데, 이를 줄여 'jyā' 혹은 'jiyā'라고 부른다.

---

6)《기하학 원론》제2권 명제 5에 관한 내용은 제1부 제4장의 '기하학적 대수'를 참고하면 좋다.

이 단어가 아라비아에 전해졌을 때, 자음과 모음을 혼동하는 바람에 뇌, 골짜기, 만(灣) 등 일반적으로 '구부러진 것'을 의미하는 '자이브(jayb)'가 되었다고 한다. 그리고 유럽에서 라틴어로 번역하면서, 마찬가지로 '구부러진 것'을 의미하는 라틴어 'sinus'가 되어 결국 영어의 'sin'이 되었다.

또한 인도에서는 'cos'를 여각($90° - \theta$)의 사인, 다시 말해 $\cos\theta = \sin(90° - \theta)$라고 생각했다. 이는 '나머지 현'이라는 의미의 'kotijyā', 'kotijivā', 줄여서 'koti'라고 불렀다. 그리고 '나머지 현'이 라틴어로 'sinus complenti(채우는 각의 사인)'가 되어, 'co-sin'에서 'cos'가 되었다.

알 바타니

아라비아의 가장 위대한 천문학자로 알려진 알 바타니[7]는, 프톨레마이오스의 작품《테트라비블로스》[8]의 주석을 포함하여 여러 점성술서를 썼는데, 그의 주요 작품《별의 운동에 대하여》는 르네상스에 이르기까지 큰 영향을 미쳤다고 말해진다.

---

7) 알 바타니(al-Battani, 858~929)는 그리스 출신의 천문학자이자 수학자로, 프톨레마이오스의 작품《알마게스트》의 주역서를 집필했다.

8)《테트라비블로스(Tetrabiblos)》는 고대 점성술에 관한 대표적인 작품으로, 고대 천문학을 완성한 프톨레마이오스에 의해 집필되었으며, 중세 이후 유럽의 점성술에도 큰 영향을 주었다. 제목에서 '테트라'는 '4', '비블로스'는 '책'을 의미한다.

알 바타니는 탑의 높이(h)와 탑의 그림자 길이(x)와 관련하여, 태양의 고도(올려본 각 θ)를 찾아내는 규칙을

$$x = \frac{h\sin(90° - \theta)}{\sin\theta} = h\cot\theta$$라고 함과 동시에

[그림 3], $\cot\theta = \dfrac{\cos\theta}{\sin\theta}$의 관계를 바탕으로 코탄젠트 (cot)의 표를 작성했다.

또한 그는 일반적인 구면 삼각형의 변과 각의 관계도 이해하여, 성립하는 공식도 제시하고 있다.

[그림 3]

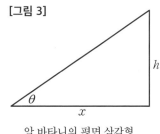

알 바타니의 평면 삼각형

바타니의 다음 시대에 등장한 알 비루니9는 다양한 분야에서 활약한 학자다. 그는 천문학 분야에서 근대 삼각법의 기초를 구축한 인물 가운데 한 명으로 알려져 있으며, 구면 삼각형에 대한 구면 사인 법칙을 증명한 인물이기도 하다.

알 비루니

〈현표〉나 〈반현표〉를 작성하기 위해서는 1도에 대한 현의 길이를 구해야 하고, 심지어 단순한 방법으로는 구할 수 없어 여러 연구가 필요했는데, 비루니는 독창적인 방법으로

---

9) 알 비루니(al-Biruni, 973~1048)는 중앙아시아 호레즘 출신의 학자로, 그의 작품《마수디의 법전》은 당시 천문학 지식을 집대성했다고 할 수 있다.

1도에 대한 현의 길이를 구했다. 바로 $\frac{1}{9}$도에 대한 현의 길이를 이용하는 방법이었다.

비루니는 $\frac{1}{9}$도에 대한 현의 길이를 구하기 위해 세 가지 방법을 이용했는데, 그중 하나는 다음과 같다. 원의 반지름을 1, $\frac{1}{18}$도(20도)에 대한 현의 길이를 x라고 한다면, $x^3 + 1 = 3x$라는 삼차 방정식이 성립하는데,10 그는 이를 풀이하여 정밀도가 높은 해의 근사치를 얻었던 것이다. 그리고 $\frac{1}{9}$도에 대한 현의 길이는, $\frac{1}{18}$도에 대한 현의 길이에 '덧셈 규칙'을 적용하여 구할 수 있다.

$\frac{1}{9}$도(40도)에 대한 현의 길이를 구할 수 있다면, $\frac{1}{10}$도(36도)에 대한 현의 길이를 이미 알고 있으므로 '뺄셈 규칙'에 의해 그 차(4도)에 대한 현의 길이를 얻을 수 있다.

아라비아에서는 정현(sin), 여현(cos), 정접(tan), 여접(cot), 정할(sec), 여할(cosec)이라는 여섯 개의 기본 삼각비를 고찰하고, 이들 사이의 기본적 관계를 확립하는 등 삼각법 분야가 활발히 연구되었다. 이에 따라 삼각법은 천문학에서 분리된 독립적인 과학의 길을 걸을 수 있게 되었다.

아라비아의 기하학

아라비아인은 대수학이나 삼각법만큼 기하학에는 흥미를 갖지

---

10) 원에 내접하는 정9각형, 정18각형의 한 변에 대응하는 중심각이 각각 40도, 20도라는 것을 이용했다.

않은 듯한데, 유클리드 《기하학 원론》의 제5공준(평행선 공준)의 증명에는 큰 관심을 가진 듯하다. 예를 들어 900년경 알 나이리지[11]는 《기하학 원론》의 주해에서 평행선 이론을 언급하고, 평행선 사이의 거리는 그에 수직인 선분에 의해 결정된다는 등의 내용을 서술하고 있다.

또한 유럽에서 알하젠이라고 불린 이븐 알 하이삼[12]은, 동일한 평면 위에서 무한히 연장했을 때, 어느 쪽에서도 교차하지 않는 두 직선으로서의 평행선을 만들기 위해, 평면 위에 주어진 직선에 일정한 길이의 선분을 수직으로 세우고, 그것이 직선 위를 움직일 때, 또 다른 하나의 끝점이 그리는 선을 연구했는데, 그 안에는 이미 제5공준을 내포하고 있다.

이븐 알 하이삼

게다가 하이삼은 세 각이 직각인 사변형에서 시작하여, 네 번째 각 또한 직각이어야만 한다는 것을 증명했다고 생각했는데, 이는 말

11) 알 나이리지(al-Nayrizi, 9세기 후반~10세기 전반)는 알 무으타디드 교왕(재위 892~902) 시대에 바그다드에서 연구에 종사한 천문학자이자 수학자로, 프톨레마이오스와 유클리드 작품의 주해서를 썼다.
12) 서구에서 '알하젠(Alhazen)'이라고 불리는 이븐 알 하이삼(Ibn-al Haitham, 965~1039)은 이라크 바스라 출신의 물리학자이자 수학자다. 그의 작품 중 가장 중요한 논문인 《광학의 서》는 시각의 생리학이나 반사, 굴절에 관한 다양한 발견을 담고 있으며, 라틴어 번역서는 중세 유럽의 광학의 발전에 큰 영향을 끼쳤다.

할 것도 없이 잘못된 것이었다.

이와 같은 사변형은, 후에 람베르트[13]가 평행선 이론에 관해 연구할 때 기초로 생각한 것과 동일하다. 하이삼은 이 잘못된 '정리'를 통해 제5공준의 성립을 증명한 것이다.

한편 오마르 하이얌은 기하학에 운동 개념을 도입하는 것에 반대하며, 하이삼을 비판했다. 하이얌은 두 변이 같고, 양변이 모두 밑변에 수직인 사변형에서 시작하여, 위에 위치한 두 꼭짓점에 대해 연구했는데, 이 사변형은 이후 제로니모 사케리[14]에 의해 연구된 사변형과 같다.

그 후 나시르 알딘 알투시, 나스레딘 등이 평행선 공준에 관해 연구하였는데, 그들은 유클리드 기하학과 다른 체계를 도출했다고 하기에는 거리가 멀고, 단지 평행선 공준을 더욱 명확한 명제를 바탕으로 증명하려고 시도했다고 할 수 있다. 그러나 이 연구 과정에서 평행선 공준과 사변형 내각의 관계, 예각 가정이나 둔각 가정 등이 고찰되었다.

평행선 공준에 관한 연구는 람베르트와 사케리의 연구를 거쳐, 19세기 전반, 로바쳅스키[15]와 보여이 부자[16]에 의한 비유클리드 기

---

13) 요한 하인리히 람베르트(Johann Heinrich Lambert, 1728~1777)는 스위스 출신의 철학자이자 수학자로, 그가 세상을 떠난 후인 1786년에 논문 〈평행선의 이론〉이 발표되었다.

14) 제로니모 사케리(Girolamo Saccheri, 1667~1733)는 이탈리아 파비아 대학의 수학 교수로, 저서 《모든 결점을 제거한 유클리드 원론(Euclides ab omninaevo vindicatus)》(1733)을 남겼다.

야노시 보여이   로바쳅스키

하학의 발견으로 전개되었다.

아라비아의 수론

아라비아에서 연구한 수론 중에는 '우애수'의 연구가 유명하다. 우애수란 220과 284처럼, 한 수의 약수의 합(단 자기 자신은 제외)이 나머지 수가 되는 한 쌍의 수를 말하는데, 실제로 자기 자신을 제외한 220의 약수의 합은,

$$1+2+4+5+10+11+20+22+44+55+110=284$$

---

15) 로바쳅스키(Lobachevskii, 1793~1856)는 러시아의 수학자로, 카잔 대학에서 공부하고 21세에 동일 대학의 수학 교수가 되었다. 〈기하학 기초에 관한 간결한 설명〉이 발표된 1826년 2월 23일을 비유클리드 기하학이 탄생한 날로 간주한다.

16) 야노시 보여이(Bolyai Janos, 1802~1860)는 헝가리의 수학자이며, 그의 아버지 퍼르커시 보여이는 수학 교수이자 시인이다. 1825년경, 비유클리드 기하학의 기본적인 사고에 도달했다고 말해지며, 아들 야노이의 연구 성과는 1832년 출판된 아버지 저작의 부록으로 발표되었다.

이며, 자기 자신을 제외한 284의 약수의 합은,

1+2+4+71+42=220

이다. 이처럼 두 수는 각각 자기 자신을 제외한 약수의 합이 상대의 수를 만들고 있다. 이와 같은 우애수의 기원은 피타고라스 시대로 거슬러 올라가는데, 이암블리코스의 주역서인 《니코마코스 수론 입문》에는 다음과 같은 이야기가 전해진다.

'왜냐하면 반대로 그들은, 다른 어떤 수들을, 여러 가지 덕과 훌륭한 성향을 그들에게 돌려보냄으로써 〈우애수〉라고 부르고 있기 때문인데, 예를 들어 284와 220이 그러하다. 피타고라스가 밝히고 있듯 이와 같은 수는 서로 우애의 로고스(이성)에 따라 그들의 각 부분을 새로 만들어낸다. 다시 말해 어떤 사람이 〈친구란 무엇인가?〉라고 질문했을 때 그가 〈또 한 사람의 나〉라고 대답한다면, 그것은 이러한 수를 가리키고 있다고 할 수 있다.'

이 이야기는 우애수와 피타고라스의 관계를 나타내는 근거가 되고 있다.

고대에 알려진 우애수는 (220, 284)뿐이었지만, 레너드 유진 딕슨의 《수론의 역사》에 의하면 9세기 아라비아 수학자인 타비트 이븐 쿠라[17]가 우애수에 관해 다음과 같은 기록을 남겼다고 한다.

'만약 $p = 3 \cdot 2^n - 1$, $q = 3 \cdot 2^{n-1} - 1$, $r = 9 \cdot 2^{2n-1} - 1$이 모두 소

---

17) 타비트 이븐 쿠라(Thabit ibn Qurra, 836~901). 아폴로니오스의 《원뿔곡선론》(전8권) 가운데 제1~7권만 현존하는데, 그중 제5~7권은 쿠라의 아라비아어 번역본만 남아 있다.

오일러 　　　　　 타비트 이븐 쿠라

수라면, $2^n pq$와 $2^n r$은 우애수다. 단, n은 2 이상의 자연수다(쿠라의 공식).'

　이러한 쿠라의 공식에서 $n=2$일 때, 우애수 (220, 284)를 얻을 수 있다. 그리고 $n=3$일 때는 우애수를 얻을 수 없으며, $n=4$일 때, 우애수 (17296, 18416)을 얻을 수 있다.

　우애수는 쿠라 이후 데카르트나 페르마[18] 등에 의해 연구되었는데, 그들이 얻은 결과는 쿠라의 공식과 값이 같다. 그 후 우애수 연구에 기존과 다른 방법을 내놓은 인물이 18세기의 오일러[19]인데, 그는

---

18) 페르마는 1636년의 메르센과의 편지에, 데카르트는 1638년의 메르센과의 편지에 각각 우애수를 구하는 일반 규칙을 담아 보냈다.

19) 오일러(Leonhard Euler, 1707~1783)는 스위스 출생으로, 역사상 가장 많은 업적을 남긴 만능 수학자로 알려져 있다. 700여 편의 논문과 45권의 저작이 있으며, 오늘날 간행 중인 전집은 완결에 목표를 두고 있지 않다고 한다. 오일러 함수, 오일러 공식, 오일러 정수, 오일러 선 등 오일러의 이름을 붙인 정리와 용어가 매우 많다.

64쌍의 우애수 일람표를 발표했다. 다만 시간이 지나고, 그 가운데 두 쌍은 오류라는 사실이 밝혀졌다. 64쌍의 우애수 가운데 가장 작은 쌍은 (2620, 2924)인데, 1866년경, 당시 16세였다는 파가니니에 의해 더 작은 우애수의 쌍 (1184, 1210)이 발견되었다. 이는 쿠라의 공식이 아닌 다른 방식으로 도출되었다.

어쨌든 쿠라의 우애수에 관한 연구 성과는 17세기의 데카르트나 페르마가 얻은 결과를 700년 이상 앞섰다고 할 수 있다.

3. 중국의 수학

유휘와 《구장산술》

중국에서 가장 오래된 수학서는, 기원전 100년부터 기원후 100년까지 약 200년 동안 여러 산학자의 편찬 보수를 통해 만들어졌다는 《구장산술》로, 그 제목이 나타내는 것처럼 다음과 같은 부제가 달린 제1권부터 제9권까지, 총 9개 부분으로 구성되어 있다. 괄호 안의 숫자는 문제의 수를 의미하고, 9권에서 총 246개의 문제를 담고 있다.

제1권 방전(方田, 38), 제2권 속미(粟米, 46), 제3권 쇠분(衰分, 20), 제4권 소광(少廣, 24), 제5권 상공(商功, 28), 제6권 균수(均輸, 28), 제7권 영부족(盈不足, 20), 제8권 방정(方程, 18), 제9권 구고(句股, 24)

제1권부터 제9권까지 각각 다루는 내용을 개관하면 다음과 같다. 제1권은 직사각형, 삼각형, 원형, 부채꼴, 활꼴 등 여러 모양의 밭 면적의 계산, 제2권은 밤, 쌀, 밀 등 곡물의 상호 교환, 제3권은 녹봉이나 수확량 등의 비례 배분, 제4권은 정사각형·원의 면적, 정육면체·직육면체·구의 부피 등, 제5권은 토목 공사와 관련된 여러 입체의 부피, 제6권은 물건을 수송할 때 발생하는 다양한 문제, 제7권은 과부족 계산, 제8권은 이원 혹은 삼원 연립 방정식, 제9권은 직각 삼각형의 변의 길이에 관한 문제를 각각 다루고 있다.

오늘날의 '방정식'이라는 용어는 제8권인 '방정'에서 유래하였으며, 제9권의 '구고'는 전쟁 전 일본에서 피타고라스의 정리를 칭하던 '구고현의 정리[1]'의 어원이 되는 단어다. 또한 제8권에서는, 정식적인 숫자로 인정되지는 않았지만, 계산 과정에서 나타나는 음수도 볼 수 있다. 분수 계산은 제1권에서 다루고 있으며, 분수의 약분에 관한 문제 6의 계산법은 유클리드《기하학 원론》제7권 명제 2의 최대공약수를 구하는 방법(서로 뺄셈법)과 같은 방법으로 설명하고 있다.

《구장산술》은 문제를 먼저 제시한 다음, 답과 계산법을 서술하는 방식을 채용하고 있는데, 다만 그 계산법을 채택한 이유에 관한 논증적 내용은 빠져 있다.《구장산술》은 제1부에서 본 고대 오리엔트의 수학 문서와 같은 형식을 채용하고 있는 것이다. 이는 고대 수학에서 공통으로 나타나는 방식이라고 할 수 있다. 또 내용 측면에서의 특징으로, 첫째, 실용성과 밀접하게 이어져 있다는 것을 알 수 있

---

1) 구고현의 정리란 피타고라스의 정리(삼평방의 정리)를 말하며, 직각을 낀 두 변 가운데 짧은 변을 '구', 긴 변을 '고', '현'을 빗변이라고 한다.

다. 이것도 관료가 정치를 집행할 때의 필요로부터 생겨난 내용이 많다. 둘째, 이론적이 아닌, 기술적인 책이다. 다시 말해 실용에 관련된 문제를 해결하는 계산 기술이 중심 과제였던 것이다.

따라서 고대 중국의 수학과 고대 그리스의 수학을 비교해 보면, 유클리드의 《기하학 원론》에서 볼 수 있는 공리적이고 연역적인 이론 체계에 근거한 기하학이, 고대 중국에는 결여되어 있다고 할 수 있다. 애초에 논증적 기하학의 결여는 고대 중국에 한정된 이야기가 아니라, 모든 지역에서 공통으로 나타난다. 다르게 말하면 전제적 국가 체제가 아닌 고대 그리스의 폴리스에서만 논증적 기하학이 탄생할 수 있었던 것이다.

《구장산술》은 전한 시대에 완성되었으며, 한나라가 망하고 위·촉·오가 세워진 삼국시대에 위나라의 수학자인 유휘[2]가 《구장산술》에 상세한 주석을 덧붙였다. 《수서(隋書)》의 〈율력지(律曆志)〉에 의하면 263년, 유휘가 주석을 달았다고 하는데, 이 책에서는 각 개별적인 주석은 생략하고, 그의 훌륭한 업적 두 가지를 소개하려고 한다.

유휘(그림 장조화)

---

2) 유휘(劉徽, 3세기)는 중국의 수학자로, 위·촉·오 시대의 위나라 인물이다. 《구장산술》에 상세하게 주석을 달고 머리글을 썼으며, 《중차(中差)》를 집필했다(이는 후에 《해도산경》이라고 불린다).

(1) 원주율의 계산

(2) 양마(陽馬, 직사각뿔의 한 종류)와 별노(鼈臑, 삼각뿔의 한 종류)의 부피

유휘가 주석을 덧붙인《구장산술》의 원주율 계산에서는, 우선 반지름이 1척(10치)인 원에 내접하는 정육각형을 비롯해, 내접하는 정12각형, 정24각형, 정48각형, 정96각형의 한 변의 길이를 구하고, 마지막으로 내접하는 정192각형의 면적을 $314\frac{64}{625}$(평방치)로 구하고 있다. 계산 결과는 **[표 1]**과 같으며, 여기에서 '사멱(差冪)'이란 면적의 차를 의미한다.

유휘는 '차례로 사멱을 추가한다'라며, '내접 정192각형의 면적에 $\frac{36}{625}$을 더한 값이 원의 면적이다'라고 서술하고 있는데, 과연 $\frac{36}{625}$라는 값은 어떻게 얻어진 것일까? **[표 1]**에서 비율이 약 $\frac{1}{4}$이라는 점에 주목하면, 내접 정96각형의 면적과 내접 정192각형의 면적의 차가 $\frac{105}{625}$라는 점에서 내접 정384각형의 면적은

$$314\frac{64}{625} + \frac{105}{625} \cdot \frac{1}{4}$$

라고 추측할 수 있으므로, 내접 정768각형의 면적은

$$314\frac{64}{625} + \frac{105}{625} \cdot \frac{1}{4} + \frac{105}{625} \cdot \left(\frac{1}{4}\right)^2$$

라고 예상할 수 있다. 따라서 '차례로 사멱을 추가한다'라는 문장이 의미하는 부분을 계산하면 **[계산 1]**과 같이 전개하여, $\frac{35}{625}$라는 값을 얻을 수 있다.

이 값 $\frac{35}{625}$를 $314\frac{64}{625}$에 더하는 것인데, 분자가 64이기 때문에 $\frac{35}{625}$의 분자를 36으로 바꾸어 $\frac{36}{625}$으로 했다고 여겨진다. 이는 미카미 요시오[3]의 추측으로, 그는 '35와 36의 차는 625분의 1치에 불

[표 1]

정다각형	면적	사멱	비율
정12각형	300		
		$\dfrac{6614}{625}$	
정24각형	$310\dfrac{364}{625}$		0.2532506
		$\dfrac{1675}{625}$	
정48각형	$313\dfrac{164}{625}$		0.2507462
		$\dfrac{420}{625}$	
정96각형	$313\dfrac{584}{625}$		0.2500000
		$\dfrac{105}{625}$	
정192각형	$314\dfrac{64}{625}$		

과하므로 매우 미세하다. 35가 아닌 36으로 하면 분수가 나누어 떨어져 25분의 4라는 간단한 꼴이 되므로 35를 36으로 바꾼 것은 아닐까?⁴'라고 서술하고 있다. 유휘가 **[계산 1]**에 근거하여 $\dfrac{36}{625}$이라는 값을 얻었다면, 그는 공비

[사진 1
미카미 요시오

3) 미카미 요시오(三上義夫, 1875~1950)는 히로시마 출신의 수학자로, 1894~1895년경부터 일본 수학사에 관심을 갖기 시작했다. 미국의 수학자 윌리엄 할스테드(1853~1922)와 정보를 주고받으며 일본 수학사에 눈을 떴으며, 1905년 본격적으로 연구에 착수했다. 그의 연구 성과는 도쿄대 교수 키쿠치 다이로쿠(1855~1917)에게 인정을 받아, 1908년 제국학사원 와산 역사 조사 촉탁으로 임명되었다. 저서로 《문화 사상으로 보는 일본의 수학_한국 미출간》(1922)이 있다.

4) 미카미 요시요의 1932년 논문 〈세키 다카카즈의 업적과 교토·오사카의 수학가 및 중국 산법과의 관계 비교〉를 참조했다.

가 $\frac{1}{4}$인 무한등비급수의 합을 구하는 방법을 이미 알고 있었다는 말이 된다.

[계산 1]

$$\frac{105}{625} \cdot \frac{1}{4} + \frac{105}{625} \cdot \left(\frac{1}{4}\right)^2 + \frac{105}{625} \cdot \left(\frac{1}{4}\right)^3 + \frac{105}{625} \cdot \left(\frac{1}{4}\right)^4 + \cdots$$

$$= \frac{105}{625}\left\{\frac{1}{4} + \left(\frac{1}{4}\right)^2 + \left(\frac{1}{4}\right)^3 + \left(\frac{1}{4}\right)^4 + \cdots\right\}$$

$$= \frac{105}{625} \cdot \frac{\dfrac{1}{4}}{1 - \dfrac{1}{4}} = \frac{105}{625} \cdot \frac{1}{3} = \frac{35}{625}$$

유휘의 계산을 계속해 보자. 그는 $314\frac{64}{625}$에 $\frac{36}{625}$을 더한 값이 원의 면적이 된다고 했으므로, $314\frac{64}{625} + \frac{36}{625} = 314\frac{100}{625} = 314\frac{4}{25}$가 되어 원주율은 3.1415가 된다. 이것이 유휘가 얻은 원주율의 값이다.

다음으로 양마와 별노의 부피를 살펴보자. **[그림 1]**과 같이 정육면체를 나누어 얻은 입체로 '참도', '양마', '별노'가 있다.

[그림 1]

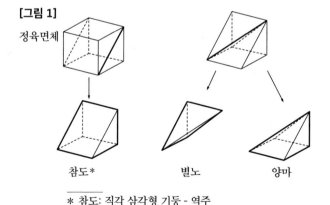

참도*   별노   양마

* 참도: 직각 삼각형 기둥 - 역주

유휘는《구장산술》제5권의 문제 15에 대한 주석에서 '별노와 양마는 1:2의 비율이 있다'라고 서술하고 있는데, 이를 수치로 결정하기 위해서는, **[그림 2]**와 같이 각 입체의 가로 너비, 길이, 높이를 반으로 점점 줄여나가며 극미(極微)에 이르는 모양을 고찰해야 한다고 말한다. 원주율 계산에서 보았던 무한등비급수의 합을 구하는 방법은 여기에서도 등장하는데, 이를 통해 당시, 극한값에 대한 개념이 존재했다는 것을 알 수 있다.

[그림 2]

조충지와 조긍지

조충지[5]는, 당나라 시대에 산학 교육과 밀접한 관련이 있는 '산경십서(수학을 배우는 사람이 봐야 할 10권의 수학서)' 가운데 가장 뛰어난 수학서였던《철술(綴術)》의 저자다.

조충지

---

5) 조충지(祖冲之, 429~500)는 중국 남조의 송·제 시대의 수학자로, 각지의 행정관으로 근무했다. 행정 사무의 여가를 이용해 천문 역법과 수학을 연구했다.

이 책은 유휘의 원주율 값을 더욱 정밀하게 계산했다고 전해지지만, 현재 남아있지 않아 그 계산법이 어떠한지는 분명하지 않다.《수서》〈율력지〉에서는 조충지가 구한 원주율의 값을 다음과 같이 기술하고 있다.

3.1415926 〈 π 〈 3.1415927

이는 소수점 일곱 번째 자리까지 정확하다는 점에서, 당시 세계에서 가장 좋은 값이었다고 할 수 있다.

또한 조충지는 원주율의 분수 표기에 대해 '약률(約率) $\frac{22}{7}$'과 '밀률(密率) $\frac{355}{113}$'을 부여했다. 약률은 고대 그리스의 아르키메데스가 사용한 근사치며, 밀률은 유럽에서 1573년이 되어서야 독일인 발렌티누스 오토(Valentinus otto, 16세기)에 의해 구해진 값이다. 유럽에서는 조충지에 비해 약 1000년이나 늦게 발견되었던 것이다.

한편 조충지의 아들 조긍지[6]는 구의 부피 공식을 올바르게 도출한 인물로 알려져 있다. 유휘의《구장산술》제4권 문제 24의 주석에서도 이미 구의 부피에 대해 언급하고 있지만, 그는 올바른 결과를 얻지 못했다.

유휘는 정육면체의 정면과 측면에서 각각 원기둥을 통과시켜, 서로 겹치는 부분으로 이루어진 입체의 고찰로 시작한다. 이 입체는

---

6) 조긍지(祖暅之, 5세기 후반~6세기 전반)는 조충지의 아들로, 수학자다. 아버지가 쓴《철술》다섯 권을 수정하고, 나아가 한 권을 더해 6권으로 만들었다고 전해진다.

[그림 3]과 같은 모양으로 '합개(合蓋)'라고 하며, [그림 4]에서 볼 수 있
듯 8개의 '둥그스름한 양마'(내기(內棊)라고 부른다)로 이루어져 있다.

[그림 3]

[그림 4]

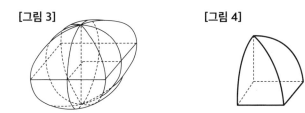

만약 최초의 정육면체(큰 정육면체)가 8개의 작은 정육면체로 이루
어졌다고 가정하자. 그러면 작은 정육면체와 그에 포함된 내기와 양
마에 유휘-조긍지의 원리(카발리에리의 원리를 의미한다)를 적용하여
구의 부피 공식을 얻을 수 있는데, 유휘는 내기와 같이 곡면을 포함
한 입체에는 유휘-조긍지의 원리를 올바르게 적용할 수 없었던 것
이다. 유휘는 본인이 주석을 덧붙인《구장산술》에서 '이에 대해 잘
설명할 수 있는 사람을 기다리기로 한다'라고 서술하고 있는데, '잘
설명할 수 있는 사람'으로 등장한 인물이 바로 조긍지였다.

작은 정육면체와 그 안에 들어있는 내기에 대한 [그림 5]를 참고하
여, 작은 정육면체의 한 변을 r이라고 하고, 높이 h에서 수평으로 잘

[그림 5]

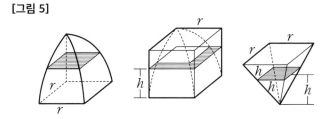

랐을 때의 절단면을 생각해 보자. 내기의 절단면의 면적은 피타고라스의 정리에 의해 $r^2 - h^2$이 된다. 또한 r^2은 정육면체 절단면의 면적이며, h^2은 정육면체와 내기의 틈에 만들어진 절단면의 면적이 된다.

그런데 작은 정육면체 안에 들어있는 양마를 생각하면, 그것을 높이 h로 잘랐을 때의 절단면의 면적은 명백히 h^2이 된다.

따라서 앞의 결과와 함께 생각하면, 작은 정육면체와 내기의 틈에 만들어진 입체와 양마는, 높이가 h로 단면적이 같게 되어, 유휘-조긍지의 원리에 의해 두 입체는 부피가 같다고 할 수 있다. 따라서,

(내기의 부피)=(작은 정육면체의 부피)-(양마의 부피)

가 된다. 조긍지는 이미 (양마의 부피)=$\frac{1}{3}$(작은 정육면체의 부피)라는 것을 알고 있었기에 (내기의 부피)=$\frac{2}{3}$(작은 정육면체의 부피)를 도출할 수 있었던 것이다. 합개는 8개의 내기로 만들어지고, (내기의 부피)=$\frac{2}{3}r^3$라는 점에서 합개의 부피는 $\frac{16}{3}r^3$가 된다는 것을 알 수 있다.

그리고 이어서 조긍지는 합개에 내접한 구를 연구했다. **[그림 6]**과 같이 정사각형 ABCD에 평행한 평면으로 합개 및 내접한 구를 자르면 **[그림 7]**과 같이 정사각형과 그에 내접한 원이 나타난다.

[그림 6]

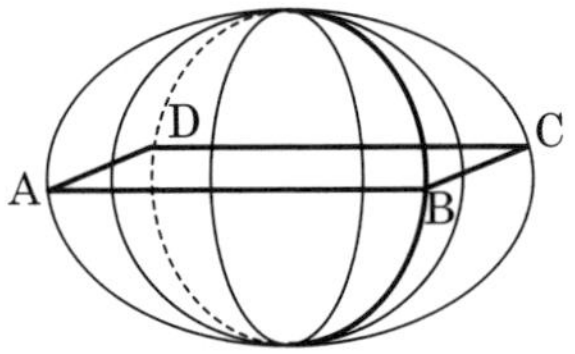

[그림 7]

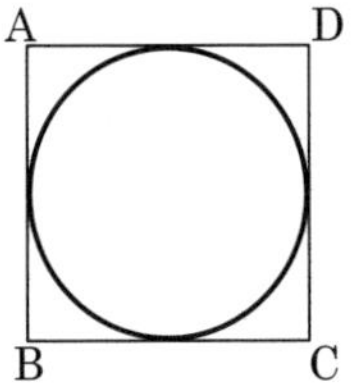

214

원주율을 약률 $\frac{22}{7}$라고 한다면, (정사각형의 면적):(내접하는 원의 면적)=14:11[7]이 되므로 (합개의 부피):(구의 부피)=14:11이라고 생각하고, (합개의 부피)=$\frac{16}{3}r^3$을 활용하여

$$(구의 부피)=\frac{16}{3}r^3 \times \frac{11}{14} = \frac{22}{7} \times \frac{4}{3}r^3 = \frac{4}{3}\pi r^3$$

이라고 조긍지는 결론을 내렸던 것이다.

'산경십서'의 성립

《구장산술》과 유휘 주석의《구장산술》(3세기) 이후, 서진·동진·남북조의 시대에 많은 수학서가 집필되었다. 4~5세기의 책으로는《손자산경》,《하후양산경》,《장구건산경》 등이 있다.

계몽적 성격의 산술 입문서인《손자산경》에는, 예를 들어 '꿩과 토끼가 같은 우리 안에 있다. 머릿수는 35, 다리 개수는 94다. 꿩과 토끼는 각각 몇 마리인가?'라는 문제를 볼 수 있는데, 이는 오늘날 '학-거북 산법(鶴龜算)'의 원형이라고 할 수 있다[8]. 또 '개수가 명확하지 않은 어떤 물건이 있다. 이것을 3개씩 세면 2개가 남고, 5개씩 세면 3개가 남으며, 7개씩 세면 2개가 남는다. 물건은 모두 몇 개일까?

답은 23개다'와 같이 오늘날의 연립 방정식 형식의 문제도 볼 수 있으며, '나이가 29인 임신부의 출산 예정 달은 9월이다. 아이의 성

---

7) '14:11'이라는 비율은 아르키메데스가 쓴《원의 측정에 관하여》문제 2에서 증명하고 있다.

8) '학-거북 계산'이라는 명칭을 최초로 사용한 문헌은 사카베 코한(坂部廣胖, 1759~1824)의《산법점찬지남록(算法点竄指南錄)》(1810)이다.

별은 남자와 여자 가운데 무엇일까? 답은 남자가 태어난다'와 같이 일반적으로 산술 문제라고 생각할 수 없는 문제도 포함되어 있다.

《장구건산경》은 남북조 시대의 수학서로, 측량이나 토목 공사에 관한 문제, 물품 교환이나 납세, 이익 등에 관한 문제 등 일반적으로 사회 문제를 많이 다루고 있다. 또 제곱 및 세제곱근 계산, 과부족 계산, 등차급수 등 이외에도 '현재 수탉 한 마리는 5전, 암탉 한 마리는 3전, 병아리 3마리는 1전이다. 100전으로 닭 100마리를 사기 위해서는 각각 몇 마리씩 사야 할까?'라는 유명한 '백계 문제'도 볼 수 있다.

《장구건산경》의 서문에서 《손자산경》이나 《하후양산경》에서 다루고 있는 문제를 언급하고 있으므로, 《손자산경》과 《하후양산경》은 《장구건산경》보다 앞서 출간된 수학서라는 것을 알 수 있다. 참고로 《하후양산경》에 대해서는 그다지 알려져 있지 않다.

6세기 후반, 북주의 견란(甄鸞)[9]이 저술한 수학서로 《오조산경》, 《오경산술》, 《수술기유》가 유명하다. 《오조산경》은 지방 행정관을 위한 응용 산술서로, 각종 도형의 면적을 구하는 문제, 부대에서의 급여 문제, 곡물의 징수와 수송, 저축에 관한 문제, 실이나 비단, 화폐를 대상으로 하는 문제 등을 다루고 있다. 또한 《오조산경》은 《예기》나 《주예》 등 고대의 경전으로 여겨지는 산술 문제에 대해 주석

---

9) 견란(甄鸞, 6세기)은 중국 남북조 시대 북조의 학자다. 불교 신자인 그는 도교를 믿지 않았기에, 불교를 선양하고 도교를 낮게 평가하는 《소도론》을 썼다.

을 덧붙인 책이다.

반면 《수술기유》는 '수판셈(珠算)'이라는 용어가 처음 등장한 문헌으로 알려져 있으며[10], 당시 사용된 주판의 모양에 대해서도 기술하고 있다. 또한 '황제가 법을 행하여, 수에 열 가지 등급과 수를 세는 세 가지 방법이 만들어졌다'라고 하는데, 여기에서 '수의 열 가지 등급'이란,

억(億), 조(兆), 경(京), 해(垓), 자(秭), 양(穰), 구(溝), 간(澗), 정(正), 재(載)

를 말하며, '수를 세는 세 가지 방법'이란 '하수(下數), 중수(中數), 상수(上數)'라는 세 가지 자리 표기법을 말한다. 하수(법)는 10배마다 단위를 올리는 방법으로, 십만을 억, 십억을 조, 십조를 경, ……이라고 나타내며, 중수(법)는 만 단위로 끊어 읽는 방법으로, 만만을 억, 만억을 조, 만조를 경, ……으로 나타낸다. 그리고 상수(법)는 제곱할 때마다 새로운 수 이름을 쓰는 방법으로, 만만을 억, 억억을 조, 조조를 경, ……이라고 한다.

또 당 초기, 산력박사라는 벼슬을 가진 수학자 왕효통[11]이 《집고산경》을 집필했는데, 이 책은 천문학 문제, 토목 공사에 관한 문제, 창고의 용적에 관한 문제, 구고현(피타고라스의 정리)의 문제의 네 종류를 포함해 총 20문제를 다루고 있다. 어느 하나 쉽지 않은 문제로,

---

10) 《수술기유》의 원문은 '주산공대사시경위삼재(珠算控帶四時経緯三才)'다.
11) 왕효통(王孝通, 6~7세기)은 중국 당나라 시대의 수학자다.

왕효통은 이전에 연구되지 않았던 문제와 미해결 문제를 탐구하여
큰 성과를 올렸다고 할 수 있다.

당나라 초기에 산학 교육이 필요해지면서 이순풍[12] 등이 10개
의 수학서를 선정하고 주석을 달아 산학 교과서로 삼았는데, 이것이
'십부산경' 혹은 '산경십서'라고 불리는 수학서로, 다음과 같다.

《구장산술》,《주비산경》,《해도산경》,《철술》,《손자산경》,《하후양
산경》,《장구건산경》,《오조산경》,《오경산술》,《집고산경》

당나라 시대에 일본과 중국이 교류하면서 대부분의 '산경십서'가
일본으로 전해졌는데, 당시 일본에서는 높은 수준의 중국 수학을 수
용하고 음미하는 분위기가 아니었기 때문에, 일본 수학이 독자적인
발전을 이루는 것은 나중의 일이었다.

타적술과 천원술

당 왕조가 멸망한 이후, 5대 10국의 시대를 거쳐 북송 정권이 탄
생하였는데, 이 시기에는 농업 생활력이 향상되고 동시에 상공업이
발달하였으며, 상업 무역도 성황을 이루었다. 이러한 사회 및 경제
의 안정과 발전 아래, 송·원 시대에는 수학도 비약적으로 발전하게
되었다.

---

12) 이순풍(李淳風, 7세기)은 중국 당나라 시대의 수학자로, 천문, 역산, 음양의
학문에 통달했다고 한다.

양휘

심괄

송·원 시대의 수학에서는 특히 대수 분야의 뛰어난 업적을 볼 수 있는데, 대표적으로 '타적술(垜積術)'과 '천원술(天元術)'이 있다. 타적술이란 수열의 합을 구하는 방법으로, 11세기의 수학자 심괄[13]을 효시로 삼고 있다. 심괄은 [그림 8]과 같이 사각뿔대 형태로 쌓인 물건의 총합을 다음과 같이 옳게 구하고 있다.

[그림 8]

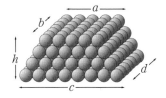

$$\frac{h}{6}\{(2b+d)a+(2d+b)c\}+\frac{h}{6}(c-a)$$

또한 심괄의 연구는 그 후의 타적 문제의 발단이 되었다. 청나라

---

13) 심괄(沈括, 1030~1094)은 중국 당나라 시대의 과학자로, 다재다능하였으며 당시 모든 학문 분야에서 중요한 업적을 남겼다고 전해진다.

의 수학자 고관광(顧觀光)은 '타적술은 양 씨와 주 씨의 두 저서에서 상세하게 다루고 있지만, 그를 창시한 공로는 단연 심 씨에게 돌려야 한다'라고 서술하고 있다. 여기에서 언급하고 있는 '양 씨'는 13세기 후반에 활약한 양휘[14]를 말하며, '주 씨'는 13세기 말부터 14세기 초에 걸쳐 활약한 수학자 주세걸[15]을 의미한다.

양휘는 《상해구장산법》(1261)에서 각종 타적 문제를 고찰하였으며, 아래와 같은 네 종류의 타적 공식을 도출했다.

(1) 방타(정사각뿔대 형태로 쌓은 경우)

$$S = a^2 + (a+1)^2 + \cdots + (b-1)^2 + b^2 = \frac{h}{3}\left(a^2 + b^2 + ab + \frac{b-a}{2}\right)$$

(2) 평방타(정사각뿔 형태로 쌓은 경우)

$$S = 1^2 + 2^2 + 3^2 + \cdots + n^2 = \frac{1}{3}n(n+1)\left(n+\frac{1}{2}\right)$$

(3) 삼각타(정삼각뿔 형태로 쌓은 경우)

$$S = 1 + 3 + 6 + \cdots + \frac{1}{2}n(n+1) = \frac{1}{6}n(n+1)(n+2)$$

(4) 과자타(사각뿔대 형태로 쌓은 경우)

$$S = ab + (a+1)(b+1) + (a+2)(b+2) + \cdots + (c-1)(d-1) + cd$$
$$= \frac{h}{6}\{(2b+d)a + (2d+b)c\} + \frac{h}{6}(c-a)$$

---

14) 양휘(楊輝, 13세기 후반)는 중국 남송 말 시대의 수학자이자 수학 교육자다. 《구장산술》은 입문자를 위한 책이 아니라고 생각하여, 상세한 해설을 덧붙이고 다시 편집하는 등 학습하는 사람의 입장을 고려하여 상세하게 설명하는 데 힘썼다.

15) 주세걸(朱世傑, 13~14세기)은 중국 원나라가 배출한 수학자이자 수학 교육자다. 그는 심괄, 양휘 등의 연구를 바탕으로 급수와 보간법의 연구를 크게 진보시켰다.

양휘는 앞에 나온 (2) 평방타의 $\sum\limits_{k=1}^{n} k^2$에서 $n=5$인 경우를 다루고 있는데, 이는 입체도형을 이용한 방법과 같다. 다시 말해 [그림 9]와 같이 1, 4, 9, 16, 25개의 정육면체로 만들어진 계단형 사각뿔 세 개를 준비하고, 그를 조합하여 [그림 10]과 같은 직육면체가 완성되는 것을 관찰하여 일반 공식 $\frac{1}{3}n(n+1)\left(n+\frac{1}{2}\right)$을 얻은 것으로 보인다. 이는 양휘의 《상해구장산법》에 나오는 내용을 통해 추측한 것이다.

[그림 9]

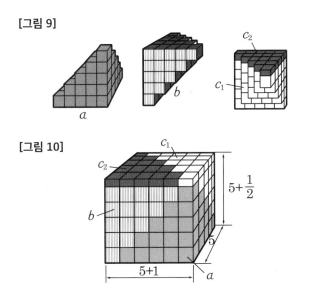

[그림 10]

또한 주세걸은 《사원옥감》(1303)에서 한층 더 복잡한 타적 문제를 다루었는데, 예를 들어 다음과 같은 일련의 삼각 타적 문제를 도출했다.

$$\sum_{k=1}^{n} k = \frac{1}{2!} n(n+1)$$

$$\sum_{k=1}^{n} \frac{1}{2!} k(k+1) = \frac{1}{3!} n(n+1)(n+2)$$

$$\sum_{k=1}^{n} \frac{1}{3!} k(k+1)(k+2) = \frac{1}{4!} n(n+1)(n+2)(n+3)$$

$$\vdots$$

그리고 다음과 같은 일반 공식을 귀납적으로 도출하고 있다.

$$\sum_{k=1}^{n} \frac{1}{p!} k(k+1)(k+2) \cdots (k+p-1)$$

$$= \frac{1}{(p+1)!} n(n+1)(n+2) \cdots (n+p)$$

다음으로 천원술에 대해 이야기해보자. 천원술은 방정식 해법을 말하는데, 이를 다룬 현재 가장 오래된 수학서는 원나라의 이야[16]가 쓴 《측원해경》(1248)이다. 이 책에는 원역(원 모양의 성곽)의 반지름을 구하는 문제가 있는데, **[그림 11]**과 같은 사차 방정식

$$-x^4 + 8640x^2 + 652320x + 4665600 = 0$$

과 **[그림 12]**와 같은 이차 방정식

$$2x^2 + 302x + 18481 = 0$$

을 다루고 있다.

중국에서는 예로부터 성냥개비와 비슷한 모양의 대나무로 만든

---

16) 이야(李冶, 1192~1279)는 중국 남송 시대의 수학자로, 다수의 책을 편찬하였지만 대부분 실전했다고 전해진다. 그가 집필한 수학서로 《익고연단(益古演段)》(1259)이 있다.

'산가지'라는 계산 도구를 사용했다. 작은 정사각형의 바둑판무늬로 나누어진 천 혹은 판자(주판이라고 부른다[17])를 만들고, 작은 정사각형

[그림 11]   **[그림 12]**

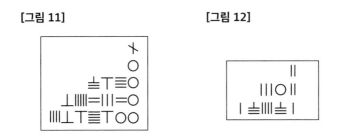

위에 산가지를 놓아 계산했다.

'算(산)'이라는 한자는 원래 '筭'을 썼는데, 이는 그 뜻처럼 '대나무(산가지)를 이용해' 계산했기 때문이나 다름없다.

산가지를 이용한 수의 표시 방법으로는 **[그림 13]**과 같이 세로식과 가로식이 있는데, **[그림 11]**에서 볼 수 있듯 두 가지가 모두 사용되었다. 정수는 빨간색, 음수는 검은색 산가지를 사용하였으며, 종이

[그림 13]

세로식	I	II	III	IIII	IIIII	T	Π	Ш	Ⅲ
가로식	一	二	三	亖	亖	⊥	⊥	⊥	⊥
	1	2	3	4	5	6	7	8	9

에 쓸 때는 음수에 사선을 붙였다. **[그림 11]**에서는 x^4의 계수가 '-1'

---

17) 한자는 '算盤(산반)'이지만, 이는 계산 도구로서의 주판은 아니다.

이므로 사선이 그어진 것이다.

천원술에서 '원(元)'은 '시작'과 같은 의미인데, 미지수를 이용하는 천원술에서는 '미지수 x를 ~라고 한다'를 '천원을 세워 ~으로 삼는다'라고 했다. 천원술이라는 용어는 이렇게 사용되기 시작했다. [그림 12]에서는 '元'이라는 글자를 볼 수 있다. 현대의 대수학 방정식에서도 '元'이라는 글자를 사용하는데, 이는 이야의《측원해경》에서 기원한 것이다.

주세걸과 정대위

주세걸의《산학계몽》(1299)과 정대위[18]의《산법통종》(1592)은, 일본 에도 시대에 발달한 수학인 와산(和算)에 큰 영향을 끼친 수학서로 알려져 있다.

《산학계몽》상중하, 세 권은 259개의 문제를 20개의 부분으로 나누어 다루고 있다. 책의 첫머리에는 '총괄'이 있고, 곱셈 구구나 수판셈의 구결(口訣, 나눗셈 구구), 도량술의 명칭과 환산 등을 볼 수 있다. 또한 대수 명칭이 '재(載)'까지 있었던《수술기유》에 비해,《산학계몽》에 이르러 처음으로

극(極), 항하사(恒河沙), 아승기(阿僧祇), 나유타(那由他), 불가사의(不可

---

18) 정대위(程大位, 1533~1606)는 중국 명나라 시대의 수학자로, 별칭은 여사(汝思)다. 소년 시절부터 다방면으로 폭넓게 독서하고, 수학에 큰 흥미를 보였다고 한다. 그의 저서《산법통종》은 출판 이래 수많은 번각판과 개편본이 간행되면서, 오랜 시간에 걸쳐 수판셈 학습의 입문서로 여겨졌다.

思議), 무량수(無量數)

라는 여섯 개의 명칭이 추가[19]되었다. 나아가 소수를 가리키는 명칭도

분(分), 리(釐), 모(毫), 사(絲), 홀(忽), 미(微), 섬(纖), 사(沙), 진(塵), 애(埃), 묘(渺), 막(漠), 모호(模糊), 준순(浚巡), 수유(須臾), 순식(瞬息), 탄지(彈指), 찰나(刹那), 육덕(六德), 허공(虛空), 청정(清淨)

과 같이 제시했다.

12세기에 태어나, 이야에 의해 정리된 천원술을 발전시킨 주세걸은 《산학계몽》에서 천원술로 27개의 문제를 풀고 있다. 또 《산학계몽》은 양수와 음수의 곱셈 규칙에 관해 기술하고 있으며, 중국에서 가장 오래된 수학서로 여겨진다.

또한 주세걸은 《사원옥감》(전 3권)을 저술하고, 천원술에 대해 미지수가 세 개, 네 개인 다원고차연립방정식의 해법으로까지 확장시켰는데, 이 기술을 오늘날 '사원술(四元術)'이라고 부른다. 《사원옥감》에서는 288개의 문제를 24개의 부문으로 나누어 다루고 있는데, 그 가운데 이원, 삼원, 사원의 고차연립방정식에 관한 문제는 각각 36개, 13개, 7개다.

또한 《사원옥감》에는, 17세기 프랑스의 파스칼의 이름을 딴 '파스칼의 삼각형'이 그려져 있는 것으로도 유명하다. $(a + b)^0$ 부터

---

19) 항하사 등은 불교 용어에서 차용했다고 전해지며, 일본 와산서에서는 '무량수'를 '무량대수'로 표현하고 있다.

[그림 14]

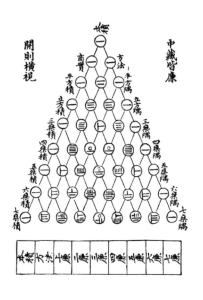

$(a+b)^8$까지의 전개식의 계수가 **[그림 14]**에 표시되어 있다.

14세기 초부터 16세기 말까지의 약 300년 동안 (대부분 명나라 시대), 중국은 모든 분야에서 생산력이 크게 향상되었다. 그중 수학 분야에서는, 높은 수준의 이론적 연구보다 일상에서의 응용 산술 및 수판셈 산법이 보급되고, 그의 구결화가 진행되었다. 이는 당시 상업 분야 등에서 생겨난 사회적 수요와 밀접한 관계가 있다고 생각할 수 있다. 이와 같은 배경에서 명나라 시대의 정대위가 집필한 《산법통종》(전 17권)은, 당시 가장 널리 보급된 수학서로, 이 책에서는 **[그림 15]**와 같은 주판의 그림을 볼 수 있다.

《산법통종》의 내용으로, 제1권과 제2권에서는 수학 어휘의 해설, 대수·소수와 도량술 단위, 수판셈 구결 등, 제3권부터 제12권까지는 응용문제와 그 해법, 제13권부터 제16권까지는 어려운 문제의 모음, 제17권에서는 다양한 해법 등을 다루고 있는데, 오랜 기간 수판셈 학습의 입문서로 사용되었다는 것을 알 수 있다. 상업 무역이 발전한 명나라 시대에는 수판셈이 넓게 보급되었는데, 이는 고도의 수학 이론보다 매일 사용하는 응용 산술을 더 중요하게 생각한 결과라고 할 수 있다.

[그림 15]

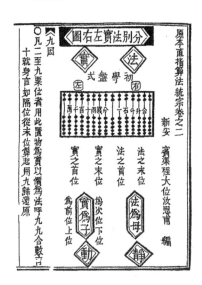

수판셈의 보급은 명나라 시대의 가장 큰 특징이라고 할 수 있으며, 《산법통종》을 비롯해 명나라 시대 대부분의 주산서가 일본으로 유입되었으며, 겐키·덴쇼 시대[20]에는 주판이 일본에 유래되었다고 전해진다.

에도 시대를 통틀어 베스트셀러가 된 와산서 《진겁기》를 쓴 요시다 미쓰요시는 《산법통종》을 본보기로 삼아 수학을 공부했던 것[21]이다.

---

20) 겐키(元龜) 시대는 1570~1573년, 덴쇼(天正) 시대는 1573~1592년을 가리킨다.

21) 간에이 8년(1631)에 출간된 《진겁기》의 후기에는 다음과 같은 문장이 있다. '산수의 시대에 놓이니, 정말로 얻기 힘들고, 버리기 어려운 것은 이런 일이다. 그렇지만 대대로 길이 쇠퇴하여, 세상에 이름 있는 자가 적다. 그러나 나는 운 좋게 어떤 스승에게 여사의 책을 받아, 그것을 옷과 장신구로 삼고 영수(領袖)로서, 그 십이를 얻었다.'
여기에서 등장하는 '여사의 책'이란 《산법통종》을 말하며, 요시다 미쓰요시가 이 책을 본보기로 삼아 수학을 공부했다는 것을 알 수 있다.

4. 일본의 수학

중국 수학의 유입과 주판[1]의 전래

일본은 두 시기에 걸쳐 중국의 수학이 유입되었다. 제1기는 아즈카 시대부터 나라 시대에 중국 수나라와 당나라로부터 수학이 유입된 시기로, 당나라에서는 '산학관'을 설치하고, 당 및 이전의 수학서 10종을 산학관의 교과서로 지정했다. 이러한 책을 통틀어 '산경십서' 또는 '십부산경'이라고 하는데, 그 대부분이 일본에 유입되었다. 그러나 당시 일본은 수준 높은 중국 수학을 받아들일 분위기가 갖추어지지 않았으며, 일본 수학의 독자적인 발전은 제2기의 유입 이후에 이루어졌다.

제2기는 무로마치 시대 말기부터 아즈치모모야마 시대에 걸쳐

---

1) '算盤(산반)'이라는 단어는 계산 도구로서의 '주판(소로반)'의 의미 이외에도 산가지를 놓은 천이나 판 등을 의미하기도 한다. 여기에서는 전자의 의미로 사용되었다.

이루어졌는데, 이때는 중국 원나라와 명나라의 수학이 전해졌다. 제1기에 '곱셈 구구'와 '산목(산가지)'2이 수입되었고, 제2기에는 '나눗셈 구구'와 '주판'이 유입되었다. 그리고 주세걸의 《산학계몽》이나 정대위의 《산법통종》 등도 이 시기에 들어왔다고 여겨진다.

일본의 주판은 중국에서 들어온 중국식 주판을 일본인이 개량한 것이다. 주판을 언급하는 중국 최초의 책은 《산술기유》지만, 현재의 중국식 주판이 가장 처음 등장한 책은 1371년에 출간된 《괴본대상사언잡자》다[그림 1]. 이 책은 그림을 보고 글자를 기억하는, 세계에서 가장 오래된 책이라고 전해진다.

[그림 1]

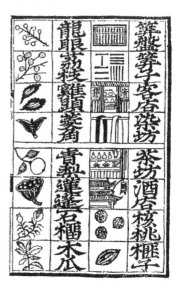

여기에서 보면 알 수 있듯 중국식 주판의 윗줄에는 5를 의미하는 구슬이 2개, 아랫줄에는 1을 나타내는 구슬이 5개 있다. 정대위의 《산법통종》에서도 5를 의미하는 구슬이 2개, 1을 의미하는 구슬이 1개였다. 그래

---

2) 산가지란 주로 대나무를 이용해 성냥개비 모양으로 만든 것으로, 칸을 나눈 천이나 판판 위에 놓아 계산하는 도구를 말한다.

서 중국식 주판은 전부 15가 되어, 여기에 1을 더하면 단위가 하나 올라가게 된다. 이는 고대 중국에서 무게의 단위가 '1근=16량'이었다는 것으로 유래한다고 말할 수 있다.

일본에 주판이 전해진 것은 겐키·덴쇼 시대(1570~1592)라고 한다. 왜구[3]의 피해에 시달리던 중국인은 일본과 일본인을 이해하기 위해 《일본고》를 작성했는데, 거기에는 주판에 관해 '籌盤 所大盤 そおはん(주판 소대반 소한)'이라고 쓰여 있다. 그리고 《일본고》를 바탕으로 한 《일본풍토기》가 1573년부터 1580년 사이에 쓰였다고 추측되므로, 주판은 겐키·덴쇼 시대에 일본에 전래했다고 생각할 수 있다. 또한 [그림 2]의 주판은 분로쿠의 역(1592, 임진왜란)[4] 당시, 마에다 토시이에가 히젠 나고야의 진중에서 사용했다고 전해지므로, 1590년 무렵에는 이미 일본에서 주판이 사용되었다는 것을 알 수 있다.

이 주판은 세로가 약 7cm, 가로가 약 13cm인 작은 주판으로, 가름대는 구리, 구슬은 짐승의 뼈로 만들어졌다. 그런데 중국식 주판과 일본식 주판을 비교하면, 구슬 모양에 차이가 있는 것을 볼 수 있다. 마에다의 소형 주판을 보면 알 수 있듯 구슬이 약간 각진 모양으로, 중국에서 만들어진 것이 아니라고 예상할 수 있다. 게다가 구슬

---

3) 왜구는 한반도나 중국 대륙의 연안 반도에서 약탈 등을 행한 해적(일본인)을 말한다.

4) 분로쿠의 역(임진왜란)이란 1592년, 도요토미 히데요시의 한반도 침략 전쟁을 가리킨다. 15만 여의 군대를 보냈다고 전해진다. 1597년에도 마찬가지로 한반도를 침략했는데, 이는 '게이초의 역(정유재란)'이라고 부른다.

하나하나의 크기가 일정하지 않다는 점에서 당시 주판은 대량 생산이 아닌, 하나씩 조각하여 제작되었다고 할 수 있는데, 아마 목수가 중국식 주판

[그림 2]

을 모방하여 정이나 대패로 만들었을 것이라고 추측하고 있다.

마에다의 주판은 구슬이 중국식과 같이 5를 나타내는 윗 구슬이 2개, 1을 나타내는 아래 구슬이 5개인데, 나중에 윗줄에 5를 나타내는 구슬이 1개, 아랫줄에 1을 나타내는 구슬이 4개인 일본식 주판이 만들어졌다. 그리고 오늘날과 같이 5를 나타내는 구슬이 1개, 1을 나타내는 구슬이 4개인 주판이 학교 교육에서 권장된 것은 무려 1920년대 이후의 이야기다[5].

현재 남아있는 일본 최고(最古)의 주판은 마에다 가문이 소장한 주판으로 알려져 있었는데, 2014년 오사카에서 그보다 더 이전에 만들었다고 추정되는 주판이 발견되었다. 그 주판은 도요토미 히데요시를 섬겼던 군사, 구로다 칸베에의 가신단 '구로다24기' 중 한 명인 히사노 시게카쓰가, 하카타 마을 구획의 공로를 인정받아 도요토미 히데요시에게 포상으로 받았던 것으로, '배령 주판'이라고 부른

5) 1935년부터 사용된 《심상소학산술》의 제4학년에 도입되었다. 당시 일본 문부성(한국의 교육부-역주)의 도서 감수관이었던 시오노 나오미치의 의견이었다.

다[그림 3].

이 주판은 조형이 매우 뛰어나, 실용품이 아닌 예술품으로 제작

[그림 3]

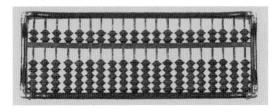

되었다고 추측된다. 이 배령 주판은 히사노 가문이 소장한 고문서인 유서를 보더라도 일본에서 현존하는, 가장 오래된 주판이라고 할 수 있다[6].

다음으로 일본어로 주판을 의미하는 '소로반'이라는 이름의 유래에 대해 알아보자. 이에 대해서는 다양한 설이 존재한다.

예를 들어 '算盤(산반)'이라는 한자가 구슬을 갖추고 있다는 의미의 '揃盤(소로반)'로 되고, 최종적으로 'ソロバン(소로반)'이 되었다거나, 구슬을 나타내는 한자인 '珠盤' 또는 숫자의 의미를 내포하는 '數盤'에서 와전되었다는 설이 있다. 그러나 원산지인 중국에서는 주로 '算盤'이라는 한자를 사용했는데, 그 중국식 발음이 '스완판(swan-pan)' 또는 '수안판(suan-pan)'이었기에 '소안반'이 '소루반'으로, 그

---

6) 배령 주판의 발견은 전국 주산 교육 연맹이 발행하는 〈전국 주산 신문〉(제 608호, 2014년 11월 1일)에 보도되었다.

리고 '소로반'으로 변화했다는 설이 가장 유력하다.

나눗셈 천하제일, 모리 시게요시

모리 시게요시7에 관해 생몰년 등 자세한 정보는 알려지지는 않지만, 그는 저자명이 판명된 책 가운데 일본 최초의 수학서인《할산서》(1662)를 쓴 인물이다8.《할산서》의 머리글에서, 원래는 '셋쓰국 무고군 가와라바야시'9의 주민이었지만, 에도시대 겐나 2년(1662)에는 교토에 거주하며 '나눗셈 천하제일'을 자처했다는 것을 알 수 있다. 또한 요시다 미쓰요시도, 그 일원인 스미노쿠라 가문의 계통도인 〈스미노쿠라 원류 계통도 원고〉에 '리쿠요 니조교고쿠 근처에서 거주하면서, 나눗셈 천하제일의 지도에 금액을 지불했다'라고 기록했다는 점에서 모리 시게요시가 교토 니조교고쿠 주변에서 학원을 열고 주판을 지도했다는 것을 알 수 있다[그림 1].

오늘날 교토에는 '니조교고쿠'라는 지명은 존재하지 않는다. '니조'는 '니조도리'를 가리키고, '교고쿠'는 '수도의 끝'이라는 뜻에서

---

7) 모리 시게요시(毛利重能, 16세기 말~17세기 초)는 니시노미야 출신으로, 일본에서 수판셈의 시조라고도 불린다.《할산서》이외에도《할산극의》,《비전서》등을 저술했다고 전해지나, 현재 남아있지 않는다.

8)《할산서》란 제목은 통칭이며, 본래 고유의 책 제목이 존재했는지의 여부는 정확하지 않다.《할산서》이전에 간행된《산용기》(1600경)가 일본 최초의 수학서로 여겨진다.

9) 셋쓰국 무고군(攝津國武庫郡)은 오늘날 니시노미야의 동쪽, 고시엔 부근을 가리킨다. 가와라바야시(瓦林)는 오늘날의 쿠마노마치로, 쿠마노신사의 경내에 모리 시게요시의 현창비(비석)가 건립되어 있다.

교토의 가장 끝을 의미한다. 니조도리는 동서로 나 있는 거리로, 그와 교차하는 교고쿠도리는 남북을 잇는 길이라고 할 수 있다.

오늘날 교토에는 '니시교고쿠'라는 이름은 있어도, '히가시교고쿠'라는 이름은 없다. 마을 중심부에 '교고쿠'라는 번화가가 있는데, 이곳은 '신교고쿠'라고 불리다가 메이지 말기에 묘지와 빈 땅을 정리하면서 상점들이 들어서기 시작했다. 처음에 이곳에서 포장마차 가게들이 모여 출발하여, 오늘날과 같은 북적이는 거리가 되었다.

오늘날의 니시교고쿠는 거리의 이름이 아닌, 마을의 서쪽 일대의 넓은 지역을 가리키는 말이다. 이 지역의 서쪽 끝에는 '스미노쿠라마치'가 아직도 남아있다. 이 마을은《진겁기》의 저자 요시다 미쓰요시의 종파인 스미노쿠라 가문의 걸물, 스미노쿠라 료이10와 깊은 관련이 있는 마을이다.

스미노쿠라 료이는 사가아라시야마의 서북에 위치한 암석과 암석의 산협을 흐르는 호즈가와(保津川)를 파고, 바위를 깨 폭을 넓혀

---

10) 스미노쿠라 료이(角倉了以, 1554~1614)는 아츠지모모야마 시대부터 에도 시대에 걸쳐, 배를 이용한 무역이나 하천 토목 공사 등으로 활약한 뛰어난 거상이다. 교토시의 부유한 상업 가문에서 태어나, 에도 막부의 명으로 오늘날의 베트남 지역과 무역을 진행했다. 그렇게 얻은 막대한 이익으로, 53세 때 반년 남짓한 기간 동안 오이가와(호즈가와 하류)를 개착하고, 이어 후지가와에서도 공사를 진행했다. 가모가와에 병행하여 교토에서 후시미에 이르는 좁은 운하를 파고, 그를 통해 요도가와를 잇는 수상 교통로를 열었다. 그에 따라 오사카까지 물건을 운반하는 배가 활발히 지나다닐 수 있게 되었는데, 이 운하가 다카세가와다.

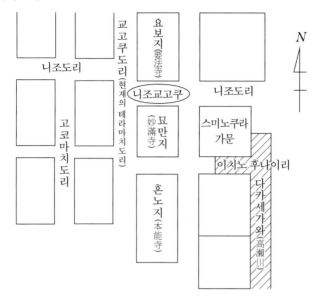

[지도 1]

물을 흐르게 하여, 배나 뗏목이 지나다닐 수 있게 했다.

그리고 이를 이용하여 탄바·탄고·산인의 산물이나 목재를 대량으로 수송하고, 야마시로국(교토)에 가지고 들어왔다. 그 뱃짐을 푸는 장소가 바로 스미노쿠라마치의 근처였던 것이다. 말의 등이나 사람의 어깨에 짊어지고 탄바와 야마시로의 경계인 오이노사카토게를 넘어 운반해야 했던 물자를, 호즈가와를 이용해 대량으로 운반할 수 있게 되면서 마을의 물가가 크게 떨어지고 안정되었다.

스미노쿠라마치에 내렸던 물자는 교토의 마을 안으로 운반되어, 빠르게 판매되었다. 짐을 내린 지역과 소비 지역이 가까웠기 때문에 니시교고쿠는 물자가 지나다니는 길로 이용될 뿐, 상거래를 하는 장소로서 기능할 필요는 없었다. 그래서 이 지역은 인가나 인구가 많지 않았는데, 이런 점에서 모리 시게요시가 학원을 열었던 '니조교고쿠'는 오늘날의 '니시교고쿠'가 아니라고 추측할 수 있다.

다음으로 '히가시교고쿠'를 살펴보자. 니조도리의 동쪽 끝은, 무로마치 말기에 가모가와(鴨川)가 시작되는 곳이었는데, 남북으로 이어지는 강줄기를 실제로 '교고쿠도리'라고 불렀다. 교토 지역을 관리하라는 오다 노부나가의 명을 받은 도요토미 히데요시에 의해 이 거리에 의도적으로, 그리고 빠른 속도로 수많은 절이 들어서게 되면서 사원의 거리가 만들어졌다. 그에 의해 '교고쿠도리'는 '테라마치도리'로 개명되어 오늘날에 이르렀다. 현재의 테라마치 이마데가와(今出川)를 따라 조금 내려가면, 유카와 히데키 박사[11]가 어렸을 적 다녔던 '교고쿠 초등학교'가 있다. 테라마치도리를 제멋대로 교고쿠도리로 불렀던 흔적이라고 할 수 있다.

교토에는 두 거리의 이름을 이용해 마을의 위치를 나타내는 관습이 있는데, 이때 해당 건물이 있는 거리의 이름을 앞에 붙인다. 이에 따라 모리 시게요시의 학원이 '니조교고쿠'였다는 것은 니조도리와 맞닿은 위치에 학원이 있었기 때문이라고 생각할 수 있다. 다만 니조도리의 북쪽인지, 남쪽인지는 분명하지 않다.

모리 시게요시의《할산서》의 '토지 측량을 위한 계산(檢地算)'의 항

---

11) 유카와 히데키(湯川秀樹, 1907~1981)는 일본의 물리학자로, 1949년 중간자론으로 일본에서 최초로 노벨 물리학상을 받았다. 일본의 소립자 물리학 분야의 지도적 역할을 했다.

목에서는 면적을 구하는 방법에 관해 '다양한 모양이 있다. 어떠한 것도 사각이 되도록 견적을 내고, 나온 곳은 빼고, 들어간 곳은 평평하게 한다'라고 하고 있다. 다시 말해 불규칙한 모양의 토지 면적은 울퉁불퉁한 면을 제거하여 고르게 하고, 직사각형으로 줄을 쳐, 그 직사각형의 면적을 토지 면적으로 하는 방법을 사용한 것이다. 이 방법은 이후 수학서에 나오는 방법과 비교해 확실히 뒤처진 방법이라는 것을 알 수 있으므로, 《할산서》는 일본의 옛 수학을 정리한 책이라고 말할 수 있다.

계속해서 《할산서》의 일부를 소개하면 다음과 같다.

(1) 팔산견일 등의 '와리고에'

'팔산(八算)'이란 한 행으로 나누는 나눗셈의 '와리고에(割リ声, 주판으로 나눗셈을 할 때의 외우는 소리 - 역주)'다. 1로 나누는 것은 생략하고, 2부터 9까지 8종류의 나눗셈이 있다. 그리고 '견일(見一)'이란 10~19, '견이'는 20~29, '견삼'은 '30~39' 등으로 나눌 때의 와리고에를 의미한다.

(2) 실과 솜의 무게와 대금

'실과 솜 8관 350메[12]의 대금이 1관 750메일 때, 실과 솜 535돈의 대금은?'이라는 문제를 볼 수 있다.(전자의 '관, 메'는 무게의 단위

---

12) '메(目)'는 '돈(匁)'을 의미한다. 주앙 호드리게스(1561~1634)의 《일본대문전》(1604~1608)에는 '일의 단위 숫자가 0일 때는 〈돈〉이라 하지 않고 〈메〉라고 한다'라는 내용이 적혀있다.

이며, 후자의 '관, 메'는 에도 시대의 화폐의 단위를 의미한다. - 역주)

(3) 직육면체 모양 그릇의 부피: 가로×세로×높이

(4) 원기둥 모양 그릇의 부피: (지름)^2×(높이)×0.8, 여기에서 '0.8'은 $\frac{\pi}{4} = \frac{3.16}{4} = 0.79$로, 약 0.8이라고 하였다[13].

(5) 정삼각기둥 모양 그릇의 부피: 정삼각형의 한 변을 a라고 할 때, 정삼각기둥의 밑면적은 $0.43a^2$이 된다. 원래는 $\frac{\sqrt{3}}{4}a^2$이므로 $\sqrt{3} = 0.43 \times 4 = 1.72$이 된다.

(6) 구의 부피

구의 가장 큰 단면의 원둘레를 4로 나누고, 그를 세제곱한다.

지름이 1척인 구의 부피를 50이라고 하고, 그를 '대략적인 계산'이라고 칭한다. 게다가 '상세한 계산'은 '사십구삼분삼모구사(四十九三分三毛九絲)'가 되므로 '49.3039'가 된다.

(7) 금과 은의 환전 계산

(8) 대금의 이자 계산

(9) 목수의 임금 계산

(10) 쌀 매매에 관한 계산

'은 10돈이 쌀 3두 5되라고 할 때, 쌀 153석 5두는 은 몇 돈이 되는가?'라는 문제를 볼 수 있다.

(11) 토지 측량의 문제(삼각형, 사각형, 원 모양 토지의 면적)

(12) 일본식 측량술

___

13) $\frac{\pi}{4}$의 값을 '원적률'이라고 한다. π=3.14라고 하면 $\frac{\pi}{4}$=0.785가 된다.

이와 같은 내용을 보면 알 수 있듯 이 책은 이론적 이야기가 아닌, 주로 세상의 실용에 이바지할 목적으로 편찬된 책이라고 생각할 수 있다. 따라서 자연스럽게 세상을 반영하고 있다는 것을 알 수 있다.

모리 시게요시에게는 《수해록(豎亥錄)》의 저자인 이마무라 도모아키14,《진겁기》의 저자인 요시다 미쓰요시, 그리고 다카하라 요시타네15라는 뛰어난 세 명의 제자가 있었다. 이마무라 도모아키의 문하에서는, 원주율을 3.14로 한 《산조(算俎)》의 저자 무라마쓰 시게키요16, 나카니시파의 시초인 나카니시 마사요시17 등이 있으며, 요시다 미쓰요시의 문하에서는, 교토의 도호쿠지(東福寺)에서 주세걸의 산학서 《산학통종》을 발견하고 한자에 훈점을 찍은 히사다 겐데쓰, 그리고 그 책을 출판한 하지 도운 등이 있다. 다카하라 요시타네의 문하에서는 《산법궐의초(算法闕疑抄)》의 저자 이소무라 요시노리 등이 배출

---

14) 이마무라 도모아키(今村知商, 17세기 중반)는 《수해록》(1639)의 서문에서 가와치노국(오사카 동부) 출신이라는 것을 알 수 있다. 그는 1640년 《인귀산가》를 출간했다.

15) 다카하라 요시타네(高原吉種, 17세기)는 세키 다카카즈의 제자로 알려져 있지만, 그렇지 않다는 설도 있다.

16) 무라마쓰 시게키요(村松茂清, 1608경~1695)는 반슈아코 지역의 아사노 다쿠미카미를 섬겼다. 그의 양자인 히데나오와 그의 아들인 다카나오는 아코 사건(에도 시대 중엽, 낭사들이 일부 가문을 호위하는 무사들을 집단 살해한 사건-역주)에 가담한 47명 중에도 이름을 올렸다. 그는 1663년 《산조》를 간행했다.

17) 나카니시 마사요시(中西正好, 17세기 후반)는 이케다 마사오키의 제자로, 에도 고지마치에 거주하였으며, 아라키 무라히데에게 천원술을 배우고, 나카니시류를 설립했다고 전해진다. 나카니시류는 간사이 지역과 센다이에 전해졌다.

되었다.

[그림 4-1]은 모리 시게요시를 시초로 하는 초기 와산가의 계보로, 여기에서 와산의 주류파를 형성한 세키 다카카즈와 다카하라 요시타네는 점선으로 이어져 있다. 원래 세키 다카카즈는 다카하라 요시타네의 뛰어난 제자라고 하며 실선으로 연결해야 하지만, 그 근거가 너무 빈약하고 신뢰하기 어렵기 때문에 점선으로 연결했다. 그리고 세키 다카카즈를 시초로 하는 세키류(關流) 와산가의 계보를 [그림

[그림 4-1] 초기 와산가의 계보도

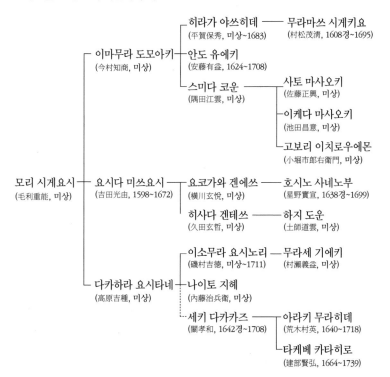

4-2]로 나타냈다. 여기에서 숫자 ①~⑧은 각각 '세키류 최초 전수'부터 '세키류 8번째 전수'를 의미한다.

'세키류'는 세키 다카카즈를 시초로 하는 와산 유파 가운데 하나로, 와산의 주류를 이룬 학파를 의미한다.

《진겁기》와 유제 계승

일본 수학 전통의 시조라고도 할 수 있는 《진겁기》의 저자 요시다 미쓰요시[18]는 자신의 책을 들고 아라시야마 다이히카쿠 센코지(千光寺)의 주지였던 슌가쿠를 찾아가, 제목과 서문·발문에 관해 의뢰했다. 슌가쿠의 손을 거친 서문은, 간에이 4년(1627)에 발간된 초판본에서 아래와 같이 볼 수 있다.

'진겁기 서문

---

18) 요시다 미쓰요시(吉田光由, 1598~1672)의 아명은 '요시치'이지만, 후에 '시치헤'로 바꾸었으며, 입도한 후에는 '큐안'이라고 불렀다. 실제 이름은 미쓰요시로, 간에이 11년(1698)판 《진겁기》를 간행한 후, 구마모토번주 호소카와타다토시에 초대받아 수학을 가르쳤다. 이후 쿠니사키반도 어느 마을의 지도자인 쿠마이 요시사다에 후대를 받아 교육할 공간을 얻었다. 요시다 미쓰요시의 묘는 생전에 시간을 보낸 교토 사가가 아닌, 오오이타현 니시쿠나사키군 카카지초 에비스(당시)의 공동묘지에 안치되었다고 한다. 이유는 정확하게 밝혀지지 않았지만, 미쓰요시가 크리스트교와 관계를 맺었기 때문이라는 설도 있다. 그러나 2014년 11월 22일 교토신문의 기사에 의하면, 미쓰요시의 묘지라고 추측되는 묘석이, 스미노쿠라 가문, 요시다 가문의 선대를 모신 교토 사가에 위치한 니손인(二尊院)의 묘지 내에서 발견되었다고 한다. 자세한 내용은 《탐방 요시다 미쓰요시의 묘》를 참고하면 좋다.

[그림 4-2] 세키류 와산가 계보도

산조주 가도노군 사가무라의 한 사람인 요시다 미쓰요시는 얼마 전 어떤 사람을 통해 사립문을 두드리며, 얼굴을 비추었다. 그리고 소맷자락에서 네 권의 책을 꺼내면서, 책의 이름과 서문, 발문을 요구했다.

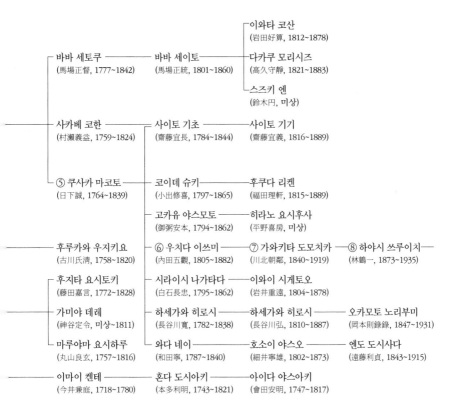

바바 세토쿠
(馬場正督, 1777~1842)

바바 세이토
(馬場正統, 1801~1860)

이와타 코산
(岩田好算, 1812~1878)

다카쿠 모리시즈
(高久守静, 1821~1883)

스즈키 엔
(鈴木円, 미상)

사카베 코한
(村瀬義益, 1759~1824)

사이토 기초
(齋藤宜長, 1784~1844)

사이토 기기
(齋藤宜義, 1816~1889)

⑤ 쿠사카 마코토
(日下誠, 1764~1839)

코이데 슈키
(小出修喜, 1797~1865)

후쿠다 리켄
(福田理軒, 1815~1889)

고카유 야스모토
(御粥安本, 1794~1862)

히라노 요시후사
(平野喜房, 미상)

후루카와 우지키요
(古川氏清, 1758~1820)

⑥ 우치다 이쓰미
(內田五觀, 1805~1882)

⑦ 가와키타 도모치카
(川北朝鄰, 1840~1919)

⑧ 하야시 쓰루이치
(林鶴一, 1873~1935)

후지타 요시토키
(藤田嘉言, 1772~1828)

시라이시 나가타다
(白石長忠, 1795~1862)

이와이 시게토오
(岩井重遠, 1804~1878)

가미야 데레
(神谷定令, 미상~1811)

하세가와 히로시
(長谷川寬, 1782~1838)

하세가와 히로시
(長谷川弘, 1810~1887)

오카모토 노리부미
(岡本則録録, 1847~1931)

마루야마 요시하루
(丸山良玄, 1757~1816)

와다 네이
(和田寧, 1787~1840)

호소이 야스오
(細井寧雄, 1802~1873)

엔도 도시사다
(遠藤利貞, 1843~1915)

이마이 켄테
(今井兼庭, 1718~1780)

혼다 도시아키
(本多利明, 1743~1821)

아이다 야스아키
(會田安明, 1747~1817)

미리 그것을 펼쳐 읽어 보니, 참으로 신묘한 산법이 아닐 수 없다. 미리 질문하고 전하는, 그 누군가의 행위다. 미쓰요시가 대답하여 전하는데, 나의 어렸을 적보다 산법이 뛰어나다. 여러 학자의 산법 등 수많은 것을 담고, 생략할 수 있는 것을 상세히 풀어, 모두 모아 완성했다. …… 첫머리에 제목을 붙여, 진겁기라 일컫는다. 어쩌면 진겁 이래 아주 작은 것까지도 멀리하지 않은 말들에 근거하고 있다. 섣불리 비판하지 않기를 바란다.

서문, 간에이 4년(1627), 정묘년 가을, 8월, 슌가쿠.'

서문에서 볼 수 있듯 '진겁기'란 '진겁이 흘러도 변하지 않는 진리의 책'이라는 의미로 붙여졌다는 것을 알 수 있다. 여기에서 '진겁'이란 '겁(劫, 무한한 시간-역주)'이 굉장히 많다는 것을 비유적으로 표현한 말이다. 따라서 진겁기라는 제목의 의미는 '긴 세월이 흘러도 변하지 않는 진리의 책'이 되는 것이다.

요시다 미쓰요시는 스미노쿠라 가문의 일원으로, 스미노쿠라 가문은 대대로 의사 가문이었으며, 본래 성은 '요시다'였다. 그러나 스미노쿠라 료이의 아버지인 소케이(이안)가 다이가쿠지(大覺寺) 앞에서 '스미노쿠라'라는 칭호의 도소(중세 일본의 전당포로, 술집을 겸하던 고리대금업-역주)를 운영하며 가문의 이름을 알렸기에, 스미노쿠나 료이부터 성을 '스미노쿠라'로 바꾸게 되었다.

료이는 수완이 좋은 장사꾼으로 이름을 떨쳤을 뿐만 아니라, 사유 재산을 들여 산조 지역의 오이가와와 교토의 다카세가와를 개척하여, 뱃길을 구축한 토목가이기도 했다. 또 해외와의 무역을 시작하여 중국으로부터 학문과 문화를 수입하는 데에도 이바지했다.

료이의 아들 소안[19]은 아버지의 업을 물려받아 해외 무역을 발전시키고, 토목 사업도 진행했다. 게다가 그는 한자를 공부한 학자이자 문화인이기도 했다. 요시다 미쓰요시는 모리 시게요시에게 처음 가르침을 받았는데, 곧 스승을 뛰어넘어 모리 시게요시에게 더 이상 배울 것이 없어, 소안에게 정대위의 수학서《산법통종》을 배웠다. 따라서 미쓰요시의 저서인《진겁기》는《산법통종》을 본보기로 삼아 쓰였다고 할 수 있다.

스미노쿠라 료이는 미쓰요시의 외할아버지이며, 소안은 미쓰요시의 외삼촌이다. 이런 스미노쿠라 가문의 일원이었다는 점이《진겁기》가 탄생한 하나의 배경이 되었다고 할 수 있다.

미쓰요시의 할아버지 소운은 이케다 데루마사를 섬기는 의사였는데, 그 가업은 미쓰요시의 형인 미쓰나가가 계승하였기에 미쓰요시는 의사가 되지 않아도 괜찮았다. 어렸을 적부터 수학을 좋아한 미쓰요시는, 스미노쿠라 가문에 드나드는 상인이나 집안사람들이 주판을 이용하는 모습을 보고, 처음에는 소리를 내는 장난감이라고 생각했던 것 같다. 하지만 주판이 수의 덧셈과 뺄셈을 할 수 있다는 것을 깨닫고 흥미를 느꼈던 것으로 보인다.

게다가 요시다 미쓰요시는 10세 무렵, 니조교고쿠에서 평판이 높았던 모리 시게요시의 학원에도 다녔다고 한다. 모리 시게요시가 이전에 이케다 데루마치를 따랐으며, 미쓰요시의 할아버지 또한 이케다 데루마치를 섬겼기에 두 사람에게는 면식이 있었는데, 그 인연으로 미쓰요시가 모리 시게요시의 학원에 다니게 되었을지도 모른다.

---

19) 스미노쿠라 소안(角倉素庵, 1571~1632)은 스미노쿠라 료이의 아들로, 도예, 마키에 등 폭넓은 예술 활동을 한 혼아미 고에쓰(本阿弥光悦, 1558~1637)와 교류하였으며, 고에쓰본(스미노쿠라본, 사가본)의 출판에 성과를 올렸다.

요시다 미쓰요시의 저서로는 《진겁기》 외에도 《화한편년합운도》 (1645), 《고력편람》(1648)이 있다. 그중 《진겁기》는 에도 시대를 통틀어 베스트셀러가 되었던 책으로, '진겁기라고 하면 산술, 산술이라고 하면 진겁기'와 같이 '진겁기'라는 단어가 산술과 같은 의미로 사용되었다고 전해진다. 심지어 '진겁기'라는 제목의 책이 메이지 시대에도 출간되었을 정도였는데, 그중 하나로 후쿠다 리젠[20]의 《메이지 소학 진겁기》는 메이지 11년(1878) 3월에 출간되었다.

간에이 4년(1627)에 간행된 《진겁기》 초판은 총 4권 26조로 이루어져 있는데, 그 목차는 다음과 같다.

[제1권]

　　1. 대수의 이름

　　2. 1보다 작은 수의 이름

　　3. 부피와 용량의 단위 이름

　　4. 면적의 단위 이름

　　5. 곱셈구구

　　6. 나눗셈구구(팔산)

　　7. 두 자리 숫자의 나눗셈구구(견일)

　　8. 곱셈에 의해 나눗셈을 하다

---

20) 후쿠다 리켄(福田理軒, 1815~1889)은 막부 말기, 메이지 시대의 와산가로, 서양 수학(양산)도 공부했다. 양산 입문서인 《서산속지》(1857)를 간행했다.

9. 쌀의 매매 문제

[제2권]

10. 금과 은의 환전 계산

11. 돈과 은의 환전 계산

12. 여러 가지 이자 계산

13. 비단이나 목화의 매매 계산

14. 나가사키에서 들어온 수입품의 구매 계산

15. 수송료의 계산

16. 다양한 물건을 되로 측정하는 문제

[제3권]

17. 토지의 면적 문제

18. 급여나 조세의 계산

19. 금박과 은박의 매매 문제

20. 재목의 매매 문제

[제4권]

21. 하천 공사에 관한 문제

22. 여러 가지 공사에 관한 문제

23. 나무의 높이를 측정하는 문제

24. 거리를 측정하는 문제

25. 제곱근 풀이의 문제

26. 세제곱근 풀이의 문제

《진겁기》 초판은 사가본[21]의 판매 경로를 알고 있던 스미노쿠라 소안의 지시로 빠르게 팔려나갔으며, 교토, 오사카, 심지어는 에도(도쿄)까지 전해졌다고 한다. 초판은 500부 정도였는데, 평판이 좋아 완판이 되면서 위판과 해적판이 생겨나게 되었다. 당시는 저작권이 없는 시대였기 때문에 요시다 미쓰요시에게는 어쩔 수 없는 일이었다. 그래서 요시다는 첫 《진겁기》에서 다루려다가 싣지 않았던 내용을 추가하여, 전체적으로 다시 편집한 다음, 간에이 6년(1629) 무렵, 통칭 '오권본(五卷本)'을 완성하였으며, 다음과 같은 내용을 추가하였다.

- 이레코산: 덧셈 및 등차수열에 관한 문제
- 마마코다테: 수학 퍼즐의 한 종류
- 네즈미산: '일정 기간 동안 쥐는 얼마나 증가할까?'라는 등비수열에 관한 문제
- 카라스산: '까마귀 999마리가 999개의 해변에서 999번 울면, 까마귀는 총 몇 번 울게 되는 것일까?'라는 세제곱과 관련된 문제
- 백오감산: 미지수(0~104의 정수)를 3, 5, 7로 각각 나눈 나머지로 원래 수를 구하는 문제
- 비단 도둑 문제: 도둑들이 훔친 비단을 '7필씩 나누면 8필이 남

---

21) 사가본(嵯峨本)이란 근세 초기, 교토의 사가에서 혼아미 고에쓰나 그의 문하인 스미노쿠라 소안이 간행한 목활자의 호화로운 책이다. 대부분이 이세 모노가타리, 도연초(쓰레즈레구사), 방장기(호조키), 백인일수(햐쿠닌잇슈), 관세류 요곡 등의 일본 문학 작품으로, 용지 등에는 아름다운 디자인과 연구가 집중되어 있다. 스미노쿠라본. 고에쓰본.

고, 8필씩 나누면 7필이 부족하다면, 도둑은 모두 몇 명이고, 비
단은 모두 몇 필인가?'라는 문제

- 기름 나누기 문제: 용량이 다른 두 병에 담긴 기름을, 똑같은 양
으로 분배하는 문제

요시다 미쓰요시는 내용을 추가하여 해적판 간행을 저지하려고
했으나, 실제로 해적판은 끊임없이 제작되었다. 그래서 요시다는 다
시 한 번 새로운 버전을 계획하고, 바둑돌을 나열하여 계산하는 '약
사 계산' 등을 추가해, 간에이 8년(1631) 새로운 버전을 간행했다. 그
래도 해적판이 제작될 것이라 예상한 요시다는, 이번에는 내용이 아
니라 인쇄 기술 측면에서 손이 많이 가는 다색 인쇄를 하기로 결정
했다.

그렇게 4색 인쇄 그림이 들어간 간에이 8년판은 일본 최초의 다
색 인쇄 서적이 될 수 있었다. 이러한 출판은 많은 경비가 필요했으
므로 스미노쿠라의 후원이 없었으면 불가능했던 일이라고 할 수 있
다. 그러나 수학책에 색은 실제로 크게 관계없었기 때문에, 해적판
은 이러한 인쇄 방식을 따르지 않고, 또다시 생겨났다.

그래서 요시다 미쓰요시는, 부모에게 물려받은 돈을 자녀에게 분
배하는 문제, 목수의 자금 계산 문제 등을 추가하여 간에이 11년판
《진겁기》를 간행했다. 그리고 잠시 규슈의 구마모토번에 초대되어
불려갔다가, 간에이 18년에 다시 규슈에서 돌아왔다. 돌아온 후, 미
쓰요시는 간에이 16년에 이마무라 도모아키의 《수해록》이 출간되
고, 심지어 이를 쉽게 이해할 수 있도록 새롭게 고쳐 쓴 《인귀산가》

가 간에이 17년에 간행되었다는 것을 깨달았다. 직접 구매해 읽어보니, 이 책들은 생활에 필요한 계산법이 아닌, 중국 수학을 바탕으로 한 구성으로, 모두 한문으로 작성된 책이라는 것을 알았다.

요시다 미쓰요시의 책은 한자와 일본어를 혼용한 문장인데, 읽어 보면 알겠지만 내용적으로는 이마무라가 더 수준이 높다는 것을 인 정할 수밖에 없었다. 그래서 요시다 미쓰요시는 이마무라에 대한 경 쟁의식으로, 《진겁기》를 다시 한번 기본부터 쓰기로 결심했다. 이 렇게 완성된 책이 간에이 18년판 《진겁기》다. 이는 요시다의 손을 거친 최종적인 《진겁기》라고 추측되지만, 간에이 20년판이 마지막 《진겁기》라는 설도 있다.

간에이 18년판 《진겁기》의 가장 큰 특징은, 각 책의 권말에 답이 없는 12개의 문제를 내고 있다는 점이다. 요시다는 그 이유에 대해 다음과 같이 서술했다. '세상에는 수학의 힘이 많지 않음에도 학원 을 세우고, 많은 사람을 가르치는 자가 있다. 배우는 사람의 입장에 서는 자신의 스승에게 힘이 있는지, 아닌지를 알 수 없다. 그래서 이 에 해법이나 답을 덧붙이지 않은 12개의 문제를 출제하였으니, 이 문제로 스승을 시험해보아도 좋다.'

이처럼 해법이나 답을 보여주지 않은, 독자 스스로 답을 풀이하 게 만드는 문제를 '유제(遺題)'라고 한다. 그리고 후대 사람들은 이 유 제를 풀이해 책을 간행하고, 그 책에 다시 또 다른 유제를 넣는 관습 이 생기게 되었는데, 이와 같은 관습을 '유제 계승'이라고 부른다.

유제 계승에는 점차 어려운 문제가 출제되었는데, 이러한 유제 계승은 와산의 발달에 크게 기여했다고 할 수 있다. 다시 말해 간에이 18년판《진겁기》는, 일본 수학에 '유제 계승'이라는 전통을 만들고, 와산의 발전을 촉진한 책이었던 것이다.

지금부터 간에이 18년판《진겁기》에서 다룬 세 개의 유제 문제를 소개하려고 한다.

(1) 직각 삼각형이 있고, 직각을 낀 두 변을 a와 b, 빗변을 c라고 한다.

$a + c = 81'$, $b + c = 72$일 때, a, b, c의 값을 구하여라.

(2) 원뿔대 모양의 당목이 있다. 윗면의 원둘레가 2척 5치, 아랫면의 원둘레가 5척, 높이가 3간이다. 이를 똑같은 부피의 원뿔대로 3등분 했을 때, 각 도형의 높이를 구하여라.

(3) 노송나무 2그루와 소나무 4그루, 삼나무 5그루를 모두 합친 가격은 은으로 220메고, 노송나무 5그루와 소나무 3그루, 삼나무 4그루를 모두 합친 가격은 은으로 275돈, 노송나무 3그루와 소나무 6그루, 삼나무 6그루를 모두 합친 가격은 은으로 300메라고 할 때, 각 나무 한 그루의 값은 얼마일까?

이러한 유제에 대한 답과 해설을 기재한 책이, 조오 2년(1653)에 간행된 에나미 와초의《삼양록》[22]이며, 그는 자신이 만든 8개의 문

---

22) 유제에 해답한 책은《삼양록》이외에도 하쓰사카 시게하루의《원방사권기》(1675), 이소무라 요시노리의《산법궐의초》(1659)가 있다.

제를 다시 '유제'로《삼양록》에 개제했다.《삼양록》의 8개의 유제 문제에 대해서는 야마다 마사시게의 《개산기》[23](1659)가 답했으며, 《개산기》에 덧붙여진 13개의 유제 문제에 대답한 책으로 사와구치 카즈유키의 《고금산법기》[24]가 있다.

세키 다카카즈와 세키류 와산

일본의 독자적이고 전통적인 수학을 오늘날 '와산(和算)'이라고 부르는데, 좁은 의미에서 와산은 세키 다카카즈[25]부터 시작한다고 말해야 한다. 무로마치 시대 말기, 중국으로부터 수학이 유입되는 두 번째 시기가 되면서, 모리 시게요시나 요시다 미쓰요시, 이마무라

---

23) 야마다 마사시게(山田正重, 17세기 후반)는 목표를 《진겁기》에 두고, 그보다 뛰어난 수학서를 간행하고자 《개산기》를 지었다. 실제로 《개산기》는 《진겁기》에 이어 베스트셀러가 되었다.

24) 사와구치 카즈유키(澤口一之, 17세기 후반)는 천원술을 처음으로 올바르게 해설했다고 전해지며, 그의 저서 《고금산법기》는 천원술을 해설한 책이라고 할 수 있다. 그리고 천원술로는 풀지 못하는 다원고차연립방정식 등으로 도출되는 15개의 유제를 책의 끝에 포함시켰다.

25) 세키 다카카즈(關孝和, 1642경~1708)는 막부의 신하인 우치야 나가아키라의 차남으로 태어났다. 출생 연도는 정확하지 않지만, 1642년 혹은 그 2~3년 전이라고 추정한다. 출생지도 '조슈호지오카' 혹은 '에도'라는 두 가지 설이 있다. 나아가 세기 가문을 계승하고, 재상 고후 쓰나시게(이에미쓰의 아들, 4대 장군 이에쓰나의 동생, 5대 쓰나요시의 형)와 그의 아들 쓰나토요를 섬기며, 당시 계산소의 사무 전반을 맡는 감정음미역으로 지냈다. 쓰나토요가 5대 장군 쓰나요시의 세자가 되어 니시노마루에 들어가자, 다카카즈도 그를 따라 막부의 신하가 되었다. 1708년 10월 24일에 숨을 거두었으며, 우시고메시 치켄테라마치(현재의 벤덴초)의 조린지(淨輪寺)에서 장례를 치렀다.

도모아키 등에 의해 발전한 일본 수학은, 세키 다카카즈에 이르러 질적으로 변화하고 융성하게 되었다. 오늘날에는 세키 다카카즈를 '계산의 성인(算聖)'이라고도 부르기도 한다.

세키 다카카즈

세키 다카카즈는 1299년, 중국의 주세걸이 저술한 《산학계몽》으로 천원술을 공부했다. 천원술이란 주판 위에 산가지를 나열하여 고차방정식을 푸는 방법으로, 세키 다카카즈는 이를 개량하여 '방서법(傍書法)'에 의한 대수적 방법으로 만들었는데, 이 방법은 후에 '점찬술(点竄術)'26이라고 부르게 되었다.

세키 다카카즈는 사와구치 카즈유키의 《고금산법기》의 15개의 유제에 도전했는데, 일원고차방정식으로 한정되는 천원술로는 유제가 쉽게 풀리지 않는 사태에 빠져버렸다. 다원고차방정식에서는 미지수를 줄여, 마지막에 미지수가 하나인 방정식으로 해야 하는데, 미지수를 줄여나가는 부분은 암산으로 계산해야만 했던 것이다. 이러한 곤란함을 해결하고자, 세키 다카카즈는 미지수가 하나인 방정식으로 변형하는 과정을 종이에 기록하는 방법(방서법)을 고안했다. 이로 인해 일본의 수학은 비약적인 발전을 이루게 되었다.

---

26) 점찬술(點竄述)이라는 이름은 나이토 마사키(內藤正樹, 카즈 사사누키 성주 나이토 요시히데의 장남, 집을 나와 이와키타이라번 나이토 요시시게의 양자가 되었으며, 이후 휴가노국 노베오카로 이주했다)에 의해 명명되었으며, 세키 다카카즈의 시대에는 '귀원정법'이라고 불렸다.

세키 다카카즈는《고금산법기》의 유제에 대한 해답을 덧붙여, 엔포 2년(1674)에《발미산법》을 간행했다. 그러나 이 책은 결과만 서술하고 미지수를 소거하는 과정이 생략되어, 당시에는 세키 다카카즈가 엉터리 풀이를 책으로 출판했다는 소문이 있었다고 한다. 그래서 세키 다카카즈의 뛰어난 제자인 다케베 가타히로[27]가《발미산법》을 상세하게 해설한《발미산법 연단언해》를 조쿄 2년(1685)에 간행했다.

오늘날 세키 다카카즈의 수많은 업적이 전해지고 있다. 예를 들어 '호너법'이라고 불리는 수학 계수 방정식의 해법[28]이나, 그와 관련된 뉴턴의 근사법, 행렬식 발견, 원리(圓理) 문제, 베르누이수[29]의 발견, 부정 방정식의 해법, 뉴턴의 보간법, 정다각형의 계산, 방진, 원진의 문제 등이 있다. 그러나 원주율에 관해서는, 원에 내접하는 정 131072(2^{17})각형에 도달하여 원주율의 값을 3.14159265359로 구하고 있는데, 호와 시(矢)의 길이[30]에 관한 원주율의 일반 공식을 도출하는 데 실패했다.

---

27) 다케베 가타히로(建部賢弘, 1664~1739)는 도쿠가와 8대 장군 요시무네의 천문·역학 고문으로, 요시무네에게 일본 총지도의 작성을 명받아, 1723년에 이를 완성하였다. 전 20권에 달하는 그의 대작《대성산경》(1710)은 와산을 전반적으로 다루고 있으며, 와산에 관해 이 정도로 조직적인 편찬서는 이후에도 볼 수 없다.

28) 호너법이란, 숫자 계수 방정식의 실근의 근사치를 계산하는 방법을 의미한다. 호너(Horner, 1786~1837)는 이를 1819년에 발표하였으나, 세키 다카카즈는 그보다 135년 앞서 발견했다.

29) 18세기 초, 야콥 베르누이(1654~1705)의 유서에 공표된 베르누이 다항식의 계수에 관한 본질적 부분의 수를 베르누이수라고 한다.

30) 시(矢)란 원의 현의 중점으로부터 원둘레 방향으로 수직인 선분을 의미한다.

세키 다카카즈를 시초로 하는 세키류의 정통을 계승한 인물은 제 1전승의 아라키 무라히데[31]지만, 다케베 가타히로가 수학적으로 그보다 더 실력자라고 할 수 있다. 실제로 다케베는 세키 다카카즈 못지않은 업적을 남겼다. 앞에서 서술한《발술산법 연단언해》이외에도 정다각형이나 원주율 계산을 다룬《연기산법》, 수학적 귀납법을 해설한《철술상경》, 디오판토스의 근사 문제를 전개한《누약술》, 원리의 문제를 발전시킨《원리호배술》등 다수의 저서가 있다.

세키 다카카즈는 원주율의 값에 관한 일반 공식을 도출하는 데 실패하였지만, 다케베는 그에 성공하여 일본에서 최초로 원주율 공식을 완성했다. 그리고 후에 다케베의 가르침을 받은 마쓰나가 요시스케[32]가

$$\pi^2 = 9\left(1 + \frac{1^2}{3 \cdot 4} + \frac{1^2 \cdot 2^2}{3 \cdot 4 \cdot 5 \cdot 6} + \frac{1^2 \cdot 2^2 \cdot 3^2}{3 \cdot 4 \cdot 5 \cdot 6 \cdot 7 \cdot 8} + \cdots\right)$$

라는 공식을 발견했다.

세키류의 제2전승에 해당하는 인물은 마쓰나가 요시스케다. 마쓰

---

31) 아라키 무라히데(荒木村英, 1640~1718)는 세키류 제2전승인 마쓰나가 요시스케의 저서《기전잡기》의 사본에 무라히데와의 대화인 '아라키 선생님과의 대화'를 기록한 인물로, 세키 다카카즈 이전의 와산에 관한 내용을 이해할 수 있는 가장 오래된 기록이다.

32) 마쓰나가 요시스케(松永良弼, 1692년경~1744)는, 휴가국 노베오카번 나이토 가문의 문서에 의하면, 원래 구루메번의 낭인이었으나, 후에 에도로 나가 1732년 나이토 가문의 부름을 받았다고 한다. 요시스케는 세키류 와산을 정리대성하였으며, 점찬술의 확립과 함께, 원주율의 값을 소수점 51번째 자리까지 정확하게 산출했다. 이는 일본인이 계산한 최초의 상세한 원주율 값이다.

나가는 제1전승인 아라키 무라히데에게 2~3년 동안 가르침을 받았다고 하는데, 아라키의 수학 수준은 그 정도로 높지 않았다고 한다. 오히려 세키류의 가장 중요한 내용인 원리에 대해 연구한 다케베 가타히로가 세키류의 정통파라고 할 수 있다.

마쓰나가는 이런 다케베에게도 사사받아, 원리를 완성한 인물로 알려져 있다. 마쓰나가는 30권 이상의 와산서를 저술하고, 동시에 원리 외에도 부정 방정식, 행렬식, 순열과 조합, 각술[33], 멱급수 등 다양한 수학적 내용을 다루었다. 특히 《입원률》(1729)에서는 결구(欠球)나 구의 부피를 정적분 형태로 제시하였는데, 이는 일본 문헌에서 정적분에 관해 명확하게 언급하고 있는 최초의 책이라고 할 수 있다.

세키류 와산은 제3전승에 야마시 누시즈미[34], 제4전승에 아지마 나오노부[35], …… 로 끊임없이 이어지다가 메이지 중기 무렵 종언을 맞이하게 되는데, 그들의 수학적 업적은 서양의 수학을 능가하는 내용이 많았다는 점은 분명하다.

---

33) 각술(角術)은 정다각형에 나타나는 여러 양 사이에 세운 관계식을 발견하는 기술을 가리킨다.
34) 야마지 누시즈미(山路主住, 1404~1772)는 처음에 나카네 겐케이에게 배우고, 후에 쿠루시마 요시히로와 마쓰나가 요시스케에게 사사받았다. 그에 의해 당시 전체적인 세키류 와산을 배울 수 있었다. 이를 센다이번사 토이타 야스스케에게 전달하고, 와산 전집인 《함산사전서》 500권을 편찬하였다. 그리고 구루메번주 아리마 요리유키에게 세키류 와산을 전달했다.
35) 아지마 나오노부(安島直円, 1732~1789)는 에도 시바노신조 저택에서 태어났다. 야마지 누시즈미의 가문에 들어가, 모든 비법을 전수받았으며, 기하도형 외에도 원리, 철술, 대수 등을 연구했다.

산가쿠 봉납

지금까지 유제 계승이라는 전통이 와산을 발전시킨 계기가 되었다는 것을 보았는데, 와산을 발달시킨 또 하나의 계기로 '산가쿠 봉납'이라는 전통을 빼놓을 수 없다. '산가쿠(算額)'란 수학 문제와 그 해법, 해답이 쓰인 에마(신사나 사찰에 기도를

[사진 1]
후지타 사다스케

올리고, 기원이 이루어졌을 때 사례로 봉납하는 현판 - 역주)를 말하는데, 산가쿠 봉납은 어려운 수학 문제가 풀렸거나, 앞으로 수학의 발전 등을 기원하여 신사 불각에 산가쿠를 바치는 것을 말한다.

산가쿠 봉납에는 대표적 문제를 이해하거나, 유파의 자기과시를 하는 등의 목적도 있었는데, 간세이 원년(1789)에 간행된 후지타 사다스케와 후지타 카겐36의 《신벽산법》은 후지타의 제자들이 올린 산가쿠를 모은 것으로, 산가쿠에 적힌 문제와 해법, 해답을 그대로 가져다 쓴 최초의 수학서로 유명하다.

현재 산가쿠는 약 900면 정도 존재하는데, 그 가운데 분큐 3년

---

36) 후지타 사다스케(藤田貞資, 1734~1807)는 무사시노국 혼다무라의 혼다 치카히로의 셋째 아들로 태어났으나, 야마토 신조번의 후지타 사다유키의 양자가 되었다. 야마지 누시즈미의 역작을 관측하는 조수로 막부의 부름을 받았으며, 이후 아리마 요리유키의 부름을 받았다. 저서로 《정요산법》(1781), 산가쿠에 관해 84문제를 수집한 《신벽산법》(1789)이 있다. 후지타 요시토키(藤田嘉言, 1772~1828)는 사다스케의 아들인데, 그는 아버지의 지도를 받아 《속신벽산법》(1807)을 간행했다.

[그림 5]

(1863) 8월, 미에현 욧카이치시 신메이신사에 봉납된 산가쿠를 **[그림 5]**에서 볼 수 있다. 크기가 56cm, 가로 121cm인 이 산가쿠는 원에 관한 다양한 문제를 담고 있다[37].

산가쿠에는 주로 원에 관한 문제와 원과 다각형이 뒤섞인 문제가 가장 많고, 이외에도 타원에 관한 문제, 구에 관한 문제, 원기둥, 원뿔, 회전체 등 입체에 관한 문제, 사이클로이드 등의 곡선에 관한 문제, 방진이나 빈칸 채우기 문제 등 다양한 문제를 볼 수 있다.

전국적으로 산가쿠 분포를 조사해 보면, 도쿄(에도)에 가장 많으며, 후쿠시마현이나 이와테현 등 도호쿠 지방에서 많이 볼 수 있다. 이는 아이다 야스아키[38]를 시조로 하는 모가미노류 와산의 영향이 크다고 생각할 수 있다. 하지만 문헌에서는 봉납된 산가쿠가 대부분 전국 모든 지역에 걸쳐 있다는 점에서, 에도 시대부터 메이지 초기

---

37) 산가쿠의 크기와 형태는 다양하다. 잃어버린 산가쿠까지 포함하면, 그 총 수는 명확하지 않지만, 적어도 2,000면은 충분히 뛰어넘을 것이라고 예상된다.

38) 아이다 야스아키(會田安明, 1747~1817)는 출신지인 모가미노국 야마가타와 관련지어, 자신의 유파를 모가미노류라고 칭했다. 향리인 오카자키 야스유키(岡崎安之)에게 가르침을 받은 후, 에도로 나가 막부의 토목 공사 등을 담당하였으며, 도네가와 강줄기의 치수(治水) 공사 등에 종사했다. 아이다는 점찬술에 덴쇼호(天生法)라는 이름을 붙였으며, 《산법천생법지남》(1810)을 간행했다. 편찬한 산서는 1,300권을 넘는다고 한다.

에 걸친 일본인의 수학적 수준이 꽤 높았다고 추측할 수 있다. 그리고 아주 일부의 와산가가 수학을 독점한 것이 아니라, 수학 애호가라고 할 수 있는 층이 꽤 두텁지 않았을까 생각된다.

[그림 1]《일본주판사》사단법인 전국 주판 교육 연맹 편집, 효출판에서 발췌
[그림 2] 공익사단법인 전국 주판 학교 연맹 홈페이지에서 발췌
[그림 3] 운슈토(雲州党) 히노 카즈키 사장 제공
[사진 1] 일본 학사원 제공

5. 중세 유럽의 수학[1]

피보나치의 《산반서》

피보나치[2]는 12~13세기에 중심이 되었던 상업 도시이자 기울어진 탑으로 유명한 이탈리아 피사에서 태어나, 피사의 레오나르도라고도 불린다.

그는 이집트부터 시리아, 그리스, 시칠리아 등을 여행하며 아라비아 수학을 배울 기회가 많았는데, 아라비아 수학이 당시 중세 라틴 세계의 수학보다 훨씬 뛰어나다는 것을 깨닫고, 그를 전하기 위해 《산반서(Liber Abaci)》(1202)[3]를 썼다고 한다. 이 작품은 유럽에 인

---

1) 이번 장의 중세 운동론에 관해 많은 부분을 이토 슌타로(伊東俊太郎) 교수의 《근대 과학의 원류》를 참고했다.

2) 피보나치(Fibonacci, 1170~1250)는 이탈리아의 수학자로, 알제리에서 초등 교육을 받았으며 아라비아인들의 산술과 대수를 익혔다. 저서로 《제곱수에 관한 책(Liber quadratorum)》(1225)이 있다.

도·아라비아 수학을 들여옴과 동시에 새로운 산술이나 많은 수학적 지식을 전달한 것으로 알려져 있다.

이 작품의 저자명에는 'Leonardo filio Bonacij Pisano[4]'라고 적혀있는데, 여기에 보이는 'filio Bonacij'에서, 나중에 그의 이름을 '피보나치'라고 부르

피보나치

게 된 것 같다.《산반서》는 모두 15장으로 이루어져 있는데, 제1장은 '인도·아라비아 수학의 읽는 법과 쓰는 법'으로, 이어서 정수의 사칙연산, 분수 계산, 응용문제, 제곱근·세제곱근 등을 다루고 있다.

제12장 '여러 가지 문제'는 전체 분량의 $\frac{1}{3}$을 차지하고 있으며, 일차 부정 방정식에 관한 문제 외에도 등차수열, 등비수열, 거듭제곱 급수 등을 다루고 있다. 그중 대표적인 문제로, '한 쌍의 새끼 토끼가 있다. 이 토끼는 한 달이 지나면 새끼를 낳으며, 그로부터 또 한 달 후 새로운 한 쌍의 새끼 토끼가 태어난다. 한 쌍의 토끼도 죽지 않는다고 가정할 때, 1년 후에는 몇 쌍의 토끼가 될까?'라는 '토끼의 문제'가 있다. 이 문제에서 토끼의 쌍의 수는,

---

3) 《산반서》는 산반(주판)에 관한 내용이 아닌, 인도·아라비아 수학을 바탕으로 하는 필산에 관한 책이다.

4) 'Leonardo filio Bonacij Pisano'를 해석하면 '피사에 사는 피보나치의 아들, 레오나르도'이다.

$$1, 1, 2, 3, 5, 8, 13, 21, 34, 55, 89, \cdots\cdots$$

와 같은 수열을 만들 수 있는데, 이를 '피보나치 수열'이라고 부르며, 수열을 만드는 각각의 수를 '피보나치 수'라고 한다. 이 수열은 이웃하는 두 수의 합이 다음 수가 된다는 재미있는 성질을 가지고 있다.

n번째 피보나치 수를 f_n이라고 하면,

$$f_1 = 1, f_2 = 1, f_n + f_{n+1} = f_{n+2}\text{[5]}$$

라는 식이 성립하는 것이다. 이웃하는 두 피보나치 수의 비율을 계산해 보면, 34, 55에서는 $\frac{55}{34} = 1.617\cdots$가 되고, 55, 89에서는 $\frac{89}{55} = 1.618\cdots$가 되어, 점점 1.618$\cdots$이라는 값에 가까워진다고 할 수 있다.

실제로 계산해 보면 $\frac{1+\sqrt{5}}{2}$라는 값에 가까워지는데[6], 이 값은 앞의 〈피타고라스학파의 상징〉에서 다룬 '황금비'라는 것을 알 수 있다. 이처럼 화려한 명칭이 붙여진 이유는, 이 값이 고대 그리스를 비롯한 전통적인 유럽의 미(美)에 녹아들어 있는 수이기 때문이다.

단적으로 직사각형의 사례를 들어 보자. **[그림 1]**과 같이 짧은 변의 길이를 1이라고 할 때, 긴 변의 길이가 $\frac{1+\sqrt{5}}{2}$가 되도록 하는 직사각형을 '황금 직사각형'이라고 부르며, 이는 서양의 건축, 조각, 회화 등에 많이 사용된다.

예를 들어 고대 그리스의 대표적인 건축물인 파르테논 신전은,

---

5) 이 점화식을 풀면 $f_n = \frac{1}{\sqrt{5}}\left\{\left(\frac{1+\sqrt{5}}{2}\right)^n - \left(\frac{1-\sqrt{5}}{2}\right)^n\right\}$이 된다.

6) $\lim\limits_{n \to \infty} \frac{f_{n+1}}{f_n}$ 을 계산하면 된다.

지붕이 복원되었다고 가정할 때, 정면의 세로와 가로 길이의 비율이 황금비를 이룬다7.

또 1820년, 에게해의 그리스령 밀로스섬 땅속에서 발견되어 프랑스 정부가 사들인 밀로의 비너스에서도 황금비를 찾아볼 수 있다. 비너스상의 머리 꼭대기부터 배꼽의 움푹 파인 곳까지의 길이를 1(80.6cm)이라고 하면, 배꼽의 움푹 파인 곳부터 발뒤꿈치까지는 1.62(130.6cm)가 된다[그림 2].

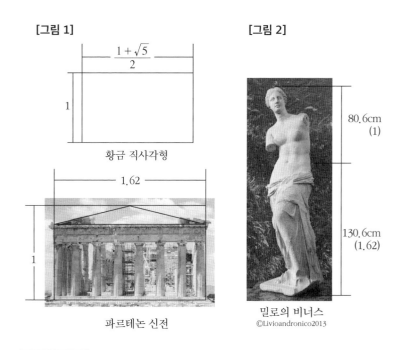

[그림 1]

$$\frac{1+\sqrt{5}}{2}$$

1

황금 직사각형

1.62

1

파르테논 신전

[그림 2]

80.6cm
(1)

130.6cm
(1.62)

밀로의 비너스
©Livioandronico2013

7) 짧은 변을 1이라고 할 때, 긴 변이 $\frac{1+\sqrt{5}}{2}$ 가 되는 직사각형을 '황금 직사각형'이라고 하며, 이는 전통적인 일본의 미에 잠재되어 있다고 말한다.

피보나치 수는 자연계에서도 볼 수 있다. 예를 들어 솔방울이나 해바라기의 씨에서 발견되는 소용돌이는 왼쪽과 오른쪽 나선의 수가 피보나치 수이며, 국화과 다년초인 아킬레아는 피보나치 수열에 따라 가지가 자란다. 이처럼 피보나치 수열은 수많은 분야에 잠재되어 있는데, 그 신기함에 마음을 뺏기지 않을 수 없다.

아리스토텔레스의 운동론

아리스토텔레스는 자연학에 관한 작품 《자연학》과 《천체론》에서[8] 세계를 크게 두 가지로 나누었다. 다시 말해 태양과 달 등을 포함하는 천구보다 상위 세계와 하위 세계를 구분한 것인데, 전자를 '천계', 후자를 '월하계'라고 불렀다. 그리고 아리스토텔레스는 월하계의 운동은 크게 외부에서 힘을 더할 수 없는 '자연적 운동'과 그렇지 않은 '강제적 운동'이 있다고 생각했다.

자연적 운동이란 물질의 본성에 따라 생기는 운동을 말하며, '가벼움'에 의한 '위쪽으로의 운동'과 '무거움'에 의한 '아래쪽으로의 운동', 두 종류가 있다고 보았다[9]. 예를 들어 돌의 낙하는, 돌이 가진 '무거움'이라는 본성에 따르고 있다고 해석하며, 반대로 만약 돌이

---

8) 자연학에 관한 아리스토텔레스의 작품에는 《자연학》, 《천체론》 이외에도 《생성소멸론》, 《기상학》 등이 있다.
9) 《천체론》 제1권 제2장을 참고했다. 《천체론》에서는 장소적 운동으로서 '위로의 운동', '아래로의 운동', '중심을 도는 운동', 세 가지가 있다고 주장한다.

위로 운동한다면 그것은 어떠한 강제적인 힘이 작용하고 있다고 생각할 수 있는 것이다.

아리스토텔레스의 운동론에서는, 운동이 발생하기 위해서는 반드시 그 동인이 존재해야만 한다고 생각하며, 자연적 운동에서의 동인은 움직이는 물체 자신의 무거움(혹은 가벼움)이지만, 강제적 운동에서는 물체가 접촉하는 외부 원동자의 작용이 동인이라고 보았다. 다시 말해 운동하게 하는 것(원동자)이 운동하는 것(물체)에 닿아, 물체에 직접적으로 작용이 미치는 한 언제나 운동이 존재한다는 생각이 아리스토텔레스 운동론의 바탕에 있다고 말할 수 있다.

이와 같은 운동론은 《자연학》 제7권에서 전개되는데, 특히 제5장에서는, 유명한 '아리스토텔레스의 운동 방정식'에 관해 기술하고 있다. 움직이게 하는 것(원동자의 힘)을 f, 움직이게 되는 것(물체의 무게)을 m, 움직인 거리를 s, 필요한 시간을 t라고 할 때, $f = m \cdot \dfrac{s}{t}$라고 나타낼 수 있다. 여기에서 $\dfrac{s}{t}$를 속도 v로 바꾸면 $f = mv$가 되는데, 이 식을 아리스토텔레스의 운동 방정식이라고 부른다.

역학을 완성한 뉴턴이 확립한 운동 제2법칙인 '$f = ma$'[10]와 비교해 보면, 그 차이가 또렷하게 강조된다. 다시 말해 아리스토텔레스의 운동론에서 뉴턴 역학으로의 이행은,

---

10) $f = ma$에서 f는 '힘', m은 '질량', a는 '가속도'를 나타낸다. 그리고 제1법칙은 '관성의 법칙', 제3의 법칙은 '작용·반작용의 법칙'이다.

물체의 '속도'는 그 물체에 더해진 힘에 비례한다.

⇩

물체의 '가속도'는 그 물체에 더해진 힘에 비례한다.

와 같이, '속도' 앞에 '가'라는 한 글자만 덧붙이는 것으로 집약되어 버리는 것이다. 그리고 실제로 이를 밝혀내는 데만 2000년이라는 세월이 필요했다.

아리스토텔레스 운동론은 처음부터 두 가지 문제점을 포함하고 있었다. 아리스토텔레스 이후에 두 가지 문제점을 해결하기 위한 다양한 시도가 이어졌는데, 결론부터 말하자면, 그 문제점은 뉴턴 역학의 완성을 기다리지 않으면 기본적으로 해결할 수 없는 내용이었다. 두 가지 문제는 다음과 같다.

첫째, 아리스토텔레스 운동론에 의하면 물체의 운동은 원동자의 직접적인 접촉 작용으로 발생하기 때문에, 예를 들어 힘껏 던진 공이 원동자의 손에서 떨어지면 운동은 소멸해야 하지만, 실제로 공이 손에서 떨어진 이후의 아주 잠깐 동안, 운동은 왜 지속되는 것일까?

둘째, 아리스토텔레스의 운동론에서 물체의 속도는 물체의 무게에 비례한다고 하는데, 자유 낙하의 경우, 떨어지는 어떤 물체에 대한 무게는 일정하므로 낙하의 속도도 일정해야 하지만, 실제로 낙하하는 물체에 따라 속도가 증가하는 이유는 무엇일까?

고대에도 이와 같은 문제에 관한 몇 가지 설명이 존재했다. 지금부터 그중 하나를 소개하려고 한다.

첫 번째 문제에 관해서는, 손에서 떨어진 후의 운동을 유지하는 것으로서, 매체, 즉 공기의 작용을 말하고 있다. 다시 말해 원동자의 힘에 의해 물체와 공기가 동시에 움직여, 이동한 공기는 주변의 공기로 점차 전달되고, 물체는 공기의 추진력에 의해 운동을 계속한다는 것이다. 또 두 번째 문제에서는, 물체가 낙하하면 그에 저항하는 아래쪽 공기층이 점차 얇아지므로 그만큼 저항이 감소하여 더욱 빨라진다는 것이다.

이러한 설명은 모두 공기의 존재를 전제하고 있는 것으로, 다르게 표현하면 '진공'의 부정을 의미한다. 실제로 아리스토텔레스는 《자연학》 제4권 제6~9장에서 '공기 저항은 어떠한 방식으로도 존재하지 않는다'라는 의견을 전개하고 있다. 그리고 진공의 부정은 아리스토텔레스의 운동 방정식과도 관련이 있다.

앞에서 본 운동 방정식을 더 정확하게 표현하면 다음과 같다. 즉, 물체의 속도(V)는 원동자의 힘(P)이 일정하면 저항(R)에 반비례하고, 저항이 일정하면 원동자의 힘에 비례한다. 따라서 $V \propto \dfrac{P}{R}$《자연학》 제7권 제5장)로 표현된다. 물론 이는 앞의 아리스토텔레스의 운동 방정식과 값이 같다. 여기에서 비례 정수를 k라고 하면 $V = k\dfrac{P}{R}$가 되므로, 앞으로는 이 식을 아리스토텔레스의 운동 방정식이라고 부르기로 하자.

만약 진공이 존재한다면, 여기에는 어떠한 저항도 존재하지 않으므로 $R = 0$이라고 할 수 있다. 그러면 운동 방정식의 분모가 0이기 때문에, 속도 V는 무한대가 된다. 다시 말해 진공에서 물체의 속도는 무한대이며, 물체의 장소 이동은 순식간에 이루어지게 된다. 따라서 어떤 물체가 지점 A에 존재한다면, 동시에 다른 지점 B에도 존재하게 되어 명백한 모순이 된다. 그러므로 진공은 존재하지 않는다고 여겼던 것이다.

하지만 이와 같은 고대의 사고방식에 만족하지 않고, 운동론에 관한 새로운 한 걸음을 내디딘 인물이 바로 6세기 전반의 필로포누스[11]였다.

필로포누스의 운동론

아리스토텔레스 운동론은 진공 상태에서 운동할 수 없다고 생각한 반면, 필로포누스는 진공 상태에서 오히려 매체의 저항에 방해받지 않는 '순수한 운동'이 실현된다고 생각했다. 필로포누스의 《아리스토텔레스 자연학 주석》 제4권 제9장의 설명을 보도록 하자.

운동체가 진공 상태에서 1스타디온의 거리만큼 나아가기 위해서는 필연적으로 얼마의 시간(예를 들어 1시간)이 필요한데, 그 1스타디온의 거리가 물로 가득 차 있다고 가정하면, 운동은 이미 1시간이 아니게 되며, 매체의 저항(매체의 밀도 크기에 의해 측정된다) 때문에 얼마의 '부가적 시간'이 더해진다는 것이다. 필로포누스는 물을 빼고 공

---

11) 필로포누스(John Philoponus, 5세기 말~6세기 후반)의 저작은 철학, 수사학, 논리학, 신학, 수학, 자연학 등 다양한 방면에 분포되고 있으며, 그의 최대 업적은 아리스토텔레스 작품에 주석을 덧붙인 것으로, 특히 《자연학》의 주석은 주목할 만하다.

기로 채워, 공기가 물의 절반만큼의 농도라고 하면, 매체를 밀어내는 데 필요한 시간은 그에 비례하여 감소한다고 설명하는 것이다.

이처럼 진공 상태에서는 '순수한 운동'이 실현되고, 그 운동에 필요한 시간이 '본래적 시간'이라고 생각하여, 매체 안에서 운동에 필요한 시간은 그 저항에 맞서기 위해 '본래적 시간'에 '부가적 시간'이 더해져야만 한다고 생각한 것이다. 이러한 필로포누스의 운동을 공식으로 나타내면 다음과 같다.

진공 상태에서의 속도를 V_0, 본래적 시간을 T, 거리를 S라고 하면 $V_0 = \dfrac{S}{T}$가 된다. 또한 V_α를 매체 α안에서의 속도, R을 매체의 저항, t를 부가적 시간이라고 한다면, $V_\alpha = \dfrac{S}{T+t}$가 된다. 그런데 매체의 저항 R이 클수록 부가적 시간 t가 커지므로 $t \propto R$이라고 할 수 있으며, $t = kR$(k는 비례 정수)라고 한다면 $V\alpha = \dfrac{S}{T+kR}$가 되는 것이다. 여기에서 R을 자연수, V_α를 종속변수라고 하고 식을 변형하면,

$$V_\alpha = \frac{S}{T+kR} = \frac{S}{k\left(R+\dfrac{T}{k}\right)} = \frac{\dfrac{S}{k}}{R-\left(-\dfrac{T}{k}\right)}$$

가 되어, 점근선이 $R = -\dfrac{T}{k}$인 쌍곡선을 그리는 분수 함수가 된다[그림 3][12].

이러한 진공 상태의 운동에 대한 필로포누스의 인정은 아

[그림 3]

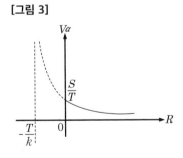

---

12) $R = 0$일 때는 진공 상태이므로 $\alpha = 0$으로 하여, 명백히 $V_0 = \dfrac{S}{T}$가 된다.

리스토텔레스 운동론의 하나의 구조를 깨뜨린 획기적인 것이었다. 그러나 진공 상태의 운동을 인정하면, 사전에 매체를 운동의 추진자로 이용할 수 없게 된다. 예를 들어 아리스토텔레스 운동론에서 문제가 된 투사체의 문제에 관해, 매체의 작용을 끌어낼 수 없게 되어버리는 것이다.

그래서 필로포누스는 '비물체적 운동력'이라는 개념을 도입했다. 다시 말해 던지는 자로부터 던져지는 것 안으로 비물체적 운동력이 스며들어, 운동자의 손에서 떨어진 이후에도 스며든 운동력에 의해 운동이 지속된다는 것이다. 이렇게 투사체의 운동을 직접적 접촉을 통하지 않고도 설명할 수 있는데, 이때 공기는 물체의 운동의 추진에 전혀 관여하지 않고, 단지 저항으로서만 작용한다고 보는 것이다.

나아가 필로포누스는 '무게가 크게 다르지 않은 두 물체, 예를 들어 어떤 물체의 약 2배 무게인 다른 물체를 떨어뜨린 경우, 낙하 시간의 차이는 전혀 없거나, 아니면 만약 차이가 있어도 지각할 수 없을 정도로만 차이가 난다'라는 관찰에 의해, '무거운 물체일수록 빨리 떨어지며, 가벼운 물체일수록 느리게 떨어진다'라는 아리스토텔레스의 생각을 비판하고, 자유 낙하 문제에 대해서도 아리스토텔레스 운동론에서 벗어나려고 시도했다.

임페투스 이론

중세의 '임페투스 이론(theory of impetus)'[13]은 14세기 서구 라

틴 세계에서의 그 성립을 보는 것인데, 14세기의 운동론에는 크게 두 가지 흐름이 있다. 하나는 토머스 브래드와딘[14]을 중심으로 하는 옥스퍼드학파로, 옥스퍼드의 머튼 대학에 거점을 두고 있어 머튼학파라고도 불렀다.

옥스퍼드학파의 특징은 운동의 본질에 관한 이론적 연구보다 오히려 아리스토텔레스 운동론을 정식화함으로써 발생하는 수학적 난점의 극복을 목표로, 운동론의 수학적·계산적 문제에 끝까지 열정을 쏟아부었다는 점이다.

반면 또 다른 흐름은 장 뷔리당[15]을 중심으로 하는 파리학파로, 파리학파는 아리스토텔레스 운동론의 상징적인 두 가지 문제점인 운동론의 자연학적 난점에 관심을 가졌다는 특징이 있다. 이들은 운동 자체의 기초 원리에 철두철미한 생략을 시도하고, 운동학 분야에 '임페투스'라는 새로운 개념을 도입했다.

장 뷔리당은 《아리스토텔레스의 자연학 여덟 권에 대한 질문들》에서 '투사체는 투사자의 손을 벗어난 후 공기에 의해 움직이는 것일까, 아니면 다른 무언가에 의해 움직이는 것일까?'라는 문제를 제

---

13) 임페투스(impetus)의 기원은 필로포누스의 '비물체적 운동력'에 있다.

14) 토머스 브래드와딘(Thomas Bradwardine, 1290경~1349)은 옥스퍼드의 머튼 대학에서 공부한 후, 영국 캔터베리의 대주교가 된 스콜라학자로, '속도 비례론'의 속도, 동력, 저항의 관계에 대해 수학적 정식화를 시도한 인물이다.

15) 장 뷔리당(Jean Buridan, 1300경~1358)은 파리대학의 학장을 역임한 스콜라학자로, 그의 저서 《아리스토텔레스의 천체·지체론 네 권에 대한 질문들》에서 처음으로 임페투스 원리가 등장했다.

기한 다음, 공기는 투사체에 의해 분할되어야만 하므로 오히려 투사체에 저항한다고 생각되기 때문에, 공기에 의해서는 움직이지 않는다고 이야기하고 있다. 뷔리당은 공기의 작용설을 비판한 후, 다음과 같이 서술하며 '임페투스'라는 개념을 도입했다.

'그러므로 나는, 동자(動者)는 동체를 움직일 때, 그에 어떤 종류의 임페투스, 혹은 어떤 종류의 원동적인 성능을 포함하는 것이며, 그 임페투스에 의해 동체는 상향이든, 하향이든, 가로 방향 혹은 원형이든, 동자가 그것을 움직인 방향으로 움직여지는 것이라고 말해야 한다고 생각한다.

그래서 동자가 그 동체를 더욱 빠르게 움직이면 움직일수록, 그만큼 강한 임페투스를 그에 집어넣는 것이다. 그리고 투사자가 움직임을 멈춘 후의 돌은 임페투스에 의해 움직이게 된다.'

공기의 저항 때문에, 또 임페투스가 움직이려는 것과 반대 방향으로 향하게 하는 돌의 무게 때문에, 임페투스는 끊임없이 약해지고 계속 감소하거나 소멸해 버리면, 돌의 무게가 임페투스를 극복하여 돌은 자연적인 장소로 이동하게 된다는 것이다.

그러나 만약 공기의 저항이나 반대로 운동하려는 경향에 의해 방해받지 않는다면 임페투스는 무한히 지속한다고 본다. 이러한 임페투스의 항구적 성격이, 후에 근대의 관성 원리[16]의 선구로 여겨진 것이나 다름없다. 왜냐하면 임페투스가 영원히 보존된다면 반대의 운

---

16) 근대의 관성 원리는 데카르트를 거쳐, 뉴턴 제1법칙으로 확립되었다.

동이나 저항이 없는 한 같은 속도로 무한히 운동한다고 생각할 수 있기 때문이다. 그러나 근대 역학에서의 관성 원리와 임페투스 이론에서의 관성 원리는 다음과 같은 두 가지 본질적인 차이가 존재한다.

첫째, 근대의 관성 원리는 '어떠한 힘이 작용하지 않는다'에 의해 그와 같은 운동(혹은 정지)이 보존되는 데 비해, 임페투스 이론에서는 '언제나 임페투스라는 힘이 작용한다'에 의해 같은 운동이 유지되지 않는다.

둘째, 근대 역학에서는 한 번 이동된 것은 외부로부터의 힘이 더해지지 않는 한 같은 운동을 그대로 간직한다고 보는 데 비해, 임페투스 이론에서는 외부로부터의 힘이 더해지지 않는 한, 물체는 바로 정지 상태로 돌아간다고 생각했다.

이처럼 운동과 정지를 동등하게 두고, 둘을 상대적이라고 보는 근대 역학에 비해, 임페투스 원리는 정지가 물체의 궁극적인 본질이라고 생각한다는 점에서 근대 역학과 임페투스 원리는 근본적으로 다른 사고 체계에서 성립한다고 할 수 있다.

다음으로 자유 낙하할 때 속도가 증가하는 문제에 대해 임페투스 원리는 어떻게 설명하고 있는지 살펴보자. 이 문제에 관해 뷔리당은 《아리스토텔레스의 천체·지체론 네 권에 대한 질문들》에서 다음과 같이 서술하고 있다.

'무거운 물체는, 그의 주요한 원동자, 즉 무거움으로 그 운동을 얻을 뿐만 아니라, 영속적인 자연적 무게와 함께 그 무거운 물체를 움직이는 성능을 가진 어떤 임페투스를, 그 운동과 함께 획득한다고 상상해야만 한다. 그리고 그 임페투스는 일반적으로 운동을 통해 획득할 수 있으므로 운동이 빠르면 빠를수록 그만큼 임페투스는 크고 강하다.'

다시 말해 어떤 물체는, 처음에는 자연적 무게에 의해서만 낙하하므로 느린 것이지만, 그 후는 같은 무게와 동시에 획득된 임페투스에 의해 낙하하므로 더 빠르게 낙하한다는 것이다. 그리고 운동이 더 빠르게 이루어진다면 임페투스도 더욱 크고 강해지므로 낙하는 한층 더 빨라진다고 생각할 수 있다. 그러므로 자유 낙하할 때 속도의 증가가 발생한다고 설명하는 것이다.

이러한 임페투스 이론의 설명을 보면, 자유 낙하에서의 연속적 가속에 관한 페리파토스학파[17]의 전통적인 설명, 즉 물체는 낙하에 의해 자신의 본래 장소에 더욱 가까워지므로, 고향에 가까워지는 방랑자의 발걸음이 한층 더 빨라지는 것처럼 가속이 발생한다는 비유적 설명보다 더 과학적 사고를 관통하고 있다고 말할 수 있다.

질의 양적 표시와 그래프 표시

파리학파인 뷔리당의 임페투스 이론을 받아들임과 동시에 옥스

---

17) 페리파토스학파란 아리스토텔레스학파를 가리킨다. 아리스토텔레스가 학원 리케이온에 있는 지붕 덮인 회랑(건물을 둘러싼 긴 복도, 페리파토스)을 산책하며 제자들에게 철학을 강의했다는 데에서 그 이름이 붙여졌다. 소요학파라고도 부른다.

퍼드학파의 수학적 이론도 계승한 인물이 바로 니콜 오렘18이다. 그는 뷔리당의 '돌진하는 힘'으로서의 임페투스와는 조금 다르게, 임페투스를 운동하는 물체에 내재화된 일종의 '부가적 성질'이라고 생각하여, '구동성(驅動性)'이라는 명칭을 붙였다.

니콜 오렘

오렘의 가장 큰 업적은, 모든 '성질'은 수학적 분량으로 표현된다고 생각하고, '구동성'과 같은 질의 강도 변화를 그래프로 표현하는 방법을 발견한 것이다. 이것은, 질과 양은 전혀 다른 범주에 속한다고 생각하고, 둘 사이의 관계를 인정하지 않은 아리스토텔레스 이론과는 근본적으로 다른 사고 체계다.

오렘의 그래프 표시 방법은, 수평선에 '운동의 통과한 거리 또는 시간의 확장'을 표시하고, 수직선에 '주어진 점의 임페투스나 속도 등의 강도'를 나타내는 것이다. 예를 들어 수직선이 어느 시점에서의 속도의 크기를 나타낸다고 가정할 때, 그 상단을 연결하면 **[그림 4]**와 같은 그래프가 만들어진다.

---

18) 니콜 오렘(Nicole Oresme, 1320~1382)은 파리대학의 나바르 학원장을 역임하기도 했던 파리학파의 주요 인물로, 갈릴레오의 선구자 중 한 사람이다. 《천체론 문제집》이나 《천체·지체론》에서 임페투스 원리를 다루고 있다.

오렘이《성질의 도형화에 대해서》라는 작품에서 이 그래프 표시를 이용해 '머튼 규칙[19]'을 기하학적으로 증명한 이야기는 매우 유명하다. 다시 말해 [그림 5]에서 선 BA가 시간을, 또 BA 위에 세워진 수직이 속도를 나타낸다고 생각하고, 삼각형 CBA가 사각형 AFGB와 같다는 것을 밝히고 있다.

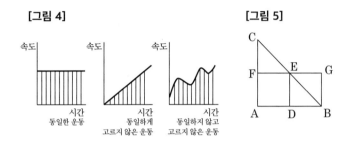

[그림 4]   [그림 5]

이 그래프를 보면, 오렘은 모든 '면적도', 즉 면적에 따른 통과 거리를 나타내는 도식을 생각해낸 것이다.

오렘에게 모든 '질의 양적 표시'와 그래프에 의한 표현은, 여러 물리량의 수학적 처리를 가능하게 했으며, 갈릴레오의《새로운 두 과학》의 방법적 중핵을 이루는 역학적 문제의 기하학적 증명으로 가는 길을 닦았다고 말할 수 있다. 이렇게 14세기 중세 운동론은 다양한 방면에서 갈릴레오에 의한 근대 역학의 성립을 준비했던 것이다.

---

19) 머튼 규칙(The Merton rule)이란 '등가속 운동에서 통과 거리는, 처음 속도와 마지막 속도의 평균 속도를 가진 등속도 운동이, 같은 시간 동안 통과한 거리와 같다'라는 내용으로, 옥스퍼드의 머튼학파에 의해 정식화되었다.

제3장

근대 수학

1. 기호 대수학의 성립

삼차 방정식과 사차 방정식의 해법

16세기 대수학의 위대한 업적 중 하나는, 뭐라고 해도 삼차 방정식과 사차 방정식의 대수적 해법이라고 말할 수 있다. 이러한 풀이는 이탈리아인에 의해 이루어졌다.

16세기 초, 볼로냐 대학의 수학 교수였던 스키피오네 델 페로[1]가 $x^3 + px = q$ 및 $x^3 = px + q$ (p, q는 양수)라는 꼴의 삼차 방정식의 해법을 발견했다고 전해지지만, 그가 어떻게 발견했는지는 알려지지 않았다. 그 풀이에 관해 비밀로 간직하던 페로는 죽기 직전, 자신의 문하생인 피오르[2]에게 $x^3 = px + q$의 해법을 알려주었다고 한다.

---

1) 스키피오네 델 페로(Scipione del Ferro, 1465~1526)는 이탈리아의 대수학자로, 16세기의 첫 10년 혹은 20년 사이에 삼차 방정식의 해법을 발견했다고 전해지는데, 그에 관한 저서도, 직접 작성한 원고 등도 현재 남아있지 않다.

몇 가지 자료를 통해 페로가 [계산 1]처럼 $x^3 = px + q$를 풀지 않았을지 추측하고 있다. 당시에는 상대방과 서로 일정 수의 문제를 출제하고, 일정 기간 동안 그 문제들을 풀이하는 수학 시합이 시행되었는데, 승자는 영예와 상금의 획득은 물론, 대학 등에 취직할 수 있는 기회도 얻을 수 있었다. 그에 비해 패자는 그 지위를 잃었다. 그래서 발견한 해법을 비밀에 부치는 경우가 많았던 것이다.

반면 삼차 방정식의 해법이 존재한다는 소문에 자극을 받아, 베로나에서 수학·역학 교수이자 최고의 학자로 유명했던 니콜로 타르탈리아[3]가 삼차 방정식 연구에 몰두하여 그 해법을 알아냈다고 한다.

그렇게 1535년 2월, 피오르와 타르탈리아의 삼차 방정식 해법에 관한 수학 시합이 개최되었다. 시합은 서로에게 30문제씩 출제하고, 일정 기간 내에 더 많이 풀이한 사람이 승리하는 것이었다. 기간 내에 모든 문제를 풀이한 타르탈리아에 비해, 피오르는 기일까지 한 문제도 풀지 못해, 타르탈리아의 완벽한 승리로 끝나고 말았다.

---

2) 안토니오 피오르(Antonio Maria Fior, 15세기 중반~16세기 전반)는 이탈리아의 대수학자로, 평범한 수학자였으며, $x^3 + px = q$의 꼴 이외에 삼차 방정식의 풀이는 불가능했다.

3) 니콜로 타르탈리아(Niccolo Tartaglia, 1499~1557)는 이탈리아 베네치아에서 태어났으며, 본명은 니콜로 폰타나(Niccolo Fontana)다. 그가 어렸을 무렵 베네치아는 프랑스의 공격을 받았는데, 그때 프랑스 군인에게 상처를 받아 자유롭게 말할 수 없게 되어, '말더듬이'라는 의미의 '타르탈리아'라고 부르게 되었다. 그는 독학으로 읽고 쓰는 것을 익혔으며, 라틴어, 그리스어, 수학 등을 습득했다.

[계산 1]

만약 미지수 x가 제곱근의 합이라고 할 때,

$x = \sqrt{a+\sqrt{b}} + \sqrt{a-\sqrt{b}}$ 라는 꼴로 나타낸다고 하면, 그 x는 양변을 제곱하여 $x^2 = (2\sqrt{a^2-b}) + 2a$라는 꼴의 이차 방정식의 해가 된다. 이를 이용하여, 미지수 x가 $x = \sqrt[3]{a+\sqrt{b}} + \sqrt[3]{a-\sqrt{b}}$ 의 꼴로 표현되었다고 가정하자.

양변을 세제곱하면 $x^3 = (3\sqrt[3]{a^2-b})\,x + 2a$가 되므로

$x^3 = px + q$라는 꼴의 삼차 방정식이 만들어진다.

여기에 $p = 3\sqrt[3]{a^2-b}$, $q = 2a$라고 하고, a와 b를 구하면

$a = \dfrac{q}{2}$, $b = \left(\dfrac{q}{2}\right)^2 - \left(\dfrac{p}{3}\right)^3$가 되므로

$x = \sqrt[3]{\dfrac{q}{2} + \sqrt{\left(\dfrac{q}{2}\right)^2 - \left(\dfrac{p}{3}\right)^3}} + \sqrt[3]{\dfrac{q}{2} - \sqrt{\left(\dfrac{q}{2}\right)^2 - \left(\dfrac{p}{3}\right)^3}}$

라는 '카르다노의 공식'을 얻을 수 있다.

피오르가 풀 수 있었던 문제는, 앞에서 언급한 $x^3 + px = q$라는 꼴의 방정식 하나뿐이었지만, 타르탈리아는 $x^3 + px^2 = q$, $x^3 = px + q$ 등의 방정식 해법도 터득했던 것이다. 타르탈리아는 그 후에도 삼차 방정식 해법의 연구에 심혈을 기울여, 1541년에 삼차 방정식의 일반적 해법을 찾아냈다.

타르탈리아의 승리 소식을 듣고, 그 해법이 참을 수 없이 궁금하여, 집요하고 간절하게 요청한 학자가 있었다. 바로 지롤라노 카르다노4였다. 처음에 타르탈리아는 거부했지만, 절대 외부에 누설하지 않겠다는 비밀 엄수를 약속하고, 1539년 그 해법을 전수했다. 그

카르다노　　　　　타르탈리아

러나 카르다노는 6년 후인 1545년,《아르스 마그나》[5]라는 수학서를 간행하고 삼차 방정식의 해법을 공표해버렸다. 이에 격노한 타르탈리아는, 카르다노의 배신을 엄청나게 비난했다고 한다.

삼차 방정식의 풀이가 해결된 후, 다음은 사차 방정식 풀이를 연구의 목표로 삼았는데, 이에 성공한 인물이 카르다노의 제자였던 루도비코 페라리[6]다. 페라리의 풀이 또한 카르다노의《아르스 마그나》에 수록되어 있다.

---

4) 지롤라모 카르다노(Gerolamo Cardano, 1501~1576)는 이탈리아 르네상스의 대표적인 의사이자 점성술사, 대수학자다. 1539년에《수학과 측량의 실제》를 출판했으며, 수학 분야에서는 확률론의 선구자이기도 하다.
5)《아르스 마그나(Ars Magna)》는《위대한 술법 또는 대수의 여러 법칙에 대하여》라고도 한다.
6) 루도피코 페라리(Ludovico Ferrari, 1522~1565)는 이탈리아 볼로냐 출생으로, 14세 무렵 카르다노의 집에 봉공으로 가서 수학을 배웠다. 페라리가 발견한 사차 방정식의 해법은 카르다노의 저서《아르스 마그나》의 제39장에서 설명하고 있다.

이제 카르다노의 '정육면체의 부피와 변의 6배의 합을 20과 같게 만들어라'라는 문제에 대해 생각해 보자. 이 문제는, 한 변의 길이를 x라고 하면, 정육면체의 부피는 x^3, 변의 6배는 $6x$를 의미하므로 $x^3 + 6x = 20$이라는 삼차 방정식을 풀이하는 문제가 된다. 그 해법은 **[계산 2]**와 같으며, 이 해법은 일반적으로 삼차 방정식 $x^3 + px = q(p > 0,\ q > 0)$의 해를

$$x = \sqrt[3]{\sqrt{\left(\frac{p}{3}\right)^3 + \left(\frac{q}{2}\right)^2} + \frac{q}{2}} - \sqrt[3]{\sqrt{\left(\frac{p}{3}\right)^3 + \left(\frac{q}{2}\right)^2} - \frac{q}{2}}$$

라고 정식화했다고 할 수 있다.

앞에서 기술한 방법은 타르탈리아가 카르다노에게 전한 것인데, 카르다노는 그 후 연구를 통해 $x^3 + px^2 + qx + r = 0$이라는 일반형의 삼차 방정식 풀이에 성공했다. 그 해법은, $x = y - \frac{p}{3}$로 바꾸어 x^2 항을 소거하고, $y^3 + my + n = 0$의 꼴로 바꾸어, 앞의 타르탈리아의 방법을 이용하는 것이었다[7].

삼차·사차 방정식의 해법을 얻은 후, 오차 방정식 풀이에 대한 탐구는 너무나 당연한 수순이었다. 그러나 오차 방정식의 풀이는 쉽게 해결되지 않았다.

오차 방정식의 풀이는 약 300년이 지난 19세기가 되어, 노르웨

---

7) 타르탈리아, 카르다노의 공식에서는 근호 안에 음수가 있는 경우도 있었기 때문에, 그때부터 '허수'에 대한 최초의 형식적 승인이 이루어지게 되었다.

아벨 　　　　　　　갈루아

이의 닐스 헨리크 아벨8에 의해 오차 혹은 그 이상의 고차 방정식은 대수적으로 풀이할 수 없다는 것이 증명되었다. 또한 프랑스의 에바리스트 갈루아9는 대수 방정식을 그 근의 치환으로 만든 특수한 군 (갈루아 군, Galois group)과 연결 지어, 그 군의 구조와 가능성을 연구했다. 이렇게 대수 방정식의 해법은 군론 등의 연구로 발전하게 되었다.

---

8) 닐스 헨리크 아벨(Niels Henrik Abel, 1802~1829)은 노르웨이 오슬로 근교의 마을인 핀도(Findö)에서 가난한 목사의 아들로 태어났다. 크리스타니아 (지금의 오슬로) 대학을 졸업 후, 베를린, 파리에서 유학하며 독일의 수학자 크렐레 등과 친분을 쌓았다. 그리고 1826년, 일반적인 오차 혹은 그 이상의 방정식이 대수적으로 풀리지 않는 것을 증명했다.
9) 에바리스트 갈루아(Evariste Galois, 1811~1832)는 파리 근교에서 태어나, 15세 무렵부터 수학에 비상한 재능을 보였다고 한다. 중학생 때는 선생님에게 반항적이었으며, 명문 학교인 에콜 폴리테크니크 대학의 시험을 보지만, 두 번 모두 불합격하여 부득이하게 에콜 노르만에 입학한다. 그러나 정치 활동을 하여 퇴학 처리가 되고, 두 번 체포되어 투옥하게 된다. 1832년 석방되었지만, 여성 문제에 휘말리면서 목숨을 잃었다.

[계산 2]

먼저 $uv = \frac{1}{3} \times 6 = 2$가 되는 u, v를 이용해, $x = u - v$라고 한다. 이때 주어진 삼차 방정식은 $(u-v)^3 + 6(u-v) = 20$이 되며, 이를 정리하면 $u^3 - v^3 = 20$이 된다.

다음으로 $uv = 2$를 $v = \frac{2}{u}$라고 하고 이를 $u^3 - v^3 = 20$에 대입하면 $u^6 - 20u^3 - 8 = 0$이 되므로 $u^3 = \sqrt{108} + 10$를 얻을 수 있으며, 같은 방법으로 $v^3 = \sqrt{108} - 10$도 얻을 수 있다. 여기에서는 음수인 해를 생각할 수 없으므로, $x = \sqrt[3]{\sqrt{108}+10} - \sqrt[3]{\sqrt{108}-10}$이 된다.

대수 기호의 발명

앞서 소개한 카르다노의 삼차 방정식과 그 해법에서는 삼차 방정식을 '$x^3 + 6x = 20$'라고 표기하고,

해는 '$x = \sqrt[3]{\sqrt{108}+10} - \sqrt[3]{\sqrt{108}-10}$'라고 썼다. 그러나 이는 현대적 표기 방식이며, 당시에는 대수 기호가 매우 복잡했다. $x^3 + 6x = 20$은 'Cubus p 6 rebus aequalis 20'이라고 썼으며, 해는

$R.\,v.\,cu.\,R.\,108\,\bar{p}.\,10\,|\,\bar{m}\,R.\,v.\,cu.\,R.\,108\,\bar{m}\,10.$

이라고 썼다.

'cu' 혹은 'Cubus'는 세제곱이라는 의미로 'x^3'을 나타내고, 'p'나 '$\bar{p}$'는 플러스를, '$\bar{m}$'은 마이너스를 가리킨다. 'rebus'는 '무엇'이라는 의미로 미지수를 나타내며, 'R'은 루트 '$\sqrt{}$'를 의미한다. 이러한 대수 기호는 어려움과 불편함이 느껴진다. 앞에 등장한 카르다노

의 기법에는 미지수에 'rebus'를 사용하고 있는데, 더 일반적으로는 '무엇'을 의미하는 'coss'나 'cosa'를 사용했다. 그래서 15~16세기의 대수를 '코스 대수'라고 부르기도 한다.

혼란스러운 상황에 놓여있던 대수 기호는 점차 개선되었다. '+, -' 기호가 처음 등장한 인쇄서는 요하네스 비트만[10]의 산술서(1489)였으며, 기호 '='는 로버트 레코드[11]의 《지혜의 숫돌》(1557)에서 처음 등장했다. 또한 근호 기호는 독일의 수학자 루돌프[12]의 대수학서(1525)에 '$\sqrt{}$'와 비슷한 기호가 보이지만, 이것이 오늘날과 같은 '$\sqrt{}$'가 된 것은 데카르트 이후다.

오트레드

곱셈과 나눗셈 기호는 이보다 조금 늦는데, '×'는 영국의 윌리엄 오트레드[13]의 《수

---

10) 요하네스 비트만(Johann Widmann, 1460~1498)은 독일의 수학자로, 라이프치히 대학을 졸업한 후, 같은 대학에서 대수학 강의를 담당했다. 그의 저서로 《모든 거래의 민첩하고 훌륭한 계산법(Mercantile Arithmetic widmann)》(1489)이 있다.

11) 로버트 레코드(Robert Recorde, 1510~1558)는 영국의 의사이자 수학자로, 옥스퍼드 및 케임브리지 명문 대학에서 공부했다. 에드워드 6세, 메리 여왕의 주치의를 지내기도 했다.

12) 크리스토프 루돌프(Christoff Rudolff, 1500경~1545)는 독일의 수학자로, 1525년 스트라스부르에서 대수학 교과서인 《Coss》를 출판했다. 이 책은 1553년, 독일의 수학자 미하엘 슈티펠(Michael Stifel, 1487~1567)에 의해 재출간되었다.

13) 윌리엄 오트레드(William Oughtred, 1575~1660)는 영국의 수학자로, 케임브리지 대학을 졸업한 후, 동일 대학에서 학생들을 가르쳤다. 계산척을 발명한 사람이기도 하다.

비에트

학의 열쇠》(1631)에서, '÷'은 스위스의 요한 하인리히 란[14]의 대수학서(1659)에서 처음 등장했다.

대수 기호는 이렇게 점차 정비되었는데, 나아가 일반적으로 수 대신 문자를 사용하고, 오늘날과 같은 기호 대수의 단서를 열었던 것은 프랑스 수학자, 프랑수아 비에트[15]였다.

비에트의 기호 대수

비에트의 여러 작품 가운데 기호 대수에 관해 특별히 살펴보아야 할 책은《해석학 입문》(1591)인데, 이 책은 다음과 같은 여덟 장으로 구성되어 있다.

〈제1장〉 해석의 정의와 분류 및 zetetica에의 응용이 유용한 사항에 대하여

---

14) 요한 하인리히 란(Johann Heinrich Rahn, 17세기)은 스위스의 수학자다. 부등식 기호인 '<'와 '>'는 란의 저서에서 발견할 수 있다.

15) 프랑수아 비에트(Francois Viete, 1540~1703)는 프랑스의 수학자로, '대수학의 아버지'라고도 부른다. 원래는 변호사였지만, 절대 왕정의 절대 군주 앙리 4세의 고문관 자리까지 오른 정치가이기도 했다. 또한 아래와 같이 원주율에 관한 무한 곱셈(비에트 공식)을 발견한 최초의 인물이다.

$$\frac{2}{\pi} = \sqrt{\frac{1}{2}} \cdot \sqrt{\frac{1}{2} + \frac{1}{2}\sqrt{\frac{1}{2}}} \cdot \sqrt{\frac{1}{2} + \frac{1}{2}\sqrt{\frac{1}{2} + \frac{1}{2}\sqrt{\frac{1}{2}\cdots}}}$$

여기에서의 'zetetica'에 대해서는 제1장에서 설명하고 있으며, 'zetetic art'를 말하는데, 이는 구해야만 하는 양과 주어진 양에 관한 정리에 대해 성립하는 방정식 또는 비례를 찾아내는 방법을 의미한다. 또한 'poristic art'란 발견한 방정식 또는 비례에서 시작하여 제시된 정리가 진실이라는 것을 조사하는 방법이며, 'rhetic art'란 발견된 방정식 및 비례에 적합한 값을 구하는 방법이라고 제1장에서 함께 설명하고 있다. 앞의 두 가지 방법은 파포스의 '분석과 종합'[16]에 대응하고 있다는 것을 알 수 있다.

제2장에서는 '방정식과 비례를 지배하는 잘 알려진 규정을 명백하다고 가정하며, 이는 《기하학 원론》에서 발견할 수 있다'라고 하며, '같은 것에 같은 것을 더하면 그 합은 같다' 등의 16개의 규정을

---

16) 이 책의 제1부 제8장의 '분석과 종합'을 참고하면 좋다.

예로 들고 있다.

제3장에서는 '같은 차원의 양만 서로 비교되어야 한다'라는 '차원 동차성의 법칙'을 서술하고 있다. 예를 들어 $x^3 + 3ax = b$에서 x^3은 3차원이므로 a는 2차원(평면), b는 3차원(입체)이라고 생각해야만 한다는 것이다.

제4장에서는 기호에 관한 계산 규칙(네 가지 규칙)을 설명하고 있으며, 제5장에서는 zetetic art에 대해 해설하고 있다. 제5장에서는 알지 못하는 미지량에 대문자 모음인 A, E, I, O, U, Y를 사용하고, 이미 알고 있는 기지량에 대문자 자음인 B, G, D 등을 사용한다고 기술하고 있다.

이처럼 기호를 사용함으로써 지금까지 미지수 x, x^2, x^3등 각각 다른 문자를 사용했던 것을, 하나의 문자 A(미지수)로 통일하여 기술할 수 있게 되었다. 예를 들어 오늘날의 방식으로 '$x^3 + 3bx = 2c$'라고 써야 하는 부분은,

A cubus + B plano 3 in A, aequari Z solido 2

라고 서술하는 것이다. 여기에서 B, Z는 기지수를 나타낸다. 이 서식에서는 3차원(입체)을 의미하는 'cubus'나 'solido', 2차원을 의미하는 'plano' 등을 사용하는데, 이를 통해 앞에 서술한 '차원 동차성의 법칙'에 묶여있다는 것을 알 수 있다. 이러한 속박으로부터의 해방은 데카르트 이후의 일이다.

게다가 등호 대신 'aequari'를 사용하는 것도 고대적·중세적이라고 말해야만 한다[17]. 이처럼 비에트의 대수는 '기호적 대수'라고

불리며, 오늘날의 대수에서 보면 아직 기호화 수준이 낮아, 오히려 '생략 기호적 대수'라고 부르는 편이 더 좋을지도 모른다.

비에트의 기호 대수를 더욱 발전시킨 인물이 데카르트인데, 그는 저서 《방법서설》의 부록인 《기하학》에서 이미 알고 있는 선분에 $a, b, c, \cdots\cdots$, 알지 못하는 미지의 선분에 $x, y, z, \cdots$를 사용하여, 방정식 $z^2 = az + b^2$을 '$z^2 \, \alpha - az + bb$' 등으로 표현하고 있다. 데카르트에 관한 내용은 뒤에 나오는 〈4. 해석 기하학의 탄생〉에서 살펴보도록 하자.

---

17) 이 책의 제1부 제5장의 '디오판토스의 《산수론》'을 참고하면 좋다.

2. 근대 역학의 형성[1]

초기 갈릴레오 운동론

갈릴레오 갈릴레이[2]는 낙하 법칙의 발견 등 근대 역학의 기반을 확립한 과학자로 너무 잘 알려져 있다. 그의 연구 활동은 **[표 1]**과 같이 크게 네 시기로 나눌 수 있다.

피사 시기의 대표적인 작품 《운동에 대하여》[3]에서 주목해야 하는

---

1) 이번 장의 대부분은 1985년 출간된 이토 슌타로의 《갈릴레오》를 참고했다.
2) 갈릴레오 갈릴레이(Galileo Galilei, 1564~1642)는 이탈리아 피사 출신의 물리학자로, 근대 자연과학의 창시자 중 한 사람이다. 아버지 빈센초 갈릴레이는 다방면의 취미를 가진 교양인으로, 류트 연주자이기도 하다. 수학자 오스틸리오 리치(Ostilio Ricci, 1540~1603)에게 유클리드와 아르키메데스에 대해 배우고, 이후 피사 대학과 파도바 대학에서 수학 등을 강의했다. 피사에 머물던 시절의 갈릴레오에 관한 일화로 '피사의 실험'이 유명하다. 이는 그의 제자인 빈센초 비비아니(Vincenzo Viviani, 1622~1703)가 스승의 업적을 이상적으로 그린 《갈릴레오 전기》에 나오는데, 실제 사탑에서 실험한 흔적은 없다고 한다.

[표 1]

	시기	시기	업무 내용	주요 저서
제1기	피사 시기	1589~1592	준비기	《운동에 대하여》
제2기	파도바 시기	1592~1610	역학 형성기	《기계학》 〈사르피의 편지〉
제3기	피렌체 시기	1610~1633	천문학기	《시데레우스 눈치우스》 《분석자》 《두 우주 체계에 대한 대화》
제4기	아르체트리 시기	1633~1642	역학 완성기	《새로운 두 과학》

점은, 갈릴레오의 근대 역학 형성에서 중요한 역할을 맡은 아르키메데스의 방법과 개념을 채용하여, 그를 아리스토텔레스 운동론을 극복하는 돌파구로 삼았다는 점이다.

갈릴레오 갈릴레이

갈릴레오는 《운동에 대하여》 제8장에서, 물체의 속도는 물체의 밀도와 매체의 밀도의 차에 비례한다고 서술하고 있다.

이 운동론을 공식으로 쓰면, V를 속도, P를 물체의 밀도, M를 매체의 밀도, k를 비례 정수라고 할 때, $V = k(P - M)$로 나타낼 수 있다. 아리스토텔레스의 운동 방정식이 $V = k\dfrac{P}{R}$처럼 비율의 형태로 표현되는 것에 비해, 갈릴레오의 운동 방정식은 뺄셈의 형태로 표현

---

3) 《운동에 대해서(De Motu)》는 총 23장으로 이루어진 작품으로, 갈릴레오가 피사에 머물던 마지막 해인 1591~1592년에 완성되었다고 한다.

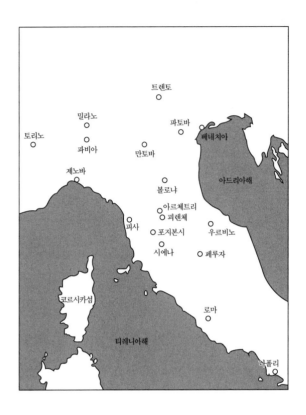

된다.

아리스토텔레스의 운동 방정식에서는 $R = 0$, 다시 말해 진공 상태에서는 속도가 무한해지며, 시간을 필요로 하는 운동이 발생하지 않는다고 여겼는데, 그와 달리 갈릴레오의 운동 방정식에서는 진공 상태에서의 운동도 용인되었다. 그러나 갈릴레오는《운동에 대하여》제10장에서 '진공은 무게가 없으므로, 진공의 무게에 대해 가동체의 무게가 초과하는 양은 가동체 자신의 전체 무게가 된다.

따라서 가동체는 그 전체 무게에 대응하는 속도로 움직이는 것이다'라고 서술하고 있는데, 그로 인해 그는 진공 상태에서의 운동에 대해 아직 올바른 인식에 도달하지 못했다는 것을 알 수 있다.

게다가 낙하 속도를 $V = k(P - M)$이라고 하면 낙하 운동은 항상 속도가 같다고 할 수 있는데, 피사에 머물던 시기의 갈릴레오는 실제로 가속하는 이유에 관한 문제에 대해서도 올바르게 해결하지 못했으며, 중세의 임페투스와 매우 유사한 개념인 '돌파하는 힘'을 가지고 설명하는 것에 불과했다.

이는 투사체에 관한 문제도 마찬가지다. 갈릴레오 연구자로 유명한 스틸먼 드레이크[4]도, 《운동에 대하여》를 읽으면 4세기 중반 파리의 장 뷔리당의 강의를 듣는 것 같은 기분이 든다고 서술하고 있다.

이처럼 피사 시기의 갈릴레오는 아리스토텔레스 운동론 이래의 문제점에 대해 중세의 임페투스 원리와 비슷한 수준에 머물렀다고 말할 수 있다.

아르키메데스에게 배우다

갈릴레오의 저서 《운동에 대하여》 제5장에서 '물보다 가벼운 것은 완전히 가라앉을 수 없는 것'의 증명에서 보여주는 내용이나 제8장의 내용으로 보아, 갈릴레오가 운동 방정식을 정식화한 배경에 아르키메데스의 《부체에 대하여》[5]가 있다는 것은 너무나 명백한 사실

---

4) 스틸먼 드레이크(Stillman Drake, 1910~1993)는 토론토 대학의 과학사 명예 교수로, 갈릴레오에 대한 세계적인 최고 권위자 중 한 사람이다.

이다. 다시 말해 물체와 매체의 관계를, 물속에서의 물체를 이른바 모델로 생각하고, 그 생각을 공기 중의 물체 등에도 응용했다고 할 수 있는 것이다.

갈릴레오는 아리스토텔레스처럼 '무거움'이나 '가벼움'을 물체의 절대적 속성에 의한 것이 아니라6, 매체와의 상대적 관계에 의해 결정된다고 생각하였으며, 나아가 그 관계를 둘의 밀도의 차라고 하고, 실험적으로 검증 가능한 정량적 척도로 속도와 무게의 비례 관계를 통해 아르키메데스의 유체 정역학을 동역학화했다고 말할 수 있다.

갈릴레오가 아르키메데스의 정역학의 개념을 동역학화하여 이러한 역학을 형성한 단적인 사례로, 사면 위의 모든 운동을 들 수 있다. 갈릴레오는 《운동에 대하여》 제14장에서, 기울기가 다른 사면 위에서의 운동 속도의 비율에 관해 논하고 있다. 여기에서는 천칭에 매달린 추라는 정역학적인 경우를 동역화하여, 사면의 경사가 가파를수록 물체의 속도 또한 커진다고 증명한다. 그 증명의 개요는 다음과 같다.

---

5) 갈릴레오는 1543년, 타르탈리아가 출간한 아르키메데스의 《부체에 대하여》의 라틴어 번역본으로 은사인 리치에게 가르침을 받았다.

6) 아리스토텔레스는 '무거움'과 '가벼움'에 대해 절대적인 경우와 상대적인 경우가 있다고 말하며, 선인들은 상대적인 경우에 대해서만 말했지만, 사실 '절대적 무거움'과 '절대적 가벼움'이 있다고 주장했다. 다시 말해 위를 향해 움직이는 물체는 절대적 가벼움을, 아래를 향해 움직이는 물체는 절대적 무거움을 가지고 있다는 주장이다. 이에 대해서는 《천체론》 제4권 제1장을 참고하면 좋다.

갈릴레오는 **[그림 1]**과 같이 천 칭 CD에서, 천칭의 가로대인 AD 가 점 D를 출발하여 점 B의 방향 으로 움직이는 경우를 생각했다. 천칭 AD, 천칭 AS, 천칭 AR라는 세 가지 가운데, 첫 번째 경우에

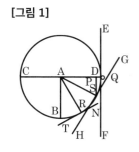

[그림 1]

물체는 EF를 따라 떨어지고, 두 번째 경우에는 사면 GH를 따라 떨 어지며 세 번째 경우에는 물체가 사면 NT를 따라 떨어진다고 간주 한다. 그리고 이때 물체 속도를 각각 $V(EF)$, $V(GH)$, $V(NT)$라고 한 다면, $V(EF) > V(GH) > V(NT)$가 된다는 것을 도출했다. 따라서 사면의 경사가 가파를수록 물체의 속도 또한 크다는 사실이 증명되 었다.

이처럼 갈릴레오는, 천칭과 그에 매달린 추라는 정역학의 범주에 속한 것을 이용하여, 추의 하락이라는 새로운 방향성을 제시했다는 것을 알 수 있다. **[그림 1]**은 천칭의 정역학이 사면의 동역학으로 전 환된다는 갈릴레오의 가장 창조적인 국면을 시각적으로 나타낸, 상 징적인 다이어그램이라고 할 수 있다.

게다가 갈릴레오는《운동에 대하여》제14권에서 '다른 경사 를 가진 사면을 따라 하락하는 물체 속도의 비율은, 사면의 크기 가 같다면 그 사면의 길이에 반비례한다'라고 증명하고 있다. 다 시 말해 **[그림 2]**에서 사면 AC 및 AD를 하락하는 물체의 속도를 $V(AC)$, $V(AD)$라고 하면 $V(AC):V(AD) = AD:AC$가 성립한다는

[그림 2]

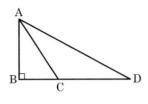

것이다.

이 정리는 'De motu 정리'라고 부르는데, 사실 여기에는 오류가 존재한다. 갈릴레오는 나중에 그 오류를 깨닫고,《새로운 두 과학》에서 정정했다[7].

하락 모멘트

갈릴레오의 저서《기계학》[8]은 그가 파도바에 머물던 시절에 가장 먼저 쓴 중요한 작품으로, 운동론 관점에서 사면 위의 운동과 그에 사용되고 있는 '하락 모멘트'라는 개념에 주목해야 한다. 갈릴레오는 **[그림 3]**과 같이 '가동체가 수평면에 수직인 방향으로 갖고 있는 전체적이고 절대적인 모멘트의 크기의, 사면 HF에 따라 가지는 모멘트의 크기에 대한 비율은 선분 HF의 선분 HK에 대한 비율과 같

---

7) AC, AD가 하락하는 시간을 $T(AC)$, $T(AD)$라고 한다면, 정확하게는 $V(AC):V(AD) = T(AC) \cdot AD:T(AD) \cdot AC$가 되므로, 'De Motu 정리'에는 $T(AC) = T(AD)$라는 오류가 발생하게 된다. 그래서《새로운 두 과학》에서는, '동일한 물체가 기울기가 다른 사면 위에서 획득하는 속도의 정도는, 그 사면의 높이가 같은 경우에는 서로 같다'와 같이 정정되었다. 다만 '사면 위에서 획득하는 속도', 다시 말해 $V(AC)$, $V(AD)$는 종점인 C, D에서의 속도를 의미한다.

8)《기계학(Le Meccaniche)》은 개인 교수용으로 써진 작품으로, 1593~1594년에 어느 정도 형태를 갖추었다고 한다. 그리고 그를 조금 더 보완한 작품이 1643년 메르센에 의해 프랑스어로 번역되어 유럽에서 높은 평가를 받았다.

다'를 '하락 모멘트'라는 개념을 통해 증명하고 있는 것이다.

[그림 4]와 같이 천칭의 양 끝 A와 C에 같은 모멘트를 갖는 추가 달려 있다고 가정하고, 끝점 C에 놓인 추가 원둘레 CFLJ를 따라 하락할 때, 추는 연속적으로 그 모멘트를 감소시킨다. 그리고 수직면 DE를 따르는 모멘트는 사면 위의 추처럼 감소시키지 못하고, 전체적이고 절대적인 모든 모멘트를 나타낸다.

[그림 3]   **[그림 4]**

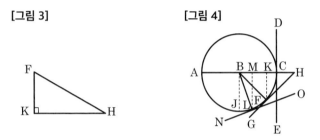

이러한 모든 모멘트를 $M(DE)$, 사면 위의 모멘트를 $M(HG)$라고 하면, 그들의 크기 비율은 $M(DE):M(HG) = HF:FK$라는 것을 증명하고 있다. 이를 **[그림 5]**의 사면에 대해 말하면, 사면 AC를 내려오는 물체의 하락 모멘트와, 수직면 AB를 따라 하락하는 모든 모멘트의 비율은 선분 AB와 선분 AC의 비율이 된다는 것이다.

이와 같은 논증 과정을 보면,《운동에 대하여》에서 이루어진 것과 거의 유사하다는 것을 알 수 있는데, '하락 모멘트'라는 개념을 명확하게 내세운《기계학》이 더 상세하고 날카로우며, '평형의 정역학에서 사면의 동역학으로'의 전환이 훌륭하게 이루어졌다는 것을 알 수 있다.

모멘트는 원래 정역학 영역에서 묶인 실의 평형 문제를 다루기 위해 도입된 개념으로, 이 용어는 당시 일상적인 이탈리아어에는 없었던 것 같다. 모멘트라는 단어는 라틴어 '모멘토움(moméntum)'에서 유래했으며, 더 나아가 그 기원은 그리스어 '로피이'라고 전해지는데, 이는 평형 상태에서 천칭이 기울어지는 것을 의미한다9.

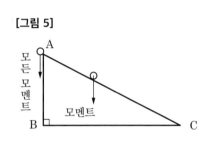

[그림 5]

갈릴레오는 서민의 말을 사랑했으며, 새로운 과학은 서민의 일상어로 말할 수 있어야만 한다고 생각하여, 그를 강의나 저작 활동에도 옮겼다10. 하지만 일부 술어와 명제는 새로운 내용을 담고 있어, 일상어로는 올바르게 전달되지 않을까 우려하여 아예 라틴어를 이용한 것처럼 보인다. 모멘트는 그 몇 안 되는 사례 중 하나다.

《기계학》에서는 제일 먼저 책의 목적을 설명한 다음 '정의'를 서술하고 있는데, 거기에서 다음과 같이 모멘트를 정의하고 있다.

---

9) 로피이는 천칭의 균형이 무너질 때 나타나는 힘이며, 모멘토움은 더 넓고 일반적으로 '움직이는 힘'을 의미하는데, 천칭의 균형, 진자, 사면에서의 하락 등에도 나타나는 힘이라고 할 수 있다.

10) 갈릴레오의 2대 작품인 《두 우주 체계에 대한 대화》 및 《새로운 두 과학》은 당시 학자의 언어인 라틴어가 아니라, 서민의 언어인 이탈리아어로 쓰였다.

'모멘트란 운동 물체의 무게만으로 발생하는 것이 아니라, 아래를 향해 나아가는 경향을 나타내는 성질이며, 무게를 가진 여러 종류의 물체들 사이의 위치 관계에 의존한다. …… 모멘트는 아래를 향한 원동력(impeto)이며, 그것은 무게와 위치, 그리고 그런 경향의 원인이 될 수 있는 다른 무언가로 이루어져 있다.'

다시 말해 모멘트는 수직이든, 기울어져 있든, 아래로 떨어지려는 경향성의 정도이며, 단순히 무게뿐만이 아니라 다양한 위치 관계에 의존하는 것이다. 그리고 천칭의 정역학적 균형에서는 가로대의 길이가, 사면의 동역학적 운동에서는 사면의 기울기가 문제가 되는데, 갈릴레오에 있어서는 이러한 두 모멘트 개념이 앞에서 소개한 **[그림 1]**에 의해 정교하게 이어지고 있는 것이다.

《기계학》의 '하락 모멘트'에 대응하는 개념은《운동에 대하여》의 '무게(단, 갈릴레오에게는 밀도)'였다. 그리고 아리스토텔레스의 이래 무게는 아래를 향하는 경향성이나 다름없으며, 그렇기 때문에 아래를 향하는 힘이 무게에 비례한다고 여겼던 것이다11. 이는 기본적으로 초기의 갈릴레오에게도 계승되고 있으며, 여기에는 운동량 측면과 운동력 측면이 혼재되어 있다고 생각할 수 있다.

---

11) 아리스토텔레스에게 불, 공기, 물, 흙이라는 4원소는 자신의 '본래 장소'를 갖고 있으며, 그를 향한 '자연의 경향성'을 가지고 있다고 여겨진다. 흙의 원소로 이루어진 돌은 그의 '본래 장소'인 아래를 향하는데, 이것을 '아래를 향한 경향성'이라고 설명할 수 있다.

그러나 물체가 점차 빠르게 낙하하는 것은 '아래로의 경향성'이 점점 커진다는 의미다. 이는 다시 말해 '무게'가 점점 커진다는 것으로 연결되는데, 실제로 '무게'가 점점 커지는 것이 불가능하다는 것을 깨달은 갈릴레오는 '무게'와 달리 아래를 향한 운동력의 정도를 나타내는 '하락 모멘트'의 개념을 도입한 것이다. 물론 이는 아르키메데스 정역학의 개념을 응용하고 발전시킨 것이다.

그렇게 비로소 무게와 운동력을 동일하게 보는 전통적인 관점이 깨지고, 운동력 자체가 무게에서 벗어나 독자적인 물리량으로서 고찰의 대상이 되었다.

제2낙하법칙 - 시간 제곱 법칙의 발견

여기에서 말하는 낙하 법칙이란, 갈릴레오가 발견한, 자유 낙하하는 물체의 운동에 관한 법칙으로 제1법칙과 제2법칙이 있다. 두 법칙의 내용은 아래와 같다.

〈제1법칙〉 진공 상태에서는 자유 낙하하는 모든 물체는 같은 속도로 떨어진다.

〈제2법칙〉 자유 낙하는 등가속도 운동으로, 낙하 속도는 낙하 시간에 비례하고, 낙하 거리는 낙하 시간의 제곱에 비례한다.

제2법칙에는 내용적으로 두 가지의 명제가 포함되어 있으므로, 지금부터 '낙하 속도는 낙하 시간에 비례한다'를 '속도·시간 비례 법칙', '낙하 거리는 낙하 시간의 제곱에 비례한다'를 '시간 제곱 법칙'

이라고 부르기로 하자.

갈릴레오가 파도바에 머물렀던 시기는 1592년부터 1610년까지 18년 동안으로, 제2법칙은 이 시기에 발견되었다. 하지만 이 파도바 시기의 갈릴레오는 제1법칙에 대해 올바른 인식을 갖고 있지 않았다. 왜냐하면 1612년의 작품《물속의 물체》[12]에서 '4온스의 구리 총알은 20리브라의 나무 공보다 빠르게 떨어진다[13]. 왜냐하면 구리는 나무보다 무게가 크기 때문이다'라고 말하며, '모든 물체는 질, 양, 모양의 여하를 불문하고 같은 속도로 낙하한다'라는 제1법칙의 인식에 도달하지 않기 때문이다. 따라서 낙하 법칙은 '제2법칙→제1법칙'의 순서로 발견되었다고 할 수 있다.

그렇다면 제2법칙 안에서 볼 수 있는 두 가지 법칙 가운데 무엇이 먼저 발견되었을까? 이에 대해서는 1604년 10월 16일 자 파올로 사르피[14]와의 편지에서 명백히 밝히고 있다. 편지에서는 '······자연 운동에 의해 통과되는 거리 사이의 비율은 시간 사이의 2배 비율

---

12)《물속의 물체》의 정확한 제목은《물속의 물체에 대한 담론(Discourse on Floating Bodies)》으로, 물체가 물속에서 떠오르는 이유에 관해 논하고 있다.

13) 1온스(oncia)는 약 30g, 1리브라(libbra, 파운드의 이탈리아어 - 역자)는 약 450g이다.

14) 파올로 사르피(Paolo Sarpi, 1552~1623)는 파도바 대학을 졸업한 후, 베네치아에 거주했으며, 다른 사람들과 엄청난 양의 편지를 주고받으며 과학에 대한 다양한 정보를 수집했다. 1592년 말, 조바니 빈센초 피넬리(Giovanni Vincenzo Pinelli, 1535~1601)의 집에서 갈릴레오와 만났으며, 이후 갈릴레오의 과학 연구에 협력했다. 1609년, 망원경을 둘러싼 베네치아 정부와 갈릴레오의 관계에서 중요한 역할을 맡았다.

파올로 사르피

이라는 점과, 그 결과, 같은 시간 안에 통과되는 거리의 비율은 단위에서 시작하는 홀수 사이의 비율, 다시 말해 1, 3, 5, 7, …… 사이의 비율과 같다는 것 등을 증명했다. 그리고 그 원리란, 자연 운동하는 가동체는 그 운동의 출발점부터 이동한 거리의 비율에 따라 속도를 계속 증가하는 것이다'라고 적혀 있다.

그러므로 1604년 10월 단계에서는 시간 제곱 법칙이 발견되었지만, 속도·시간 비례 법칙은 바르게 인식되지 않았다는 것을 알 수 있다. 따라서 제2법칙은 '시간 제곱 법칙→속도·시간 비례 법칙'의 순서로 발견되었던 것이다.

낙하 법칙 발견의 순서에 따라, 먼저 시간 제곱 법칙의 발견에 관해 이야기해 보자.

1602년 초 갈릴레오는 진자의 연구[15]를 시작한 것으로 보이는데, 이와 관련하여 원호에 따라 흐르는 물체의 낙하를 고찰했다. 그 연구를 통해 '수직원의 임의의 현에 따라 그 낙하점에 도달하는 낙하 시간은 현의 길이나 경사와 관계없이 동일하다'라는 내용의 '갈릴레

---

15) 갈릴레오는 1602년 11월에 주고받은 구이도발도 델 몬테와의 편지에서 진자의 등시성에 대해 언급하고 있다. 《새로운 두 과학》의 첫째 날 토론 마지막 부분에서 진자의 등시성이 음향학적 문제와의 관계에서 논의되고 있으므로, 그는 아버지와 실시한 음정에 관한 현의 실험에서 힌트를 얻었을지도 모른다.

오 정리'가 증명되었다. 다시 말해 **[그림 6]**에서 AB, AC를 높이가 같고 기울기가 다른 두 개의 사면이라고 할 때, 거리 AE를 통과하는 시간과

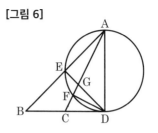

[그림 6]

거리 AF를 통과하는 시간은 같다고 말하는 것이다.

한편 갈릴레오는 '높이는 같지만, 기울기가 다른 두 개의 사면을 따라 낙하하는 물체의 낙하 시간은 각각의 사면의 길이에 비례한다' 라는 '사면의 시간·거리 비례 정리'를, 피사에 머물던 시기에 도출한 'De Motu 정리'와 '속도와 시간의 반비례성'으로 증명했다. 다시 말해 'De Motu 정리'는 옳지 않으며, 속도와 시간이 반비례의 관계에 있다고 해도 그것은 통과하는 거리가 일정한 경우에만 해당하기 때문에 옳지 않은 사항을 이용해 증명하고 있지만, 그러나 얄궂게도 잘못된 두 가지 내용을 이용해 도출된 사면의 시간·거리 비례 정리의 내용은 옳은 것이다.

이렇게 갈릴레오는 앞에서 서술한 갈릴레오의 정리와 사면의 시간·거리 비례 증명을 전제함으로써 '비례 중항 정리'를 도출했다. 비례 중항 정리란, '점 A에서 임의의 두 거리 AD, AE를 찍는다면, 그 거리를 낙하하는 시간의 비율은, 하나의 거리 AD와 두 거리(AD와 AE)의 비례 중항 $\sqrt{AD \cdot AE}$의 비율과 같다'라는 내용이다[16].

---

16) a와 b의 비례 중항이란 $a:x = x:b$를 만족하는 x로, $\sqrt{ab}$를 가리킨다.

[그림 7]

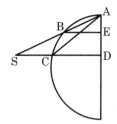

다시 말해 **[그림 7]**에서 거리 AD와 AE를 낙하하는 시간을 각각 $T(AD), T(AE)$라고 하면,

$$T(AD):T(AE) = AD:\sqrt{AD \cdot AE}$$

가 성립한다는 것이다.

1602년 11월 29일 구이도발도 델 몬테[17]와의 편지에 비례 중항 정리를 사용하지 않으면 도출할 수 없다고 하는 내용이 포함되어 있으므로, 갈릴레오는 늦어도 1602년이 가기 전, 비례 중항 정리를 발견했다고 추측할 수 있다.

구이도발도 델 몬테

그런데 **[계산 1]**에서 볼 수 있는 것처럼, 비례 중항 정리는 명백히 시간 제곱 법칙과 값이 같다. 따라서 갈릴레오의 시간 제곱 법칙의 발견은 1602년에서 1602년 10월 사이라고 추측할 수 있는데, 실제로 1603년에 작성된 갈릴레오의 기록에서, 연속하는 두 현을 따라 떨어지는 물체의 시간에 대한 관계를 도출하려는 시도

---

17) 구이도발도 델 몬테(Guido Ubaldo del Monte, 1545~1607)는 이탈리아 토스카나 대공국의 축역 감독관이자 수학자로, '토스카나의 아르키메데스'라고 불렸다. 파도바에서 수학을 공부하였으며, 이후 페데리코 코만디노에게 가르침을 받았다. 1577년 《기계학》을 출판하고, 1588년에는 아르키메데스의 중심에 관한 작품의 주역서를 출판했다. 갈릴레오의 훌륭한 이해자로, 갈릴레오의 피사 대학과 파도바 대학 취직을 주선했다.

를 찾아볼 수 있다.

[계산 1]

$T(\mathrm{AD}) = t, T(\mathrm{AE}) = t', \mathrm{AD} = s, \mathrm{AE} = s'$

라고 한다면, 비례 중항 정리는

$t : t' = s : \sqrt{s \cdot s'} = \sqrt{s^2} : \sqrt{s} \cdot \sqrt{s'} = \sqrt{s} : \sqrt{s'}$

와 같이 변형할 수 있다. 따라서

$t^2 : t'^2 = s : s'$

가 되며, 이는 낙하 거리가 시간의 제곱에 비례한다는 것을 의미한다.

이에 대해 드레이크는, 만약 갈릴레오가 시간 제곱 법칙을 깨달은 후에 이 문제에 몰두했다면 그것은 심리적인 궁금증이었을 것이라고 서술하며, 1603년 말 무렵부터 1604년 초까지는 아직 갈릴레오가 시간 제곱 법칙을 모르고 있었다고 해도 좋다고 말했다. 그러면서 그는 갈릴레오가 1604년에 시간 제곱 법칙을 발견했다고 추정했다.

제2낙하법칙 – 속도·시간 비례 법칙의 발견

1604년, 자유 낙하의 시간 제곱 법칙을 확신한 갈릴레오는, 한 단계 더 나아가 시간 제곱 법칙이 근본적으로 어떠한 원리로부터 도출된 것인지를 탐구했다. 그렇게 1604년 10월 16일 파올로 사르피와의 편지에 '그 원리란, 자연 운동하는 가능체가 운동의 출발점부터 이동한 거리의 비율에 따라 계속 속도를 증가한다는 것이다'라고 적힌 것처럼, 그는 낙하 속도와 거리가 비례 관계라는 원리에 도달했다.

갈릴레오는 속도와 거리의 비례 관계를 전제로 두고 시간 제곱 법칙을 증명했는데, 그 논증은 말할 것도 없이, 잘못된 전제로부터 옳은 결론을 이끌어내고 있다. 따라서 어딘가에는 오류가 있을 것이다. 오류는 두 가지 존재한다. 첫 번째 오류는 물체가 점 A에서 점 B로 낙하할 때, 점 B에서 얻는 속도는 거리 AB의 모든 점에서 그것이 얻은 속도의 정도에 의해 합성된다고 생각하는 것이다. 또 다른 오류는 속도와 시간이 반비례한다는 점을 일반적으로 사용하는 것이다[18].

다시 말해 갈릴레오의 논증에서는 정지 상태에서의 거리를 통과한 '전체적인 속도'와 '한 점에서의 속도'라는 속도의 두 가지 개념이 혼재되어 있었던 것이다. 속도·시간 비례 법칙을 올바르게 인식하기 위해서는 이 두 가지 개념의 차이에 유의해야만 한다. 그래서 지금부터 '한 점에서의 속도'를 '벨로시타(velocita)', 다른 하나를 '전체적인 속도(speed)'라고 부르기로 하자[19].

1604년 10월 사르피에게 편지를 쓸 무렵, 갈릴레오는 노트에 [그

---

18) 속도와 시간이 반비례를 이루기 위해서는 거리가 일정하다는 조건이 필요하다.
19) '벨로시타'(순간 속도)와 '스피드(전체적인 속도)'라는 말은, 스틸만 드레이크에 의한 것이다.

림 8]과 같이 속도의 삼각형 ACG와, 그 안에 절반인 파라볼라(포물선) AEF 및 B, D 로부터의 평행선을 그리고 있으므로, 이때 그는 이미 두

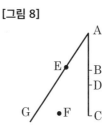

[그림 8]

개의 개념에 관해 깊이 사색하고 있었다고 추측할 수 있다. 그리고 다음과 같은 사고 과정을 더듬어간 듯하다.

낙하선상의 각 점에서의 벨로시타는, 파라볼라의 밑변에 평행한 선에 의해 나타나는지, 아니면 직각 삼각형의 빗변까지 그어진 같은 평행선에 의해 나타나는지 묻고 있다. 후자의 경우, 임의의 두 점에서 물체가 얻은 각 벨로시타는 정지(점 A)에서 그 두 점까지의 거리에 비례하고, 전자의 경우에 벨로시타는 그들의 거리의 제곱근에 비례한다고 생각할 수 있다.

그러나 두 배 높이에서 떨어지면 두 배만큼 강하게 말뚝을 박는다는 기계의 경험을 예로 들면서, 그는 벨로시타가 거리에 비례해야만 한다고 생각하여, 거리의 제곱근에 비례한다는 생각을 부정하였다.

그래서 '전체적인 속도'는 각 벨로시타의 합, 다시 말해 삼각형의 면적이며, 따라서 거리의 제곱에 비례한다고 여겼던 것이다.

그러나 갈릴레오는 이 두 가지 개념이 점차 갈등상태에 빠졌다고 생각한 것 같다. 약 1년 후인 1605년 무렵, 갈릴레오는 [그림 9]와 같이 AC를 단위 거리, CK를 단위 속도라고 생각했는데, 그렇게 되면

AC를 넘어 낙하하고, 점 H나 점 D에서 얻는 속도는 앞에서 본 제곱 규칙에 따라 HI나 DL보다 더 커진다고 생각할 수 있으며, 반대로 점 F에서의 속도는 마찬가지로 제곱 규칙에 따라 FG보다 더 작아진다고 생각할 수 있는 것이다. 여기에 이르러, 약 1년 전에 포기한 파라볼라 표시가 다시 등장하게 되었다.

그렇게 갈릴레오는 1607년 말, 높은 곳에서 낙하하는 물체의 속도는 통과한 거리의 제곱근에 비례한다고 생각하게 되었다. 그리고 자신의 생각이 옳은지, 옳지 않은지를 실험해 보았다.

갈릴레오의 실험은 **[그림 10]**과 같이 높이가 s인 사면 위에서 공을 굴려, 사면의 끝에서 수평으로 속도 v로 방출시켜, 거리 d를 측정한다는 것이었다. 갈릴레오는 각 벨로시타를 측정하는 수단을 갖고 있지 않았기 때문에, 직접 $v \propto \sqrt{s}$를 실험을 통해 검증할 수 없었다. 그래서 그는 다음과 같이 시행했다.

[그림 9]　　　　　**[그림 10]**

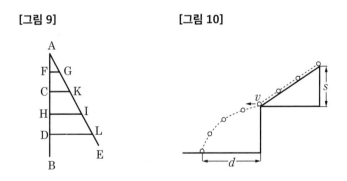

우선 $v \propto \sqrt{s}$에서 $v^2 \propto s$가 된다. 반면 이 실험에서는, v가 커질수록 d도 그에 비례하여 커지므로, $d \propto v$라고 생각할 수 있다. 이에 따라 $d^2 \propto v^2$가 되고, 이와 $v^2 \propto s$로부터 $d^2 \propto s$가 성립한다고 생각하는 것이다. 여기에서 d와 s는 모두 거리이므로, 측정할 수 있기 때문에 앞과 같은 실험을 시도할 수 있었다.

이 실험 결과는 계산값과 일치하여, 갈릴레오는 $d^2 \propto s$를, 그리고 $v \propto \sqrt{s}$를 확신할 수 있었던 것이다. 이렇게 $v^2 \propto s$와, 이미 발견한 시간 제곱 법칙($s \propto t^2$)으로부터 $v^2 \propto t^2$을 도출하고, $v \propto t$라는 속도·시간 비례 법칙을 발견할 수 있었다. 이는 1608년의 일이다.

제1낙하법칙의 발견

그렇다면 '진공 상태에서 모든 물체는 같은 속도로 낙하한다'라는 자유 낙하 운동 제1법칙은 어떻게 발견하였을까? 그에 대해서는 제2법칙의 발견에 비해 역사적 자료가 매우 적지만, 진자의 등시성과 깊은 관계가 있다고 생각할 수 있다.

진자에서 흔들림의 주기는 구의 무게와 상관없이 길이만 영향을 미친다. 이처럼 진자의 등시성에 관한 실험은 제1법칙이 옳다고 인식할 때의 배경이 되었을 것이다. 그러나 직접적으로는, 물속에서 물체의 뜨고 가라앉음을 둘러싼 논쟁이 중요한 계기가 되었다고 할 수 있다.

갈릴레오는 물속에서 물체의 뜨고 가라앉음에 대해 몇 명의 학자들과 논쟁했는데, 그런 상황에서 물체와 매체의 저항에 대한 관계를 고찰하게 되었다. 다시 말해 일정 매체 안에서 무게가 큰 물체와 작은 물체가 떨어지는 것을 비교하면, 무게가 큰 물체가 빨리 떨어지는 이유는 그만큼 매체의 저항을 이겨내는 힘이 크기 때문이며, 무게가 작은 물체는 저항을 신속하게 이겨낼 수 없기 때문이라고 생각한 것이다. 이는 매체의 농도가 커지면 커질수록 두드러지며, 두 물체의 속도 차는 더욱 벌어지게 된다.

이 매체의 농도를 물, 공기와 같이 옅게 하면, 반대로 속도의 차이는 줄어든다고 할 수 있다. 이에 따라 그 극한인 진공 상태에서는 모든 물체가 같은 속도로 낙하한다는 인식에 도달한 것은 아닌지 추측할 수 있다. 이와 같은 인식이, 앞에서 본 진자 운동의 관찰에 의한 제1법칙의 발견으로 도달하게 하지 않았을까? 제1법칙에 대한 가장 확실한 최초의 기록은 1631년경 작성되었다는 편지에서 발견되었으므로, 갈릴레오가 늦어도 그 무렵까지는 제1법칙을 발견했다고 할 수 있다.

제1법칙의 발견에 도달한 경위가 위와 같다는 사실은,《새로운 두 과학》에서 살비아티가 갈릴레오의 생각을 다음과 같이 대변하는 장면에서도 명백하게 볼 수 있다.

'우리는 이미 저항이 큰 매체 안에서 무게가 다른 가동체의 속도 차가 커지는 것을 보았는데, 그 외에도 어떠한 것이 있을까? 수은 안에서 금은 납보다 더 빨리 아래에 도달할 뿐만 아니라, 금만 가라앉고, 다른 금속이나 돌은 모두 위를 향해 움직여 수은의 수면에 떠오른다. 반면 공기 중에서는 금, 납, 구리, 반암이나 다른 무거운 물질로 만들어진 공 사이에서의 운동의 차이는 거의 느껴지지 않는다. 왜냐하면 100바라치오를 낙하하는 경우, 금으로 만든 공은 구리로 만든 공을 4디토의 차이도 벌어지지 않는다는 것이 확실하기 때문이다[20]. 나는 이를 깨달았기에, 매체의 저항이 완전히 사라지면 모든 물질은 같은 속도로 낙하한다는 생각에 도달했다고 말하는 것이다.'

이른바《새로운 두 과학》이라고 번역된 갈릴레오의 주요 저서의 정식 제목은《기계학과 위치 운동에 관한 두 가지 신과학에 대한 논의와 수학적 증명》으로, 4일 동안 살비아티, 사그레도, 심플리치오, 세 명이 한 대화로 이루어지며[21], 처음 이틀 동안은 주로 물질의 강도에 관한 이론(일종의 재료 역학)을 다루고, 나머지 이틀 동안은 장소적 운동, 즉 동역학을 다루고 있다. 제목의 '두 과학'은 이 두 가지를 가리키는 것이다.

갈릴레오는 1635년 1월,《새로운 두 과학》을 정리하기 시작하여, 그해 6월에 '첫째 날 토론'과 '둘째 날 토론'의 원고를 완성했다. 그리고 1635년 말, '셋째 날 토론'의 원고 집필에 몰두하였으며, 나아가 1637년 1월 10일에 주고받은 알렉산드로 마르시리[22]와의 편지에서 '나는 운동에 관한 고찰을 제3부, 즉 투사체의 고찰에 몰두하고 있다'라고 서술하고 있다. 여기에서 말하는 '제3부'란 실제《새로

---

20) 1바라치오(braccio)는 약 60cm이며, 1디토(dito)는 약 6cm다.

21) 살비아티(Salviati), 사그레도(Sagredo), 심플리치오(Simplicio)는 각각 근대 과학자, 서민, 스콜라학자로 추정된다. 살비아티와 사그레도는 실존 인물의 이름이지만, 심플리치오는 가상의 인물로, 6세기 아리스토텔레스의 주석가인 심플리키오스의 이름에서 따왔다.

22) 알렉산드로 마르실리(Alessandro Marsili, 1601~1670)는 시에네에서 태어나 법학과 철학을 공부하고, 시에네 대학의 논리학·철학 교수가 되었다.

운 두 과학》의 '넷째 날 토론'으로 여겨지고 있다.

이렇게 1637년 6월, 모든 것이 마무리되었지만, 이전부터 앓고 있던 눈병이 악화되면서, 7월에 녹내장으로 오른쪽 눈을 잃게 되었다. 심지어 12월에 나머지 왼쪽 눈마저 시력을 잃으면서, 1638년 1월에는 양쪽 눈을 모두 실명하게 되었다. 그래서 1638년에 출간된《새로운 두 과학》을, 같은 해 8월 7일에 갈릴레오가 받았을 때는 직접 자신의 눈으로는 볼 수 없었다.

3. 확률론의 시작

카르다노와 갈릴레오

유럽인이 쓴 확률에 관한 최초의 기록은 '차라 노름판[1]이 끝나고 떠날 때 잃은 사람은 슬픈 심정으로 남아……'라고 시작하는 단테[2]의 《신곡》 연옥 중 제6곡이라고 전해진다. 《신곡》의 베네치아판 주역서(1477)에는 세 개의 주사위를 이용하는 내기에 관해 다양하게 계산하고 있으며, 그것이 내기에 관한 수학적 기록으로 가장 오래되었다고 여겨지고 있다.

그러나 내기의 문제를 다룬 최초의 수학서는, 아마 파치올리[3]의

---

1) 이탈리아어인 차라(Zara)는 중세에 유행한 주사위 내기를 의미한다. 승부가 결정되지 않을 때 '차라'라고 외쳤기에 이러한 이름이 붙었다고 한다.
2) 알리기에리 단테(Dante Alighieri, 1265~1321)는 이탈리아 피렌체 출신의 시인으로, 르네상스의 선구자 중 한 사람이다. 지옥에서 천국으로 가는 순례의 여정을 그린 서사시 《신곡》이 매우 유명하다.

파치올리

저서 《산술, 기하, 비율 및 비례 총람》[4] (1494)일 것이다. 이 책에서는 예를 들어 '분배의 문제' 또는 '득점의 문제'라고 불리는 몇 가지 문제가 등장하는데, 그중 하나는 다음과 같다.

'두 명의 경기자가 1회 승리하면 10점을 얻을 수 있는 게임을 하여, 먼저 60점을 획득한 사람이 승리한다는 약속을 바탕으로 승부를 시작했지만, 갑이 50점, 을이 30점을 얻었을 때 승부를 중지했다. 이때 내기의 상금은 어떤 비율로 나누어야 할까?'

이와 같은 문제는 당시 굉장히 활발하게 논해지던 주제였던 것 같다.

파치올리는 상금을 5:3으로 나누면 된다고 말했는데, 여기에는 이미 일어난 사실만 생각하고, 미래에 대한 가능성은 전혀 고려되지 않았다. 다시 말해 단순한 비례 배분이 이루어지고 있을 뿐, 미래 예측이라는 시점이 완전히 빠져 있는 것이다.

---

3) 루카 파치올리(Luca Pacioli, 1445경~1517)는 이탈리아 토스카나의 수도사로, 로마와 베네치아 등에서 수학을 가르쳤다. 《산술, 기하, 비율 및 비례 총람》외에도 1509년에는 《신성비례론》을 공적으로 간행했다.

4) 《산술, 기하, 비율 및 비례 총람(Summa de arithmetica, geometria, proportioni et proportionalita)》에서 'summa'는 '총람'을 의미하는데, 이를 줄여서 《숨마》라고 부른다. 피보나치의 《산반서》(1202) 이후 등장한 최초의 광범위한 저술이다.

내기에는 우연이 영향을 미치고, 미래의 가능성이 관심사가 되는데, 이러한 우연성이나 미래 예측을 수량적으로 다룰 수 있는지가 문제가 된다. 그리고 이와 같은 문제에 처음 주목한 인물이, 16세기 이탈리아의 카르다노[5]와 갈릴레오[6]였다.

카르다노는 《수학과 측량의 실제》(1539)에서 파치올리의 분배 방법이 합리적이지 않다고 말하며, 경기자가 앞으로 이겨야 할 게임 수를 고려해야 한다고 서술하고 있다. 이는 매우 중요한 지적으로, 카르다노는 6:1로 분배해야 한다고 주장했지만 이는 올바르지 않았다. 결과적으로 이 문제는 파스칼과 페르마에 의해 해결되었는데, 그에 대해서는 뒤에서 살펴보기로 하고, 우선 갈릴레오가 다룬 문제를 살펴보자.

낙하 법칙의 발견으로 유명한 갈릴레오 갈릴레이의 작품 중에는 〈주사위의 고찰에 관하여〉라는 제목의 단편이 있다[7]. 이는 도박에 빠져있던 피렌체 궁정의 귀족을 위해 집필되었는데, 1600년보다 조

---

5) 지롤라모 카르다노(Gerolamo Cardano, 1501~1576)는 이탈리아 밀라노 근교의 파비아에서 법률가의 사생아로 태어났다. 그는 파비아와 파도바의 대학에서 공부하고, 후에 의사가 되었으며, 한때는 파비아의 시장으로 일하기도 했다. 《아르스 마그나》(1545)를 출판하였으며, 삼차·사차 방정식의 해법을 공표한 것으로도 유명하다.
6) 갈릴레오 갈릴레이(Galileo Galilei, 1564~1642)는 이탈리아의 물리학자로, 낙하 법칙 외에도 진자의 등시성, 목성의 네 개 위성 등을 발견하였으며 지동설을 지지한 것으로도 유명하다.
7) 〈주사위의 고찰에 관하여〉는 《국정판 갈릴레오 갈릴레이 전집(Le Opere di Galileo Galilei)》 제8권에 수록되어 있다.

금 이후의 작품이라고 전해진다.

이 단편에서는, 3개의 주사위를 던질 때 나온 눈의 합이 9가 되는 경우와 10이 되는 경우는 각각 다음과 같은 여섯 가지씩 있지만, 똑같이 여섯 가지임에도 불구하고 경험적으로 10의 눈이 더 나오기 쉽다는 문제를 언급하고 있다.

〈9가 나오는 경우〉

$(1, 2, 6), (1, 3, 5), (1, 4, 4), (2, 2, 5), (2, 3, 4), (3, 3, 3)$

〈10이 나오는 경우〉

$(1, 3, 6), (1, 4, 5), (2, 2, 6), (2, 3, 5), (2, 4, 4), (3, 3, 4)$

갈릴레오는 주사위 면이 6개이기 때문에 주사위가 2개인 경우에는 눈의 조합은 6의 6배, 즉 36가지가 있으며, 주사위가 3개인 경우에는 6의 36배인 216이 되어야만 한다고 생각했다.

예를 들어, 세 주사위가 모두 3의 눈이 나오는 경우는 $(3, 3, 3)$인 한 가지밖에 없지만, 1, 2, 6의 눈이 나오는 경우는

$(1, 2, 6), (1, 6, 2), (2, 1, 6), (2, 6, 1), (6, 1, 2), (6, 2, 1)$

처럼 여섯 가지가 되어야 한다고 생각한 것이다. 또 2, 4, 4의 경우에는 $(2, 4, 4), (4, 2, 4), (4, 4, 2)$의 세 가지가 된다.

이렇게 갈릴레오는 눈의 합이 3이 되는 경우부터 10이 되는 경우까지 모두 계산하여, **[표 1]**을 작성했다. 그에 따라 눈의 합이 9가 되는 경우는 25가지, 10이 되는 경우는 27가지라는 것을 깨닫게 되어, '두 눈의 합이 10이 되는 경우가 더 나오기 쉽다'라는 경험이 수학적

으로 뒷받침되었던 것이다.

[표 1]

10		9		8		7		6		5		4		3			
6.3.1.	6	6.2.1.	6	6.1.1.	3	5.1.1.	3	4.1.1.	3	3.1.1.	3	2.1.1.	3	1.1.1.	1		1
6.2.2.	3	5.3.1.	6	5.2.1.	6	4.2.1.	6	3.2.1.	6	2.2.1.	3						3
5.4.1.	6	5.2.2.	3	4.3.1.	6	3.3.1.	3	2.2.2.	1								6
5.3.2.	6	4.4.1.	3	4.2.2.	3	3.2.2.	3										10
4.4.2.	3	4.3.2.	6	3.3.2.	3												15
4.3.3.	3	3.3.3.	1														21
																	25
																	27
	27		25		21		15		10		6						108

드 메레의 의문

17세기 프랑스의 사교계를 드나들었던 슈발리에 드 메레[8]는 내기를 매우 좋아했는데, 그는 '2개의 주사위를 던질 때, 적어도 1회는 2개 주사위가 모두 6의 눈이 나온다'[9]라는 내기가 이득인 이유에 대해 의문을 가지고 있었다. 왜냐하면 당시 프랑스의 도박하는 사람들 사이에서는 '1개의 주사위를 4회 던지면 적어도 한 번은 6의 눈이 나온다'라는 내기가 이득이라는 사실이 알려져 있었기 때문에, 2개의 주사위를 던지는 경우는 1개인 경우의 6배만큼 눈이 많이 나온다는 이유로, 4×6=24회 던지는 것이 더 이득이라고 생각한 것이다[10].

---

8) 슈발리에 드 메레(Chevalier de Mere, 1610~1684)는 프랑스 프와트 출신의 군인으로, 전투에 참가한 이후에는 풍류를 즐기며 보냈다. 파스칼은 궁정 귀족인 로아네스 공의 권유로 프와트로 향했는데, 그때 메레와 친분을 맺게 되었다.

9) '이득이 아니다'는 확률이 2분의 1보다 작다는 의미다.

10) 이는 단순한 비례 계산으로 이루어진다.

파스칼

그러나 경험적으로 그렇지 않다고 느꼈던 드 메레는 파스칼[11]에게 이 의문에 대해 상담했다.

파스칼은 '오랜 기간 연구하고 있는 기존의 수학 논문[12]을 완성하면, 자신이 이룬 모든 것을 질서정연하게 말해 주겠다'라고 했는데, 결국은 다음과 같은 계산으로 설명되었다. 1개의 주사위를 4회 던질 때, 4회 모두 6의 눈이 나오지 않는 경우는 54가지가 있으므로, 적어도 1회 6의 눈이 나올 확률은

$$1 - \left(\frac{5}{6}\right)^4 = 1 - \frac{625}{1296} = \frac{671}{1296} \fallingdotseq 0.5177 > 0.5$$

가 되어 '적어도 1회 6의 눈이 나온다'에 내기를 거는 편이 이득이라는 말이 된다. 그에 비해 2개의 주사위를 24회 던지는 경우, 적어도 1회는 2개 주사위가 동시에 6이 나올 확률은

$$1 - \left(\frac{35}{36}\right)^{24} \fallingdotseq 0.4914 < 0.5$$

가 되므로 '적어도 1회는 2개 주사위가 모두 6의 눈이 나온다'에 내기를 걸면 손해가 된다고 할 수 있다. 몇 회를 던져야 이득이 되는

---

11) 블레즈 파스칼(Blaise Pascal, 1623~1662)은 프랑스의 물리학자이자 수학자, 철학자다. 어렸을 적부터 기하학에 재능을 발휘하였으며, 16세일 때, 원뿔곡선에 내접하는 육각형의 대변 세 쌍의 연장선이 교차하는 세 점이 일직선상에 있다는 '파스칼의 정리'를 발견했다. 또한 파스칼은 계산기를 제작한 최초의 인물로, 그것은 아버지의 일을 돕기 위해서였다고 한다.

12) 이 논문은 〈수삼각형론〉이다.

지에 대해서는 $1 - \left(\dfrac{35}{36}\right)^n > 0.5$을 풀이하면 되므로, $n > 24.60\cdots$이 되어 25회 또는 그 이상 던지면 이득이라고 할 수 있다.

두 도박사의 분배 문제(1)

드 메레는 파스칼에게 또 하나의 문제를 냈다. 바로 분배의 문제인데, 'A, B 두 사람이 각각 32피스톨[13]씩 내기 상금을 걸고, 먼저 3회 이긴 사람이 승리하는 승부를 겨루기로 했다. A가 2회 승리, B가 1회 승리했을 때, 승부를 중지하기로 했다면 A, B가 받는 몫은 각각 얼마인가?'라는 문제다. 파스칼은 이 문제와 유사한 문

페르마

제의 해법에 관해 페르마[14]와 편지를 주고받았는데, 현재까지 남아 전해지는 편지는 다음의 6통이다.

  (1) 페르마가 파스칼에게, 1654년(일자 불분명)

  (2) 파스칼이 페르마에게, 1654년 7월 29일

  (3) 파스칼이 페르마에게, 1654년 8월 24일

---

13) 피스톨은 프랑스의 옛 금화를 의미한다.

14) 피에르 페르마(Pierre de Fermat, 1601~1665)는 프랑스의 법률가이자 수학자로, 툴루즈 대학에서 법률을 공부하고, 변호사나 지방 의원으로 평생을 보냈는데, 여가 시간에 수학을 연구했다. 미분과 적분의 사고방식, 해석기하학의 사고방식 등 근대 수학의 기초를 구축했다. 또한 수론 연구 분야에서는 페르마의 대정리가 유명하다.

(4) 페르마가 파스칼에게, 1654년 8월 29일

(5) 페르마가 파스칼에게, 1654년 9월 25일

(6) 파스칼이 페르마에게, 1654년 10월 27일

이 편지들을 바탕으로 파스칼과 페르마가 분배의 문제를 어떻게 해결했는지 살펴보도록 하자.

상금 분배에 관한 문제는 7월 9일 두 번째 편지에서 시작한다. 파스칼은 이 편지에서 앞에서 나온 문제의 해법을 다음과 같이 서술하고 있다.

A가 2회 승리, B가 1회 승리한 시점에서 승부를 멈추었는데, 만약 다음 승부에서 A가 이기면 A는 상금 64피스톨을 전부 얻을 수 있고, A가 지면 2:2가 되어 결론이 나지 않는다. 따라서 A는 승패와 상관없이 32피스톨은 확실하게 손에 넣을 수 있다. 그리고 나머지 32피스톨은 A와 B가 손에 넣을 가능성이 반반이므로, 각각 16피스톨씩 분배하면 된다. 따라서 최종적으로 A는 48피스톨, B는 16피스톨로 분배하면 된다. 이 해법을 그림으로 나타내면 **[그림 1]**과 같다.

[그림 1]

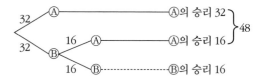

두 도박사의 분배 문제(2)

파스칼은 계속해서 'A가 2회 승리, B가 0회 승리로 승부를 중지하는 경우'의 해법에 관해 서술하였는데, 이를 앞의 문제와 같이 그림으로 나타내면 [그림 2]와 같다. 따라서 A는 56피스톨, B는 8피스톨이 되도록 분배하면 된다.

[그림 2]

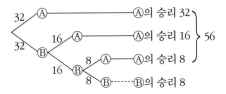

이 두 번째 문제는 '앞으로 A는 1회, B는 3회 승리하면 승부가 종료'가 되므로, 이번 장 서두에서 소개한 파치올리의 '분배의 문제'와 똑같은 구조를 띠고 있다. 이 문제에 대해 카르다노는 6:1로 분배해야 한다고 답했는데, 파스칼의 계산과 마찬가지로 56:8, 즉 7:1로 분배하는 것이 옳은 결론이다.

두 도박사의 분배 문제(3)

파스칼은 나아가 세 번째, 'A가 1회 승리, B가 0회 승리로 승부를 중지하는 경우'의 해법을 서술하였는데, 이를 그림으로 나타내면 [그림 3]과 같으며, 결론적으로 A는 44피스톨, B는 20피스톨로 분배된다.

[그림 3]

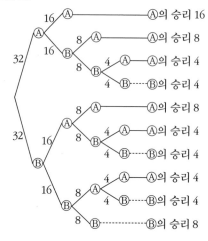

페르마의 해법

이와 같은 파스칼의 해법에 대해 페르마는 어떻게 풀이했을까? 아쉽게도 페르마의 편지는 남아있지 않지만, 8월 24일 파스칼의 세 번째 편지에 단서가 남아 있다.

파스칼은 세 번째 편지의 서두에서 마치 페르마의 해법을 복습하는 듯한 형태로 기술하고 있기 때문이다. 그에 의하면 페르마는 '조합의 방법'을 사용했다는 것을 알 수 있다. 다시 말해 앞의 'A가 1회 승리, B가 0회 승리하는 경우'에 대해, 페르마는 '앞으로 승부를 몇 회 더 하면 결론이 나는지 알아야만 한다'라고 서술하며, 이 경우에는 4회로 승부의 결과가 난다는 생각에 **[표 2]**와 같은 표를 작성했던 것이다.

이 표에서 'a'는 A의 승리, 'b'는 B의 승리를 의미한다. 예를 들어 첫 번째 줄에는 a가 4개 나열되어 있으므로 A가 4회 연속 승리한 경우를 의미한다. 또 오른쪽 끝의 숫자는, A가 내기 상금을 받는 경우를 '1', B가 받는 경우를 '2'를 나타내고 있다.

따라서 모든 조합 16가지 가운데 A가 이기는 경우는 11가지, B가 이기는 경우는 5가지이므로 상금은 11:5로 분배하면 된다. 결국 A는 $64 \times \dfrac{11}{16} = 44$피스톨, B는 $64 \times \dfrac{5}{16} = 20$피스톨이 되어, 파스칼의 답과 같아진다.

[표 2]

a	a	a	a	1
a	a	a	b	1
a	a	b	a	1
a	a	b	b	1
a	b	a	a	1
a	b	a	b	1
a	b	b	a	1
a	b	b	b	2
b	a	a	a	1
b	a	a	b	1
b	a	b	a	1
b	a	b	b	2
b	b	a	a	1
b	b	a	b	2
b	b	b	a	2
b	b	b	b	2

그러나 이런 페르마의 조합 방법에 대해 질 페르소나 드 로베르발[15]은 의심을 품었다. 그는 **[표 2]**의 첫 번째 줄의 'aaaa'와 같이 A가 4회 연속으로 이기는 경우를 고려하는 것은 무의미하다고 생각했던 것이다. 그는, A는 앞으로 2회만 이기면 승부에서 승리하게 되므로, 'aaaa'와 같은 예를 고려할 필요가 없다고 말했다.

로베르발의 사고방식에 근거한 표를 작성하면 **[표 3]**과 같다.

---

15) 질 페르소나 드 로베르발(Gilles Personne de Roberval, 1602~1675)은 프랑스의 수학자로, 프랑스 왕립학교의 수학 교수다. 접선법의 연구와 함께, 카발리에리와 비슷한 시기에 로베르발 또한 불가분량에 관한 생각에 이르러, 1634년《불가분량론》을 출간했다.

[표 3]

a	a				1
a	b	a			1
b	a	a			1
a	b	b	a		1
b	a	b	a		1
b	b	a	a		1
b	b	b			2
a	b	b	b		2
b	a	b	b		2
b	b	a	b		2

로베르발은 **[표 1]** 가운데 $aaaa$, $aaab$, $aaba$, $aabb$의 네 가지는, aa 하나만으로 충분하다고 말하며, A와 B가 이길 확률은 6:4라고 주장했다.

이런 로베르발의 의견에 파스칼은 다음과 같이 반론했다. 'aa'로 승부가 결정되더라도, 그 이후의 일을 생각하는 것은 승부의 계산과는 관계가 없으므로, 만약 승부를 하지 않는다고 하더라도 고려하는 것은 허용된다는 것이었다. 다시 말해 A가 2회 연속 승리하여 승부가 결정되더라도, 나머지 2회의 승부를 거부할 이유는 없다는 것이다. 왜냐하면 이후 2회의 승부의 승패와 관계없이 B가 이긴다는 걱정은 없기 때문이다.

반면 페르마는 로베르발의 의문에 대해 파스칼보다 한층 더 명쾌하게 설명하고 있다[16]. 예를 들어, 내기를 하는 사람이 2명 있고, 앞으로 2회의 승부에서 A가 1회 승리하면 결론이 나는 경우를 살펴보자. 이때 다음과 같은 두 가지를 생각할 수 있다.

(a) A가 승리한다.

(b) B가 이기고, 그 후에 A가 이긴다.

A와 B는 모두 이길 확률이 $\frac{1}{2}$이므로, (a)의 경우에는 $\frac{1}{2}$, (b)의

---

16) 로베르발의 의문에 관한 페르마의 해법은, 9월 25일 페르마가 파스칼에게 쓴 편지에서 설명되고 있다.

경우에는 $\frac{1}{2} \times \frac{1}{2} = \frac{1}{4}$가 되고, 이를 합치면 $\frac{1}{2} + \frac{1}{4} = \frac{3}{4}$이 되어 A가 얻는 상금은 전체의 $\frac{3}{4}$, 다시 말해 48피스톨이라는 말이 된다. 이 페르마의 계산법을 보면, 확률론에서 덧셈 정리[17]와 곱셈 정리[18]가 훌륭하게 사용되고 있다는 것을 알 수 있다.

세 도박사의 분배 문제

파스칼은 처음에 페르마가 제시한 조합 방법에 대해 일반적으로 도움이 되지 않는다고 비판했지만, 이는 파스칼이 페르마의 조합 방법에 대해 오해했기 때문에 발생했다고 말할 수 있다. 이에 대해 세 도박사의 분배 문제를 사례로 들어 소개하려고 한다.

먼저 3회 이긴 사람이 승리하는 승부에서, A가 2회 승리, B와 C가 1회 승리한 시점에서 승부를 멈추는 경우, 상금을 어떻게 분배해야 하는지에 대한 문제를 생각한다. 두 도박사의 분배 문제에서 사용한 조합의 표를 작성하면 **[그림 4]**와 같다.

표의 a, b, c는 각각 A, B, C의 승리를 의미하며, 숫자 1, 2, 3은 각각 A, B, C가 모든 상금을 얻을 수 있는 경우를 나타내고 있다.

[표 4]에 의하면 1이 19개, 2가 7개, 3이 7개 있으므로, 상금을 19:7:7의 비율로 분배해야 한다는 것에는 오류가 있다.

---

17) 덧셈 정리란 '사건 A와 B가 배반일 때, A 또는 B가 일어날 확률은 A가 일어난 확률과 B가 일어난 확률의 합과 같다'라는 내용이다.

18) 곱셈 정리란 '사건 A와 B가 독립일 때, A와 B가 모두 일어날 확률은 A가 일어날 확률과 B가 일어날 확률의 곱과 같다'라는 내용이다.

[표 4]

a	a	a	1		
a	a	b	1		
a	a	c	1		
a	b	a	1		
a	b	b	1	2	
a	b	c	1		
a	c	a	1		
a	c	b	1		
a	c	c	1		3
b	a	a	1		
b	a	b	1	2	
b	a	c	1		
b	b	a	1	2	
b	b	b		2	
b	b	c		2	
b	c	a	1		
b	c	b		2	
b	c	c			3
c	a	a	1		
c	a	b	1		
c	a	c	1		3
c	b	a	1		
c	b	b		2	
c	b	c			3
c	c	a	1		3
c	c	b			3
c	c	c			3

파스칼은 다음과 같이 생각했다. 예를 들어 'abb'의 경우에는 A와 B가 동시에 이겼으므로 상금을 반반씩 나눠야 한다. 이러한 경우는 6가지가 있는데, 이를 $\frac{1}{2}$씩으로 계산하면 A는 16, B는 $5\frac{1}{2}$, C는 $5\frac{1}{2}$가 되므로, 이 비율로 분배하게 된다. 그러나 **[그림 4]**와 같은 파스칼의 방법에서 A가 이길 확률은

$$\frac{1}{3}+\frac{1}{9}+\frac{1}{27}+\frac{1}{9}+\frac{1}{27}=\frac{17}{27}$$

이고, B와 C가 이길 확률은

$$\frac{1}{9}+\frac{1}{27}+\frac{1}{27}=\frac{5}{27}$$

이 되므로 분배의 비율은 17:5:5가 된다. 나머지 3회의 승부를 모두 시행하는 경우와, 누군가 먼저 3회 승리하면 승부를 종료하는 경우가 일치하지 않게 되는 것이다.

이러한 점에서 파스칼은, 페르마의 조합 방법은 나머지 몇 회의 승부를 모두 시행한다는 조건에서는 사용할 수 있지만, 누군가 먼저 승리하면 승부를 멈춘다는 조건에서는 통용되지 않는다고 말하며, 그에 비해 자신의 방법은 모든 경우에서 통용된다고 주장했다. 파스칼이 페르마의 방법을 일반적이지 않다고 비판한 것은 이와 같은 의미였던 것이다.

[그림 4]

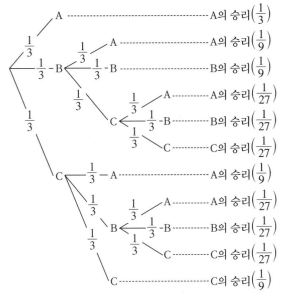

그러나 이 비판은 파스칼의 오해에서 비롯되었다고 말할 수 있다. 왜냐하면 파스칼은 모든 조합의 수를 구하는 경우, 6개의 면을 가진 3개의 주사위를 '동시에 던진다'라는 사례로 바꾸어 생각하고 있는 것이다. 다시 말해 시간상으로 잇따라 일어나는 승부의 문제를, 공간적인 동시의 승부로 바꾸어 생각했기 때문에 혼란이 발생한 것이다.

페르마는 9월 25일의 편지에서 이런 파스칼의 오해를 지적하고 있다. 다시 말해 **[표 4]**는 **[표 5]**와 같이 정정되어야만 하는 것이다.

파스칼은 이후 페르마에게 보내는 10월 27일의 편지에서 '……상금을 구하는 당신의 방법을 매우 잘 이해한 만큼, 저는 더욱더 감

[표 5]

			1	2	3
a	a	a	1		
a	a	b	1		
a	a	c	1		
a	b	a	1		
a	b	b	1		
a	b	c	1		
a	c	a	1		
a	c	b	1		
a	c	c	1		
b	a	a	1		
b	a	b	1		
b	a	c	1		
b	b	a		2	
b	b	b		2	
b	b	c		2	
b	c	a	1		
b	c	b		2	
b	c	c			3
c	a	a	1		
c	a	b	1		
c	a	c	1		
c	b	a	1		
c	b	b		2	
c	b	c			3
c	c	a			3
c	c	b			3
c	c	c			3

탄하지 않을 수 없습니다'라고 쓰며, 페르마의 업적의 훌륭함을 솔직하게 인정했다.

파스칼의 수학적 귀납법의 발견

분배 문제에 대한 파스칼과 페르마의 연구 방법을 비교하면, 페르마는 원리적인 것(덧셈 정리, 곱셈 정리 등)에서 출발하여 확실한 추론을 통해 연역적으로 고찰하는 데 비해, 파스칼은 3회 승부, 4회 승부, 5회 승부, …… 와 같이 각 사례에 대한 고찰에서 시작하여 그를 일반화하려고 시도하는 방법론을 세우고 있다는 것을 알 수 있다.

이러한 차이는, 분배 문제에 관해 페르마의 품격 있는 해법, 파스칼의 오해와 혼란이라는 양상을 드러냈지만, 파스칼은 페르마가 할 수 없었던 수학적 귀납법이라는 새로운 보편적 원리를 확립시키는 눈부신 업적을 남길 수 있었다.

수학적 귀납법이란 무한개의 자연수 n에 관한 명제에 대해,

(Ⅰ) $n = 1$에 대해, 명제가 옳다는 것을 나타낸다.

(Ⅱ) $n = k$일 때, 명제가 옳다고 가정하면, $n = k + 1$일 때도 명제가 옳다는 것을 나타낸다.

라는 두 가지를 나타냄으로써 모든 자연수에 대해 명제가 옳다는

것을 증명하는 방법을 말한다.

수학적 귀납법을 서술한 논문 〈수삼각형론〉[19]이 집필된 시기는, 파스칼이 9월 2일 페르마에게 편지를 받은 이후로 여겨진다. 파스칼은 수삼각형을 이용해 분배 문제를 훌륭하게 해결한 것이다.

수삼각형이란 **[그림 5]**와 같이 가장 꼭대기 칸에 '1', 두 번째 줄에 '1, 1'을 쓰고, 두 번째 줄의 1과 1의 합인 2를 세 번째 줄 정 가운데에 넣는다. 이때 양 끝은 항상 1이라고 한다. 네 번째 줄 왼쪽에서 두

[그림 5]

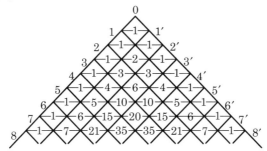

번째 칸, 세 번째 칸은 각각 세 번째 줄의 두 수의 합 '1+2', '2+1'로 얻을 수 있다. 다섯 번째 줄 왼쪽에서 2, 3, 4번째 칸은 네 번째 줄의 두 수의 합, '1+3', '3+3', '3+1'로 구해진다. 여섯 번째 줄 이후도 이와 마찬가지로 만들 수 있다[20].

파스칼은 이런 수삼각형을 다음과 같이 이용하여 분배 문제를 풀

---

19) 1654년에 인쇄된 〈수삼각형론〉은, 파스칼이 세상을 떠난 직후인 1665년, 파리에서 출간되었다.
20) 수삼각형은 $(a+b)^n$인 전개식의 계수를 배치한 것이기도 하다.

이했다. 우선 두 도박사의 분배 문제(1)에서, A는 앞으로 1승, B는 앞으로 2승을 해야만 하므로 1+2=3에 의해 수삼각형의 세 번째 줄을 보는 것이다.

세 수의 합계인 4 가운데 왼쪽 두 수의 합 3이 A가 얻는 양, 나머지 1이 B가 얻는 양이 된다. 또한 분배 문제(2)는, A는 앞으로 1승, B는 앞으로 3승을 해야만 하므로 1+3=4에 의해 수삼각형 네 번째 줄에 해당한다. 네 수의 합계인 8 가운데 왼쪽 세 수의 합 7이 A가 얻는 양, 나머지 1이 B가 얻는 양이 된다. 마지막으로 분배 문제(3)에서는, A는 앞으로 2승, B는 앞으로 3승을 해야만 하므로 2+3=5에 의해 수삼각형의 다섯 번째 줄을 본다.

다섯 숫자의 합계인 16 가운데, 왼쪽 세 수의 합 11이 A가 얻는 양, 나머지 5가 B가 얻는 양이 된다.

이와 같이 페르마의 조합 방법을 비판한 파스칼이었지만, 결국에는 이 방법이 좋은 방법이었음을 인정하고, 그를 이용하여 더 간결한 해결법을 발견하게 되었다.

파스칼은 〈수삼각형론〉에서 수학적 귀납법을 3회 사용하였는데, 그 가운데 하나인 '제12귀결'의 도출에서 사용되고 있는 수학적 귀납법의 논법을 소개하려고 한다. 우선 **[그림 5]**와 같은 구성의 도형을 '수삼각형'이라고 부른다. 여기에서 몇 가지를 정의하는데, 다음 두 가지 정의에 대해서는 해설이 필요하다.

① 선분 11′, 22′, 33′, …은 각각 '밑변'이라고 부른다.

② 각각의 작은 정사각형은 '세포'라고 부른다.

'제12귀결'은 '모든 수삼각형에서, 동일한 밑변에 인접하는 두 개의 세포 가운데 왼쪽 세포에 기입된 숫자와 오른쪽 세포에 기입된 숫자의 비율은, 왼쪽 세포에서 오른쪽 끝까지의 세포 개수(양 끝의 세포를 포함한다)의 비율과 같다'라는 내용이다. '밑변' 55′를 예로 들면, 왼쪽에서 2, 3번째 세포 안의 숫자 4와 6의 비율은 '4보다 왼쪽 세포의 개수 2'와 '6보다 오른쪽 세포의 개수 3'의 비율과 같다는 것이다.

시범적으로 몇 개를 보면, 확실히 위와 같이 계산된다. 파스칼은 이 명제를 증명하며 다음과 같이 말했다.

'이 명제에는 무한히 많은 경우가 있지만, 나는 두 개의 보조 명제를 제시함으로써 아주 간단한 증명을 하려고 한다.

〈보조 명제 1〉 매우 자명하지만, 그 비례는 두 번째 밑변에 대해 성립한다.

〈보조 명제 2〉 만약 이 비례가 임의의 한 밑변에 대해 성립한다면, 그것은 필연적으로 다음 밑변에 대해서도 성립한다.

이에 따라 그 비례가 필연적으로 모든 밑변에 대해 성립한다는 것을 알 수 있다. 왜냐하면 '보조 명제 1'에 의해, 그 비례는 두 번째 밑변에 대해서 성립하기 때문이다. 그러므로 '보조 명제 2'에 의해 세 번째 밑변에 대해서도 성립한다. 또한 네 번째 밑변에 대해서도 성립하며, 이는 끝없이 동일하다.'

여기에서 파스칼이 말하는 두 가지 보조 명제가, 앞에서 서술한 수학적 귀납법의 (Ⅰ)과 (Ⅱ)에 대응한다는 것을 알 수 있다.

파스칼은 (Ⅰ)에 해당하는 내용이 명백하다고 한 다음, '그러므로 보조 명제 2만 증명하면 된다'라며 이어 나간다. 지금부터 파스칼에 의한 '보조 명제 2'의 증명을 살펴보자.

다시 이 관계가 네 번째 밑변에 대해 성립한다고 가정한다. 다시 말해 **[그림 6]**에서 A와 B의 비율이 1과 3의 비율과, B와 C의 비율이 2와 2의 비율과, C와 D의 비율이 3과 1의 비율과 각각 같다고 하자. 그러면 같은 비례가 그 다음인 다섯 번째 밑변에 대해서도 성립한다. 예를 들어 F와 G의 비율은 2와 3의 비율과 같아진다. 왜냐하면 가정에 의해 A와 B의 비율은 1과 3의 비율과 같기 때문이다. 따라서 A+B와 B의 비율은 1+3과 3의 비율과 같고, 마찬가지로 가정

[그림 6]

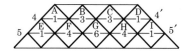

에 의해 B와 C의 비율은 2와 2의 비율과 같으므로, B+C와 B의 비율은 2+2와 2의 비율과 같다. 그런데 B와 F의 비율은 3과 4의 비율과 같으므로 엇갈린 비율[21]에 의해 G와 F의 비율은 3과 2의 비율과 같아지는 것이다.

파스칼은 이렇게 증명을 마무리하고 있다. 왜냐하면 이 증명은,

---

21) 엇갈린 비율이란 유클리드 《기하학 원론》 제5권 정의 18에서 유래한 것으로, 세 양의 쌍인 (a, b, c)와 (A, B, C)에 대해 $a:b = B:C'$, $b:c = A:B$가 성립하면 $a:c = A:C$가 성립하는 것을 의미한다.

그 비율이 직전 밑변에 대해 성립한다는 것과, 각 세포는 직전 세포와 바로 위의 세포의 합과 같다는 것에만 근거하고 있는데, 이는 도달한 지점에서 진실이므로 나머지 모든 경우에 대해서도 마찬가지로 같은 결과가 나온다고 말하고 있다.

이렇게 유한한 사고를 무한 반복함으로써 무한을 극복하는 새로운 증명법으로서의 수학적 귀납법이 발견되었는데, 이는 인간 사고의 유한성을 자각한 파스칼이었기에 비로소 가능했다고 말할 수 있다.

4. 해석 기하학의 탄생

데카르트의《정신 지도 규칙》

데카르트[1]는 해석 기하학의 창시자 중 한 명으로, 이는《방법서설》(1637) 제2부에서 볼 수 있는 '……기하학적 해석과 대수학의 모든 장점을 빌려, 한쪽의 모든 단점을 다른 한쪽에 의해 옳다고 생각했다'라는 문장에서 단적으로 표현되고 있다.

---

1) 르네 데카르트(Rene Descartes, 1596~1650)는 프랑스의 철학자이자 수학자로, 프랑스 투렌의 라에라는 마을의 귀족 집안에서 태어났다. 예수회 계열의 명문 학교인 라 플레슈 학원에 입학하여 인문학과 스콜라 학문을 중심으로 공부한 후, 푸와티에 대학에서 의학과 법학을 공부했다. 졸업 후에는 네덜란드에 가서 지원 사관으로서 군대에 들어갔다. 그곳에서 우연히 수학자 이사크 베이크만(Isaac Beeckman, 1588~1637)을 만나, 자연 연구에 수학을 이용하는 방법을 배움과 동시에, 낙하 법칙을 함께 연구했다. 1619년 겨울, 독일 노이부르크의 숙소에서 화로 방에 홀로 틀어박혀 사색을 거듭하고, 보편적 방법에 의해 학문을 통일하는 구상을 얻어, 이 일에 평생을 바치기로 결심했다.

《방법서설》의 정확한 제목은《이성을 올바르게 인도하고, 여러 학문에서 진리를 구하기 위한 방법서설, 그리고 그 방법에 관한 에세이들인 굴절 광학, 기상학, 기하학》으로,《굴절 광학》,《기상학》,《기하학》이라는 세 가지 시론에 대한 서문이라는 성격을 지니고 있다.

데카르트

《방법서설》[2]은 총 6부로 이루어져 있는데, 해석 기하학에 관한 주요한 내용은 제2부에서 다루고 있다. 제2부 후반에서 데카르트는, 모든 사물을 인식하기 위한 진정한 방법을 탐구하기 위해 논리학, 기하학적 해석, 대수학이라는 세 학문이 도움이 된다고 생각하여 그를 열심히 공부했다고 고백하고 있다. 그리고 세 학문의 장점을 포함하면서 결점을 제외하는 무언가 다른 방법을 탐구해야만 한다고 서술한 후, 논리학을 구성하는 엄청난 규칙 대신 '명증', '분석(분해)', '종합(합성)', '매거(열거)'라는 네 가지 규칙으로 충분하다고 주장했다.

이처럼《방법서설》제2부는 해석 기하학에 대해 데카르트가 사색한 흔적이 압축되어 기술되어 있다고 생각할 수 있는데, 그에 대해 더 상세하게 이해하기 위해서는《정신 지도 규칙》[3]을 보아야만 한

---

2) 데카르트의 저서 중 하나인《방법서설》은 네덜란드 레이던에서 출판되었다. 세 가지 시론을 포함하여 전체 500쪽이 넘는 대작으로, 그 최초인 78쪽이《방법서설》이다.

다. 《정신 지도 규칙》은 1628년경 작품으로 알려져 있으며, 진리 발견의 방법을 위한 21개의 규칙으로 이루어진 미완의 라틴어 논문으로, 데카르트의 해석 기하학의 탄생에 이르는 중요한 첫 단계라고 할 수 있다.

제1규칙부터 제12규칙까지는 인식의 형이상학이 단순한 명제의 필연적 결함으로 이루어졌다는 것을 다루고 있는데, 그중에서도 제3~7규칙이 중요하다. 제3규칙에서는 '제시된 대상에 관해 탐구되어야 하는 것은, …… 우리가 무엇을 날카롭게, 그리고 명백하게 직관할 수 있는지, 혹은 무엇을 확실하게 연역할 수 있는지에 대한 것이다. 왜냐하면 그 이외의 방법으로는 학문을 얻을 수 없기 때문이다'라고 서술하고 있는데, 이를 '명증성의 규칙'이라고 부른다.

다음으로 제4규칙에서 데카르트는 '사물의 진리를 탐구하기 위해서는 방법이 필요하다'라고 서술한 후, 제5규칙에서 복잡한 것을 단순한 것으로 환원한 다음, 단순한 것의 직관에서 다른 모든 것을 연역한다는 '분해의 규칙'과 '합성의 규칙'이라는 두 가지로 이루어진 '방법의 규칙'을 제시한다. 나아가 제6규칙에서, '방법의 규칙'에서는 단순한 것에서 복잡한 것으로의 순서였던 계열·배치에서, 배치

---

3) 《정신 지도 규칙》은 데카르트가 세상을 떠나고 50년 후, 《데카르트 유고, 자연학 및 수학》 가운데 한 편으로, 1701년 암스테르담에서 출판되었다. '제12규칙'의 마지막 부분에서 《정신 지도 규칙》은 총 3권으로, 각 권마다 12개의 규칙으로 이루어져 있지만, 마지막은 '제21규칙'으로 끝나고 있다. 심지어 제19~21규칙은 게재되어 있기만 할 뿐, 설명이 없으므로 완전한 것은 '제18규칙'까지만 해당한다.

된 계열 가운데 하나하나가 단순한 것으로부터 얼마나 떨어져 있는지를 탐구해야만 한다고 강조하고 있다.

제7규칙에서는 '지식을 완성하기 위해서는 우리의 목적과 관계있는 사항을 전부 하나하나, 연속적이고 어디에서도 멈추지 않는 사유의 운동으로 꿰뚫어 보고, 또 그를 충분한 순서와 바른 열거에 따라 총괄해야 한다'라고 서술하고 있으며, 이를 오늘날 '열거의 규칙'이라고 부른다.

이러한 '명증성의 규칙', '분해의 규칙', '합성의 규칙', '열거의 규칙'이라는 네 가지 규칙을 《방법서설》 제2부에서 간결하게 서술하고 있다. 이 규칙들은 이미 알려진 학문 가운데 오류와 불확실의 폐해를 피하고 있는 수학(수론과 기하학)의 고찰로부터 데카르트가 도출한 것이다.

'차원 동차성의 법칙'으로부터의 탈각

《정신 지도 규칙》에서 제13규칙 이후로는 수학 문제를 해결하는 방법을 논하고 있다. 제13규칙에서는 문제의 알고 있는 요소와 모르는 요소를 정확하게 파악해야 한다고 주장하고 있으며, 제14규칙에서는 '문제를 물체의 실존적 연장으로 옮기고, 드러난 도형에 의해 모든 것을 상상에 내보여야 한다'라고 서술하고 있다. 데카르트는 그렇게 함으로써 문제가 오성에 의해 더욱 명백하게 파악된다고 말하고 있는 것이다.

데카르트는 제14규칙에서 '연장'에 관한 이론을 전개한 후, '연속하는 양의 여러 차원 가운데 길이와 폭 이상으로 명백하게 떠올릴 수 있는 것은 분명 존재하지 않는다'라고 서술하며, '직선 및 직각으로 둘러싸인 면, 또는 직선 이외의 모든 도형도 아무것도 남겨두어서는 안 된다'라고 끝맺음을 하고 있다. 이처럼 《정신 지도 규칙》을 집필할 당시 데카르트는 '선'과 '면'을 연장적 기체(基體)가 된다고 생각했는데, 그는 점차 '선'만을 연장적 기체라고 간주하게 되었다.

실제로 데카르트식 해석 기하학의 특징을 볼 수 있는 《기하학》[4] 제1권에서는, '하지만 주의해야만 하는 점은, a^2 혹은 b^3 등에 의한 표현은 제곱이나, 세제곱 등의 대수학에서 사용하는 용어라고 불리지만, 나에게는 단순한 직선을 의미하는 것에 불과하다'라고 서술하고 있다.

데카르트 이전에는 고대 그리스의 전통에 따라 a^2은 한 변이 a인 정사각형의 면적을, b^3은 한 변이 b인 정육면체의 부피를 나타낸다고 생각했다. 그리고 선분은 선분끼리, 면적은 면적끼리, 부피는 부피끼리만 가감할 수 있다고 여겼다. 왜냐하면 차원이 다른 양, 예를 들어 선분과 면적의 합 또는 차 등은 실재적으로 무의미했기 때문이다. 이를 '차원 동차성의 법칙'이라고 부른다. 오늘날 기호 대수의 단서를 개척한 비에트의 《해석학 입문》도 이러한 '차원 동차성의 법칙'에 묶여 있으며, 데카르트 《정신 지도 규칙》 제16규칙에서도 '사실을 말하자면 나 또한 이러한 명칭에 오랜 기간 속고 있었다'라고 고

---

4) 《기하학》은 1636년 11월부터 1637년 3월 사이에 집필되었다고 여겨진다.

백하고 있다.

그는 《기하학》에 이르러 마침내 차원 동차성의 법칙으로부터의 탈피를 목표했던 것이다. 이것이 실제 데카르트의 《기하학》 제1권의 목표였다고 할 수 있다.

대수적 연산과 기하학적 작도

《기하학》 제1권은 '기하학의 모든 작도 문제는 몇 개의 선분 길이만 알면 작도할 수 있는 여러 항으로 쉽게 분해할 수 있다'라는 문장으로 시작하며, 대수의 사칙연산과 제곱근풀이가 기하학에서의 작도로 결부되고 있다.

두 개의 선분 a와 $b(a > b)$가 주어졌을 때, 그 합인 $a + b$와 그 차인 $a - b$를 나타내는 선분은 쉽게 작도할 수 있다. 그러나 곱인 ab와 나눗셈인 $\dfrac{b}{a}$, 제곱근 $\sqrt{a}$을 나타내는 선분은 어떻게 그릴 수 있을까? 이것은 단위 선분[5]이 주어지면 다음과 같이 그릴 수 있다. **[그림 1]**과 같이 $a(\mathrm{AB})$, $b(\mathrm{AC})$를 적당한 각도가 되도록 그린다.

그리고 선분 a의 위에 단위 선분 AD를 만든다. 점 C

[그림 1]

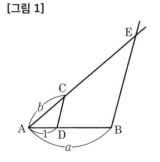

_____

5) 단위 선분이란 길이가 1인 선분을 의미한다.

와 D를 연결하고, 점 B에서 선분 CD에 평행하도록 BE를 그린다. 그러면 선분 AE가 곱 ab를 의미하게 된다. 왜냐하면 $\triangle$ADC$\backsim\triangle$ABE이므로, $1:a=b:$AE가 되어, AE$=ab$가 되기 때문이다.

또한 나눗셈 에 대해서는 **[그림 2]**와 같이 점 B, C를 연결하고, 점 D에서 선분 BC에 평행하도록 DE를 그린다. 그러면 선분 AE가 나눗셈 $\frac{b}{a}$를 의미하게 된다. 왜냐하면 $\triangle$ADE$\backsim\triangle$ABC이므로, $1:a$ $=$AE$:b$가 되어, AE$=\frac{b}{a}$가 되기 때문이다.

제곱근 $\sqrt{a}$에 대해서는 **[그림 3]**과 같이 선분 a(AB)와 단위 선분

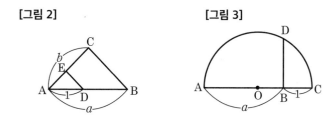

[그림 2]   **[그림 3]**

(BC)을 일직선으로 그린다. 그리고 AC의 중점 O를 중심으로 하고, 반지름이 OA인 반원을 그린다.

그러면 점 B에서 그린 수직선 BD가 제곱근 $\sqrt{a}$를 의미하게 된다. 왜냐하면 $\triangle$ABD$\backsim\triangle$DBC이므로, $a:$BD$=$BD$:1$이 되어, BD$^2=$ a가 되기 때문이다.

이러한 준비 후, 데카르트는 그리스 이후의 기하학 문제를 보다 질서 정연하게 풀이했을 뿐만 아니라, 그리스 기하학의 제약을 뛰어 넘을 수 있다는 것을 실증한 것이다.

데카르트의 기호법

기호 대수는 비에트에서 시작하지만, 데카르트는 그를 더욱 발전시켰다. 예를 들어 그는 《정신 지도 규칙》 제16규칙에서는 다음과 같이 서술하고 있다.

'……곤란한 해결에서 한 묶음이라고 간주해야 하는 사항은 모두 단 하나의 기호로 표시하기로 한다. 그 기호는 임의로 만들어도 좋다. 하지만 이해하기 쉽도록, 문자 a, b, c는 이미 알고 있는 양을 나타내는 데 사용하고, A, B, C 등은 모르는 양을 나타내는 데 사용한다. 그리고 그러한 양의 수를 표시하기 위해 1, 2, 3 등의 숫자를 문자 앞에 붙이고, 다시 그러한 양이 포함한다고 생각해야 하는 관계의 수를 나타내기 위해 숫자를 문자 뒤에 붙인다. 예를 들어 $2a^3$라고 쓰면, 이는 a라는 문자에 의해 표현되어, 동시에 세 개의 관계를 포함하는 부분의 양이 2배라는 것을 의미하게 된다.'

이는 현재 우리가 쓰고 있는 기호법과 같다는 것을 알 수 있다. 다만 《정신 지도 규칙》의 단계에서는 소문자 a, b, c를 이미 알고 있는 양, 대문자 A, B, C를 모르는 양에 사용하고 있지만, 《기하학》에서는 이 기호법을 버리고, 오늘날의 대수학처럼 모르는 양에 x, y, z, 그리고 알고 있는 양에 a, b, c를 사용한다. 이처럼 《기하학》에서 볼 수 있는 데카르트의 기호법은 오늘날의 기호법과 매우 유사한 단계에 도달했다는 것을 알 수 있다. 오늘날의 기호법과 다른 점은 등호의 기호로 '='를 사용하지 않고, '∞'를 사용했다는 점, 그리고 y^2이라고 써야 하는 부분을 'yy'라고 썼다는 점, 두 가지에 불과하다6. 그리고 오늘날의 근호 기호인 '$\sqrt{\ }$'를 처음 사용했던 사람도 바로 데카르트다.

데카르트의 해석 기하학

《기하학》에는 데카르트식 해석 기하학의 특징도 다루고 있으므로, 그에 대해 살펴보도록 하자. 〈곡선의 성질에 대하여〉라는 표제가 붙은 《기하학》 제2권에서는 이차곡선의 작도와 대수 방정식으로의 환원을 볼 수 있는데, 이것이 데카르트식 해석 기하학의 원리를 볼 수 있는 최초의 사례가 되고 있다.

데카르트에 의한 이차곡선의 작도는 **[그림 4]**에서 볼 수 있다. 제도할 때 쓰는 정규 GL은 점 G가 고정되어 있으며, 점 L이 직선 AK 위를 움직인다고 하자.

[그림 4]

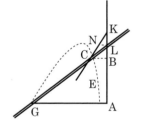

또 삼각형 KNL은 일정하게 고정된 세 변을 보유한다는 조건을 바탕으로 움직인다. 그리고 정규와 삼각형의 한 변인 KN의 연장선의 교점 C의 궤적으로 이차곡선이 그려진다.

이렇게 그린 후, 비례 계산을 이용하여 이차곡선을 대수 방정식으로 바꾸는데, 이때 점 C에서 AK로 내린 직선의 발자취를 점 B라

---

6) 등호 기호로 '='를 처음 사용한 인물은 영국의 로버트 레코드다.

고 하고, AB=x, CB=y라고 하여 이들의 관계를 찾아내려고 했다. 그 과정은 **[계산 1]**과 같다.

이 이차곡선의 작도에서는, 이차곡선이 두 개의 직교하고 있는 선분 AB=x와 CB=y의 변동에 의해 표현된다는 것을 알 수 있다. 여기에서 해석 기하학의 원리를 볼 수 있으며, 이것이 데카르트가 해석 기하학의 창시자 중 한 사람이라고 생각할 수 있는 이유라고도 말할 수 있다.

[계산 1]

AG, KL, NL은 일정하므로 AG=a, KL=b, NL=c라고 한다. △KNL∽△KCB이므로 NL:LK=CB:BK가 되어, BK = $\frac{b}{c}y$가 된다.

또한 BL = $\frac{b}{c}y - b$, AL = $x + \frac{b}{c}y - b$가 된다.

한편 △LBC∽△LAG이므로 CB:BL=GA:AL이 되어,

$$y : \left(\frac{b}{c}y - b\right) = a : \left(x + \frac{b}{c}y - b\right)$$

가 성립한다. 이를 변형하면

$$y^2 = cy - \frac{c}{b}xy + ay - ac^{[7]}$$

를 얻을 수 있는데, 이 식은 쌍곡선을 나타내고 있다.

그러나 데카르트의 x와 y의 사용법은 현재의 사용법과는 반대이며, 변수와 그에 대한 함숫값이라는 의식도 명료하지 않다. 이는 데

---

7) 데카르트의 기호법에서는 $yy \infty cy - \frac{c}{b}xy + ay - ac$처럼 쓴다. 다시 말해 y^2은 'yy'라고 쓰며, 등호 기호로 '∞'를 사용하고 있다.

카르트가 작도 문제에서 도형에 대한 고찰로 향하는 과정을 걸어갔기 때문이라고 할 수 있다.

그에 비해, 일직선을 긋고, 그 위의 변수 x값에 대한 y값을 수직인 선분으로 그으며, x와 y의 변동에 근거하여 도형을 그린 인물이, 바로 데카르트와 같은 시대를 살았던 페르마다. 이러한 점에서 오늘날의 해석 기하학의 원리는 페르마의 방법 안에 더욱 선명하게 나타나고 있다고 말할 수 있다.

페르마의 해석 기하학

데카르트가 《정신 지도 규칙》을 쓴 1628년 무렵과 얼마 차이 나지 않는 1629년, 페르마는 두 가지 중요한 발견을 이루었다. 하나는 해석 기하학에 관한 것, 또 다른 하나는 무한소 해석에 관한 것이다. 무한소 해석은 다음 장에서 다루기로 하고, 지금부터 페르마의 해석 기하학에 대해 살펴보자.

페르마는 〈평면 및 입체의 궤적 입문〉[8]에서, $xy = z^2$꼴의 쌍곡선을 다음과 같이 그리고 있다. [그림 5]에서 NM과 NR이 직각을 이루도록 교차시키고, NM 위에 임의의 점 Z를 찍고 직선 ZI를 그린다. 점 I를 결정하는 방법은, NM과 MO를 두 변으로 하는 직사각형을 새롭게 만들어 z^2과 같아지도록 하고, NZ와 ZI를 두 변으로 하는

---

8) 〈평면 및 입체의 궤적 입문〉은 페르마가 살아있는 동안 출간되지 않았기 때문에, 많은 사람들이 데카르트가 해석 기하학을 발명했다고 생각했다.

직사각형이 z^2과 같아지도록 하는 것이다.

이처럼 페르마는, 임의의 점 Z에 세운 직선의 끝점 I가 그리는 궤적이 쌍곡선이라고 서술하였으며, 그 방정식을 'A in E aep. Z pl.'라고 나타냈다. 이 방정식을 오늘날의 기법으로 나타내면, A=x, E=y로 두고, 새롭게 규정하는 z^2는 $z^2 = k$라고 하면 $xy = k$라고 할 수 있다. 기호 'aep.'는 오늘날 등호의 기호인 '='를 의미한다.

[그림 5]

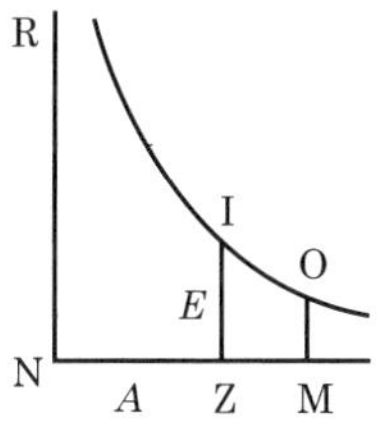

다시 말해 A가 독립변수 x값의 변화를, E가 종속변수 y값의 변화를 나타낸다고 생각하면, 가로축에 x축을 그리고, 그에 수직인 세로축(y축)을 그린다는 현대적 해석 기하학은, 데카르트보다 페르마에 의해 의식적으로 받아들여졌다고 말해도 좋다. 이는 작도의 문제에서 출발한 데카르트에 비해, 궤적을 생각한 페르마의 방법의 당연한 결론이라고 말할 수 있을지도 모른다. 페르마가 궤적의 문제를 떠올릴 수 있었던 것은 아폴로니오스의 《평면에서의 궤적》을 복원하는 업무를 맡았던 것이 계기가 되었다고 생각할 수 있다.

앞에서 서술한 것처럼, 데카르트보다 페르마에게 더 현대적인 해석 기하학의 발상을 볼 수 있다고는 하지만, 페르마의 기호법은 매우 오래된 것이었다. 등호 기호인 'aep.'는 '같다'를 의미하는 'aequatur'를 줄여 만든 기호로, 이는 고대 그리스의 디오판토스와 별반 다르지 않다. 또 모르는 양에 대문자 모음인 A, E를 사용하고,

알고 있는 양에 대문자 자음인 Z를 사용하고 있는 것에서 비에트를 답습하고 있다는 것을 알 수 있다.

데카르트와 페르마의 비교

지금까지 본 것처럼 해석 기하학은 데카르트와 페르마, 두 사람이 발명했다고 보는 것이 타당하다고 할 수 있다. 다시 말해 현대의 해석 기하학은, 기호법에 대해서는 데카르트, 세로축과 가로축을 만드는 법에 대해서는 페르마를 따르고 있는 것이다. 그러나 오늘날 데카르트를 해석 기하학의 창시자로 여기는 이유는, 데카르트에 의해 비로소 '차원 동차성의 법칙'으로부터 이탈하려는 경향을 보였기 때문이다.

예를 들어 페르마의 일반적인 일차 방정식을 오늘날의 기법으로 바꾸면 $ax + by = c^2$으로 쓸 수 있는데, 이는 여전히 차원 동차성의 법칙에 묶여있다고 할 수 있다. 데카르트의 방정식도, 결국 2차항으로 통일되었다는 점에서는 페르마와 큰 차이가 없다고 말할 수 있지만, 데카르트는 2차항이나 1차항을 모두 대수 기호의 하나로 취급하고 '선분'으로 동질화하고 있다.

그에 비해 페르마는 고대 그리스의 곡선 분류에 따라 직선과 원을 평면적, 포물선, 타원, 쌍곡선을 입체적이라고 부르며, 〈평면 및 입체의 궤적 입문〉이라는 논문을 발표했다. 따라서 페르마는 그리스적이고, 데카르트는 비그리스적이라고 말할 수 있다. 이와 같은 두 사람의 차이는 어디에서 유래한 것일까?

여기에서 떠올릴 수 있는 것이 바로 아라비아 대수학이다. 아라

346

비아 대수학에서는 근, 제곱, 수(각각 x, x^2, 정수)라는 세 종류의 수량으로 이루어진 6종류의 방정식을 다루고 있는데, 그들은 '제곱과 근이 수와 같은 경우($ax^2 + bx = c$)' 혹은 '제곱과 수가 근과 같은 경우($ax^2 + c = bx$)' 등으로 분류하여 서술하고 있다. 여기에서 알 수 있듯 아라비아 대수학에서는 근과 제곱, 수가 동질화되고 있다. 이는 2차항이나 1차항이 모두 선분으로 동질화되었다는 데카르트의 '선분의 대수학'과 공통적이므로, 그런 의미에서 데카르트는 그리스적이 아닌, 아라비아적이라고 말할 수 있다.

그리스 수학에서는 계산보다 수론을 더 중요하게 생각했는데, 아라비아 수학에서는 대수 계산을 더 중요시했다. 이런 '수론'을 중요시하는 그리스와 '계산'을 중요시하는 아라비아의 차이가, 해석 기하학에 대한 페르마와 데카르트의 차이가 되어 구체화되고 있는 것은 아닐까?[9] 고대 그리스의 수론과 기하학을 연구하면서 아라비아의 대수학적인 방향을 채용하여[10], 그리스로부터의 이탈을 그렸던 데카르트였기에, 그가 해석 기하학의 창시자가 될 수 있었을지도 모른다.[11]

---

9) 페르마와 그리스 수론의 관계에 대해서는 이 책의 제1부 제5장을 참고하면 된다.

10) 데카르트가 아라비아의 알 콰리즈미의 대수학서 등을 직접 읽었는지에 대해서는 분명하지 않다.

11) '해석 기하학'이라는 명명은 뉴턴(Isaac Newton, 1642~1727)에 의해 이루어졌다. 또한 《해석 기하학》이라는 제목을 가진 최초의 작품은, 1801년 파리에서 출간된 벨기에의 수학자 장 가르니에(Jean Garnies, 1766~1840)의 교과서 《초등 해석 기하학》이다.

5. 접선 문제와 구적 문제

어떤 곡선 위의 점에 그어진 접선은 고대 그리스 무렵부터 고찰되었다. 예를 들어 유클리드《기하학 원론》제3권 정의 2에서는, '어떤 직선이 원과 만나지만, 그 직선을 아무리 늘여도 원을 자르지 않는 직선은 원에 접한다고 말한다'와 같이 원의 접선을 다루고 있으며, 아르키메데스의 작품《나선에 관하여》에서는 나선의 접선을 다루고 있다. 또한 아폴로니오스는 원뿔곡선의 접선에 대해 논하고 있다.

그러나 고대에서 접선은 점의 운동과 연결된 동적인 것이 아니라 정적인 것이었기에, 주요 관심사는 곡선 그 자체였다. 접선은 곡선의 여러 성질을 분명하게 하기 위한 보조적 수단에 불과했던 것이다.

접선에 관해 심도 있게 연구하기 시작한 것은, 운동하는 점의 궤적으로서 곡선을 파악하고, 동시에 운동하는 점의 순간 속도 등에 관심을 갖기 시작한 근대 무렵부터다. 그리고 데카르트와 페르마가 발명한 해석 기하학적 수법이 접선 문제의 연구를 추진시켰다고 말할 수 있다.

한편 평면 및 입체 도형에 관한 길이, 면적, 부피를 구하는 구적 문제도 근대에 들어 급속도로 발전했다. 고대에서 다룬 도형은 원과 구, 원뿔곡선으로 만들어진 평면 및 입체 도형 등으로 한정되었지만, 근대에는 더욱 복잡한 도형을 다루게 되면서 구적 문제에 대한 연구가 깊어지게 되었다.

접선 문제와 구적 문제는 원래 각각 다른 문제로 연구되었지만, 나중에 미적분법을 발견하면서 서로 굉장히 밀접하게 관계하고 있다는 것이 밝혀졌다. 미적분법의 발견은 제8장에서 다루기로 하고, 이번 장에서는 미적분법 발견의 전야라고 할 수 있는 '접선 문제'와 '구적 문제'에 관한 흐름을 보도록 하자.

데카르트의 접선법

데카르트는, 근대 수학의 생성기에 많은 수학자의 관심을 모았던 직선 결정법에 대해 《방법서설》(1637)의 부록인 《기하학》 제2권에서 자신의 주장을 전개하고 있는데, 여기에서는 접선의 결정을 직접적으로 논하지 않고, 접선과 직교하는 법선의 결정을 중점적으로 고찰하였다. 이는 당시 데카르트의 관심이 굴절 광학에 향해있었기 때문이라고 추측된다[1].

---

1) 곡면 형태의 렌즈에 쏘는 광선에 대한 고찰에서는 접선과 함께 법선이 문제가 된다.

데카르트는 법선 문제에 관해 '곡선의 모든 성질을 찾아내기 위해서는, 모든 점이 여러 직선에 대해 가지는 관계와, 그 곡선 위의 모든 점에서 그를 직각으로 자르는 다른 선을 긋는 방법을 알면 충분하다'라고 서술하며, 본인이 창안한 해석 기하학의 방법을 이용하여 법선 결정의 문제를 다음과 같이 논하고 있다.

[그림 1]과 같이 CE를 주어진 곡선이라고 한다. 점 C를 지나, 곡선 CE와 직교하는 직선을 그리는데, 문제가 풀렸다고 가정하고 그를 CP라고 한다. 그리고 곡선 CE 위의 모든 점을 GA 위의 점과 연관되도록 한다. 다시 말해 GA를 좌표축으로 간주하는 것이다.

여기에서 MA=y, CM=x, CP=s, PA=v라고 하면, △CPM는 직각삼각형이므로 피타고라스 정리에 의해 $s^2 = x^2 + (v-y)^2$가 성립한다. 따라서 $x^2 = s^2 - v^2 + 2vy - y^2$이 된다.

[그림 1]

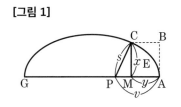

그리고 데카르트는 여기에서 곡선 CE를 타원으로 간주하여 고찰했다. r을 수직 지름, q를 가로 지름이라고 하면[2], 아폴로니오스 《원뿔곡선론》 제1권 명제 13에 의해 $x^2 = ry - \dfrac{r}{q}y^2$이라는 타원의 방정식을 얻을 수 있다. 이 식의 x^2에, 앞에서 얻은 식을 대입하여

---

2) 긴 축을 지름으로 하는 타원의 경우, 긴 축의 끝점에 수직으로 세워진 선분을 '수직 지름', 긴 축의 절반을 '가로 지름'이라고 한다.

정리하면

$$y^2 + \frac{qry - 2qvy + qv^2 - qs^2}{q - r} = 0 \ \cdots\cdots (1)$$

이라는 방정식을 얻을 수 있다.[3]

그런데 이와 같은 방정식은 x 혹은 y를 알기 위해 사용하는 것은 아니다. 점 C가 주어졌으므로, x와 y는 이미 주어져 있다. 따라서 구하는 점 P를 결정하는 v 혹은 s를 찾아내기 위해 사용되는 것이다. 이를 위한 데카르트의 방법을 요약하면 **[계산 1]**과 같다.

지금까지 본 것처럼 데카르트의 법선 결정법은 방정식의 두 중근(重根)이라는 생각으로 귀착되는 듯한 대수적 성격을 가지고 있다고 할 수 있다.

[계산 1]

[그림 2]에서 점 P가 구하는 대로라고 하면, 점 P를 중심으로 하고, 점 C를 지나는 원은 거기에서 CE를 자르지 않고, 그에 접하게 된다. 따라서 방정식 (1)의 두 근은 같아야만 한다. 이와 같은 같은 근을 e라고 하자. 그러면 y를 e와 같다고 하여 얻은 식 $(y - e)^2 = 0$은 식 (1)과 같은 꼴일 것이다. 여기에서 y에 관한 두 계수를 비교하고, 등치시킴에 따라

$$\frac{qr - 2qv}{q - r} = -2e \ \cdots\cdots (2)$$

---

3) 이 방정식의 해는, 점 P를 중심으로 하고, 반지름이 PC인 원과 곡선 CE의 교점이 된다.

$$\frac{qv^2 - qs^2}{q - r} = e^2 \cdots (3)$$

을 얻을 수 있다. (2)와 (3)에서 v와 s를 구하면

$$v = e - \frac{r}{q}e + \frac{1}{2}r \qquad s = \sqrt{\frac{r^2}{q^2}e^2 - \frac{r}{q}e^2 - \frac{r^2}{q}e + re + \frac{1}{4}r^2}$$

가 된다. 여기에서 $e = y$라고 하면,

$$v = y - \frac{r}{q}y + \frac{1}{2}r \qquad s = \sqrt{\frac{r^2}{q^2}y^2 - \frac{r}{q}y^2 - \frac{r^2}{q}y + ry + \frac{1}{4}r^2}$$

이 되어 v와 s를 얻을 수 있다[4].

게다가 데카르트가 들고 있는 다른 사례를 보아도 알겠지만, 해당 법선이 구할 수 있는 곡선은 모두 대수 곡선[5]이다. 따라서 데카르트가 《기하학》에서 전개한 법선 결정법은 뛰어나고 대수적이며, 기본적으로 동적이고 극한적인 태도는 보이지 않는다고 말할 수 있다.

[그림 2]

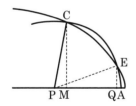

다만 [그림 2]에 의거하여 말하자면, '두 점 C, E가 서로 가까우면 가까울수록 그들의 두 근의 차는 작아지며, 마지막에 두 점이 하나의 점에 속할 때……'라고 서술하고 있어, 겨우 동적 측면을 판단할 수 있다. 데카르트의 접선

---

4) 타원 위의 점 C가 주어졌으므로, q, r, y는 이미 알고 있다고 할 수 있다.
5) 데카르트는 처음부터 기하학에서 다루는 곡선을 대수 곡선으로 한정하고 있다.

법은, 지금부터 서술하는 페르마의 접선법과의 논쟁 중에 새로운 단계로 이행하고, 근대적 접선론으로 발전하게 되었다.

페르마의 접선법

페르마의 접선법은, 그의 극대극소법의 한 응용문제라고 할 수 있다. 1629년에 쓰인, 현존하는 페르마의 최초의 논문인 〈제1논문〉의 제목이 〈극대와 극소를 결정하는 방법 및 곡선에의 접선〉이다[6].

이 논문에서는 선분을 둘로 나누어 만들 수 있는 두 선분의 곱을 최대로 만드는 사례를 다루고 있다. [그림 3]과 같이 선분 AC가 있고, 이를 점 E로 나누어 직사각형 AE·EC가 최대가 되도록 하는 것이다.

[그림 3]

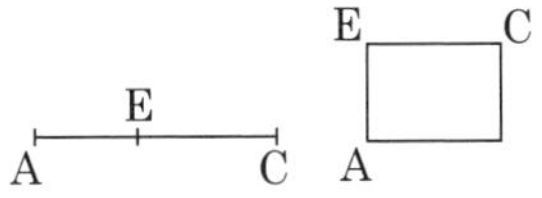

선분 AC를 B, B의 한쪽 부분을 A라고 하면, 다른 부분은 B-A가 된다. 이때 A(B-A)가 최대가 되어야 하는 것이다. 다음으로 B의 한쪽을 A+E라고 한다면, 다른 부분은 B-A-E가 되고, 이 경우는 (A+E)(B-A-E)가 된다. 이 둘은 근사적으로 같다고 두어야만 한다.

따라서 $A(B-A)\sim(A+E)(B-A-E)$가 되고, 이를 정리하면 $BE\sim2AE+E^2$이 된다. 참고로 페르마는 이 식을 'B in E adaequa

---

6) 〈극대와 극소를 결정하는 방법 및 곡선에의 접선〉은 데카르트《기하학》보다 8년이 앞선 1636년에 출간되었다.

bitur A in E bis + Eq´라고 썼다는 점에서 그의 기호법이 고대적이라는 것을 알 수 있다. 다음으로 양변을 E로 나누면, B~2A+E가 되므로 E를 소거(E 소거법)하여 B=2A를 얻고, 처음의 선분을 이등분하면 직사각형 AE·EC가 최대가 된다는 것을 알 수 있다.

또한 페르마는 1643년 무렵 〈극대극소법의 해석적 탐구〉라는 제목의 〈제3논문〉에서, 주어진 선분 AC를 점 E로 내분했을 때, AE²·EC를 최대로 하는 경우를 다루고 있다. 이 방법은 〈제1논문〉의 방법과 마찬가지로, 이때는 E², E³ 등의 항이 나타난다.

페르마는 이러한 항을 무시하고, E의 가장 낮은 거듭제곱을 포함하는 항만 골라, AC:AE=3:2로 할 때 최대가 된다는 결론을 도출했다[7].

페르마의 극대극소법에서는 최댓값을 부여하는 점이 독자적으로 존재한다는 것을 전제로 하고 있다. 그러므로 앞에서 본 것처럼 하나의 분할점 E가 찍혀, 선분의 길이를 A와 B로 안심하고 나타낼 수 있는 것이다.

[그림 4]

[계산 2]

[그림 4]와 같이 포물선 BDN 가 있고, 점 D를 꼭짓점, DC를

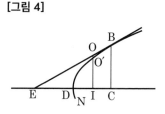

---

7) E의 최저 거듭제곱의 항만 남기고, 다른 항을 무시하는 것이나 E 소거법의 정당성에 대해서는 그다지 다루고 있지 않다.

축이라고 한다. 곡선 위의 점 B에서 접선 BE를 그리고, 축과 만나는 교점을 E라고 한다. 접선 BE 위에 임의의 점 O를 찍고, 세로선 OI 를 그린다. 그리고 점 B에서 세로선 BC를 그리면, DI에 대한 CD의 비율은 OI^2에 대한 BC^2의 비율보다 커진다. 왜냐하면 점 O가 포물 선의 바깥쪽에 있기 때문이다.

따라서 $\dfrac{CD}{DI} > \dfrac{BC^2}{OI^2}$을 얻을 수 있다. 또한 △EIO∽△ECB이므 로 $\dfrac{BC^2}{OI^2} = \dfrac{CE^2}{IE^2}$이 되어, $\dfrac{CD}{DI} > \dfrac{CE^2}{IE^2}$이 성립한다[8].

여기에서 점 B가 주어져 있으므로 BC는 물론 점 C와 CD 도 주어진다. 이에 따라 CD = D, CE = A, CI = E라고 한다면 $\dfrac{D}{D-E} > \dfrac{A^2}{A^2 + E^2 - 2AE}$이 된다. 이를 정리하여 극대극소법에 따 라 근사적으로 같게 두고, E의 가장 작은 거듭제곱만으로 이루어진 항을 포함하는 식으로 만든 다음, E 소거법에 따라 A = 2D를 얻을 수 있다. 그러므로 CE의 길이가 CD의 길이의 2배가 되도록 한다면 접 선을 결정할 수 있는 것이다[9].

이러한 점에서 페르마는 전근대적이라고 말할 수밖에 없다. 왜냐 하면 최댓(소)값의 존재나 값은 문제의 조건을 따르면서 색출되어야

---

8) 페르마는, 접선을 점 E에서 곡선 위의 점까지의 선분 길이의 극한으로 규 정하지 않았다. 접선이 곡선과 단 하나의 점을 공유하고, 접선 위의 모든 점이 포물선인 사례에서는 접점을 제외하면 그 곡선의 외부에 있다는 직접 적인 기하학적 사실에 근거를 두고 부등식을 도출했다.

9) 이 결과는 이미 아르키메데스《포물선의 구적》의 명제 2에서 별다른 증 명 없이 서술되고 있는데, 오늘날에는 아폴로니오스《원뿔곡선론》제1권 명 제 35에서 볼 수 있다.

하기 때문이다. 또한 페르마의 방법은 근대적 극한 계산의 발상과는 달리, 단순히 E의 최저 거듭제곱만 포함하는 항으로 이루어진 방정식을 만들기 위한 것임을 알 수 있다.

다음으로 페르마의 접선법은, 〈제1논문〉에서 **[계산 2]**와 같이 전개된다.

메르센

페르마의 접선법10에서 볼 수 있는 접선 개념은, 그리스 느낌의 고정적인 접선 관점이며, 접선과 할선을 확실히 구별하고, 둘은 어떤 이행도 없다고 파악하고 있다. 데카르트는 이러한 페르마의 접선법을 메르센11을 통해 알게 되어, 이 방법을 더 합리적으로 수정하려 했는데, 데카르트의 접선법은 실제로 단순한 수정이 아닌, 본질적인 의미에서의 근대성을 나타내고 있다.

---

10) 페르마의 접선법은, 나중에 아이작 배로(Isaac Barrow, 1630~1677)에 의해 개량되었다.

11) 마랭 메르센(Marin Mersenne, 1588~1648)은 프랑스의 수학자이자 철학자, 신학자로, 메에루아르 지방에서 태어났다. 그는 라 플레슈 예수회 계열의 학교에서 교육을 받았으며, 여기에서 데카르트와 만났다. 이후 파리의 소르본 대학에서 신학을 공부하고 가톨릭 신부가 되었으며, 이탈리아, 네덜란드를 여행하며 카발리에리, 하위헌스 등을 알게 되었다. 메르센은 동아리 느낌의 연구회를 주재하면서, 동시에 편지 왕래를 통해 당시의 수학자, 과학자들 연구의 중개 역할을 담당했다. 이 모임이 파리 과학 아카데미 설립의 기초가 되었다. 17세기의 유명한 과학자의 대부분은 메르센과의 편지 왕래를 통해 정보를 수집했다.

데카르트는 페르마와 접선에 관한 논쟁을 하던 중, 접선을 할선의 극한으로 하여 동적으로 인식하는 근대적인 접선 관점에 도달했으며, 이는 1638년 6월 하르디[12]에게 보내는 편지에 담고 있다. 지금부터 이에 대해 살펴보도록 하자.

데카르트의 새로운 접선법

데카르트의 더 근대적인 접선법은 다음과 같이 전개된다. **[그림 5]** 에서 곡선 ABD가 주어졌다고 하고, 점 B 또한 그 곡선 위에 주어졌다고 한다. AC의 연장선 위에 점 E를 찍고, E와 B를 연결하는 직선이 곡선 B와 D로 자른다고 하자. 그리고 BC=b, AC=c라고 하고, 세로선 BC와 DF의 비율을 $g:h$라고 한다.

먼저 최초의 점 E를 정해야만 한다. 그를 위해 EC=a, CF=e로 두고, △ECB∽△EFD에 의해 성립하는 EC:BC=EF:DF로부터 $DF = \dfrac{ba + be}{a}$ 를 얻을 수 있다.

그런데 DF는 주어진 곡선에 그린 하나의 세로선이므로 이를 다시 다른 항으로 나타낼 수 있는데, 그 항은 곡선의 성질에 따라 다르다. 이 곡선을 삼차

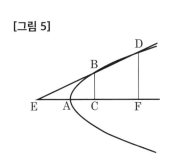

[그림 5]

---

12) 클로드 하르디(Claude Hardy, 1598경~1678)는 프랑스의 수학자로, 메르센을 통해 페르마, 데카르트 등과 친분을 쌓았다.

포물선이라고 한다면, **[계산 3]**과 같이 점 E가 결정된다.

EB가 접선이라면 선분 DF는 **[그림 6]**과 같이 BC와 완전히 일치하게 된다. 따라서 비율 $g:h$에 따라 $g = h$가 되고, $ha = ga + ge$는 $a = a + e$가 되어, e는 무(無)와 같아진다. 그러므로 a의 값을 구하기 위해서는 첫 번째 방정식에서 e에 곱해지는 모든 항을 0이라고 하면 된다. 그러면 $a = 3c$가 되어, 선분 EC가 선분 AC의 3배가 되도록 점 E를 정함으로써 접선이 결정되는 것이다.

[그림 6]

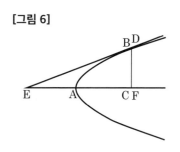

데카르트의 이러한 새로운 접선법은, 본인이 《기하학》에서 전개한 접선법은 물론, 페르마의 접선법보다 한 단계 진보하였으며, 바야흐로 동적인 근대적 접선법에 가까워지고 있다는 것을 알 수 있다.

데카르트의 이전 접선법은 대수 곡선에만 이용할 수 있었으며, 페르마는 그리스식의 접선과 할선의 본질적인 차이를 끝까지 고집하고 있었다. 그에 비해 데카르트의 새로운 접선법은 새로운 단계에 있었다.

[계산 3]

AF에 대한 AC의 비율은 BC의 부피에 대한 DF의 부피의 비율과 같아진다. 따라서 $c:(c + e) = b^3 : \left(\dfrac{ba + be}{a}\right)^3$가 성립하며,

$c:(c+e) = 1:\left(\dfrac{a+e}{a}\right)^3$가 된다.

그리고 이를 정리하면 $a^3 = 3ca^2 + cae + ce^2$가 되는데, 여기에는 미지량인 a와 e가 있으므로, a와 e를 결정하기 위해 또 하나의 방정식이 필요하다.

그런데 BC와 DF의 비율을 $g:h$라고 했으므로 $b:\dfrac{ba+be}{a} = g:h$ 가 되어, $ha = ga + ge$를 얻을 수 있다. 이를 이용하면 a와 e 중 하나가 정해지고, 이 값을 이미 도출하고 있는 또 하나의 방정식에 대입하면 나머지 하나도 정해진다. 따라서 BC와 DF의 비율이 주어졌다면 점 E를, 다시 말해 선분 CE를 찾아낼 수 있는 것이다.

데카르트가 아르지에게 보낸 편지에서 볼 수 있는 두 가지 그림 (그림 5와 그림 6)만 나열해 보아도, 할선이 이동하면서 생기는 극한적 지위에 접선이 있다는 것, 접선과 할선이 운동하면서 서로 관계를 유지하고 있다는 것은 명백하다.

이처럼 데카르트는 접선과 할선을 구분하여 특별하게 취급한 것이 아니라, 오히려 평등하게 다루었다. 그래서 할선의 운동을 매개로 접선을 인식하는 미분학으로 가는 길에 있다고 말할 수 있으며, 이 방향은 머지않아 뉴턴으로 이어지게 되었다.

케플러의 구적법

케플러[13]는 천문학의 세 가지 법칙[14]을 발견한 천문학자로 잘 알려져 있는데, 사실 케플러야말로 아르키메데스 구적법을 계승한 인

케플러

물이자, 근대 구적법의 실마리를 열었던 수학자라고도 말할 수 있다.

케플러는 1612년 프라하에서 오스트리아 북부의 린츠로 옮기고, 다음 해에 재혼했다.

그 해는 포도가 풍년이어서 저렴한 가격의 포도주가 많이 제조되었다. 케플러는 신혼 가정에서 남편의 임무인 음료 확보를 위해 포도주를 저장하는 오크통을 사러 갔다. 그때 포도주를 판매하는 상인이 가느다란 막대를 사용하여, 오크통 상부(A)에서 아래쪽 끝(C)까지의 길이를 측정하는 것만으로 포도주 양을 어림잡아 판매하는 광경을 목격하였는데, 케플러는 그 간단한 작업에 매우 놀랐다고 한다[그림 7].

그에 자극받은 케플러는 오크통의 내용을 정확하게 계산하는 방

---

13) 요하네스 케플러(Johannes Kepler, 1571~1630)는 독일의 천문학자, 수학자로, 마지막 점성술사이자 진정한 최초의 천문학자라고 불린다. 독일 남부의 바일에서 태어나, 튀빙겐 대학에서 철학, 신학을 공부했다. 황제 루돌프 2세의 천문관인 튀코 브라헤의 조수가 되었으며, 튀코가 세상을 떠난 뒤, 그를 이어 5년의 고전 끝에 화성의 궤도에 관한 데이터에서 세 개의 법칙을 발견했다.

14) 케플러의 세 가지 법칙이란 ① 모든 행성은 태양을 하나의 접점으로 하는 타원 궤도를 그리며 움직인다(타원 궤도의 법칙), ② 태양과 행성을 잇는 직선은 일정한 넓이를 훑고 지나간다(면적 속도 일정의 법칙), ③ 행성의 공전 주기의 제곱은, 그 행성의 태양으로부터의 평균 거리의 세제곱에 비례한다(조화의 법칙)를 의미한다.

법을 고민하기 시작하여, 《포도주 통의 신계량법》(1615)[15]을 출간하려 했다. 그러나 유명인 케플러의 이름으로도 수학에 관한 라틴어 책은 잘 팔리지 않는다는 이유로, 몇 개의 발행소에게 거절당하여 결국 이 책은 자비로 출판하게 되었다.

《포도주 통의 신계량법》 제1부는 '규칙적인 곡선의 입체 기하학' 이라는 제목을 붙이고, 서두에서 원의 면적에 대해 다루고 있다.

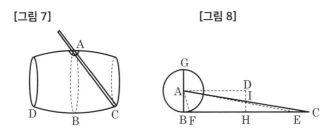

[그림 7]   [그림 8]

'지름에 대한 원둘레의 비율은 약 22:7이다'[16]라는 정리 1에 이어, 원의 면적에 관한 정리 2를 증명하고 있다.

케플러는, [그림 8]에서 원둘레는 점과 같이 셀 수 없는 부분으로 이루어졌다고 생각하고, 그러한 부분을, AB를 같은 변으로 하는 이등변 삼각형의 밑변이라고 간주했다. 따라서 꼭짓점을 A로 하는 무수한 이등변 삼각형에 의해 원이 구성되는 것이다.

이어서 원둘레를 일직선으로 늘려 선분 BC라고 하고, 선분 BC

---

15) 《포도주 통의 신계량법(Nova Stereometria Doliorum Vinariorum)》은 《케플러 전집》 제9권에 수록되어 있다.

16) 이 내용은 아르키메데스 《원의 측정에 관하여》 명제 2에 증명되어 있다.

위에 나열된 무수한 이등변 삼각형의 등적 변경을 통해 원의 면적을 구할 수 있다.

이 방법은 아르키메데스의 방법과 완전히 동일하다. 그러나 아르키메데스는 이와 같은 원의 무한한 분할에 잠재된 위험성에 대해 진중한 태도를 보이고, 그 방법을 공표하지 않았다. 그러한 점에서 케플러는 낙천적이었다고 할 수 있다.

앞의 이등변 삼각형에서, 케플러가 호를 '밑변'으로 했다면 이등변 삼각형은 만들어지지 않는다. 만약 점이라면 이등변 삼각형은 존재하지 않고 단순한 선분에 불과하며, 아무리 모아도 원은 되지 않는다. 따라서 이론적으로 정당한 방법이라고 말할 수 없다.

다음으로 케플러에 의한 포도주 통의 부피 계산을 살펴보자. 케플러는 포도주 판매 상인의 작업이 매우 간단하여 놀랐는데, 오크통의 길이를 조사해 보니 모든 통이 밑면의 지름과 높이의 비율이 약 2:3이라는 사실을 깨달았다.

케플러는 오크통 모양을 원기둥 모양으로 간주하고, 밑면의 지름과 높이의 비율이 어느 정도일 때 최대 부피가 되는지 밝혀내려 했다. 그래서 케플러는 주어진 구에 부피가 최대인 직원기둥을 내접시키기로 했다. 다시 말해 **[그림 9]**에서 원 안에 $CG^2 \cdot AG$가 최대인 경우를 생각한 것이다. 이는 $AG \cdot CL$이 최대인 경우와 같다. 그러나 $AG \cdot CL$를 최대로 만드는 것은 쉽지 않았다. 그래서 그는 먼저 계산을 통해 $CL = 2AL$일 때가 최대라고 추측하고, 그 후 이를 증명한 것이다17.

CL=2AL일 때, 밑면의 지름과 높이의 비율 CG:AG를 구하면

$$CG:AG=GL:AL=\sqrt{2}:1$$

이 된다. 다시 말해 구에 내접하는 직원기둥에서 지름과 높이의 비율이 $\sqrt{2}:1$일 때 부피가 최대가 되는 것이다. 다만 문제는 **[그림 10]**과 같이 AC=a가 일정한 직원기둥에서 최대 부피인 경우를 찾아내는 것으로, 이때는 지름과 높이의 비율이 $1:\sqrt{2}$가 된다는 것을 알 수 있다.

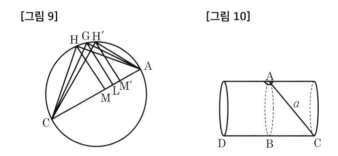

[그림 9]　　　　　　　　**[그림 10]**

케플러는 최댓값 근처에서 모양을 약간 변화해도 용량은 거의 변하지 않으므로, $1:\sqrt{2}$을 2:3이라고 해도 크게 차이 나지 않는다고 생각한 것이다18.

---

17) 이 증명을 시행하기 위해서는 AG·CL>AH·CM 및 AG·CL>AH·CM을 나타내면 좋다.

18) '최댓값 근처에서 모양을 약간 변화해도 용량은 거의 변하지 않는다'라는 케플러의 발상을 페르마(1601~1665)가 발전시켰으며, 이 방법을 'E 소거법'이라고 부른다.

포도주 통을 밑면의 지름과 높이의 비율이 2:3인 원기둥 형태, 다시 말해 $d:h:a = 4:3:5$라고 간주하고, AC의 길이를 a라고 하여 그 부피 V를 계산하면,

$$V = \pi\left(\frac{2}{5}a\right)^2 \cdot \frac{6}{5}a = \frac{24}{125}\pi a^3 \fallingdotseq 0.6a^3$$

가 된다. 따라서 AC의 길이를 측정하고, 그를 세제곱하여 0.6배 하면 통의 용량을 구할 수 있다. 또한 $0.6a^3$인 척도를 만들면, 그 척도의 눈금만 읽어도 용량을 알 수 있는 것이다.

카발리에리의 불가분량법

카발리에리[19]는 근대 역학의 아버지라고도 불리는 갈릴레오 갈릴레이의 제자로, 갈릴레오를 통해 케플러의 영향을 받은 듯하다. 따라서 카발리에리는 구적법에 관해 케플러의 연장선 위에 있다고 할 수 있다. 즉 카발리에리도 면적이나 부피를 분할하여, 그들의 요소라고 할 수 있는

카발리에리

'면소(面素)', '체소(體素)'라고도 불리는 것까지 세분화하였는데, 이와

---

19) 보나벤투라 카발리에리(Bonaventura Cavalieri, 1598~1647)는 이탈리아의 수학자로, 밀라노에서 태어났다. 신학을 수련하기 위해 피사에서 유학을 했는데, 거기에서 피사 대학의 수학자 베네데토 카스텔리(Benedetto Castelli, 1578~1643)를 만나 친분을 쌓았다. 카스텔리의 소개로 갈릴레오의 제자가 되었으며, 후에 갈릴레오의 추천으로 볼로냐 대학의 수학 교수가 되었다.

같은 요소를 '불가분량'이라고 명명하고, 이를 기본 개념으로 불가분량법이라는 일종의 구적법을 고안했다.

그러나 카발리에리의 불가분량은 케플러의 무한소 도형과 다음의 두 가지 점이 다르다. 첫째, 주어진 도형을 그와 같은 차원의 무한소 도형의 총합이라고 생각한 케플러에 비해, 카발리에리는 주어진 도형보다 한 차원 낮은, 셀 수 없는 불가분량에 의해 합성된 것이라고 생각했다. 다시 말해 카발리에리의 불가분량은 그 도형을 잘라 얻을 수 있는 절단선 혹은 절단면 그 자체라고 생각할 수 있는데, 그는 직물을 구성하는 평행인 세로실을 예로 들었다.

둘째, 케플러는 주어진 도형을 무한소 도형으로 나누고, 주어진 도형의 면적과 부피를 구하기 위해 다시 그를 무한소 도형의 총합을 취하는 방법을 이용했다. 그러나 카발리에리는 주어진 두 도형의 불가분량 사이를 1:1로 대응함으로써 면적과 부피를 구했다. 만약 대응하는 불가분량이 어느 정해진 비율을 갖는다면 주어진 두 도형의 면적과 부피도 같은 비율을 갖는다고 결론을 내고 있다. 그래서 한 도형의 면적과 부피를 미리 알고 있다면, 다른 하나의 면적과 부피도 분명히 할 수 있는 것이다.

카발리에리의 불가분량은, 면적에 대해서는 '선', 부피에 대해서는 '면'이 각각 대응하고 있는데, 유클리드의 의미에서의 모든 선과 면을 아무리 모아도 면적과 부피를 구성하지 않으므로, 불가분량으로서의 선이란 폭이 없는 유클리드의 선이 아닌, 폭은 없지만 합을 만들면 폭이 생기는 특수한 선으로서 생각해야만 한다.

카발리에리는 케플러의 무한소 도형이 갖는 0인 것 같지만 아닌 듯한 부정성을 제거하고, 개념을 분명하게 하기 위해 불가분량을 생각했지만, 앞에서 서술한 것처럼 애매함에 근거를 두고 말았다. 이와 같은 위험성을 피하기 위해 그는 1:1로 대응하는 선분의 길이 비율을 생각하고, 이미 알고 있는 도형의 면적에서 모르는 도형의 면적을 구하도록 하여, 불가분량으로서의 선을 이용한 것이다.

이때 그 기초가 되는 것이 '카발리에리의 원리'다. 카발리에리의 원리는 그의 저서 중 하나인《불가분량의 기하학》[20](1635) 제7권 정의 1의 명제 1로, 다음과 같이 서술하고 있다[그림 11].

[그림 11]

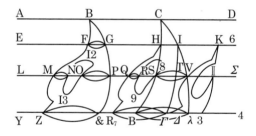

'같은 평행선 사이에 만들어진 임의의 평면 도형은, 만약 그 평행선으로부터 같은 거리의 지점에 그려진 평면 도형 안의 임의의 직선

---

20)《불가분량의 기하학》의 원제의 서두에서 볼 수 있는 'Geometria indivi sibilibus continuorum…'의 말뜻으로부터《불가분량(indicisivles)에 의한 연속 기하학》이라는 제목이 더 적절할지도 모른다.

부분이 같다면, 서로 같다. 그리고 같은 평행 평면 사이에 만들어진 임의의 입체 도형은, 만약 평행 평면에서 같은 거리의 지점에 그려진 입체 도형 안의 임의의 평면 부분이 같다면, 서로 같다.'

그렇다면 카발리에리는 어떻게 원의 면적을 다루었을까? 그는 앞에서 서술한 저서의 제6권에서 원을 다루고 있는데, 그중 명제 1에서 '전체 원둘레는 원과 같다'라고 서술하고 있다. 다시 말해 원의 불가분량으로서 원둘레라는 곡선을 생각하는 것이다. 게다가 '원은, 반지름이 직각을 끼고 있는 측선이라고 하고, 원둘레를 밑변으로 하는 직각 삼각형과 같다'라는 명제 2가 이어진다. 이 내용은 아르키메데스, 케플러와 동일하다고 할 수 있는데, 카발리에리는 명제 2에 대해 '이 명제는 아르키메데스의 《원의 측정에 대해서》 명제 1에서 이미 증명되었다'라고 서술하는 것에 불과하다.

카발리에리의 명제 1에 관한 진술을 통해, 그는 **[그림 12 (가)]**와 같이 원둘레의 총합으로 원을 인식하고, 윗부분의 반지름에 흔적을 남겨 **[그림 12 (나)]**와 같은 삼각형으로 변형함으로써 원의 면적을 구하지 않았을까 추측된다.

하지만 카발리에리의 불가분량법의 가장 큰 업적은, 가장 쉽고, 심지어 매우 중요한 정적분,

[그림 12]

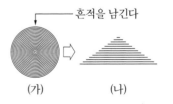

흔적을 남긴다

(가)　　　　(나)

$$\int_0^a x^n\,dx = \frac{1}{n+1}a^{n+1}$$

의 발견이라고 볼 수 있다.

카발리에리는 《불가분량의 기하학》 제2권에서 $n=1$, 2인 경우를 증명하고, 나아가 $n=3{\sim}9$인 경우를 《기하학 연습 6편》(1647) 제4권에서 제시한 후, 유추에 의해 자연수를 지수로 올리는 일반 포물선 $y=x^n$의 구적을 다루고 있다. 여기에서는 $n=2$인 경우를 증명하는 제2권의 명제 24를 살펴보자[21]. 단 표기법은 현대식으로 바꾸었다.

먼저 '주어진 평행사변형 안에 대각선을 긋는다고 가정한다. 이때 평행사변형의 모든 제곱은, 그 평행사변형의 옆 변을 공통 기준으로 하는 전체 지름으로 만들어진 삼각형의 모든 제곱의 3배와 같다'라고 서술하며, **[그림 13]**을 제시하고 있다. 여기에서 '평행사변형의 모든 제곱'이란, 기준선 AC에 평행한 모든 RV 등의 평행선의 합을 의미한다.

[그림 13]

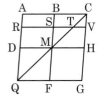

이를 $\displaystyle\sum_{AC}^{QG} RV^2$이라고 하면, '전체 지름으로 만들어진 삼각형의 모든 제곱'은 기준선 AC에 평행하는 모든 지름 RT 등의 제곱의 합을 의미하므로 $\displaystyle\sum_{AC}^{Q} RT^2$라고 쓸 수 있다.

따라서 명제 24는 $\displaystyle\sum_{AC}^{QG} RV^2 = 3\sum_{AC}^{Q} RT^2$을 주장하고 있는 것이다. 이 식이 옳다는 것은 **[계산 4]**에서 볼 수 있다.

---

21) 이 명제의 보다 합리적인 증명은 페르마, 파스칼 등에 의해 이루어졌다. 페르마는 $\displaystyle\sum_{i=1}^{n} i^k$의 공식도 도출하고 있다.

[계산 4]

우선 $RT^2 + TV^2 = (RS + ST)^2 + (RS - ST)^2 = 2RS^2 + 2ST^2$이므로,

$$\sum_{AC}^{Q} RT^2 + \sum_{C}^{QG} TV^2 = 2\sum_{AB}^{QF} RS^2 + 2\sum_{BC}^{QF} ST^2 \cdots (*)$$

를 얻을 수 있다. 또한 $\sum_{AC}^{Q} RT^2 + \sum_{C}^{QG} TV^2$이며,

$$\sum_{AB}^{QF} RS^2 = \frac{1}{4}\sum_{AC}^{QG} RV^2$$가 된다. 나아가 $\triangle AQC \backsim \triangle BMC$이므로

$$\sum_{BC}^{QF} ST^2 = 2 \times \frac{1}{8}\sum_{AC}^{Q} RT^2 = \frac{1}{4}\sum_{AC}^{Q} RT^2$$이 된다.

이러한 식으로 식 $(*)$는 다음과 같이 변형된다.

$$2\sum_{AC}^{Q} RT^2 = 2 \times \frac{1}{4}\sum_{AC}^{QG} RV^2 + 2 \times \frac{1}{4}\sum_{AC}^{Q} RT^2 = \frac{1}{2}\sum_{AC}^{QG} RV^2 + \frac{1}{2}\sum_{AC}^{Q} RT^2$$

가 되고, 양변을 2배 하여 $4\sum_{AC}^{Q} RT^2 = \sum_{AC}^{QG} RV^2 + \sum_{AC}^{Q} RT^2$을 얻을 수

있다. 따라서 $3\sum_{AC}^{Q} RT^2 = \sum_{AC}^{QG} RV^2$가 된다.

여기에서 $AC = a$라고 하고, AC에서 QG까지의 이동 거리를 a

로 한다. 또한 $RT = x$로 한다면, 앞에 서술한 결론은 $3\sum_{AC}^{Q} x^2 = \sum_{AC}^{QG} a^2$

이 되고, $\sum_{AC}^{QG} a^2 = a \times a^2 = a^3$이므로 $3\int_0^a x^2 dx = a^3$가 되어,

$\int_0^a x^2 dx = \frac{1}{3}a^3$을 얻을 수 있다.

카발리에리의 불가분량법은, 마찬가지로 갈릴레오의 제자인 에
반젤리스타 토리첼리[22]를 비롯해 파스칼, 존 윌리스 등 수많은 계승
자를 낳았으며, 후에 적분법이 확립되기까지 무한소 기하학의 주요
한 방법으로 그 역할을 다했다. 그렇다면 이제 불가분량법을 명확한

토리첼리

개념을 통해 보다 이론적으로 발전시킨 파스칼의 구적법에 대해 살펴보자.

파스칼의 구적법

파스칼의 무한소 기하학에 관한 업적은, 1658년 아모스 데통빌이라는 예명으로 발표한 'A· 데통빌이 A·D·D·S 씨[23]에게 보내는 편지'로 시작하는 일련의 논문을 통해 밝혀졌다.

카발리에리는 불가분량 혹은 모든 불가분량에 대해 어떠한 정의도 하지 않았으며, 주어진 도형보다 한 차원 낮은 모든 불가분량으로 면적과 부피를 생각했다. 이에 대해 파스칼은, 면적을 구성하는 것은 그와 같은 차원인 '무한소 직사각형'이라고 여기고, 그 총합을 주어진 도형의 면적이라고 생각했다.

실제로 파스칼은 '데통빌이 피에르 드 카르카비 씨[24]에게 보내는

---

22) 에반젤리스타 토리첼리(Evangelista Torricelli, 1608~1647)는 이탈리아의 수학자이자 물리학자로 파엔차에서 태어났다. 카스텔리의 지도 아래 수학을 공부한 후, 갈릴레오의 제자(카발리에리보다 나중에 제자가 되었다)가 되었으며, 갈릴레오의 후임으로서 토스카나 대공의 수학관에 임명되었다. 구적에 관한 토리첼리의 공적 중 하나는 쌍곡회전체와 같이 무한하게 늘어나는 입체가 유한한 부피를 갖는다는, 당시로서 전대미문의 발견을 이룬 것이다.

23) A·D·D·S 씨는 파스칼의 친구로, 당시 볼 로열 수도원에서 활약하던 아르노(Arnauld Docteur de Sorbonne)라는 추측이 있다.

편지'에서 다음과 같이 서술하며 불가분량법을 옹호하고 있다.

'나는 앞으로 〈선의 합〉 혹은 〈면의 합〉과 같은 불가분량의 용어를 사용하는 것에 어떠한 거리낌도 느끼지 못할 것이다. 만약 ([그림 14]에서) 점 Z에 대해 무한한 수의 똑같은 부분으로 나뉜 반원의 지름을 생각하고, 그 점들로부터 세로선 ZM을 그렸을 때, 나는 〈세로선의 합〉이라는 표현을 사용한 것에 어떠한 거리낌도 느끼지 못할 것이다.

이 표현은 불가분량의 이론을 풀지 못하는 사람은 기하학적이지 않다고 생각할 수 있다. 그런 사람은 무한한 수의 선으로 하나의 평면을 나타내는 것 등은 기하학에 어긋난다고 생각하지만, 그것은 그들의 무지에서 비롯한 결과임이 틀림없다. 왜냐하면

[그림 14]

위의 말이 의미하는 것은, 각 세로선과 지름의 서로 같은 각각의 작은 부분으로 만들어진 무한한 수의 직사각형의 합과 다르지 않기 때문이다. 이러한 직사각형의 합은 반드시 평면이며, 반원의 확장과는 주어진 어떠한 양보다 작은 양밖에 다르지 않다는 것이다.'

무한소 직사각형의 총합은 주어진 반원의 면적에 비해, 임의의 주어진 양보다 작은 양만큼만 다르다는 인식은, 당시의 파스칼은 이

---

24) 피에르 드 카르카비(Pierre de Carcavi, 1603~1684)는 파리 왕실 서고관리인으로, 왕립 과학 아카데미의 최초 회원이기도 하다.

미 오늘날의 무한소 개념을 깨달았다는 것을 의미한다. 파스칼의 무한소 기하학에 의해 카발리에리의 '모든 불가분량'이라는 불명확한 개념에서 '무한소 직사각형의 총합'이라는 명확한 수학적 개념으로 이행했다고 말할 수 있는 것이다.

이와 같은 파스칼의 무한소 기하학의 방법이 적용된 특징적인 논문으로 〈사분원의 사인론〉(1658)이 있다. 이 논문은 미분법이 탄생했을 당시, 기본적 역할을 다했던 파스칼의 발명을 포함하고 있어 매우 중요하게 여겨지고 있다.

논문의 서두에서는 '사분원 ABC가 있고, 그 반지름 AB를 축, 그에 수직인 반지름 AC를 밑이라고 한다. 호 BC 위에 임의의 점 D를 찍고, D에서 반지름 AC에 정현(사인) DI를 내린다. 또 접선 DE를 그리고, 그 위에 임의의 점 E를 여러 개 찍은 다음, 그로부터 반지름 AC에 수직인 ER을 내린다. 이때 $\triangle$DIA∽$\triangle$EKE′이므로 AD:DI=EE′:RR′이 되고, DI • EE=AD • RR′이다(**그림 15**)'라는 보조 명제를 주장하고 있다. 이 보조 명제는 이후의 명제를 증명할 때 핵심 명제가 되며, 동시에 여기에서 볼 수 있는 삼각형 EKE는 역사적 의의가 있다. 다시 말해 이는 나중에 라이프니츠에 의해 '특성 삼각형'이라고 명명되었으며, 그의 미분법 발명에 가장 먼저 자극을 주었던 것이기도 하다.

파스칼 논문의 명제 1은 '사분원의 임의의 호의 사인의 합은, 양 끝의 사인 사이에 포함된 밑 부분에 반지름을 곱한 것과 같다'인데, 이는 구분 구적의 사고에 의해 다음과 같이 증명된다.

[**그림 16**]과 같이 임의의 호 BP가 있고, 그를 점 D에서 무한한 수의 부분으로 나누고, 그 점으로부터 사인 PO, DI 등을 내린다. 이를 모든 점 D에 대해 접선 DE를 긋고, 각각 인접하는 접선과 교차하는 점을 E라고 하여 직선 ER을 내리면, 보조 명제에 의해 모든 점 D에서 DI • EE=AB • RR이 성립한다.

[**그림 15**]   [**그림 16**]

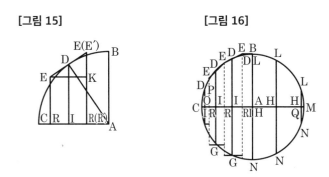

따라서 $\sum_{B}^{P} DI \cdot EE = \sum_{A}^{O} RR \cdot AB = AB \cdot \sum_{A}^{O} RR$이 되는데, 여기에서 RR의 합은 AO와 같고, 각 접선 EE가 호 DD와 같으므로 명제가 증명되는 것이다. 파스칼은 이 증명의 마지막에 다음과 같은 주의 사항을 덧붙였다.

'모든 거리 RR을 포함한 모든 것은 AO와 같고, 마찬가지로 각 접선 EE는 각각의 작은 호 DD와 같다는 말을 의외라고 생각하지는 않았을 것이다. 왜냐하면 이미 숙지하고 있듯, 사인의 개수가 유한한 경우, 이들이 서로 같다는 것이 진실이 아니라고 하더라도, 개수가 무한한 경우에는 진실이기 때문이다.

이 경우에는 서로 같은 모든 접선 EE의 합과 현 전체인 BP, 다시 말해 서로 같은 모든 현 DD의 합과의 차는 주어진 어떤 양보다도 작은 양에 불과하기 때문이다. 이는 RR의 합과 AO 전체와의 차에 대해서도 마찬가지다.'

여기에서도 파스칼은 무한소 개념을 명확하게 인지하고 있다는 것을 알 수 있다. 이러한 명제 1을 적분법 용어로 나타내면, AB=AC=1, 로서 $\angle CAD = \varphi$

$$\int_0^{\frac{\pi}{2}} \sin\varphi d\varphi = AC \cdot AB = 1$$

이 되는데, 이것은 삼각 함수에 대해 주어진 최초의 적분이 된다.

6. 무한의 산술화

영국에서는 17세기 중반이 되어 마침내 수학과 자연 과학의 연구가 사회적인 평가를 받게 되었다. 그 하나의 증거로, 1645년 왕립학회의 전신이 설립되어, 많은 과학자들이 공동 연구를 했다는 것을 들 수 있다. 그리고 그 연구의 선두에 선 과학자 중 한 사람이 바로 월리스[1]였다.

존 월리스

월리스는 1650년, 갈릴레오의 제자이

---

[1] 존 월리스(John Wallis, 1616~1703)는 영국의 수학자로, 런던 왕립 협회의 창시자이자 최초의 회원이다. 영국 켄트주 애쉬포트에서 태어나, 케임브리지 대학 신학부를 졸업했으며, 윌리엄 오트레드(William Oughtred, 1574~1660)에게 수학을 배웠다. 1649년 옥스퍼드 대학의 기하학 교수(새빌 교수직)에 임명받았다. 새빌 교수직이란 핸리 새빌(Henry Savile, 1549~1622)에 의해 만들어진 교수직을 의미한다. 월리스의 저서로 《원뿔곡선론》이 있다.

자 불가분량법을 고찰한 카발리에리를 지지한 토리첼리의《기하학 논문집》을 손에 넣었다. 그 책을 읽고, 다음 해인 1651년, 카발리에리의 불가분량법을 이해하였으며, 그를 계기로 원의 구적 문제를 연구하게 되었다. 월리스 연구의 출발점은 카발리에리에 있었지만, 방법론적으로 그는 카발리에리와 다른 길을 걸었다고 할 수 있다.

《불가분량의 기하학》이라는 책 제목처럼, 카발리에리의 방법이 '기하학적'이었던 데 반해, 월리스의 방법은, 그가 스스로 '무한자의 산술'이라고 칭하고 있는 것처럼 '산술·대수적'이었다.

월리스는 자신의 산술·대수적인 방법을 통해, 1652년 양의 유리 지수에 관해, 오늘날의 표기법으로 $\int_0^1 x^p dx = \dfrac{1}{p+1}$라는 결과를 얻었다. 게다가 그는 원의 구적 문제에 몰두하였으며, 1654년에는 비에트의 공식에 있는 두 번째 사상인 π 표시의 공식(월리스 공식)을 발견했다.

그리고 1656년, 일련의 연구 성과를 저서《무한소 산술》[2]을 발표했다. 이 책은 194개의 명제로 이루어져 있으며, 이는 크게 '거듭제곱 수의 합을 구하는 방법'을 다루는 전반부(명제 1~107)와 '원의 구적 문제'를 다루는 후반부(명제 108~194)로 나눌 수 있다. 지금부터 각각의 내용을 보도록 하자.

---

2) 《무한소 산술(Arithmetica Infinitorum)》의 책머리에는 수학 스승인 윌리엄 오트레드에게 바치는 헌정 글이 있으며, 거기에서 월리스는 카발리에리와 토리첼리의 이름을 언급하며 불가분량법을 산술화하려는 의도를 명시하고 있다.

[계산 1]

$$\frac{0+1}{1+1} = \frac{1}{2}, \ \frac{0+1+2}{2+2+2} = \frac{3}{6} = \frac{1}{2}, \ \frac{0+1+2+3}{3+3+3+3} = \frac{6}{12} = \frac{1}{2}$$

$$\frac{0+1+2+3+4}{4+4+4+4+4} = \frac{10}{20} = \frac{1}{2}, \ \frac{0+1+2+3+4+5}{5+5+5+5+5+5} = \frac{15}{30} = \frac{1}{2},$$

$$\frac{0+1+2+3+4+5+6}{6+6+6+6+6+6+6} = \frac{21}{42} = \frac{1}{2}$$

거듭제곱 수의 합을 구하는 방법

《무한소 산술》의 전반부의 주요 테마인 거듭제곱 수의 합을 구하는 방법에 관해, 월리스는

$$\frac{0^n + 1^n + \cdots + m^n}{m^n + m^n + \cdots + m^n}$$

라는 형태의 식을 고찰하고 있다. 예를 들어 $n=1$인 경우는 명제 1에서 다루고 있으며, **[계산 1]**과 같이 계산할 수 있다.

따라서 일반적으로

$$\frac{0+1+\cdots+m}{m+m+\cdots+m} = \frac{1}{m+1}\left(\frac{0}{m} + \frac{1}{m} + \cdots + \frac{m}{m}\right) = \frac{1}{2}$$

로 나타낸다는 점에서 **[그림 1]**과 같이 구간 [0, 1]을 m등분하고, $\frac{k}{m}$의 위치에 세워진 높이 $\frac{k}{m}$에, 같은 구간을 $(m+1)$등분한 너비 $\frac{1}{m+1}$을 곱하여 m개의 작은 직사각형을 만들고, 그 총합에 따라 △ABC의 면적과 비슷해진다고 생각할 수 있다[3].

---

3) 실제로는 근사가 아닌, 삼각형의 면적을 구하게 되어 있다.

[그림 1]　　　　　　　　　**[그림 2]**

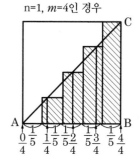

n=1, *m*=4인 경우

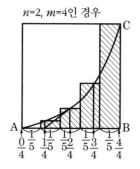

n=2, *m*=4인 경우

마찬가지로 *n*=2인 경우를 명제 19에서 다루고 있는데, 이 경우의 일반적 표현은

$$\frac{1}{n+1}\left\{\left(\frac{0}{m}\right)^2+\left(\frac{1}{m}\right)^2+\cdots+\left(\frac{m}{m}\right)^2\right\}=\frac{1}{3}+\frac{1}{6m}$$

이므로, **[그림 2]**에 나타나는 것처럼 *m*개의 작은 직사각형의 총합에 의해 포물선 $y=x^2$의 아랫부분의 면적과 비슷해진다고 간주할 수 있다.

이후 월리스는 '여기에서 나타내는 비율은 언제나 $\frac{1}{3}$보다 크다. 그러나 그 잉여분은, 예를 들어 $\frac{1}{6}$, $\frac{1}{12}$, $\frac{1}{18}$, $\frac{1}{24}$, $\frac{1}{30}$,…… 등과 같이 항수가 증가함에 따라 끝없이 감소한다'라고 서술하고 있으며, 나아가 명제 21에서는 '제곱 비율에 어느 양의 급수(혹은 같은 말이지만, 자연수 제곱의 급수)가 있고, 점 혹은 0으로 시작하여 수에 비례하게 계속해서 증대한다면, 그 급수는 같은 개수의 최대항의 급수에 대해 1:3이 될 것이다'라고 결론짓고 있다.

여기에서 월리스에게 극한값의 개념이 존재했다는 것을 읽을 수

있다. 그러므로 이들의 결과는, $N = \infty$일 때[4]

$$\sum_{k=0}^{N} \frac{k}{N(N+1)} = \frac{1}{2}, \sum_{k=0}^{N} \frac{k^2}{N^2(N+1)} = \frac{1}{3}$$

라고 쓸 수 있으며, 이를 오늘날의 표현으로 바꾸면

$$\int_0^1 x\,dx = \frac{1}{2}, \int_0^1 x^2\,dx = \frac{1}{3}$$

이 된다.

월리스는 더욱 나아가, 명제 41에서 n=3인 경우를, 명제 42에서 n=4, 5, 6인 경우를 서술한다. 그리고 명제 44에서 일반의 자연수 n에 대해, $\int_0^1 x^n\,dx = \frac{1}{n+1}$이 성립한다는 것을 도출하고 있다.

다만 월리스가 도출한 방법은 불완전 귀납법에 의한 유추에 불과하며, 수학적 증명이라고 말하기는 어렵지만, 그는 카발리에리나 토리첼리 등이 얻은 결과로부터 그들이 옳다는 것을 확신했다고 할 수 있다. 그리고 월리스는 n이 양의 유리수인 경우 또한 고찰했다.

이미 앞에서 본 것처럼, 포물선 $y = x^2$의 아랫부분의 면적은 $\frac{1}{3}$이다. 따라서 [그림 3]에서 보는 것처럼 사선 부분의 면적은 $1 - \frac{1}{3} = \frac{2}{3}$이 된다. 여기에서 세로축 AD 쪽에서 포물선을 보면, $x = \sqrt{y}$라고 간주할 수 있으며, 앞과 같은 논법을 이용하여, $N = \infty$일 때,

[그림 3]

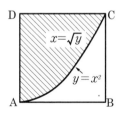

---

4) 월리스는 무한대 기호인 '∞'를 처음 도입한 인물이다. 그의 사용법으로는 '$N \to \infty$'가 아니라 '$N = \infty$'라고 써야 했다.

$$\sum_{k=0}^{N} \frac{\sqrt{k}}{\sqrt{N(N+1)}} = \frac{2}{3}$$

가 된다고 추측하는 것이다(명제 53).

그리고 $\sqrt{N}$ 을 $N^{\frac{1}{2}}$라고 하고, 앞의 x^n의 극한값 $\frac{1}{n+1}$의 n에 $\frac{1}{2}$ 을 대입하여 $\frac{1}{\frac{1}{2}+1} = \frac{2}{3}$ 을 얻어, 그 값이 옳다고 확신한 것이다.

월리스는 명제 59에서 양의 유리 지수 p에 대해

$$\int_0^1 x^p \, dx = \frac{1}{p+1}$$ 이 성립한다고 서술한 후, 명제 64의 마지막에서 '만약 무리수인 지수, 예를 들어 $\sqrt{3}$ 을 가정했을 때, 그 비율은 $1:(1+\sqrt{3})$이 될 것이다'라고까지 서술하고 있다.

지금까지 본 것처럼 월리스는 그 이전의 기하학적 방법에 의해서가 아닌, 수치 계산과 대수적 방법에 의해 구적 문제에 접근하는 길을 개척했다고 할 수 있다. 이는 또한, 극한의 개념을 기하학의 세계에서 수의 세계로 이동시키고, 산술 및 대수적으로 처리할 수 있게 만들었다고 할 수 있으며, 이후 뉴턴이나 라이프니츠에 의한 미적분법의 확립에 큰 역할을 담당하게 되었다.

원의 구적 문제

다음으로《무한소 산술》후반부의 주요 테마인 원의 구적 문제에 관한 월리스의 연구를 살펴보자. 월리스는 원의 구적이라는 기하학적 문제를, 전반부에서 다룬 거듭제곱 수의 합을 구하는 것으로 바꾸어 해결하려고 했다.

그는 '원의 면적과 지름의 제곱의 비율'을 구하기 위해 명제 121에

서 **[그림 4]**를 보여주며, 반지름이 R인 사분원의 면적과 R^2의 비율인

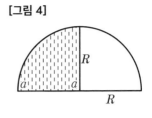

[그림 4]

$$\frac{\sum_{i=0}^{N}\sqrt{R^2-(ia)^2}}{\sum_{i=0}^{N}R}$$

을 발견하려고 했다. 여기에서 $N=8$이고, a는 반지름 R을 무한히 분할하여 얻을 수 있는 '무한소 부분'인데, 월리스는 $\frac{R}{\infty}=a$라고 썼다. 그리고 이 비율은 현대식으로

$$\frac{\int_0^r (r^2-x^2)^{\frac{1}{2}}dx}{\int_0^r rdx}\ \cdots\cdots\ (*)$$

라고 표현하며, 그 값은 $\frac{\pi}{4}$에 상당하고, 이 값을 구할 수 있으면 원의 구적 문제는 해결된다고 할 수 있다.

그래서 월리스는 먼저

$$\frac{\sum\{R^s-(ia)^s\}^q}{\sum R^s}$$ (s, q는 자연수)의 값을 명제 59, 명제 64와 이항전개를 이용해 구하고, 그 역수를 **[표 1]**과 같이 정리했다(명제 127).

그리고 $s=\frac{1}{p}$(p는 자연수)에 대해서도 똑같이 표를 작성하고(명제 131, **[표 2]**[5]), 그 표 안의 수의 역수가, 이른바 피타고라스학파의 도형수가 된다는 것을 발견했다. 월리스는 그 역수를 정리하여 **[표 3]**을 만들었다(명제 132).

---

5) 이 표는 월리스의 'Opera Mathematica Ⅰ'(Olms, 1972)를 참고했다.

[표 1]

s \ q	1	2	3	4	5	6
1	$\frac{2}{1}$	$\frac{6}{2}$	$\frac{24}{6}$	$\frac{120}{24}$	$\frac{720}{120}$	$\frac{5040}{720}$
2	$\frac{3}{1}$	$\frac{15}{8}$	$\frac{105}{48}$	$\frac{945}{384}$	$\frac{10395}{3840}$	$\frac{135135}{40080}$
3	$\frac{4}{3}$	$\frac{28}{18}$	$\frac{280}{162}$	$\frac{3640}{1944}$	$\frac{58240}{29160}$	$\frac{1106560}{524880}$
4	$\frac{5}{4}$	$\frac{45}{32}$	$\frac{585}{384}$	$\frac{9945}{6144}$	$\frac{208845}{122880}$	$\frac{5221125}{2949120}$
5	$\frac{6}{5}$	$\frac{66}{50}$	$\frac{1056}{750}$	$\frac{22176}{15000}$	$\frac{576579}{375000}$	$\frac{17873856}{11250000}$
6	$\frac{7}{6}$	$\frac{91}{72}$	$\frac{1729}{1296}$	$\frac{43225}{31104}$	$\frac{1339975}{933120}$	$\frac{49579075}{33592320}$

[표 2]

$\frac{1}{p}$ \ q	1	2	3	4	5	6
$\frac{1}{1}$	$\frac{1}{1+1}$ $=\frac{1}{2}$	$\frac{1}{2+1}$ $=\frac{1}{3}$	$\frac{1}{3+1}$ $=\frac{1}{4}$	$\frac{1}{4+1}$ $=\frac{1}{5}$	$\frac{1}{5+1}$ $=\frac{1}{6}$	$\frac{1}{6+1}$ $=\frac{1}{7}$
$\frac{1}{2}$	$\frac{1}{1+2}$ $=\frac{1}{3}$	$\frac{1}{3+3}$ $=\frac{1}{6}$	$\frac{1}{6+4}$ $=\frac{1}{10}$	$\frac{1}{10+5}$ $=\frac{1}{15}$	$\frac{1}{15+6}$ $=\frac{1}{21}$	$\frac{1}{21+7}$ $=\frac{1}{28}$
$\frac{1}{3}$	$\frac{1}{1+3}$ $=\frac{1}{4}$	$\frac{1}{4+6}$ $=\frac{1}{10}$	$\frac{1}{10+10}$ $=\frac{1}{20}$	$\frac{1}{20+15}$ $=\frac{1}{35}$	$\frac{1}{35+21}$ $=\frac{1}{56}$	$\frac{1}{56+28}$ $=\frac{1}{84}$
$\frac{1}{4}$	$\frac{1}{1+4}$ $=\frac{1}{5}$	$\frac{1}{5+10}$ $=\frac{1}{15}$	$\frac{1}{15+20}$ $=\frac{1}{35}$	$\frac{1}{35+35}$ $=\frac{1}{70}$	$\frac{1}{70+56}$ $=\frac{1}{126}$	$\frac{1}{126+84}$ $=\frac{1}{210}$
$\frac{1}{5}$	$\frac{1}{1+5}$ $=\frac{1}{6}$	$\frac{1}{6+15}$ $=\frac{1}{21}$	$\frac{1}{21+35}$ $=\frac{1}{56}$	$\frac{1}{56+70}$ $=\frac{1}{126}$	$\frac{1}{126+126}$ $=\frac{1}{252}$	$\frac{1}{252+210}$ $=\frac{1}{462}$
$\frac{1}{6}$	$\frac{1}{1+6}$ $=\frac{1}{7}$	$\frac{1}{7+21}$ $=\frac{1}{28}$	$\frac{1}{28+56}$ $=\frac{1}{84}$	$\frac{1}{84+126}$ $=\frac{1}{210}$	$\frac{1}{210+252}$ $=\frac{1}{462}$	$\frac{1}{462+462}$ $=\frac{1}{924}$

[표 3]

p\q	0	1	2	3	4	5	6	7	8	9	10
0	1	1	1	1	1	1	1	1	1	1	1
1	1	2	3	4	5	6	7	8	9	10	11
2	1	3	6	10	15	21	28	36	45	55	66
3	1	4	10	20	35	56	84	120	165	220	286
4	1	5	15	35	70	126	210	330	495	715	1001
5	1	6	21	56	126	252	462	792	1287	2002	3003
6	1	7	28	84	210	462	924	1716	3003	5005	8008
7	1	8	36	120	330	792	1716	3432	6435	11440	19448
8	1	9	45	165	495	1287	3003	6435	12870	24310	43758
9	1	10	55	220	715	2002	5005	11440	24310	48620	92378
10	1	11	66	286	1001	3003	8008	19448	43758	92378	184756

지금 구하려고 하는 값(＊)은 **[표 3]**에서 인 경우이므로, 월리스는 **[표 4]**를 작성하고 기호 $\square\left(=\dfrac{4}{\pi}\right)$를 기입하여 그 값을 구하려고 했다(명제 169).

[표 4]

p\q	0	$\frac{1}{2}$	1	$\frac{3}{2}$	2	$\frac{5}{2}$	3	$\frac{7}{2}$	4	$\frac{9}{2}$	5
0	1		1		1		1		1		1
$\frac{1}{2}$		$\square$									
1	1		2		3		4		5		6
$\frac{3}{2}$											
2	1		3		6		10		15		21
$\frac{5}{2}$											
3	1		4		10		20		35		56
$\frac{7}{2}$											
4	1		5		15		35		70		126
$\frac{9}{2}$											
5	1		6		21		56		126		252

그리고 **[표 4]**에서 p 혹은 q가 정수일 때의 수열을 고찰하여, 다음 **[식 1]**과 같은 일반항을 귀납적으로 발견했다. 예를 들어 이러한 식에서 $l=1, 2, \cdots, 6$인 경우, 각 행의 짝수 번째 수가 산출된 것이다.

그러면 홀수 번째에는 어떤 수가 들어갈까? 예를 들어, 월리스는 9번째 행($p=3$인 행)에 대해, $\dfrac{l}{1} \cdot \dfrac{l+1}{2} \cdot \dfrac{l+2}{3}$를 $\dfrac{2l}{2} \cdot \dfrac{2l+2}{4} \cdot \dfrac{2l+4}{6}$로 변형하고, 홀수 번째에 들어가는 수가

$$\frac{2l-1}{2} \cdot \frac{2l+1}{4} \cdot \frac{2l+3}{6}$$

가 된다고 추측했다.

[식 1]

$p=1$일 때, l

$p=2$일 때, $\dfrac{l}{1} \cdot \dfrac{l+1}{2}$

$p=3$일 때, $\dfrac{l}{1} \cdot \dfrac{l+1}{2} \cdot \dfrac{l+2}{3}$

$p=4$일 때, $\dfrac{l}{1} \cdot \dfrac{l+1}{2} \cdot \dfrac{l+2}{3} \cdot \dfrac{l+3}{4}$

$p=5$일 때, $\dfrac{l}{1} \cdot \dfrac{l+1}{2} \cdot \dfrac{l+2}{3} \cdot \dfrac{l+3}{4} \cdot \dfrac{l+4}{5}$

그 결과, 9번째 행에 들어가는 수는 왼쪽부터 $\dfrac{15}{48}$, 1, $\dfrac{105}{48}$, 4, $\dfrac{315}{48}$, 10, $\dfrac{693}{48}$, 20, $\cdots$ 라고 할 수 있다.

월리스는 다른 행에 대해서도 마찬가지로 계산하여 **[표 5]**를 얻었다(명제 184).

계속해서 나머지 빈칸을 채우기 위해, 월리스는 또다시 불완전

[표 5]

$\frac{q}{p}$	$-\frac{1}{2}$	0	$\frac{1}{2}$	1	$\frac{3}{2}$	2	$\frac{5}{2}$	3	$\frac{7}{2}$	4
$-\frac{1}{2}$	∞	1		$\frac{1}{2}$		$\frac{3}{8}$		$\frac{15}{48}$		$\frac{105}{384}$
0	1	1	1	1	1	1	1	1	1	1
$\frac{1}{2}$		1	$\square$	$1\frac{1}{2}$		$1\frac{7}{8}$		$2\frac{9}{48}$		$2\frac{177}{384}$
1	$\frac{1}{2}$	1	$1\frac{1}{2}$	2	$2\frac{1}{2}$	3	$3\frac{1}{2}$	4	$4\frac{1}{2}$	5
$\frac{3}{2}$		1		$2\frac{1}{2}$		$4\frac{3}{8}$		$6\frac{27}{48}$		$9\frac{9}{384}$
2	$\frac{3}{8}$	1	$1\frac{7}{8}$	3	$4\frac{3}{8}$	6	$7\frac{7}{8}$	10	$12\frac{3}{8}$	15
$\frac{5}{2}$		1		$3\frac{1}{2}$		$7\frac{7}{8}$		$14\frac{21}{48}$		$23\frac{177}{384}$
3	$\frac{15}{48}$	1	$2\frac{9}{48}$	4	$6\frac{27}{48}$	10	$14\frac{21}{48}$	20	$26\frac{39}{48}$	35
$\frac{7}{2}$		1		$4\frac{1}{2}$		$12\frac{3}{8}$		$26\frac{39}{48}$		$50\frac{105}{384}$
4	$\frac{105}{384}$	1	$2\frac{177}{384}$	5	$9\frac{9}{384}$	15	$23\frac{177}{384}$	35	$50\frac{105}{384}$	70

귀납법에 의해 유추했다. 예를 들어 q가 $-\frac{1}{2}$, $\frac{1}{2}$, $\frac{3}{2}$인 열의 짝수 행의 값을 생각해 보면, **[식 2]**와 같은 규칙을 따른다는 것을 발견할 수 있다.

따라서 홀수 행에 대해서는 $\frac{2}{1}$, $\frac{4}{1}$, $\frac{6}{1}$, $\frac{8}{1}$배 하여 제2항을 얻고, $\frac{4}{3}$, $\frac{6}{3}$, $\frac{8}{3}$, $\frac{10}{3}$배 함으로써 제3항을 얻는다고 유추한 것이다. 예를 들어 $p=\frac{1}{2}$인 행에서, 첫 번째 항을 A라고 하면 제2항의 □는 $A \times \frac{2}{1}$이 되므로, 제2항 □를 $\frac{4}{3}$배 하여 얻은 $\frac{4}{3}$□가 제3항이 된다.

[식 2]

$p=0$의 행에서는, $1 \xrightarrow{\times\frac{1}{1}} 1 \xrightarrow{\times\frac{3}{3}} 1$

$p=1$의 행에서는, $\dfrac{1}{2}$ $\xrightarrow{\ \times\frac{3}{1}\ }$ $\dfrac{3}{2}$ $\xrightarrow{\ \times\frac{5}{3}\ }$ $\dfrac{5}{2}$

$p=2$의 행에서는, $\dfrac{3}{8}$ $\xrightarrow{\ \times\frac{5}{1}\ }$ $\dfrac{15}{8}$ $\xrightarrow{\ \times\frac{7}{3}\ }$ $\dfrac{35}{8}$

$p=3$의 행에서는, $\dfrac{15}{48}$ $\xrightarrow{\ \times\frac{7}{1}\ }$ $\dfrac{105}{48}$ $\xrightarrow{\ \times\frac{9}{3}\ }$ $\dfrac{315}{48}$

$p=4$의 행에서는, $\dfrac{105}{384}$ $\xrightarrow{\ \times\frac{9}{1}\ }$ $\dfrac{945}{384}$ $\xrightarrow{\ \times\frac{11}{3}\ }$ $\dfrac{3465}{384}$

이와 같은 계산을 시행한 결과를 명제 189에서 하나의 표로 정리했다. 그 표가 바로 **[표 6]**이다.

그렇다면, 문제가 되는 $p=\dfrac{1}{2}$인 행을 보도록 하자. 월리스는 이 행의 홀수 번째 수를 $\alpha, \beta, \gamma, \cdots$, 짝수 번째 수를 $a, b, c, \cdots$ 라고 한 다음, 수치를 계산하여

$$\frac{\beta}{\alpha} > \frac{b}{a} > \frac{\gamma}{\beta} > \frac{c}{b} > \frac{\delta}{\gamma} > \frac{d}{c} > \cdots$$

가 성립한다는 것을 확인하고, 그로부터

$$\frac{a}{\alpha} > \frac{\beta}{a} > \frac{b}{\beta} > \frac{\gamma}{b} > \frac{c}{\gamma} > \frac{\delta}{c} > \frac{d}{\delta} > \cdots$$

가 성립한다고 유추했다. 따라서 최초의 네 항인 α, a, β, b에 대해

$\sqrt{\dfrac{b}{a}} < \dfrac{\beta}{a} < \sqrt{\dfrac{\beta}{\alpha}}$ 를 도출할 수 있다. 그리고 이와 같은 관계는 연속하는 네 항에 대해 언제나 성립한다. 따라서 만약 연속하는 네 항이 $\dfrac{4}{3}\,\square,\ \dfrac{15}{8},\ \dfrac{8}{5}\,\square,\ \dfrac{105}{48}$

[표 6]

$\dfrac{q}{p}$	$-\dfrac{1}{2}$	0	$\dfrac{1}{2}$	1	$\dfrac{3}{2}$	2	$\dfrac{5}{2}$	3	$\dfrac{7}{2}$	4
$-\dfrac{1}{2}$	∞	1	$\dfrac{1}{2}\square$	$\dfrac{1}{2}$	$\dfrac{1}{3}\square$	$\dfrac{3}{8}$	$\dfrac{4}{15}\square$	$\dfrac{15}{48}$	$\dfrac{8}{35}\square$	$\dfrac{105}{384}$
0	1	1	1	1	1	1	1	1	1	1
$\dfrac{1}{2}$	$\dfrac{1}{2}\square$	1	$\square$	$\dfrac{3}{2}$	$\dfrac{4}{3}\square$	$\dfrac{15}{8}$	$\dfrac{8}{5}\square$	$\dfrac{105}{48}$	$\dfrac{64}{35}\square$	$\dfrac{945}{384}$
1	$\dfrac{1}{2}$	1	$\dfrac{3}{2}$	2	$\dfrac{5}{2}$	3	$\dfrac{7}{2}$	4	$\dfrac{9}{2}$	5
$\dfrac{3}{2}$	$\dfrac{1}{3}\square$	1	$\dfrac{4}{3}\square$	$\dfrac{5}{2}$	$\dfrac{8}{3}\square$	$\dfrac{35}{8}$	$\dfrac{64}{15}\square$	$\dfrac{315}{48}$	$\dfrac{128}{21}\square$	$\dfrac{3465}{384}$
2	$\dfrac{3}{8}$	1	$\dfrac{15}{8}$	3	$\dfrac{35}{8}$	6	$\dfrac{63}{8}$	10	$\dfrac{99}{8}$	15
$\dfrac{5}{2}$	$\dfrac{4}{15}\square$	1	$\dfrac{8}{5}\square$	$\dfrac{7}{2}$	$\dfrac{64}{15}\square$	$\dfrac{63}{8}$	$\dfrac{128}{15}\square$	$\dfrac{693}{48}$	$\dfrac{512}{35}\square$	$\dfrac{9009}{384}$
3	$\dfrac{15}{48}$	1	$\dfrac{105}{48}$	4	$\dfrac{351}{48}$	10	$\dfrac{693}{48}$	20	$\dfrac{1287}{48}$	35
$\dfrac{7}{2}$	$\dfrac{8}{35}\square$	1	$\dfrac{64}{35}\square$	$\dfrac{9}{2}$	$\dfrac{128}{21}\square$	$\dfrac{99}{8}$	$\dfrac{512}{35}\square$	$\dfrac{1287}{48}$	$\dfrac{1024}{35}\square$	$\dfrac{19305}{384}$
4	$\dfrac{105}{384}$	1	$\dfrac{945}{384}$	5	$\dfrac{3465}{384}$	15	$\dfrac{9009}{384}$	35	$\dfrac{19305}{384}$	70

인 경우,

$$\frac{3\cdot 3\cdot 5\cdot 5}{2\cdot 4\cdot 4\cdot 6}\sqrt{1\frac{1}{6}} < \square < \frac{3\cdot 3\cdot 5\cdot 5}{2\cdot 4\cdot 4\cdot 6}\sqrt{1\frac{1}{5}}$$

라는 결과를 얻을 수 있다.

같은 계산을 계속해서 실시한 월리스는, 명제 191에서 다음과 같이 말했다.

$$\square \begin{cases} minor\ quam\ \dfrac{3\times 3\times 5\times 5\times 7\times 7\times 9\times 9\times 11\times 11\times 13\times 13}{2\times 4\times 4\times 6\times 6\times 8\times 8\times 10\times 10\times 12\times 12\times 14}\sqrt{1\frac{1}{13}} \\ minor\ quam\ \dfrac{3\times 3\times 5\times 5\times 7\times 7\times 9\times 9\times 11\times 11\times 13\times 13}{2\times 4\times 4\times 6\times 6\times 8\times 8\times 10\times 10\times 12\times 12\times 14}\sqrt{1\frac{1}{14}} \end{cases}$$

월리스는 이러한 순서로 무한히 계산하면, 양변의 $\sqrt{\ }$ 값은 모두 1에 가까워진다는 것을 알고 있었기 때문에 다음과 같이 쓸 수 있었다고 여겨진다.

$$\square = \frac{3 \cdot 3 \cdot 5 \cdot 5 \cdot 7 \cdot 7 \cdot 9 \cdot 9 \cdot 11 \cdot 11 \cdot 13 \cdot 13 \cdots}{2 \cdot 4 \cdot 4 \cdot 6 \cdot 6 \cdot 8 \cdot 8 \cdot 10 \cdot 10 \cdot 12 \cdot 12 \cdot 14 \cdots} \left(= \frac{4}{\pi} \right)$$

이것이 오늘날

$$\frac{\pi}{2} = \lim_{n \to \infty} \frac{2 \cdot 2 \cdot 4 \cdot 4 \cdots (2n) \cdot (2n)}{3 \cdot 3 \cdot 5 \cdot 5 \cdots (2n+1) \cdot (2n+1)}$$

라는 꼴로 잘 알려진 '월리스 공식'이다.

7. 접선법과 구적법의 통일로 가는 길

미분법과 적분법이 서로 역연산 관계에 있다는 것을 나타내는 '미적분학의 기본 정리'의 확립을 미적분학 성립의 첫 번째 조건이라고 한다면, 미적분 발견 전야의 마지막을 장식하는 수학자는 아이작 배로 [1]라고 해도 좋을 것이다. 그는 《수학 강의》

아이작 배로

(1664~1666), 《광학 강의》(1669)에 이어, 대표적 작품인 《기하학 강의》(1670)에서 미적분학의 기본 정리에 매우 가까이 접근하고 있다.

---

1) 아이작 배로(Isaac Barrow, 1630~1677)는 영국의 수학자로, 런던에서 태어나 케임브리지 대학에서 공부했다. 1663년 헨리 루카스(Henry Lucas, ?~1663)가 케임브리지 대학에 수학 강좌를 설립하기 위해 자금을 기부하여 만들어진 '루카스 교수직'에, 배로가 초대 교수가 되었다. 이후 그 자리를 뉴턴에게 물려준다.

《기하학 강의》는 모두 13개의 '강의'로 이루어져 있는데, 그들은 다른 뿌리를 가진 세 부분으로 나눌 수 있다. 본론에 해당하는 것은 '강의 6'부터 '강의 12'까지인데, 원래는 이 부분을 《광학 강의》의 부록으로 할 예정이었다고 한다. 그러나 출판사의 의뢰에 '강의 1'부터 '강의 5'까지를 새롭게 쓰고, 이를 합쳐 《기하학 강의》로 출판했다.

기본 정리로의 운동학적 접근

강의 1~5는 갈릴레오 이후의 운동학적 고찰2에 해당하며, 운동의 합성을 설명한 다음, 곡선의 접선이나 접선영의 운동학적 의미를 논하고 있다. 여기에서는 강의 4의 명제 16이 가장 중요하다.

잘 알고 있듯 갈릴레오는 《새로운 두 과학》의 셋째 날 토론부터 넷째 날 토론에 걸쳐 등가속 운동에 관한 유명한 그림([그림 1])을 제시하며 다음과 같이 해설하고 있다3.

'삼각형 ABC를 생각하고, 그 밑변에 평행으로 그어진 선분이 시간에 비례하여 증가하는 속도를 나타낸다고 가정하자. 선분 AC 위의 점이 무한하며, 또 임의의 시간 간격에 포함되는 순간이 무수하다는 것과 마찬가지로, 만약 그 직선들이 무한하게 그어진다면, 그들은 삼각형의 면적을 만들어 낸다. 그리고 가속 운동으로 얻은 최대 속도(선분 BC로 나타나는)가, 이번에는 가속도도 없이 일정한 값으

---

2) 갈릴레오의 운동론에 관해서는 이 책의 제3부 제2장을 참고하면 좋다.
3) 등가속 운동에 관해서는 《새로운 두 과학》 셋째 날 토론, 명제 23을 참고하면 좋다.
3 원문) 이와나미 분코 《신과학 대화 (하)》 《새로운 두 과학》의 셋째 날 토론, 명제 23(99~100쪽)을 참고했다.

로 처음과 같은 시간 간격만큼 이어진다고 가정하자. 이러한 속도에서도 마찬가지로 삼각형 ABC의 2배인 평행사변형 ADBC가 만들어질 것이다. 따라서 물체가 이러한 속도로 임의의 시간 간격 안에 통과하는 거리는, 같은 시간 간격 안에 그 삼각형에 의해 나타난 속도로 인해 지나는 거리의 2배다.

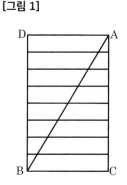

[그림 1]

그러나 수평면을 따라서는 가속과 감속이 모두 발생하지 않으므로 운동은 등속이다. 따라서 같은 시간 간격 안에 AC를 통과해야 하는 거리 CD는, 거리 AC의 2배라는 결론이 된다. 왜냐하면 후자는 정지 상태로부터 출발하고, 삼각형 안의 평행 직선에 비례하여 그 속도를 증가하는 운동에 의해 경과되는 데 비해, 전자는, 마찬가지로 수는 무한하지만, 삼각형의 2배인 면적을 만드는 평행사변형 안의 평행 직선을 따라 나타나는 운동에 의해 통과되기 때문이다.'

게다가 갈릴레오는 투사체의 운동을 다룬 넷째 날 토론의 정리 1에서, 살비아티에게 **[그림 2]**를 제시하며 다음과 같이 말하고 있다4.

'포물선을 그려, 그 축 CA를 위쪽의 점 D까지 연장하고, 포물선 위의 임의의 점 B에서 포물선의 밑과 평행한 선분 BC를 긋는다. 만

4) 《새로운 두 과학》 넷째 날 토론을 참고했다.
4 원문) 이와나미 분코 《신과학 대화(하)》(새로운 두 과학) 150쪽을 참고했다.

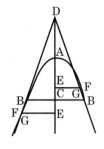

[그림 2]

약 그 점 D를 DA=AC가 되도록 결정하면, 점 D와 B를 연결하는 직선은 포물선을 자르지 않고, 그 외부에, 즉 점 B에서 포물선에 접하게 된다고 주장한다.'

이처럼 갈릴레오는 포물선의 접선을 논하고 있는데, 그 접선영(그림 2의 CD)이 낙하 거리의 2배인 것은, [그림 1]에서 '(직사각형 ACBD)=2△ACB'의 귀결(미적분학의 기본 정리)이라는 것을 미처 깨닫지 못했다.

그러나 배로는 갈릴레오 이후의 접선법 및 구적법의 눈부신 발전을 배경으로, 앞에서 서술한 것처럼 접선과 면적의 일반적인 관계를 발견했다. 그 내용을 다룬 강의 4의 명제 16을 보도록 하자.

[그림 3]에서 곡선 AM은, 같은 간격에 있는 세로선 BM, CM 등이, [그림 4]에서 마찬가지로 같은 간격에서의 면적 $\alpha\beta\gamma$, $\alpha\gamma\mu$등과 비례하도록 만들어진 것이다. 또한 직선 TM은 곡선 AM의 점 M에서의 접선으로 한다.

그때 [그림 4]에서의 '면적 $\alpha\delta\mu\alpha$'와 '면적 $\alpha\delta\phi$'의 비율은 [그림 3]의 AP와 TP의 비율과 같다. 오늘날의 표현으로, [그림 3]에서의 곡선 AM은 '$s-t$ 그래프', [그림 4]에서의 곡선 $\alpha\mu\mu\mu$은 '$v-t$ 그래프'라고 생각해도 좋다5.

---

5) '$s-t$ 그래프'란 시간에 대한 거리를 나타내는 그래프이며, '$v-t$ 그래프'란 시간에 대한 속도를 나타내는 그래프를 말한다.

[그림 3]의 곡선 AMMM이 이차 포물선인 경우(**[그림 4]**에서는 곡선이 직선일 때)가 이른바 등가속 운동에 해당하며, 이는 앞에서 서술한 것처럼 갈릴레오가 고찰한 것이다. 이때 TP=2AP다.

[그림 3]   **[그림 4]**

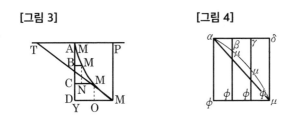

나아가 배로는, 곡선 AMMM이 삼차 포물선인 경우, TP=3AP라고 언급하고 있다.

명제 16은 운동학적인 색채가 진하다고는 하지만, 미적분학의 기본 정리의 선구가 되는 내용이라고 말해도 좋다.《기하학 강의》의 제1부분(강의 1~5)에서의 운동학적 고찰은, 다음 제2부분(강의 6~10)에서는 모습을 감추지만, 앞에서 언급한 명제 16은 강의 10에서 기하학적으로 다시 고찰한다.

기본 정리로의 기하학적 접근

배로는《기하학 강의》의 제2부분(강의 6~10)과 제3부분(강의 11~12)의 목적에 대해 강의 6의 서두에서 각각 다음과 같이 서술하고 있다.

〈제2부분〉 계산의 번거로움, 혹은 고생을 수반하지 않는 접선의 고찰, 그리고 계산의 부담을 동반하지 않는 증명에 대하여.

〈제3부분〉지정된 접선을 이용해 많은 양의 크기를 매우 빠르게 결정하는 것에 대하여.

배로의 이러한 언급을 보면, 그가 접선법과 구적법의 상호 관계에 깊은 관심을 두고 있었다는 것을 엿볼 수 있다. 실제로 그는 강의 10과 강의 11에서 미적분학의 기본 정리로 발전하는 내용을 증명하고 있는 것이다. 그리고 이는 강의 4의 명제 16에 대한 재증명이기도 하다.

우선 강의 10 명제 11에서는 다음의 내용을 주장한다. **[그림 5]**에서 곡선 ZGE는 세로선이 단조롭게 증가하는 곡선이라고 가정한다. 또 위쪽의 곡선 VIF는 다음과 같이 결정한다. 즉 R을 어떤 주어진 선분이라고 하고, VD에 임의의 선분 EDF를 그릴 때, DF·R이 면적 VDEZV가 되도록 DF를 찍는 것이다.

[그림 5]

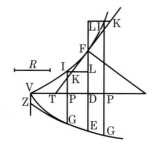

그 다음,

DE:DF = R:DT

가 되도록 DT를 결정한다. 이때 직선 TF는 곡선 VIF의 점 F에서의 접선이라는 것이 명제 11의 내용이다. 배로는 이 명제를 **[증명 1]**과 같이 증명하고 있다. 그리고 그 증명을 현대식 표기법으로 고친 것이 **[증면 2]**이다.

이러한 **[증명 1]**과 **[증명 2]**에서 알 수 있듯, 명제 11은

$y = \int_0^x zdx$라면, $\dfrac{dy}{dx} = z$

라고 나타낼 수 있다.

다음으로 강의 11의 명제 19에서, 그 역의 경우를 보도록 하자.

그 내용은 다음과 같다. [그림 6]에서 곡선 AMB는 어떠한 주어진 곡선이라고 하고, 곡선 KZL을 다음과 같이 정한다. 바꾸어 말하면 곡선 AMB 위의 임의의 점 M에 접선 MT를 긋고, R을 어떠한 주어진 선분이라고 하여

TF:FM = R:FZ

를 만족하는 FZ의 끝점 Z가 곡선 KZL을 그린다고 하는 것이다. 그리고 곡선 AMB 위의 점 B에서 FM에 평행으로 BL을 그리면,

R·BD=면적 ADLK

가 된다는 것이 명제 19의 내용이다.

배로에 의한 이 명제의 증명은 [증명 3]과 같으며, 이를 현대식 표기법으로 나타내면

$z = \dfrac{dy}{dx}$일 때, $\int_0^x zdx = y$ (단 AF=x, FM=y, FZ=z, R=1)

가 되므로, 앞에서 본 강의 10 명제 11의 역이 증명되는 것이다.

[증명 1]

V와 F의 사이에 임의의 점 I를 찍고, IG를 FE에 평행으로, IKL을 VD에 평행으로 그리면,

LF:LK=DF:DT=DE:R

이 된다. 따라서 LF·R=LK·DE가 성립한다.

곡선에 대해 가정한 성질에 의해 LF·R=면적 PDEG이므로,

LK·DE=면적 PDEG＜DP·DE

가 되어, LK＜DP, 다시 말해 LK＜LI가 된다.

한편 I를 F보다 앞으로 하고 마찬가지로 논하면, LK＞LI가 된다. 이에 따라 TF는 곡선 VF에 접하게 되는 것이다[6].

또한 곡선 ZGE의 세로선이 단조롭게 감소하는 경우는, 부등호의 방향만 모두 반대가 되는 것뿐이므로, 이 또한 마찬가지로 증명할 수 있다.

[그림 6]

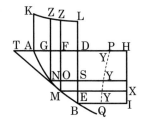

명제 10~11과 명제 11~19, 두 가지 증명을 비교해 보면 큰 차이가 있다는 것을 알 수 있다. 명제 10~11에서는 접선의 결정에 무한소가 사용되지 않았으며, 그리스의 방법으로 증명된다. 그에 비해 증명 11~19에서는 매우 작은 삼각형이 △MNO로 명료하게 나타나고 있어, 증명에 큰 역할을 하고 있는 것이다.

[증명 2]

VD=x, DF=y, DE=z, R=1, 곡선 ZGE의 방정식을 $Z = f(x)$라

---

6) 이 단계에서는 접선을 할선의 극한으로 파악한다는 생각을 볼 수 없다.

고 하면, 가정에 의해 면적 VDEZV=$\int_0^x zdx = y \cdot R = y$가 된다. I가 F의 매우 가까이에 있다고 한다면, DP=LI≒LK=dx, LF=dy이다. 또한 LF·R=면적 PDEG이므로, $dy = zdx$다.

그런데 DE:DF=R:DT에 의해 DT=$\frac{y}{z}$이므로, DT=$\frac{y}{\frac{dy}{dx}}$가 되며 DT가 접선영이라는 의미가 된다.

강의 10과 강의 11의 이러한 차이는, 가장 작은 삼각형이 강의 10의 부록으로 있다는 것에 기인하고 있다. 다시 말해 배로는 강의 10의 마지막에, 계산에 의해 접선을 구하는 방법을 덧붙이고 있다는 것이다. 배로는 다음과 같이 설명한다.

'위에서 서술했던 잘 알려진 정교한 방법의 후에, 이 방법을 추가하는 것이 이득인지, 아닌지, 나는 알지 못한다. 그러나 나는, 한 친구의 권유로 이 방법을 실시했다. 이 방법이 앞에서 서술한 방법보다 더 적절하고 일반적이므로, 나는 그의 충고를 기쁘게 따르는 것이다.'

여기에서 등장하는 '한 친구'는 아마 젊은 시절의 뉴턴일 것이라고 생각된다7.

---

7) 배로는 뉴턴의 수학에 영향을 주는 동시에 친구였지만, 뉴턴은 배로보다 오히려 데카르트, 페르마, 윌리스 등의 선인들에게 많은 것을 배웠다. 유율법에 관한 뉴턴의 최초 논문이자 미적분학의 기본 정리를 서술한 유명 논문인 〈1666년 10월 논문〉은 배로의 《기하학 강의》가 출간된 1670년 4월보다 이전의 일이다.

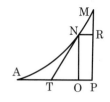

[그림 7]

이렇게 배로는 지금까지 존재하지 않았던 새로운 접선법을 전개했다. **[그림 7]**에서 AP, AM은 위치가 정해진 직선과 곡선이라고 한다. 그리고 MT는 M에서 곡선에 접하고, 직선 AP와 T에서 교차한다고 한다.

[증명 3]

DH=R이라고 하여 직사각형 BDHI를 만들고, 다음으로 곡선 ANB 위에 '한없이 작은 부분 MN'을 그려, BD에 평행으로 NG를, AD에 평행으로 MEX와 NOS를 긋는다. 그러면 NO:MO=TF:FM=R:FZ 또는 NO·FZ=MO·R, 다시 말해 FG·FZ=ES·EX가 된다.

그러므로 모든 직사각형 FG·FZ의 총합은 면적 ADLK와 조금밖에 다르지 않고, 그에 대응하는 직사각형 ES·EX의 전체는 직사각형 DHIB를 합성하기 때문에, 명제는 매우 명확하다고 할 수 있다.

직선 PT의 크기를 찾아내기 위해, 곡선에서 무한소의 호 MN을 찍고, MP에 평행으로 NO를, AP에 평행으로 NR을 긋는다.

배로는 여기에서 MP=m, PT=t, MR=a, NR=e라고 두고, MR, NR을 계산함으로써 얻을 수 있는 하나의 방정식을 통해 서로 비교했다. 이때 다음의 규칙을 따라야 한다.

(1) 계산에서는 a 또는 e의 거듭제곱을 포함하는 항 및 그들의 곱

을 포함하는 항을 생략한다. 왜냐하면 그들의 항은 값이 없기 때문이다.

(2) 방정식을 만든 후, 이미 알고 있는 양 혹은 확정할 수 있는 양을 나타내는 문자로 이루어진 항 및 a 또는 e를 포함하지 않는 항을 제거한다. 왜냐하면 그러한 항들은, 그것을 방정식의 한 변으로 가지고 오면 언제나 0과 같아지기 때문이다.

(3) a에 m(또는 MP)을, e에 t(또는 PT)를 대입한다. 그에 의해 마지막에 PT의 크기를 구할 수 있다.

이러한 배로의 접선법은 확실히 페르마의 접선법을 개량했다고 할 수 있으며, 오늘날의 표기법에 따르면 이는 e를 Δx, a를 Δy라고 할 수 있다.

규칙 (1)은 높은 자리의 무한소를 서술하고, 규칙 (2)는 양변에서의 같은 항의 소거를 가리키고 있다고 여겨진다. 그리고 규칙 (3)은 가장 작은 삼각형 MNR을 이용하여, 이른바 '$\Delta x \to 0$'을 시행하고 있다고 간주하면, 배로의 접선법은 오늘날의 접선법과 크게 다르지 않다고 말할 수 있다.

배로는 이 방법을 이용하여, 강의 10의 마지막에 사례 다섯 개를 소개하고 있다. 예를 들어 '예시 5'에서는 **[그림 8]**과 **[그림 9]**에서 볼 수 있듯 정접 곡선을 다루고 있고, 앞에서 서술한 세 가지 계산 규칙에 의해 $(\tan\theta)' = \sec^2\theta$라는 결과를 얻었다. 이처럼 강의 10의 마지막에 '아주 작은 삼각형'의 개념을 도입한 배로는, 그것을 강의 11~19의 증명에 이용한 것이다.

[그림 8]   [그림 9]

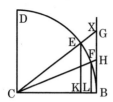
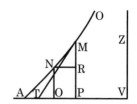

이렇게 강의 10~11과 강의 11~19에 의해 미적분학의 기본 정리 의 원초 형태는 증명되었으며, 접선법과 구적법이 서로 역의 관계 라는 것, 그리고 그들을 통일로 이끄는 길이 준비되었다고 말할 수 있다.

그러면서도 배로에 의한 미적분학의 기본 정리의 정립과 증명은, 여전히 기하학적인 형태를 지니고 있으며, 접선의 정의조차 완전하 다고 말할 수 없다. 강의 10~11은 심지어 그리스의 방식으로 증명 되고 있다. 이와 같은 한계를 뛰어넘어, 근대적인 미분법을 확립한 인물이 바로 뉴턴과 라이프니츠다. 그들에 관해서는 다음 장에서 살 펴보도록 하자.

8. 미적분법의 발견

　오늘날 미적분법은 뉴턴[1]과 라이프니츠[2], 두 사람이 각각 독립적

으로 발견했다고 여겨진다. 그러나 두 사람의 접근 방법이 각각 다

---

1) 아이작 뉴턴(Isaac Newton, 1642~1727)은 영국의 수학자이자 물리학자로, 그는 태어나기 3개월 전 아버지를 잃고, 어머니도 그가 3세일 때 재혼하면서 조부모와 함께 자랐다. 성직자였던 할아버지의 권유로 케임브리지 대학의 트리니티 칼리지에 진학했다. 데카르트, 월리스 등의 작품을 독학하며, 매우 빠른 속도로 고등 수학의 범위에 도달했다. 그리고 '경이로운 시기'라고 불리는 1665년 6월~1667년 1월, 흑사병의 유행으로 대학이 휴교하면서 생가인 울스소프로 돌아가, 이른바 뉴턴의 3대 발견이라 불리는 '미적분법의 발견', '색채 이론의 발견', '만유인력의 발견'을 모두 이루었다. 26세 무렵, 스승 배로의 뒤를 이어 루카스 교수직에 취임한 후, 런던 조폐국 장관, 런던 왕립 협회 회장 등을 맡았다.

2) 고트프리트 라이프니츠(Gottfried Wilhelm Leibniz, 1646~1716)는 독일의 수학자이자 철학자로, 라이프치히 대학 윤리학 교수의 장남으로 태어났다. 16세에 라이프치히 대학에 입학하여 법률과 철학을 공부하였으며, 20세에 보편 수학의 씨앗이 되는 《결합술》을 썼다. 파리에 머물며 하노바 후작 가문의 법률 고문, 도서관장을 하였으며, 가문 족보를 편찬하는 일 등에 참여했다. 또한 중국과의 교류를 위해 역(易)과 이진법도 연구했다.

라이프니츠　　　　　뉴턴

르다. 뉴턴이 운동학적 고찰에서 출발하여 발견에 이른 데 비해, 라이프니츠는 일반 보편학 혹은 보편적 기호법 확립을 목표로, 그 발견에 도달한 것이다.

그 차이는 상징적으로, 뉴턴이 《프린키피아(자연철학의 수학적 원리)》를 저술하여 근대 역학을 완성한 데 비해, 라이프니츠는 현재 사용되는 미적분에 관한 여러 기호를 발명함으로써 이름을 남겼다는 점이라고 할 수 있다.

이번 장에서는 두 사람의 '미적분법의 발견'에 이르는 과정을 보고 싶지만, 그 전에 '미적분법의 발견'이라고 할 만한 두 가지 지표를 정리하고 싶다.

첫 번째는 미적분학의 기본 정리를 무한소 해석의 입장에서 정식화한 것이며, 두 번째는 무한급수 전개를 구적에 응용하는 길을 열었다는 것이다. 후자에 대해서도 물론 이야기하겠지만, 지금부터 전자를 조금 더 집중적으로 살펴보도록 하자.

뉴턴의 일반이항정리 발견

수학에 관한 뉴턴의 논고는 화이트사이드에 의해 편집된 《뉴턴 수학논문집》[3](전 8권)에 수록되어 있는데, 그중 제1권에 뉴턴의 초기 수학 연구 노트가 정리되어 있다.

그에 의하면 뉴턴은 1664년 봄에 수학 연구에 착수했는데, 그가 비에트, 오트레드, 데카르트, 페르마, 윌리스 등의 작품으로 수학을 공부했다는 것을 알 수 있다. 그중에서도 반 스호텐의 데카르트《기하학》 라틴어 번역 제2판[4]과 윌리스의 《무한소 산술》[5]은 청년기의 뉴턴에게 큰 영향을 주었다고 한다.

뉴턴은 1664년부터 1665년 겨울에 걸친 시기에 일반이항정리를 발견했는데, 윌리스의 《무한소 산술》에 나오는 보간법이 그 계기가 되었다고 추측한다. 제3부 제6장에서 이미 보았듯, 윌리스는 구간 [0, 1]에서 원의 4등분의 구적에 관해 오늘날의 $\int_0^1 (1-x^2)^r dx$와 같은 표현을 떠올렸는데, 뉴턴은 윌리스의 방법을 확장하고, 구적의

---

3) 드렉 화이트사이드(Derek Thomas Whiteside, 1932~2008)는 프린스턴 대학에서 공부한 후, 1956년 케임브리지 대학에 대학원생으로 입학하여 수학사, 과학사를 연구했다. 뉴턴의 수학에 관해 아직 조사되지 않은 사료들을 정리하고 편집하여, 전 8권으로 이루어진 《뉴턴 수학논문집》을 약 20년에 걸쳐 완성하였다. 이러한 기념비적인 업적에 따라 과학 분야의 최고상인 조지 사튼 메달을 수상했다.
4) 데카르트의 《기하학》은 매우 난해했기 때문에, 플로리스 반 스호텐(Frans van Schooten. 1615~1660)이 해설을 덧붙인 라틴어 번역본을 출간했다. 특히 제2판에 풍부한 주석이 달려 있다.
5) 윌리스의 《무한소 산술》에 대해서는 이 책의 제3부 제6장을 참고하면 좋다.

상한을 변수로 삼아 $\int_0^x (1-x^2)^r dx$을 고찰하고, 변수의 거듭제곱으로 이루어진 급수를 만드는 데 성공했다. 예를 들어 $r = 0$인 경우에는 x, $r = 1$인 경우에는 $x - \frac{1}{3}x^3$, $r = 2$인 경우에는 $x - \frac{2}{3}x^3 + \frac{1}{5}x^5$, …와 같이 된다. 그래서 뉴턴은 '$+x$', '$-\frac{1}{3}x^3$', '$+\frac{1}{5}x^5$' …의 항마다의 계수를 표로 만들어 고찰하고, '$-\frac{1}{3}x^3$' 행에 대해서는 $r = 0, 1, 2, 3, \cdots$일 때의 계수가 첫 항이 0, 공차가 1인 등차수열이 된다는 점에서 $r = \frac{1}{2}, \frac{3}{2}, \frac{5}{2}, \cdots$의 칸에 들어가야 할 계수는 첫 항이 $\frac{1}{2}$, 공차가 1인 등차수열을 이룬다고 생각한 것이다. 그렇게 **[표 1]**이 완성되었다.

[표 1]

r	0	$\frac{1}{2}$	1	$\frac{3}{2}$	2	$\frac{5}{2}$	3	$\frac{7}{2}$	4	$\frac{9}{2}$	5	$\frac{11}{2}$	6
$+x$	1	1	1	1	1	1	1	1	1	1	1	1	1
$-\frac{1}{3}x^3$	0	$\frac{1}{2}$	1	$\frac{3}{2}$	2	$\frac{5}{2}$	3	$\frac{7}{2}$	4	$\frac{9}{2}$	5	$\frac{11}{2}$	6
$+\frac{1}{5}x^5$	0		0		1		3		6		10		15
$-\frac{1}{7}x^7$	0		0		0		1		4		10		20
$+\frac{1}{9}x^9$	0		0		0		0		1		5		15
$-\frac{1}{11}x^{11}$	0		0		0		0		0		1		6
$+\frac{1}{13}x^{13}$	0		0		0		0		0		0		1

[계산 1]

제3항: $\dfrac{\frac{1}{2}-0}{1} \cdot \dfrac{\frac{1}{2}-1}{2} = \dfrac{1}{2} \cdot \left(-\dfrac{1}{4}\right) = -\dfrac{1}{8}$

제4항: $\dfrac{\dfrac{1}{2}-0}{1}\cdot\dfrac{\dfrac{1}{2}-1}{2}\cdot\dfrac{\dfrac{1}{2}-2}{3}=\left(-\dfrac{1}{8}\right)\cdot\left(-\dfrac{3}{6}\right)=+\dfrac{1}{16}$

제5항: $\dfrac{\dfrac{1}{2}-0}{1}\cdot\dfrac{\dfrac{1}{2}-1}{2}\cdot\dfrac{\dfrac{1}{2}-2}{3}\cdot\dfrac{\dfrac{1}{2}-3}{4}=\dfrac{1}{16}\cdot\left(-\dfrac{5}{8}\right)=-\dfrac{5}{128}$

[표 2]

$+x\times 1.$	$1.1.$	$1.1.$	$1.1.$	$1.1.$	$1.1.$	$1.1.$
$-\dfrac{x^3}{3}\times 0$	$\dfrac{1}{2}.1.$	$\dfrac{3}{2}.2.$	$\dfrac{5}{2}.3.$	$\dfrac{7}{2}.4.$	$\dfrac{9}{2}.5.$	$\dfrac{11}{2}.6.$
$+\dfrac{1}{5}x^5\times 0.$	$-\dfrac{1}{8}.0.$	$\dfrac{3}{8}.1.$	$\dfrac{15}{8}.3.$	$\dfrac{35}{8}.6.$	$\dfrac{63}{8}.10.$	$\dfrac{99}{8}.15.$
$-\dfrac{1}{7}x^7\times 0.$	$+\dfrac{1}{16}.0.$	$\dfrac{1}{-16}.0.$	$\dfrac{5}{16}.1.$	$\dfrac{35}{16}.4.$	$\dfrac{105}{16}.10.$	$\dfrac{231}{16}.20.$
$+\dfrac{1}{9}x^9\times 0.$	$-\dfrac{3}{128}.0.$	$\dfrac{3}{128}.0.$	$\dfrac{-5}{128}.0.$	$\dfrac{35}{128}.1.$	$\dfrac{315}{128}.5.$	$\dfrac{1155}{128}.15.$
$-\dfrac{1}{11}x^{11}\times 0.$	$\dfrac{7}{256}.0.$	$\dfrac{-3}{256}.0.$	$\dfrac{3}{256}.0.$	$\dfrac{-7}{256}.0.$	$\dfrac{63}{256}.1.$	$\dfrac{693}{256}.6.$
$\dfrac{1}{13}x^{13}\times 0.$	$\dfrac{-21}{1024}.0.$	$\dfrac{7}{1024}.0.$	$\dfrac{-5}{1024}.0.$	$\dfrac{7}{1024}.0.$	$\dfrac{-21}{1024}.0.$	$\dfrac{231}{1024}.1.\quad\dfrac{3003}{1024}.$

다음으로 뉴턴은 $r=\dfrac{1}{2},\ \dfrac{3}{2},\ \dfrac{5}{2},\ \cdots$ 각각의 세로 칸의 수치를 결정하는 규칙으로, 제1항이 1, 제2항이 m일 때, 제3항부터는

$$\dfrac{m-0}{1}\cdot\dfrac{m-1}{2}\cdot\dfrac{m-2}{3}\cdot\dfrac{m-3}{4}\cdot\dfrac{m-4}{5},\ \cdots$$

으로 구해진다는 것을 발견했다. 예를 들어 $r=\dfrac{1}{2}$인 세로 칸에서는 제1항이 1, 제2항이 이므로 제3항부터는 **[계산 1]**과 같이 산출되는 것이다.

이렇게 모든 수치를 결정한 뉴턴은, 그를 **[표 2]**로 정리했다[6].

따라서 예를 들어 $r=\dfrac{1}{2}$일 때는,

$$\int_0^x (1-x^2)^{\frac{1}{2}} dx = x - \frac{1}{6}x^3 - \frac{1}{40}x^5 - \frac{1}{112}x^7 - \frac{5}{1152}x^9$$
$$- \frac{7}{2816}x^{11} - \frac{21}{13312}x^{13} - \cdots$$

라는 무한급수 전개를 얻을 수 있다. 그리고 적분 구간의 상한을 1로 했을 때($x=1$)의 값이 사분원의 면적, 다시 말해 $\frac{\pi}{4}$이므로

$$\frac{\pi}{4} = 1 - \frac{1}{6} - \frac{1}{40} - \frac{1}{112} - \frac{5}{1152} - \frac{7}{2816} - \frac{21}{13312} - \cdots$$

과 같이 원의 구적 공식을 얻을 수 있는 것이다. 이 공식은 비에트 공식, 월리스 공식을 잇는 π의 급수를 표시한 사상 세 번째 공식이라고도 말할 수 있다.

나아가 뉴턴은 같은 연구를 시행하여, 이항식을 보다 세련된 방식으로 무한급수 전개하는 규칙을 발견했다. 이를 다르게 표현하면 $(b+x)^{\frac{m}{n}}$꼴의 이항식에 대해 연속하는 항의 계수는

$$\frac{1 \times m \times (m-n) \times (m-2n) \times (m-3n) \times (m-4n) \times \cdots}{1 \times n \times 2n \times 3n \times 4n \times 5n \times \cdots}$$

이라는 급수에 의해 얻을 수 있다는 것을 발견한 것이다. 이러한 일반이항정리의 발견으로, 뉴턴은 다양한 패턴의 구적을 완수할 수 있게 되었다7.

---

6) 《뉴턴 수학논문집》 제1권의 107쪽을 참고하였다.
  [표 2]의 왼쪽에서 세 번째 열의 위에서 다섯 번째는 '$-\frac{3}{128}$'인데, 이는 뉴턴이 잘못 기록한 것으로, 올바른 값은 '$-\frac{5}{128}$'다.
7) 뉴턴은, 이후 왕립 협회 서기인 오르딘바크와 나눈 편지(1676년 6월 13일)에서, 더욱 개량된 다음과 같은 형태의 일반이항정리에 대해 서술하고 있다.
  $(P+PQ)^{\frac{m}{n}} = P^{\frac{m}{n}} + \frac{m}{n}AQ + \frac{m-n}{2n}BQ + \frac{m-2n}{3n}CQ + \frac{m-3n}{4n}DQ + \&c.$

뉴턴의 접선법

〈극대·극소 문제에 관한 여러 가지 정리를 도출하는 방법〉이라는 제목의 1665년 5월 20일 자 논고가 《뉴턴 수학논문집》 제1권(272쪽~)에 수록되어 있는데, 뉴턴은 이 논고에서 '무한소의 증분'이라는 생각과 기호 'o(오미크론)'을 이용하여 법선 결정법을 논하고 있다.

[그림 1]에서 곡선 $aef(ax + x^2 = y^2)$[8] 위에 무한소의 거리만큼 떨어져 있는 두 점 e와 f를 찍고 $ab = x$라고 하여, 무한소의 증분 o을 이용해 $ac = x + o$이라고 한다. 그리고 $eb = y$, $cf = z$라고 하여, 법선영 $bd = v$를 **[계산 2]**와 같이 도출할 수 있다.

뉴턴은 앞에서 서술한 법선 결정법을 토대로 접선 결정법으로 나아간 것인데, 그 과정에서 접선을 직접 결정하는 접선영 계산 방법을 도출한 것이다.

[그림 2]에서 곡선 aef 위에 무한소의 거리만큼 떨어

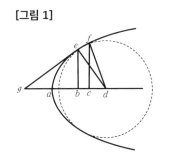

[그림 1]

진 두 점 e와 f를 찍고 $ab = x$라고 하여, 무한소의 증분 o을 이용해 $ac = x + o$라고 한다. 그리고 $eb = y$, $cf = z$라고 하고, $bg = t$의 값을 구함으로써 접선을 결정하는 것이다. 여기에서 뉴턴은 cf와

---

8) $y^2 - \left(x + \dfrac{1}{2}a\right)^2 = \dfrac{1}{4}a^2$에 의해 이 곡선은 쌍곡선을 나타낸다.
9) 뉴턴은 무한소 삼각형 erf와 삼각형 gbe의 닮음을 생각했던 것이다.

[그림 2]

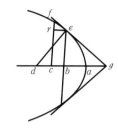

eb의 차가 무한히 작다고 가정했을 때, 두 삼각형 gbe와 gcf가 서로 다르며, $t : y = (t + o) : \left(y + \dfrac{oy}{t}\right) = z$가 성립한다고 하고, 이를 이용해 곡선 $p + qy + ry^2 + sy^3 = 0$에 관한 접선 영을 결정한 것이다9.

[계산 2]

$\triangle ebd$, $\triangle fcd$는 직각 삼각형이므로 피타고라스 정리에 의해 $ed^2 = v^2 + y^2$및 $fd^2 = (v - o)^2 + z^2$가 성립한다. 여기에서 점 e와 f가 일치할 때 법선이 결정되므로, $ed^2 = fd^2$이라고 할 수 있다. 그러면 $v^2 + y^2 = v^2 - 2ov + o^2 + z^2$가 되어, $y^2 = o^2 - 2ov + z^2$가 된다. 그런데 $z^2 = a(x + o) + (x + o)^2$이므로

$$y^2 = o^2 - 2ov + ax + ao + x^2 + 2ox + o^2$$

이 된다. $ax + x^2 = y^2$이므로 $2o^2 - 2ov + ao + 2ox = 0$이 되며, o로 나누어

$$2o - 2v + a + 2x = 0$$

이 된다. o는 무한소이기 때문에 소거하여, $v = x + \dfrac{a}{2}$를 얻을 수 있으므로 법선영 $bd = v$가 결정된다.

뉴턴에 의한 유율 개념의 등장

1665년 늦여름 무렵의 뉴턴의 편지가 《뉴턴 수학논문집》 제1권 (343쪽~)에 수록되었는데, 여기에는 '뉴턴은 유율 개념을 최초로 도입

했다'라는 화이트사이드의 주석이 달려있다. 그 내용은 다음과 같다.

[그림 3]에서는 다음과 같은 명제를 서술하고 있다.

'만약 두 개의 물체 c, d가 같은 시간에 직선 ac, bd를 그리고 ($ac = x$, $bd = y$, p는 c의 운동, q는 d의 운동이라고 한다), $ac = x$ 와 $bd = y$의 관계를 나타내는 방정식이 있으며, 이들의 모든 항은 0과 위치가 같다고 한다. 이 방정식의 각 항에, 그 항에서의 x 의 차수 배인 py 또는 $\dfrac{p}{x}$를 곱하고, 나아가 그 항에서의 y의 차수 배 qx 또는 $\dfrac{q}{y}$를 곱한다. 이러한 곱의 합이 c와 d의 운동의 관계를 나타내는 방정식이다. 예를 들어 $ax^3 + a^2 yx - y^3 x + y^4 = 0$에서는 $3apxx + a^2 py - py^3 + aaqx - 3qyyx + 4qy^3 = 0$이 된다.'

여기에서 보여주고 있는 예에서 $\dfrac{q}{p}$를 계산하면,

$\dfrac{q}{p} = \dfrac{3ax^2 + a^2 y - y^3}{3xy^2 - a^2 x - 4y^3}$이 되는 것에서 분명히 드러나듯, $\dfrac{q}{p}$는 오늘날의 용어로 y의 x에 관한 도함수가 된다.

[그림 3]

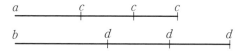

이 단계에서 뉴턴은, 어떤 시각에서의 속도가 p, q인 두 물체가 일정한 관계를 유지하면서, 각각 거리를 x와 y만큼 나아가는 경우를 연구했다고 할 수 있다. x, y를 '유량', p, q를 '유율'이라고 부르게 된 것은 더 나중의 일이다[10].

〈여러 물체의 속도를 그들이 그리는 선에서 발견하는 것〉이라는 제목의 논고(1665년 11월 13일 자)를 《뉴턴 수학논문집》 제1권(382쪽~)에서 볼 수 있는데, 이는 앞에서 나온 유율 개념이 처음 등장한 원고를 더욱 발전시킨 논문이다[11].

이 논고에서는 '두 개 혹은 그 이상의 운동하는 물체 A, B, C, &c에 의해 같은 시간에 그려지는 두 개 혹은 그 이상의 선 x, y, z, &c의 관계를 나타내는 방정식이 주어졌을 때, 그들의 속도 p, q, r, &c의 관계를 나타내는 것'이라는 명제의 답을 보여주고, 나아가 '만약 속도 p의 물체가 어떤 순간에 무한하게 작아지는 선 o(오미크론)을 그린다면, 그 순간에 속도 q인 물체는 선 $\dfrac{op}{q}$를 그릴 것이다'라는 보조 정리를 증명한다. 그리고 x와 y의 관계가 방정식 $rx + x^2 - y^2 = 0$[12]으로 나타나는 경우를 구체적인 예로 하여, **[계산 3]**과 같이 p와 q의 관계를 나타내는 방정식을 구하고 있다.

[계산 3]

x와 y 대신에 $x + o$, $y + \dfrac{qo}{p}$을 대입하면,

$$rx + ro + x^2 + 2ox + o^2 + y^2 - \frac{2qoy}{p} - \frac{q^2 o^2}{p^2} = 0$$을 얻을 수 있

---

10) '유율'이라는 용어는, 1670년~1671년에 집필된 논문 〈급수와 유율의 방법에 관하여〉에서 등장한다.

11) 1665년 11월 13일의 논고를 완성한 후, 1666년 5월까지 뉴턴은 긴 사색에 들어간 것으로 보이는데, 《뉴턴 수학논문집》에서는 이 기간에 집필된 논고들은 찾아볼 수 없다.

12) 이는 뉴턴의 표기법으로 $rx + xx - yy = 0$°이다.

다. $rx + x^2 - y^2 = 0$이므로 $ro + 2ox + o^2 - \dfrac{2qoy}{p} - \dfrac{q^2 o^2}{p^2} = 0$이 된

다. 이를 o으로 나누어, $r + 2x + o - \dfrac{2qy}{p} - \dfrac{q^2 o}{p^2} = 0$을 얻을 수 있

다. 여기에서 'o의 어떤 항은 o이 없는 항에 비해 무한히 작으므로',

그들을 소거하여 $r + 2x - \dfrac{2qy}{p} = 0$, 다시 말해 $pr + 2px = 2qy$를

얻을 수 있는 것이다. 이것이 구해야 할 p와 q의 관계를 나타내는

방정식이다.

뉴턴의 1666년 10월 논문

뉴턴은 1664년부터 1665년 겨울에 걸쳐 일반이항정리를 발견하

고, 동시에 법선 및 접선의 결정법을 찾아냈으며, 나아가 유율 개념

을 도입하여 운동하는 여러 물체의 거리 관계식에서 그들의 속도 관

계식을 도출하는 방법 등을 연구했다. 이러한 성과를 바탕으로, 뉴

턴의 초기 유율론에 관한 최초의 논문인 〈1666년 10월 논문〉이 탄

생하게 되었다[13].

뉴턴은 자신의 미적분법을 '유율법'이라고 불렀는데, 가장 핵심

은, 오늘날 '미적분학의 기본 정리'라고 불리는 '곡선 도형의 면적에

관한 구적법은 곡선에 접선을 그은 접선법을 역으로 한 것'이라는

---

13) 1666년이 '경이로운 해'라고 불리는 이유는, 1666년에 뉴턴의 3대 발견,
  '미적분법의 발견', '만유인력의 발견', '색채 이론의 발견'이 모두 이루어
  졌기 때문이다. 그러나 더 정확하게는 '경이로운 시기(1665년~1667년 1월)'
  라고 말할 수 있다.

내용이며, 그는 운동학적 고찰에 의한 기본 정리의 확립에 성공했다는 것이다.

화이트사이드가 편집한 《뉴턴 수학논문집》의 목차에 의하면, 〈1666년 10월 논문〉은 크게 세 부분으로 나누어져 있다[14]. 그 제목은 다음과 같다.

〈1〉 '운동'에 의해 문제를 풀기 위한 여덟 가지 '명제'

〈2〉 '문제를 풀기 위해 앞에서 미리 다룬 정리의 적용'

〈3〉 '중력에 대하여'

그리고 〈2〉에서는 '기본 정리'(역미분으로서의 적분) [The fundamental theorem(integration as inverse differentiation)]라는 항목을 볼 수 있으며, 이는 본문 **[문제 5]**에서 다루고 있다.

[문제 5]에서는 '이 면적이 임의의 주어진 방정식에 의해 나타나는 곡선의 성질을 찾아내는 것'이라는 문구와 함께 풀이를 제시하고 있으므로, 그 풀이를 역출해 보자.

(풀이)

[그림 4]에서는 주어진 $ab = x$, $\angle abc = y$에 대해 $ab = x$와 $bc = q$의 관계를 구하고 있다(여기에서 bc는 세로 좌표라고 하며, ab에 수직이다). 여기에서 $de \parallel ab \perp ad \parallel be = 1$과 같이 그리면 $\square abed = x$가 된다.

선 cbe가 ad에서 출발하여 평행으로 움직이고, 두 개의 면적

14) 이 10월 논문은 《뉴턴 수학논문집》 제1장의 400~448쪽에 수록되어 있다.

$ae = x$, $abc = y$를 그린다고
가정한다. 이때 그들이 증가
하는 속도는 각각 be, bc이
다. 다시 말해 $be = p = 1$인
운동에 의해 x가 증가하고,
$bc = q$인 운동에 의해 y가
증가한다. 그러므로 명제 7[15]

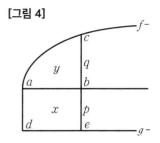

[그림 4]

에 의해 다음과 같은 식을 도출할 수 있다.

$$\frac{-\mathfrak{X}y}{\mathfrak{X}x} = q = bc \text{(끝)}$$

여기에서의 기호 '$\mathfrak{X}$'은 주어진 곡선 $f(x, y) = 0$을 나타내며,
'$\mathfrak{X}$'은 같은 항이 x의 차수에 따라 나열되어, 임의의 등차수열이
곱해진다는 것을 표시하고 있다. 나아가 '$\mathfrak{X}$'은 같은 항이 y의 차
수에 따라 나열되어, 마찬가지로 임의의 등차수열이 곱해진다는 것
을 의미하고 있다. 다시 말해

$\mathfrak{X} \equiv f(x, y) = 0$일 때, $\mathfrak{X} = xf_x$, $\mathfrak{X} = yf_y$

가 된다[16].

문제 5의 답은, 현대적 기호법으로 $\frac{dy}{dx} = f(x)$를 의미하고 있으

---

15) 명제 7은 1665년 11월 13일 논고의 개정판으로, 내용은 동일하다.
16) f_x, f_y는 각각 x, y에 대한 일차 편도함수에 해당한다.
　　뉴턴은 $x^3 - axy + ayy = 0$을 예로 들어 다음과 같이 계산하고 있다(《뉴턴
　　수학논문집》 제1권 422쪽).
　　$\mathfrak{X} = 3x^3 - axy$
　　$\mathfrak{X} = -axy + 2ayy$

며, 나아가 $y = \int_0^x f(t)\,dt$이었으므로

$$\frac{d}{dx}\int_0^x f(t)\,dt = f(x)$$

라는 미적분학의 기본 정리를 표현하고 있다고 생각할 수 있는 것이다. 뉴턴은 문제 5를 해설한 후,

$$\frac{2x}{3}\sqrt{rx} = y \quad x^3 - ay + xy = 0, \quad \frac{na}{n+m}x^{\frac{n+m}{n}} - y = 0$$

이라는 세 개의 곡선을 예로 소개하고 있는데, 세 번째 곡선에 대해 $q = -\dfrac{\mathfrak{X}\,y}{\mathfrak{X}\,x}$을 계산해 보면 **[계산 4]**와 같아진다.

[계산 4]

$$\mathfrak{X} = x \cdot \left(ax^{\frac{m}{n}}\right) = axx^{\frac{m}{n}}, \quad \mathfrak{X} = y \cdot (-1) = -y$$

이므로

$$q = -\frac{\mathfrak{X}\,y}{\mathfrak{X}\,x} = -\frac{axx^{\frac{m}{n}}y}{-yx} = ax^{\frac{m}{n}}$$

이 된다.

라이프니츠의 변환 정리

라이프니츠는 사분면의 면적 문제에 관한 무한급수 전개를 연구했다. 그는 1672년, 프랑스 루이 14세에 대한 선제후의 외교 사명을 띠고 파리에 향했다. 라이프니츠는 1676년 10월까지 파리에 머물렀는데, 이 시기에 그는 미적분을 포함한 모든 수학의 요점을 거의 완성했다고 한다. 그 발단은, 역시 루이 14세의 초대로 파리에서 연구하던 크리스티안 하위헌스[17]를 스승으로 삼았던 데 있다.

라이프니츠는 무한소 기하학을 배경으로 한 하위헌스의 저서《진

자시계》(1673)를 읽고, 그의 지도를 받으
며 파스칼에 대해 연구했다. 그리고 그는
파스칼의 논문 〈사분원의 사인론〉에 등장
하는 '가장 작은 삼각형(미소 삼각형)'의 중
요성을 인식하게 되었다. 가장 작은 삼각
형에 자극받은 라이프니츠의 논문에서는
'특성 삼각형'이라는 이름이 붙여졌다.

하위헌스

파스칼 논문의 명제 1은 '사분원의 임
의의 호의 사인의 합은, 양 끝의 사인 사이에 포함된 밑 부분에 반
지름을 곱한 것과 같다'라는 내용으로, 이를 현대적으로 표기하
면 $\int yds = \int rdx$ 라고 쓸 수 있다. 라이프니츠는 이를 임의의 곡
선에 적용했다. 원에서의 법선은 반지름 r인데, 이를 일반적인 법
선 n으로 바꾸면 $\int yds = \int ndx$ 가 되고, 양변에 2π를 곱하면
$2\pi \int yds = 2\pi \int ndx$ 가 된다. 여기에서 좌변은, 곡선이 x축을 축으
로 회전하여 만들어진 회전체의 겉넓이이므로, 우변을 알면 그 겉넓
이를 구할 수 있다. 참고로 구의 겉넓이는

$$2\pi \int_{-r}^{r} yds = 2\pi \int_{-r}^{r} rdx = 2\pi r \int_{-r}^{r} dx = 2\pi r[x]_{-r}^{r}$$
$$= 4\pi r^2$$

17) 크리스티안 하위헌스(Christiaan Hyugens, 1629~1695)는 네덜란드의 물리
학자이자 수학자로, 헤이그에서 태어났다. 16세에 레이던 대학에 입학하
였으며, 반 스호텐에게 배웠다. 1665년부터 1681년까지는 파리에서, 1681
년부터는 헤이그에서 거주했다. 네덜란드 학술협회에서 출판 예정인 《하
위헌스 논문집》은 아직 완결나지 않았다.

과 같이 계산한다.

라이프니츠는 1673년 무렵, 특성 삼각형을 이용한 다양한 시도를 하였으며, 말년이 되어 당시의 미적분 형성기를 회고한 논문 〈미분 계산의 역사와 기원〉을 집필했다[18]. 지금부터 그 논문을 참고하여 특성 삼각형을 이용한 원의 구적에 대해 살펴보도록 하자. 여기에서 라이프니츠의 변환 정리가 등장한다. 라이프니츠는 **[그림 5]**를 그리며, 다음과 같이 시작하고 있다. '곡선 AYR에서 원하는 만큼 AY를 그린다고 하자. 그리고 축 AC를 긋고, 그에 수직인 공동의 축을 AE 라고 한다.

[그림 5]　　　　　　　**[그림 6]**

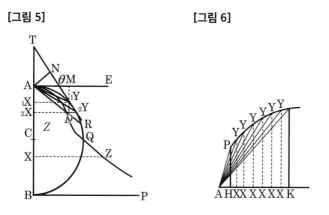

AC와 AE는 Y에서 곡선 자신에게 그어진 접선에 의해 T와 θ로 나눠진다고 한다.'

---

18) 1714년 말에 쓰인 이 논문은, 라이프니츠 생전에는 발표되지 않았다. 오늘날에는 《라이프니츠 수학논문집》 제5권에 라틴어로 수록되어 있다.

그리고 점 A에서 접선에 수직인 AN을 내린다.

여기에서 특성 삼각형 $_1YD_2Y$는 삼각형 $A\theta N$과 유사하다. 왜냐하면 이들은 모두 직각 삼각형이며, $\angle A\theta N = \angle D_2Y_1Y$이기 때문이다. 따라서 $_1YD : _1Y_2Y = AN : A\theta$가 되어, $AN \cdot _1Y_2Y = A\theta \cdot _1YD$가 성립한다. 그리고 $A\theta = _1XZ$라고 하고 $_1YD = _1X_2X$를 대입하여 양변을 2로 나누면,

$$\frac{1}{2}AN \cdot _1Y_2Y = \frac{1}{2} _1XZ \cdot _1X_2X$$

를 얻을 수 있다. 이 식의 좌변은 삼각형 A_1Y_2Y의 면적을 나타내고 있으므로 삼각형 A_1Y_2Y의 면적은, 직사각형 $Z_1X \cdot _1X_2X$의 절반과 같아진다. 그리고 T_1Y_2Y가 접선 TY가 되었을 때, AE와의 교점 θ를 선 XY로 이동하여 Z라고 하고, 이 과정을 모든 접선에 대해 시행할 때 Z가 그린 곡선을 AZQZ라고 하는 것이다. 그러면, 예를 들어 **[그림 6]**에서, 앞의 과정을 P에서 Q까지의 무한한 특성 삼각형으로 이행하면, $APY \cdots YQA$의 면적은 직사각형 $XZ \cdot XX$의 총합의 절반이 된다. 단 **[그림 6]**에서는 Z가 그리는 곡선은 기입되어 있지 않다.

파스칼이 가장 작은 삼각형에 대해 언급한 주의사항[19]은 **[그림 6]**에서도 말할 수 있으므로, PQKH의 면적 등을 [ ]로 묶어 표현한다면,

$[PQKH] = [APQA] + \triangle AQK - \triangle APH$

---

19) 파스칼이 가장 작은 삼각형에 대해 언급했던 주의사항은, 이 책의 제3부 제5장 '파스칼의 구적법'을 참고하면 좋다.

가 성립한다. 그리고 [APQA]는 직사각형 XZ·XX의 총합의 절반의 극한이므로, 원래의 곡선을 y, Z가 그린 곡선을 z, H와 K의 좌표를 각각 a, b라고 하여 현대식 기호법으로 바꾸어 쓰면,

$$\int_a^b ydx = \frac{1}{2}\int_a^b zdx + \frac{1}{2}(by(b) - ay(a))$$

가 된다[20].

다시 말해 곡선 y에 대한 적분을 직접 구할 수 없는 경우, 적분할 수 있는 곡선 z를 이용하여, 우변에 의해 구적 가능하게 된다. 이것이 바로 '라이프니츠의 변환 정리'라고 불리는 것이다. 게다가 이 변환 정리에서의 곡선 z는 원래의 곡선 y 위의 각 점에서 접선을 매개로 구성되므로, 라이프니츠가 면적과 접선 사이에 깊은 관계가 있다고 생각하게 된 것도 매우 자연스러운 것이라고 말할 수 있다.

라이프니츠는 이 변환 정리를 사분원에 적용하여, 사분원의 면적을 구하는 데 성공했다. 앞에서 다룬 변환 정리의 우변의 뒤의 항을 현대식으로 바꾸면 $\frac{1}{2}[xy]_a^b$가 되기 때문에, 결국은

$$\int_a^b ydx = \frac{1}{2}\int_a^b zdx + \frac{1}{2}[xy]_a^b$$

가 된다. 따라서 반지름이 1인 원을 그린 **[그림 7]**에서 △YθZ와 △CYX가 서로 같다는 점에서가 θZ:θY=XY:YC되어, θZ=AX=x, θY=θA=XZ=z, XY=y 라고 하고 x:z = y:1가 되어, x = zy가 성립한다.

그런데 원의 방정식은 $(x-1)^2 + y^2 = 1$이므로 $y^2 = 2x - x^2$이 되

---

20) $y(a)$, $y(b)$는 각각 H와 K의 x좌표 a, b에 대한 y좌표를 의미한다.

며, $x = zy$의 양변을 제곱한 식에 대입하면 $x^2 = z^2(2x - x^2)$이 된다. 그리고 이를 변형하여 $x = \dfrac{2z^2}{1 + z^2}$을 얻을 수 있다.

[그림 7]에 대해 앞에서 다룬 변환 정리를 적용해 사분원의 면적을 구하는 식을 만들면, $\displaystyle\int_0^1 y\,dx = \dfrac{1}{2}\int_0^1 z\,dx + \dfrac{1}{2}$가 되는데, **[그림 8]**에서 볼 수 있듯 $\displaystyle\int_0^1 z\,dx$는 $1 - \displaystyle\int_0^1 x\,dz$로 바꿀 수 있다. 그러므로 $\displaystyle\int_0^1 y\,dx = 1 - \int_0^1 \dfrac{z^2}{1 + z^2}\,dz$가 된다.

[그림 7]

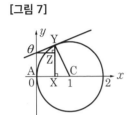

[그림 8]

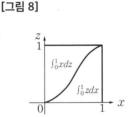

그리고 라이프니츠는 1668년 출간된 메르카토르의 《대수계산술》[21]을 통해 알게 된 나눗셈의 급수 전개에 의해 **[계산 5]**와 같은 방법으로 $\displaystyle\int_0^1 \dfrac{z^2}{1 + z^2}\,dz$를 구할 수 있었다.

따라서 사분원의 면적은

$$\int_0^1 y\,dx = 1 - \frac{1}{3} + \frac{1}{5} - \frac{1}{7} + \frac{1}{9} - \frac{1}{11} + \cdots$$

로 구할 수 있는 것이다.

---

21) 니콜라스 메르카토르(Nicolaus Mercator, 1620~1687)는 덴마크의 수학자이자 천문학자로, 그의 가장 중요한 저서는 《대수계산술(Logarithmotechnia)》(1668)이다. 이 책에서 그는 쌍곡선의 구적법을 이용하여 간단한 나눗셈으로, $\dfrac{1}{1 + x}$를 무한급수로 전개했다.

우변의 급수는 이미 그레고리[22]가 1671년 2월의 편지에서 다루었다는 점에서, 오늘날 '그레고리-라이프니츠 급수'라고 불리고 있다.

[계산 5]

$$\int_0^1 \frac{z^2}{1+z^2}\,dz = \int_0^1 z^2 \cdot \frac{1}{1+z^2}\,dz$$

$$= \int_0^1 z^2(1 - z^2 + z^4 - z^6 + \cdots)\,dz$$

$$= \int_0^1 (z^2 - z^4 + z^6 - z^8 + \cdots)\,dz$$

$$= \left[\frac{1}{3}z^3 - \frac{1}{5}z^5 + \frac{1}{7}z^7 - \frac{1}{9}z^9 + \cdots\right]_0^1$$

$$= \frac{1}{3} - \frac{1}{5} + \frac{1}{7} - \frac{1}{9} + \cdots$$

그레고리

또한 반지름이 1인 사분원의 면적은 $\frac{\pi}{4}$이므로 $\frac{\pi}{4} = 1 - \frac{1}{3} + \frac{1}{5} - \frac{1}{7} + \frac{1}{9} - \frac{1}{11} + \cdots$ 가 되는데, 이는 비에트, 월리스, 뉴턴를 잇는, 사상 네 번째의 π의 급수 표시라고 할 수 있다.

만약 변환 정리를 이용하지 않고, 직접 원의 구적을 시행하려고 했다면 $\int_0^1 y\,dx = \int_0^1 \sqrt{2x - x^2}\,dx$가 되어 무리식의 적분이라는 곤란에 빠지고 마는데, 라이프니츠는 이를 유리수로 나타난 식으로 변환하여,

---

22) 제임스 그레고리(James Gregory, 1638~1675)는 스코틀랜드의 수학자이자 천문학자다. 애버딘에서 태어나 애버딘 대학을 졸업하였으며, 후에 영국 애든버러 대학의 교수가 되었다.

그 곤란을 뛰어넘었다. 이른바 일종의 변수 변환에 의한 치환 적분이 기하학적 형태로 이루어졌다고 말할 수 있는 것이다.

라이프니츠에 의한 원의 구적의 성과의 배경에는, 파스칼의 가장 작은 삼각형, 데카르트의 기하학, 메르카토르의 무한급수 등이 있다고 할 수 있다. 라이프니츠의 변환 정리는, 나아가 사이클로이드와 대수곡선 등에도 적용되었다.

1673년부터 1674년에 걸친 시기는 라이프니츠가 미적분법의 기초를 구축한 시기라고 할 수 있는데, 이 시기에 라이프니츠는, 아직 적분 기호 '$\int$'를 가지고 있지 않았다. 적분 기호는 1675년 10월, 라이프니츠가 역접선 문제에 다시 몰두한 시기에 등장했다.

10월 29일, 라이프니츠는 〈구적 해석 제2부〉[23]라는 논고를 썼는데, 이 논고에서 적분 기호가 처음 등장한다. 지금부터 〈구적 해석 제2부〉를 살펴보도록 하자.

라이프니츠의 〈구적 해석 제2부〉

곡선 AGL이 그린 **[그림 9]**에 대해, BL = y, WL = l, BP = p, TB = t, AB = x, GW = a, $y = omn.l$이라고 한다[24].

여기에서 '*omn.*'이란 'omnes(모든)'을 줄인 기호로, 카발리에리

---

23) 라이프니츠는 1675년 10월 2~25일에 〈중심론에 의한 구적 해석〉이라는 논고를 썼기 때문에, 그 다음에 나온 논고라는 의미에서 제목을 〈구적 해석 제2부〉라고 했다.

24) 라이프니츠는 등호 기호로 'ㄷ'를 사용했다.

가 사용한 'omnes lineae(모든 선)', 'omnia plana(모든 면)'를 이용한 것이다. **[그림 9]**에서 말하자면, BL=$omn.l$이 된다.

여기에서 △GWL∽△LBP이므로 $\frac{l}{a} = \frac{p}{\text{BL}} = \frac{p}{oml.l}$가 되어, $p = \frac{omn.l}{a}l$이 얻어진다. 따라서 $omn.p = omn.\frac{\overline{omn.l}}{a}l$이 된다.

[그림 9]

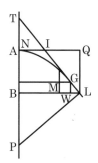

라이프니츠는 그 후에, '그런데 다른 것으로부터 나는, $omn.p = \frac{y^2}{2}$, 즉 $= \frac{\overline{omn.l\,\boxed{2}}}{2}$라는 것을 증명했다'라고 서술하고 있다[25]. 이를 앞의 식에 대입하여 $\frac{\overline{omn.l\,\boxed{2}}}{2} = omn.\overline{omn.l\frac{l}{a}}$를 얻을 수 있다.

라이프니츠는 '이에 따라 하나의 정리를 얻을 수 있는데, 이는 매우 훌륭하여, 나는 새로운 산법이 앞으로 크게 도움이 될 것이라고 생각한다'라고 서술하며 식을 보인 후, 계속해서 '이것은 $omn.l$이 그 끝항과 곱해지고, 나아가 다른 $omn.l$이 그 끝항과 곱해지며, 이렇게 가능한 한 계속된다면 그들의 모든 합은, 한 변이 그러한 l의 합, 즉 $omn.l$인 정사각형의 절반과 같다는 것을 의미한다. 이는 가장 아름다운 정리이며, 절대 흔치 않은 것이다'라며 자화자찬하고 있다.

---

25) 여기에서 '다른 것'이란 배로의 《기하학 강의》 강의 11의 명제 1을 가리키며, 여기에서의 $\overline{omn.l\,\boxed{2}}$는 $\overline{(omn.l)^2}$을 의미한다.

이후 라이프니츠는 'omn. 대신에 $\int$ 라고 쓰면 편리할 것이다. 예를 들어 omn.l, 즉 l의 합 대신에 $\int l$이라고 쓰도록'이라고 서술하고 있는데, 여기에서 오늘날의 적분 기호가 처음 등장했다고 할 수 있다.

적분 기호를 이용하면, 앞의 정리는 $\dfrac{\overline{\int l}^2}{2} = \int \overline{\int l \dfrac{l}{a}}$라고 표현되며, 나아가 이 논고에서는 $\int x = \dfrac{x^2}{2}$, $\int x^2 = \dfrac{x^3}{3}$ 등도 볼 수 있다.

라이프니츠는 이와 같은 연구를 정리하여, 'l과 (그것의) x에 대한 관계가 주어지고, $\int l$을 구하고 있다. 그렇다면 역의 계산에서는 어떻게 될까? 만약 $\int l = ya$라면, 우리는 $l = \dfrac{ya}{d}$라고 할 것이다. 다시 말해 $\int$가 차원을 증가시키는 것과 마찬가지로, d는 차원을 줄일 것이다. 여기에서 $\int$는 합을, d는 차를 의미한다'라고 서술하며 $\int$와 d가 역의 관계에 있다는 것을 지적하고 있다.

이 단계에서는 미분 기호 d가 분모에 위치했는데, 1675년 11월 11일의 논고 〈역접선법의 다양한 사례〉에서는 'dx와 $\dfrac{x}{d}$는 같으며, 둘은 근사한 x의 차다'라는 주석이 달려 있고, 이렇게 오늘날의 미분 기호 dx가 처음 등장하게 되었다.

라이프니츠의 미분과 적분의 통일적 파악

1686년 7월, 《악타 에루디토룸(학술기요, Acta Eruditorum)》에 발표된 라이프니츠의 논문 〈심오한 기하학 및 불가분량, 그리고 무한량의 해석에 관하여〉(이하 〈해석에 관하여〉라고 한다)에서는 미분과 적분이 서로 역의 연산이라는, 즉 미적분학의 기본 정리에 대해 명확하게 다루고 있다.

라이프니츠는 1684년 10월, 이미 《악타 에루디토룸》에 〈분수식이나 무리식에도 복잡하지 않은 극대·극소 및 접선을 구하는 새로운 방법, 또 그를 위한 특수한 계산〉(이하 〈새로운 방법〉이라고 한다)이라는 논고를 발표했는데, 이 논문에서는 dx와 dy는 접선영을 t라고 하고, $\dfrac{dx}{dy} = \dfrac{x}{t}$라는 관계를 만족하는 것으로서 도입되고 있다[그림 10]. 이에 따라 $\dfrac{x}{t} = \dfrac{p}{x}$이므로 $\dfrac{dx}{dy} = \dfrac{p}{x}$가 된다.

[그림 10]

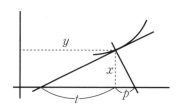

〈해석에 관하여〉에서는 〈새로운 방법〉에서의 이러한 결과를 미분 등식으로 하여 재확인하고, 나아가 적분 등식으로 바꾸면 $\int pdy = \int xdx$가 된다는 것을 지적하고 있다. 그리고 라이프니츠는 다음과 같은 주장을 하고 있는데, 이는 미적분학의 기본 정리에 대한 즉각적인 표현이라고 말할 수 있다.

'접선법 가운데 내가 제시한 것으로부터 $d, \dfrac{1}{2}xx = xdx$[26]라는 것은 명백하다.

따라서 반대로, $\dfrac{1}{2}xx = \int xdx$이다(왜냐하면 제곱을 씌우고 루트를 벗기는 것이 역연산이라는 것과 마찬가지로, 적분과 미분, 즉 $\int$와 d는 역연산이기 때문이다).'

---

26) 이 좌변은 $d\left(\dfrac{1}{2}x^2\right)$을 의미한다.

찾아보기 _ 용어

찾아보기_ 인명

처음 읽는
수학의 세계사

초판 1쇄 발행 2023년 2월 28일
초판 4쇄 발행 2024년 2월 16일

지은이 우에가키 와타루
옮긴이 오정화
펴낸이 이효원
편집인 강산하
마케팅 추미경
디자인 별을 잡는 그물 양미정(표지), 기린(본문)
펴낸곳 탐나는책
출판등록 2015년 10월 12일 제 2021-000142호
주소 경기도 고양시 덕양구 삼송로 222, 101동 305호(삼송동, 현대헤리엇)
전화 070-8279-7311 **팩스** 02-6008-0834
전자우편 tcbook@naver.com

ISBN 979-11-89550-87-5 (03900)

* 값은 뒤표지에 있습니다.
* 잘못된 책은 구입하신 서점에서 바꾸어 드립니다.